edition**böhlissimo**

Roland Girtler

DIE LUST
DES VAGABUNDIERENS

Eine Pilgerreise mit dem
Fahrrad nach Assisi

böhlauWien Köln Weimar

Umschlagabbildung: Archiv R. Girtler

Die Deutsche Bibliothek – CIP-Einheitsaufnahme
Ein Titeldatensatz für diese Publikation
ist bei der Deutschen Bibliothek erhältlich

ISBN 3-205-99381-0

© 2001 by Böhlau Verlag Ges. m. b. H. und Co. KG, Wien · Köln · Weimar
http://www.boehlau.at

Gedruckt auf umweltfreundlichem, chlor- und säurefreiem Papier.
Druck: ODVG, Leoben

INHALT

BETRACHTUNGEN EINES VAGABUNDIERENDEN RADFAHRERS

Liebe Leserin, lieber Leser!

Die Radtour nach Assisi, von der dieses Buch handelt, habe ich im Stile alter Vagabunden und Pilger aus eigener Körperkraft im August des Vorjahres, also im Jahre 2000, unternommen. Meine Pilgerreise galt dem mir höchst sympathischen und rebellischen Franziskus, der um vieles interessanter und lebendiger ist als der heilige Jakob. Es scheint heute jedoch modern zu sein, zu der Kirche des Jakob in Santiago in Spanien zu pilgern, obwohl dieser Apostel, der 44 n. Chr. enthauptet worden ist, mit Sicherheit nie in Spanien war. Ich war mit dem Fahrrad unterwegs, also nicht per pedes apostolorum. Ich bin mir sicher, hätten die Apostel und Franz von Assisi das Fahrrad gekannt, sie hätte mit einem solchen sich auf den Weg gemacht. Als Radfahrer und Wissenschafter sehe ich mich ebenso in der Tradition des großen Arztes Paracelsus, der auf Jahrmärkten auftrat und dessen Leben um 1549 angeblich bei einer Wirtshausschlägerei endete. Dieser Paracelsus war ein großer Fußgänger und Gegner des Kutschenfahrens. Er meinte einmal, ein guter Arzt müsse zu Fuß, also aus eigener Körperkraft, kommen, er müsse Schuhe und Hut abnutzen. Ähnliches hätte er wahrscheinlich auch für jene Wissenschafter verlangt, die Land und Leute kennenlernen wollen.

Die alten Wissenschafter waren zumeist auch echte Vagabunden, zu ihnen gehörten die Brüder Grimm, die den Fußmarsch nicht scheuten, um zu ihren Geschichten zu gelangen. Daher haben sie meine Sympathie, ebenso wie eine gewisse Dorothea Viehmann, die selbst viel umherwanderte und die den Brüdern Grimm ihre Geschichten erzählte.

Dieses vorliegende Schrift ist nicht als bloßes Bildungsreisebuch in der Tradition von Goethes „Italienischer Reise" zu verstehen, schließlich war Goethe nicht mit eigener Körperkraft unterwegs, sondern in der Kutsche.

Geistig verwandt sehe ich mich eher einem gewissen Johann Gottfried Seume, der 1802 ein Buch mit dem Titel „Ein Spaziergang nach Syrakus" herausgab. In diesem Buch schildert Seume seinen Fußmarsch nach Italien, wobei es ihm wichtig erscheint, neben der Beschreibung des Fußmarsches soziale und kulturelle Spannungsverhältnisse, gegenwärtige und vergangene, leichtfüßig festzuhalten.

Seume führte übrigens ein paar Bücher mit sich, darunter Homers „Odyssee", die auch für mich ein Vorbild ist, denn in dieser berichtet Homer nicht bloß von der Rückkehr des Odysseus, sondern er hat auch eine Menge spannender Geschichten eingearbeitet.

Ebenso führte ich bei meiner Radtour einige Bücher mit mir oder erwarb sie, darunter kurze Geschichtsbücher über Italien und die Goten oder die Entwicklung der deutschen Sprache. Auf diese Bücher und noch andere, auf die ich später stieß, werde ich im Anhang des Buches verweisen, damit sich der wohlwollende Leser oder die wohlwollende Leserin bei Bedarf weiter vertiefen kann.

Im Sinne meiner Vagabondage ist es, daß ich die Radtour in einzelnen Details beschreibe und in Verbindung damit jene Geschichten einfließen lasse, wie ich sie für die betreffende Gegend, durch die ich komme, als wichtig und spannend ansehe. Wobei es mir wohl ratsam erscheint, eher Vagabundenhaftes, Rebellisches und Kühnes darzustellen. Zu den Vagabunden zählt für mich der heilige Franz von Assisi, aber ebenso auch der große Dante aus Florenz. Zu den Rebellen rechne ich die Wildschützen und aufrührerischen Protestanten, auf die ich in Kärnten, aber auch in Ferrara stoße. Und schließlich faszinieren mich Leute wie der Ostgotenkönig Theoderich, die darangingen, Grenzen zu sprengen.

Ich glaube, daß ich durch das Fahrrad eine derart enge Beziehung zu den Gegenden, in denen diese Leute lebten und wirkten, erhalten habe, die es mir ermöglichte, zu fühlen oder zu ahnen, wie diese Menschen lebten.

Die Radtour, über die nun berichtet werden soll, führte mich vom südlichen Oberösterreich nach Venedig, nach Padua, Bologna und über den Apennin nach Assisi in Umbrien, wo ein Mann lebte, der eigentlich Giovanni Bernardone hieß und ein echter Rebell war. Zurück ging es wiederum im Sattel meines Fahrrades nach Siena, Florenz, Ravenna und über die Dolomiten nach Osttirol.

Als ich zu dieser Radtour aufbrach, wußte ich im Stile echten Vagabundentums noch nicht genau, wo und wohin ich radeln werde. Ich wußte nur ungefähr, daß ich zum heiligen Franz wollte. Wo genau Assisi liegt, wußte ich noch nicht, ich wußte nur, daß es irgendwo nordöstlich von Rom zu finden ist.

Erst während der Radtour suchte und fand ich die schönsten Straßen, Orte und Geschichten, die ich an Ort und Stelle studierte und aufnahm. Wohl nahm ich neben einer eher oberflächlichen Straßenkarte die erwähnten Bücher mit, in denen ich eifrig las und die mir einiges offenbarten, aber ich versuchte auch vor Ort, durch Gespräche, Beobachtungen und Studium von diversen Büchleins, die ich mir erwarb, mein Wissen zu erweitern. Es ist der jeweilige „genius loci", der „Geist des Ortes", der mich interessierte und den ich hier wiederzugeben versuche.

Im Wort Vagabund, das identisch dem deutschen Wort „Landstreicher" ist, steckt das lateinische Wort „vagare" für „wandern und umherziehen", und das Wort Pilger leitet sich vom lateinischen „peregrinus", der Fremde, ab. Das klassische deutsche Wort für Pilger ist „Wallfahrer", in dem sich das Wort „wallen" für „wandern" verbirgt. Vom Wort her sind also Wallfahrer und Vagabund ziemlich dasselbe, allerdings unterscheidet man für gewöhnlich vom Vagabunden den Wallfahrer oder Pilger dadurch, daß letzterer vorgibt, auf heiligen Pfaden zu wandeln, aber es nicht immer tut. Insofern bin auch ich ein Pilger, als ich mir als Zielpunkt meiner Vagabondage den Ort des heiligen Franz ausgesucht habe, eines Mannes, der mir höchst sympathisch ist ob seiner Liebe zu den Tieren und seiner rebellenhaften Kritik am oberflächlichen Leben der satten Bürger. Über Pilger werde ich später, wenn ich auf Radtour bin, noch einiges zu erzählen haben.

Pilger und Vagabunden haben also viel gemeinsam. Und wenn ich mich als Vagabunden bezeichne, so darum, weil ich mir Länder, Städte und Dörfer, über die und deren Menschen ich etwas wissen will, mit dem Fahrrad erwandere. Als vagabundierender Radfahrer erhalte ich körperlich eine ganz andere Beziehung zu der Welt, durch die ich mich bewege, als der Autofahrer. Der Radfahrer riecht Wälder, Gärten, Straßen und die Rinnsale der Städte, er ist nicht geschützt vor der Hitze des Tages und dem plötzlichen Regen. Gegenüber dem Fußgänger hat er den Vorteil, daß er schnell und Gelenke schonend unterwegs ist und daß er mehr Freiheit genießt. Mir vermittelt Radfahren das Gefühl der Freiheit. Ich liebe das Radfahren. Manche meinen sogar, ich sei ein fanatischer Radfahrer.

Für mich ist das Fahrrad das geeignete Mittel der pilgernden Vagabondage, schließlich verbinden sich im Fahrrad auf geniale Weise menschlicher Erfindungsgeist und menschliche Körperkraft.

Die Absicht, im Sommer 2000 vagabundierend und pilgernd mit dem Fahrrad nach Italien zu fahren, faßte ich, als ich in Wien wieder einmal hinauf auf den Kahlenberg radelte, wohin ich alle zwei oder drei Tage mein Fahrrad lustvoll lenke. Mir tut dies gut als vagabundierendem Wissenschafter, denn meine besten Ideen habe ich beim Radfahren, aber auch beim Fußmarsch. Ich meine, daß jene Gedanken, auch die wissenschaftlichen, die besten sind, die in freier Natur, gute Luft atmend und beim Spiel der Muskeln entstehen. Ähnliches meinte auch der große und etwas eigenwillige deutsche Philosoph Friedrich Nietzsche. Er hielt in seinem Werkchen „Menschliches und Allzumenschliches" fest, daß Gedanken, die bloß im Sitzen – er bezog sich dabei auf den Schreibtischsessel und nicht auf den Fahrradsattel – gefaßt werden, nicht zu trauen ist. Nietzsche ergänzte, daß das Sitzfleisch in Widerspruch zum Geist steht.

Diese Überlegung hat etwas für sich, obwohl ich ihr nicht in voller Konsequenz zustimmen würde, denn auch sitzend wurde schon Gescheites erdacht.

Als ich wieder einmal, über meine künftige Pilgerreise sinnierend, an einem schönen Frühsommertag mit dem Fahrrad auf den Kahlenberg gefahren war, suchte ich das dortige Restaurant auf, um von dessen Terrasse meinen Blick auf Wien und das silberblaue Band der Donau schweifen zu lassen. Japaner, Deutsche und anderes Volk drängten sich hier.

Ich nahm an einem Tisch Platz, schaute zur Donau und auf die freundlichen Besucher. Unter ihnen erspähte ich plötzlich eine Dame in fröhlichem Alter, die offensichtlich ohne Begleiter unterwegs war. Irgendwo hatte ich sie einmal kennengelernt. Sie schwebte über die Terrasse gleich einer griechischen Göttin oder einer jener Frauen, die sich früher leichtfüßig auf den Bergheiden um das Vieh zu sorgen hatten und die sehr beliebt bei den alten Wildschützen waren. Der Name der Dame hatte auch etwas mit Bergheide oder mit dem Kraut, das auf dieser wächst, zu tun. Ebenso erinnert ihr Name an jene Ziege, die den germanischen Göttern hold war. Jedenfalls irgendwie verband sich ihr Name für mich mit weiten Höhen und göttlichen Weiden. Als ich sie so im leichten Kleide dahingleiten sah, rief ich ihr zu: „Hallo, schöne Frau, auf welchen Weiden unterwegs?" Sie schaute zunächst erschreckt auf mich, doch dann lächelte sie. Ich stand höflich auf, reichte ihr die Hand, bat sie an meinen Tisch und lud sie zu einem Tee ein. Sie meinte, sie würde sich freuen, mich zu sehen. Dann erzählte sie mir, in den letzten Jahren, in denen wir uns nicht gesehen hatten, habe sie so allerhand getan, sie habe Fußmärsche unternommen, mit Bäuerinnen sich herumgetrieben, habe eine Arbeit über die Leberbeschau bei den alten Etruskern geschrieben, habe sich für die kühnen Goten interessiert und Sympathien für jene Menschen bekommen, die sich in aller Bescheidenheit als Pilger auf dieser Erde sehen. Hier fiel das Stichwort, bei dem ich höflich einhaken konnte. Nun erzählte ich von meiner Freude und meiner Lust am vagabundierenden Radfahren und daß ich in einem der nächsten Monate einmal pilgernd nach Italien radeln wolle. Die Dame zeigte sich angetan von meinen Gedanken und meinte: „Ich erinnere mich, du spielst gerne den Pilger und Vagabunden, nicht nur auf dem Fahrrad, sondern auch in deiner Wissenschaft. Und du gibst dich auch wie ein Vagabund, der zwischen Sandlern, Ganoven, Bauern und Aristokraten umherzieht." Mich ehrte diese Einschätzung der Dame, die nun fragte: „Was macht für dich eigentlich einen Vagabunden aus? Und kann man überhaupt jemanden als Vagabunden bezeichnen, der wie du seine Wohnung in einem alten Haus am Spittelberg in Wien und ein Zimmer an der Universität hat, in die man zurückkehren kann?" Hier sprach die holde Dame etwas Grundsätzliches an. Ich erwiderte daher: „Gute Frau, das Vagabundendasein und überhaupt das Vagabundieren in einem ganz allgemeinen Sinn ist eine Lebenseinstellung. Der echte Vagabund ist ein Getriebener, wie auch ich einer bin. Ein Vagabund kann ein Gelehrter sein, auch im Kopf, der der Enge und dem Staub der Gelehrtenzimmer entflieht und in die Weite zieht. Ein solcher Vagabund war wohl auch der Sattlersohn aus Königsberg, Immanuel Kant, der bis zu den Sternen drang, ohne Königsberg je zu verlassen.

Ein Vagabund kann jeder sein. Auch ein sogenannter Flaneur ist ein Vagabund, der durch die Stadt spaziert. Der echte Vagabund dringt mit wachem Geist in neue Welten vor. Sei dies als Handwerksbursche, als Gelehrter oder als Radfahrer, der über Pässe fährt. Dabei erfreut sich der Vagabund an den schönsten Dingen, die sich ihm bieten, und er nimmt sie im Herzen mit. Vagabunden sind freie Leute, die sich nicht an kleinliche politische Ideen oder menschliche Wahrheiten binden. Vagabunden können mit dem Zug, mit dem Fugzeug oder auch mit dem Auto unterwegs sein. Die für mich besten Vagabunden in der Tradition der alten Vaganten des Mittelalters sind wohl die Fußgänger und vor allem die Radfahrer, die weite Strecken hinter sich bringen. Pilger sind diese Leute dann, wenn sie durch das Vagabundieren an mehr oder weniger heilige Orte gelangen, von denen sie sich Segen und Wissen erwarten, diese können Kirchen, aber auch reizvolle Gegenden oder felsige Berge sein, wie in den Dolomiten der Rosengarten des Königs Laurin, zu dem ich auch will. Zur Kunst des echten Vagabunden gehört es schließlich, sich im rechten Moment zurückzuziehen und das Weite zu suchen, wenn die Sache ungemütlich wird. Das wußte schon der heilige Franz von Assisi, der seinen Brüdern entfloh, als sie frech wurden."

Der guten Dame schien diese Philosophie des Vagabundierens und Pilgerns zu gefallen. Ich sprach unbeirrt weiter: „Ein Vagabund ist nicht unbedingt wohnungs- und ruhelos, er hat meist einen festen Stützpunkt, einen Hafen, in den er, wie zum Beispiel Kolumbus oder der Venezianer Marco Polo, wieder zurückkehrt oder zurückkehren kann. Und wenn ich mich als Vagabund oder als vagabundierenden Pilger sehe, so tue ich dies als jemand, der sich aus Neugier und aus eigener Körperkraft in fremde Welten begibt."

Die Dame lächelte, sie schien zu begreifen, was ich wolle. Ich fuhr fort: „Der echte Vagabund, überhaupt als Radfahrer wie ich, ist alleine unterwegs. Er ist durch kein Reisebüro vermittelt und liebt jene Freiheit, die er braucht, um Kultur und Leute näher kennenzulernen. So wird er, wenn er alleine in einem Gasthaus nach getaner Wanderung zu Tische sitzt, eher von Einheimischen ins Gespräch gezogen werden, als wenn er mit einem oder gar mehreren Kollegen eintrifft. Auf diese Weise erfährt er viel. Der echte Vagabund als freier Mensch liebt daher ein gewisses Maß an Einsamkeit, denn diese macht ihn unabhängig, auch bei der Suche nach dem geeigneten Weg. Der Weg des echten Vagabunden ist, ebenso wie der des Pilgers, demnach nie ein genau vorgegebener, dies ist seine Philosophie, er ist bereit, nach neuen Wegen zu suchen und weiterzuwandern."

Die Dame nickt und fragt: „In welchem Alter soll eigentlich so ein Vagabund sein, wie du ihn dir vorstellst?" Darauf ich wieder: „Der echte Vagabund ist ohne Alter, das ist wichtig, und er braucht keinen Animateur, keinen Pädagogen oder sonst keinen Spezialisten, derer sich heute eine ganze Fremdenverkehrsindustrie bedient, um Touristen und Reisende zu unterhalten. Er kommt mit sich alleine aus, ähnlich wie die früheren Wanderburschen, um sich seines Lebens zu freuen.

Wichtig für den Vagabunden, wie ich ihn sehe, ist auch, daß er bei seiner Vagabondage ohne längere Unterbrechung unterwegs ist. Er verharrt an den jeweiligen Orten nur kurz, und beim Weiterziehen – hierin liegt die Essenz seiner Philosophie – nimmt er das Beste mit, dessen er habhaft wird und er sich ohne Probleme aneignen kann, sei dies ein Stück Brot, eine Flasche Bier oder eben bestimmte Weisheiten und neues Wissen, an denen er sich erfreut und die er anderen mitteilen will. Letzteres beabsichtige ich mit diesem Buch, in dem ich eine Radtour beschreibe und Weisheiten und Wissen wiedergebe, wie sie zu jenen Orten gehören, durch ich komme."

Dann trat eine Pause ein, wir beide schauten hinunter zur Donau. Mein Blick schweifte hin zur Straße auf den Kobenzl, und da die Dame nichts sagte, begann ich zu schwärmen: „Beim Fahrradfahren öffnen sich die Augen für die Welt am Rand der Straße und die kleinen Blumen, die da blühen, wie das kleine Gänseblümchen, das Blümchen der germanischen Frühlings- und Liebesgöttin Freya, der der Freitag gewidmet ist, und die unscheinbare Taubnessel, die meine Sympathie genießt, weil sie niemand beachtet. Beide sind mir lieber als verschiedene hochgezüchtete Gartenblumen. Vor allem das Gänseblümchen ist die Blume der Vagabunden, so meine zumindest ich. Das Leben am Rande der Straße ist voll von Überraschungen.

Der Vagabund, auch wenn er mit dem Fahrrad unterwegs ist, lebt von der Überraschung, die hinter jeder Ecke, hinter jeder Kurve, hinter jedem Strauch auf ihn warten kann. Das Spannende seines Lebens ist, daß er auf das Neue wartet. Insofern unterscheidet er sich vom langweiligen Bürger, der sich auf Bahnen bewegen will, die planbar und damit im voraus berechenbar sind, zum Beispiel durch ein Reisebüro."

Die Dame hörte mir zu meiner Überraschung geduldig zu, lächelte zustimmend und fügte noch hinzu: „Du bist für mich wohl ein wahrer Vagabund und Pilger, wenn du mit dem Fahrrad nach Assisi gelangst und darüber in deinem Stil berichtest. Ich kann mir aber nicht ganz vorstellen, daß du es wirklich schaffst, auf dem Rücken deines Fahrrades zum heiligen Franz zu kommen. Ich wünsche dir viel Glück, aber ich muß nun weiter. Schreibe mir, wie deine Pilgertour verlaufen ist, wenn du sie hinter dir hast. Und schicke mir die Geschichten, die du als Vagabund bei den einzelnen Orten und Gegenden aufgreifst. Ich werde mich darüber freuen."

Die Dame erhob sich, ich durfte ihr noch einen feinen Kuß auf den Rücken ihrer rechten Hand hauchen, dann stand sie auf und ließ mich alleine zurück. In mir hatte sich der Wunsch, nach Assisi zu radeln, verfestigt. Mit einem Glas Heurigen, das ich mir nach dem fluchtartigen Abgang der Dame kredenzen ließ, bekräftigte ich meinen Entschluß, mit dem Fahrrad nach Assisi zu fahren und darüber so zu berichten, wie ich es eingangs dargelegt habe, damit die freundlichen Leser und Leserinnen, zu denen hoffentlich auch diese Dame gehören wird, Freude daran empfinden.

Freilich ist es kein historischer Roman im Stile Umberto Ecos oder eine Abenteuergeschichte im Stile des verwegenen Karl May, der nun vorliegt.

In der Einleitung zu seinem Buche schreibt Seume wörtlich dies: „Ich fühle sehr wohl, daß diese Bogen keine Lektüren für Toiletten sein können." Ähnliches meine auch ich mit meinen folgenden Ausführungen, sie sind Beschreibungen eines Radfahrers, vermischt mit manchmal vielleicht etwas weiten Geschichten, die sich aneinanderreihen, und über die mancher geneigte Leser oder manche geneigte Leserin vielleicht nachdenkt und sich dabei freut.

Dann freue auch ich mich. Dann hat sich die Mühe, die hinter diesem Buch steckt, gelohnt.

Roland Girtler, Wien im Sommer 2001

I. NACH MURAU –
ZUR GESCHICHTE DER VAGABONDAGE,
REBELLEN

Es ist gegen Mittag an einem warmen Tag der ersten Augustwoche, als ich mein Fahrrad bepacke. Gestern abend habe ich noch jene Dinge zusammengesucht, die man auf einer Radtour in den südlichen Sommer und über die Pässe so braucht, wie Sonnenbrillen, ein buntes Radkapperl, einen Pullover, eine Wind- und Regenjacke, eine lange Hose und ein Polohemd für die Stunden am Abend nach dem Radeln und ähnliche Dinge mehr. Es fehlen noch ein paar freundliche Bemerkungen aus dem Kreise und der Tiefe meiner Familie, verbunden mit Ratschlägen, die mein Überleben als pilgernder und vagabundierender Radfahrer auf der Landstraße sichern sollen. Als ich auch diese bekomme, besteige ich das Fahrrad und radle zaghaft winkend los. Durch Spital am Pyhrn, ein paar freundliche Damen und Herren am Straßenrand grüßen freundlich. An der alten Leonardikirche vorbei zum Paß, dem ersten der Tour. Ich trete hart in die Pedale, um auf den Pyhrn zu gelangen. Einstens zogen auch hier Pilger, sogar Kreuzritter waren unterwegs. Den Pilgern des Mittelalters werde ich nachfolgen. Werde versuchen, den Zauber des Pilgerns zu erleben. Wir sind alle nur Pilger auf dieser Erde und auf der dauernden Suche nach irgend etwas, was uns erfreuen oder betören könnte. Insofern kann Pilgern etwas höchst Erfreuliches sein. Das ganze Mittelalter war voll von Pilgern, von denen allerdings nicht wenige einen furchtbar schlechten Ruf genossen haben. Darüber werde ich an einem der nächsten Tage, vielleicht wenn ich in Padua bin, noch etwas zu sagen haben.

Als ich meiner Frau und den anderen Familienmitgliedern in Spital am Pyhrn klarmachte, daß ich mich nun für die nächste Zeit als Pilger und Vagabund sehe, erntete ich höfliches Kopfschütteln. Ebenso meine Bemerkung, daß ich nicht bloß als Pilger unterwegs sein will, sondern auch als Forscher, den der Mensch und seine Buntheit des Handelns interessiert. Vagabondage ist mit Mühen verbunden, denke ich. Die Steigung auf den Paß hinauf ist nicht arg, aber stetig. Ich ermüde, aber ich lasse nicht nach.

Vagabunden und Pilger haben eine interessante Geschichte. Hier am Pyhrnpaß, über den viele dieser Leute zogen, ist Zeit, ihrer zu gedenken.

Mich fasziniert schon lange das Phänomen des Vagabunden. Dies war auch der Grund, warum ich mich als Kulturwissenschafter intensiv mit den Vagabunden der Großstadt, den Sandlern, beschäftigt habe. Ich zog einige Zeit mit diesen Leuten durch Wien, um ihr Leben zu studieren. Dabei fiel mir auf, daß diese zum Teil dem Alkohol verfallenen, oft auch arbeitsscheuen und wenig angesehenen Stadtstreicher einen alten Schatz mit sich tragen, nämlich die alte Sprache der Vagabunden, das Rotwelsch, das weit in das Mittelalter zurückgeht, eine Sprache, die im deutschen Sprachraum auf den Straßen und in den Herbergen entstanden ist und auch noch weiterhin gesprochen wird. Aber auch uralte Tricks des Überlebens kennzeichnen diese Kultur der Stadtstreicher und Vagabunden, eine Kultur, die voll der Betrübnisse war und ist, die aber auch ihren Zauber hatte und hat.

Die Geschichte der Vagabunden ist so alt wie die Menschheitsgeschichte. Der Vagabund – oder der Landstreicher – ist jemand, der aus irgendwelchen Gründen stetig von Ort zu Ort zieht und sich an keinen festen Ort gebunden sieht, auch wenn er immer wieder an einen solchen zurückkehrt. Zu den Vagabunden – oder Vaganten, wie man sie im Mittelalter auch nannte – zählten Leute jeden Standes. Handwerksburschen, die auf der Suche nach Arbeit waren, Bettler, die auf eine milde Gabe hofften, wandernde Dirnen, die Männern Freude versprachen, Artisten, die ein freundliches Publikum erwarteten, Gaukler, die auf den Straßen ihre Kunststücke zeigten, Hausierer, die allerhand Krimskrams anboten, und vor allem auch Pilger, die vorgaben, nach heiligen Stätten unterwegs zu sein.

Vagabunden dieser Art hatten kein besonderes Ansehen. Die Straßen des Mittelalters und der frühen Neuzeit waren voll von diesen Leuten, aber noch in der letzten Nachkriegszeit sah man sie. Von diesen Leuten unterscheiden sich allerdings jene Pilger heute, die als brave Bürger – unter ihnen gibt es eifrige Professorinnen genauso wie verdiente Beamte – auf Pilgerrouten ziehen. Sie haben nicht die Sorgen, die die alten Pilger hatten, zumal ihr Ruf kein schlechter ist.

Anders als die früheren Pilger und Vagabunden.

Dem guten Bürger waren diese fahrenden Leute stets höchst suspekt. Um diesen Vagabunden auf die Schliche zu kommen, versuchten in früheren Zeiten fleißige Kriminalbeamte sogar Bücher zu verfassen, in denen die Tricks der Landstreicher und deren Sprache dargestellt wurden. Das vielleicht berühmteste Buch dieser Art ist der in der Gegend von Nürnberg um 1510 erschienene „Liber Vagatorum", also das „Buch der Vaganten". Aus ihm erfährt man viel über das Leben und Überleben auf der Straße. Interessant ist nun, daß zu diesen Vagabunden, wie ich noch später erzählen werde, sich schon sehr früh auch Studenten und fertige Akademiker mischten, die keine Anstellung gefunden hatten. Diesen Burschen scheint das Leben als Landstreicher, zumindest eine Zeit, gefallen zu haben. Zu ihnen, die ein wildes Leben führten, gehörten auch wundervolle Dichter, wie der Archipoeta und Walter von Chatillon.

Ihre heiteren, trinkfreudigen und auch erotischen Lieder haben sich in der sogenannten „Carmina Burana", der Liedersammlung aus dem 12. und 13. Jahrhundert, erhalten.

Das Geld, das die Vagabunden benötigten, erwarben sie sich durch Gelegenheitsarbeiten bei Bauern oder durch das sogenannte „Fechten", was soviel heißt wie „Betteln". Noch in meiner Kinderzeit bezeichnete man Leute, die um eine milde Gabe baten, als Fechter. Solche Fechter gab es vor allem in den Notzeiten vor dem letzten Krieg, als die Armut in den Städten die Leute auf das Land trieb, wo sie bei den Bauern um Brot oder Schmalz bettelten.

Das alte fahrende Volk hatte es nicht leicht, man versuchte sogar, es unschädlich zu machen, wie zum Beispiel Maria Theresia, die Dirnen aus Österreich verbannte und die mitleidlos gegen Zigeuner losging, und die Diktatoren jeder Richtung, die in Vagabunden „Volksschädlinge" sahen. Große Sympathien für das Leben als Vagabund hatten die

Studenten des 19. und 20. Jahrhunderts, die im Vagabunden ein Symbol eines freien Lebens sahen, eines Lebens abseits eines kleingeistigen Bürgertums.

Die schönsten Vagabundenlieder stammen daher aus der Welt der herumziehenden Studenten, wie zum Beispiel das Lied „Ein Heller und ein Batzen", in dem das Leben eines Landstreichers verherrlicht wird. Vagabunden waren auch die Hippies der sechziger Jahren, die bis nach Indien zogen, und zu ihnen zählen wohl heute jene jungen Leute, die sich mit dem Rucksack per Bahn sich an der Buntheit der Welt erfreuen.

Der Vagabund und der Pilger, eben weil sie nicht verharren wollen – weder örtlich noch geistig –, bleiben Fremde in dem Sinn, daß sie über den Dingen stehen.

Tatsächlich geht, wie schon gesagt, das Wort Pilger auf das lateinische „Peregrinus", was soviel wie der Fremde bedeutet, zurück. Aus dem Peregrinus wird im 4. Jahrhundert nach Christus der Pelegrinus, es kommt also das „l" dazu. Und daraus wird im 8. Jahrhundert der Pilgrim, worunter man allgemein den nach Rom wallfahrenden Ausländer bezeichnete. Im 15. Jahrhundert schließlich spricht man schon vom Pilger.[*]

Wie ich später noch zeigen werde, hatten die Pilger in früheren Zeiten keinen guten Ruf, da sich viele Schwindler unter sie mischten. Es wundert daher nicht, daß das wienerische Wort „Pücher" für Gauner sich vom Wort „Pilger" ableitet. Im Laufe der Zeit wurde daraus der „Pilcher" und schließlich der „Pücher". Meine Zimmerfrau Anna Zanibal – Gott habe sie selig –, bei der ich als junger Student wohnte, verwendete noch die Bezeichnung „Pilcher" und „Pülcher" für Personen, die ihr suspekt waren. Damals ging mir ein Licht auf, und mir wurde die Verbindung von Pilger und Pücher klar.

Das Leben der Vagabunden und Pilger war nicht immer einfach, hatte aber seinen Zauber, an den weitherzige Dichter des vorigen Jahrhunderts anzuknüpfen versuchten, wie Nikolaus Lenau mit seinem Lied von den „drei Zigeunern" und Willhelm Müller mit seinem Lied von den „Prager Musikanten", das aus der Zeit um 1820 stammt.

[*]   Siehe dazu F. Kluge, Etymologisches Wörterbuch der deutschen Sprache, Berlin

Ich summe es, während ich den Pyhrnpaß hinunterradle.
Dieses Lied drückt gut die Freude am Vagabundieren aus:

„Mit der Fiedel auf dem Rucken, mit dem Käppel in der Hand,
zieh'n wir Prager Musikanten durch das weite Christenland.
Unser Schutzpatron im Himmel ist der heil'ge Nepomuk,
steht mit seinem Sternenkränzel auf der Prager Bruck.
Als ich da vorbeigewandert, hab ich Reverenz gemacht,
ein Gebet ihm aus dem Kopfe ganz bedächtig hergesagt."

Das freie, ungebundene Leben wird hier verherrlicht, ganz in der Tradition der Vaganten des Mittelalters.

Ich meine nun, daß der Tourenradfahrer, wie ich ihn sehe, sich in der besten Tradition dieser alten Vagabunden, der alten Wanderburschen und der weit umherziehenden Pilger befindet. Sie alle verbindet die Freude am fast anarchischen Reisen, das nicht genau geplant ist, bei dem die Landstraße noch ihren Zauber hat und bei dem man noch Zeit hat, sich Gedanken über die Gegend, ihre Geschichte und ihre Menschen zu machen.

Der Himmel verspricht kein allzu gutes Wetter, weiße Federwolken umgeben die Sonne, es sind vielleicht nasse Tage zu erwarten, die ich auf dem Fahrrad verbringen werde. Aber im Moment habe ich andere Sorgen. Das Fahrrad bedarf noch einiger Ergänzungen, die mir der Fahrradhändler Vasold in Liezen, bei dem ich dieses schöne Meisterstück erstanden habe, anbringen will. Ich bezeichne meine Fahrräder als meine Freunde, als meine besten Freunde, die mich nicht enttäuschen. Zwischen dem Fahrrad und mir entsteht während einer solchen Tour eine enge Beziehung.

Für mich bedeutet es wahre Lust, das Fahrrad zu lenken. Allerdings muß das Fahrrad in Ordnung sein. Darauf schauen die Herren der Radfirma Vasold. Gegen 15 Uhr ist es soweit. Ein paar Griffe noch am Fahrrad, dann schiebt der Sohn des Herrn Vasold mein Fahrrad zu mir, blickt mit einigem Stolz auf den neuen Gepäckträger, die gefettete Kette und den verlängerten Sattel meines Rennrades, eine Art Trekking-Rennrad, also eines, das zwar schmale Reifen, auf denen schnell zu fahren ist, besitzt, das aber ebenso mit Kotschützern und einem Gepäckträger versehen ist. Auf letzterem transportiere ich meine große Gepäcktasche, die zwei Seitentaschen, die rechts und links des Hinterrades hängen, und eine Mitteltasche, die direkt am Gepäckträger aufliegt, umfaßt. Angetan bin ich mit dunkler Hose mit Gürtel und einem rot-blauen T-Shirt, früher hat man ein solches bloß als „Leiberl" bezeichnet.

Dieses für Radfahrer spezielle T-Shirt ist zweigeteilt, in zwei Flächen: in eine rote und in eine blaue, am Rücken hat es zwei Taschen, in die Sachen, die man während des Radelns schnell zur Hand haben will, passen.

Ich biete ein buntes Bild, dies ist wichtig wegen der dahinrasenden Autofahrer, die ich so auf mich aufmerksam machen und sie anregen kann, ihren Karren vorsichtiger zu lenken. Ich zahle kräftig für die prächtige Arbeit von Meister Vasold. Falls er diese Zeilen lesen sollte, so sei ihm gesagt, daß ich ihm für seine Arbeit dankbar bin. Das Fahrrad funktioniert großartig, es wird mich bergauf, bergab an kalten und warmen Tagen durch allerlei Gefilde geleiten. Ich weihe es dem heiligen Franz, dem Vorbild der Vagabunden, auch der radelnden. Nach einem Handschlag mit Herrn Vasold besteige ich lustvoll mein Fahrrad und radle los. Bleibe aber kurz nachher bei einer Apotheke stehen, kaufe ein Sonnenmittel, um mich gegen die starke Sommersonne Italiens zu schützen. Erzähle der Apothekerin, ich wäre auf einer Radtour nach Italien. Sie schaut bewundernd zu mir auf und fragt: „Von wo sind Sie schon unterwegs?" Ich erwidere wahrheitsgemäß, obwohl ich am liebsten mit einer bereits langen Tour etwas angegeben hätte „Von Spital am Pyhrn, aber immerhin habe ich bereits den Pyhrnpaß hinter mir." Sie antwortet mit einem bloßen, etwas abschätzigen: „Ach so!" und übergibt mir die Sonnencreme. Nun radle ich wirklich los. Die Straße hinunter, unter eine Überführung und über die Schienen der Bahn zur Straße, die zur Enns führt. Über die Brücke und dann zur Abzweigung nach Irdning. Geradeaus geht es etwas bergauf nach Lassing, einem Ort, der traurige Berühmtheit erlangte, als unverantwortliche

Bergwerksunternehmer brave Bergmänner und Familienväter in den Schacht gehen ließen und dieser über ihnen zusammenstürzte. Die toten Männer konnten nicht geborgen werden. Ich gedenke dieser braven Arbeiter und radle weiter. Vor mir wuchtet sich der Grimming majestätisch in den blauen, mit weißen, dünnen Wolken durchzogenen Himmel. Der Grimming, auf dem ich auch einmal stand, ist der Wächter dieser Gegend, das Symbol eines ehedem rebellischen Völkchens. Es waren Menschen aus dem Ennstal, welche im 16. Jahrhundert sich gegen die Unterdrückung durch Aristokratie und Kirche aufgelehnt und einen tapferen Kampf gefochten haben. Sie waren Protestanten geworden, da sie meinten, die Religion Martin Luthers wäre die richtige. Die Übersetzung der Bibel durch diesen Mann aus Wittenberg in das Deutsche war ihnen entgegengekommen, denn nun konnten sie wohl zum ersten Mal auf deutsch lesen, Christus habe verlangt, man solle seinen Nächsten lieben. Von dieser Liebe hatten Bauern und Bergleute, die von Adel und Kirche ausgebeutet und unterdrückt wurden, bis dahin nicht viel gespürt. Sie sahen im evangelischen Glauben die Rettung vor den Ungerechtigkeiten und Erniedrigungen, denen sie durch die hohen Herren ausgeliefert waren. Wie brutal man mit den rebellischen Leuten umging, zeigt ein Marterl, ein Bildstock, zwischen Spital am Pyhrn und Windischgarsten, der Gegend, aus der ich geradelt komme; der rührige Schullehrer Kusche aus Windischgarsten hatte es geschnitzt und beschrieben. Auf diesem Marterl sieht man einen Bauern in altertümlicher Tracht, in seiner Hand hält er eine Schriftrolle, auf der die römischen Zahlen von eins bis zwölf stehen. Diese Zahlen beziehen sich auf die 12 Forderungen der oberschwäbischen Bauern, mit denen sie Freiheits- und Menschenrechte von den Grundherren für sich verlangen. So wollten sie das Recht, den Pfarrer selbst zu wählen, auch das Jagdrecht, das der Adel für sich alleine in Anspruch nahm. Wie brutal die Herren mit den Rebellen umgingen, zeigt sich an der Aufschrift am Marterl. Dort heißt es, daß 1597 acht Männer mit dem Probst von Spital am Pyhrn, Gienger, um Recht und Glauben stritten. Deswegen wurden vom Landesobristen Starhemberg vier der Bauern bei ihren Höfen gehängt und die vier anderen draußen in Sierning. Zur ehrenhaften Erinnerung an diese acht Burschen seien ihre Namen hier in allen Ehren erwähnt, ich habe sie einmal bei einer Schilanglauftour auswendig gelernt: „Adam Lechner, ein Lederer, Paul am Wartech. Lipp am Hof. Wolfgang am Schönegg. Leohard Eggl, ein Schneider. Leonhard am Kaltenbrunn, Hans Köchl, ein Krämer; und Erhard Dürrer, ein Bäcker." Diese braven Streiter um ihren Glauben hat man hingerichtet, weil die Herren offensichtlich meinten, sie würden die alte Ordnung stören. Was diese auch wollten im Namen der Menschlichkeit. Mit der war es damals nicht weit her. So überlege ich und gedenke der rebellischen Bauern. Ich werde auf sie heute am Abend im Gasthaus einen Schluck Bier trinken. Besonders rebellisch waren sie hier im offenen Ennstal, in dem trotzig der Grimming steht. Für mich als Radler ist er Orientierung, aber auch Symbol alten Rebellentums. An seinem Fuß führt die Straße durch ein Tal hinauf über Untergrimming nach Klachau und Mitterndorf. Am Eingang in dieses Tal, hoch oben, über den Felsen, durch die und an der die Eisenbahnlinie von Stainach nach Bad Aussee, Hallstatt und Bad Ischl führt, liegt eingebettet das viel gerühmte und als steirisches Kripperl bezeichnete Pürgg. Wie eine Trutzfeste liegt dieses Bauerndorf dort oben. Ich liebe diesen Ort. Schon oft marschierte ich zum Andenken an meine verstorbene Mutter, die brave Landärztin, von Stainach über Pürgg nach Lessern und weiter über Klachau, Mitterndorf, den Paß Radeing nach Bad Aussee, wo meine Mutter vor Jahren zur Winterszeit im dortigen Krankenhaus lag. An einem Faschingsdienstag hatte ich sie besucht, auch damals war ich zu Fuß in Aussee angelangt. Für meine Mutter, die vielleicht von oben von einer Wolke oder von einem Stern auf mich herunterlächelt, unternehme ich beinahe jedes Jahr diese Tour, bei der mich mitunter auch meine freundliche Schwester Erika begleitet.

Wenn man Pürgg so sieht, gerade aus der Perspektive des im Tal ziehenden Radfahrers, kann man sich gut vorstellen, daß damals im 17. und 18. Jahrhundert sich dort oben brave, aber rebellische Protestanten zurückgezogen hatten. Dieses Pürgg bildet den beinahe anarchischen Gegensatz zu dem im Tal an der Kreuzung der aus dem Salzkammergut und vom Dachstein herkommenden Straßen liegenden stolzen Schloß Trautenfels, in dem die noblen Grundherren wohnten, für die die Bauern hier knechtische Dienste zu verrichten hatten. Von Pürgg mögen Bauern heruntergeschaut und geschimpft haben. Man kam diesen Rebellen in Pürgg auf die Spur und verbannte sie in der Mitte des 18. Jahrhunderts, so wie viele andere aus dem Ennstal und dem nahen Salzkammergut, nach Siebenbürgen in die Dörfer bei Hermannstadt, dem heutigen Sibiu. Aus einer Liste der Verbannten, in die ich einmal Einsicht nehmen konnte, geht hervor, daß eine ganze Schar von Rebellen – Frauen, Männer und Kinder – in das siebenbürgische Dorf Großpold geschafft wurden. Dieses brutale Vorgehen gegen Protestanten war das Werk der angeblich sehr frommen Maria Theresia und ihres Vaters Karl VI. Die beiden haßten die Protestanten. Sie wollten ein rein katholisches Österreich, also ein Österreich ohne Protestanten. Vielleicht versprachen sich die beiden Herrscher durch ihre Aktivitäten einen besonderen Platz im Himmel. Erst der Sohn Maria Theresias, Joseph II., der Aufklärer, gab in seinem Toleranzpatent vom 13. 10. 1781 den Menschen das Recht, ihre Religion frei zu bestimmen.

Seit Jahren forsche ich mit Studenten in Großpold bei den Nachkommen der von hier Verbannten, den sogenannten Landlern. Bei diesen fiel mir übrigens der Familienname Sonnleitner auf, ein Name, der auch in den Verbannungslisten von Pürgg zu finden ist. In Großpold in Siebenbürgen kann man also auf Leute stoßen, die sich von Pürgg ableiten. Die Landler sind fromme und freundliche Leute, bei denen ich gerne bin. Der Name Landler kommt übrigens vom „Landl", wie das Gebiet um Eferding in Oberösterreich heißt. Dort nahm der wilde Bauernaufstand von 1625 und 1626, geführt von dem Helden Stefan Fadinger, seinen Anfang. Dieser wurde brutal niedergeschlagen. Die Protestanten wurden darauf verfolgt und genötigt, katholisch zu werden oder auszuwandern. Und schließlich kam es zur Verbannung jener Rebellen, die aus ihrer Heimat nicht auswandern wollten, dazu gehören die Aufsässigen von Pürgg.

Heute noch sprechen ihre Nachkommen in Siebenbürgen ein altes Österreichisch, das im 18. Jahrhundert stehengeblieben ist. Leider wanderten nach dem Niedergang des Kommunismus in den letzten Jahren viele dieser Nachfahren von Rebellen nach Deutschland und Österreich aus. Dies ist schade, da diese Menschen dort bis heute eine schöne alte bäuerliche Kultur weitergeführt haben, eine Kultur, die es bei uns in Österreich nicht mehr gibt. Bei uns ist der Bauer im alten Sinn verschwunden, es gibt nur mehr Spezialisten. Noch etwas ist interessant an Pürgg und fasziniert gerade mich als Radfahrer, der ich in Hochachtung vor den alten Bauern in Pürgg nach oben in die Felsen blicke. Eine alte gotische Dorfkirche mit spitzem Turm blickt von dort oben ins Tal. Daneben gibt es aber noch eine kleine Kirche, die am Rande des Dorfes auf einem kleinen Hügel über dem Tal thront und die ihren besonderen Zauber hat. In sie zu gelangen ist nicht so einfach, man benötigt dazu einen Schlüssel, den eine Familie in einem kleinen Häuschen unweit der Kirche wie einen Schatz verwahrt. Es bedarf einer gewissen Höflichkeit und eines seriösen Aussehens, um für kurze Zeit diesen Schlüssel besitzen und mit diesem die Tür zur Kirche öffnen zu können. Mit dieser Johanneskirche, so ist sie benannt, hat es eine besondere Bewandtnis. Sie wurde um 1000 erbaut, romanische Elemente verbinden sich in ihr mit byzantinischen Mustern, die wahrscheinlich den Kreuzzügen ihre Existenz verdanken. Vielleicht war es ein kunstgesinnter Kreuzritter, der aus Byzanz die Idee dieser Muster hierher gebracht hat. Berühmt ist die Kirche jedoch wegen einer besonderen Darstellung, die eine Burg zeigt, in der Mäuse sich gegen angreifende Ratten zu verteidigen suchen. Diese farbige Darstellung gibt gelehrten Leuten einige Rätsel auf. Es mag sein, daß diese Malerei den Kampf von Kreuzrittern zeigt, die sich in einer Burg vor dem Angriff von Moslems schützen.

An alle, die einmal in Pürgg waren und von hier wegmußten, sei es als fromme Protestanten oder als kühne Kreuzritter, denke ich, während ich in Irdning beim Friedhof, dort, wo es bergauf geht, einfahre. Auf sie alle werde ich am Abend ein Bier trinken.

Langsam radle ich durch Irdning, einen freundlichen Ort, der einen freundlichen Arzt hat, nämlich meinen Schwager, den Ehemann meiner Schwester. Ich radle an der alten Kirche vorbei, auch sie ist gotisch und erinnert an die Zeiten der Religionskämpfe. Mir ist aufgefallen, daß dort, wo die Bauern hart für ihre Sachen gekämpft haben und wo die katholische Kirche mächtig war, die gotischen Kirchen mit Barock überzogen wurden, um die Stärke der Kirche zu demonstrieren. Dies spielte sich im Zeitalter der Gegenreformation ab, als die frommen Herrscher Österreichs während des 18. Jahrhunderts den Protestantismus mit Putz und Stingl ausrotten wollten. So zum Beispiel ist die Stiftskirche des Klosters zu Kremsmünster voll des Barocks. Entfernt man allerdings den barocken Verputz, so erscheint, wie man es an der Außenfront der Apsis getan hat, prachtvolle Gotik. Gotisch war auch das Stift zu Spital am Pyhrn, ehe man ihm in der zweiten Hälfte des 18. Jahrhunderts den barocken Stempel aufdrückte. Die barocke Kirche in Spital am Pyhrn wurde somit zum Symbol barocker Herrschaft, um den Bauern, die auch hier Aufstände erprobten, die Kraft der katholischen Kirche zu zeigen. Mir selbst behagt die Gotik mehr als der Barock. Die edle Schlankheit gotischer Kirchen hat etwas Beeindruckendes und Erhebendes, im Gegensatz zu den meisten für mich eher plump und pompös wirkenden barocken Kirchen, mit Ausnahme vielleicht der von Spital am Pyhrn, die sich durch eine meiner Ansicht nach untypische barocke Leichtigkeit auszeichnet. Es kann auch sein, daß diese Kirche nur darum nicht so aufdringlich wie die anderen wirkt, weil die Hälfte der Kirche um die Mitte des vorigen Jahrhunderts abgebrannt und ohne viel Ornamentik wieder aufgebaut worden ist. Auch Brände können etwas Gutes an sich haben.

In manchen Marktflecken, wie hier in Irdning, wo offensichtlich ein liberales Bürgertum ein Gegengewicht zu den Mächtigen der Kirche darstellte, haben sich jedoch die gotischen Kirchen erhalten, und dies gefällt nicht nur mir, dem vorbeitretenden Radfahrer. Gegenüber der Kirche biege ich ab, an schmucken Bürgerhäusern vorbei gelange ich zum Ärztehaus meines Schwagers und meiner Schwester. Ich bleibe stehen und läute an der noblen Tür des um die Jahrhundertwende erbauten, großzügig angelegten Hauses mit einem großen Garten, der sich hin zur Landstraße erstreckt. Zunächst rührt sich niemand auf mein freundliches Klingeln. Nach einer Zeit höre ich die Stimme meines Neffen Berndi durch die Gegensprechanlage. Ich melde mich. Er

kommt gleich und ruft: „Onkel, du bist es." Dabei lächelt er. Ich habe
die Ehre, von ihm bloß mit „Onkel" angesprochen zu werden. Mit dem
Ausruf „Onkel" in diesem Haus weiß jeder, daß nur ich damit gemeint
sein kann. Ich erzähle meinem Neffen: „Ich starte nun zu meiner Radtour nach Italien. Ich freue mich schon auf den Appenin. Aber bevor ich
losradl, wollte ich euch noch ‚auf Wiedersehen' sagen." Berndi lacht
heiter, seine Zähne blitzen, und seine gelockten, etwas längeren Haare
vibrieren. „Onkel, das ist großartig. Die Eltern sind nicht da. Ich wünsche dir das Beste. Schau auf dich." Er fügt noch etwas hinzu, was mich
aufhorchen läßt: „Mein Vater hat mir, bevor er weggefahren ist, erzählt,
in der Ordination sei bei ihm ein alter Mann gewesen, der früher in der
Gegend da ein berühmter Wildschütz gewesen ist. Vielleicht kannst du
mit ihm einmal reden, wenn du wieder hier bist." Ich danke ihm und
nehme mir vor, diesen Mann einmal aufzustöbern. Vielleicht erfahre ich
von ihm einiges über die Wilderergeschichten, an denen die Gegend
um Irdning und weiter nach Öblarn reich ist. Ich begebe mich noch,
nachdem ich mich von Berndi per Handschlag verabschiedet habe, zu
Gottfried Uray, seines edlen Zeichens Gymnasialprofessor im Ruhe-
stand. Er ist gerade beim Grasmähen. Als er mich sieht, macht er eine
Pause, stellt den elektrischen Mäher, der einen höllischen Lärm verur-
sacht, ab. Wir grüßen uns. Ungläubig hört er zu, als ich erzähle: „Ich
bin auf dem Weg mit dem Fahrrad nach Italien. Heute möchte ich
noch bis Murau kommen." Er neigt skeptisch den Kopf und meint:
„Ob du den Sölkpaß heute noch packst, ist fraglich." Ich antworte: „Ich
werde mich bemühen. Jetzt ist es gegen 5 Uhr nachmittags. Es muß
sich heute noch ausgehen, allerdings werde ich in die Dunkelheit kommen." Ich füge noch hinzu: „Jetzt muß ich aber los." Der Herr Professor lächelt weise, ich gebe ihm die Hand und trete in die Pedale. Die
Straße, eine Nebenstraße im Ort, führt durch eine Art Allee. Das Wetter ist noch prächtig. Ich überquere die Straße nach Donnersbachwald,
ein Winkel drinnen in den Bergen. Auch hier gab es Wilderer, ziemlich
gefürchtete sogar. Ich radle im Talboden, links oben liegt die Schule
Raumberg, in der künftige Agraringenieure ausgebildet werden. Ich
habe dort einmal einen Vortrag über Wildschütze gehalten. Mit einem

alten Wildererstutzen war ich unterwegs, um diesen den aufgeweckten und etwas spitzbübischen Schülern, alle so um die 16 Jahre alt, zu zeigen. Diese waren mit meinen Geschichten und Geschichtchen hoch zufrieden. Weniger einverstanden dürfte der Herr Direktor der Schule gewesen sein. Ihm war ich, wie ich später einmal erfuhr, ob meiner heiteren Vorgangsweise etwas suspekt. Ich wende meinen Blick von der Schule ab, ich radle durch Altirdning, ein lieber Ort mit alten Bauernhäusern, und biege in die Nebenstraße in Richtung Öblarn. Es ist angenehm flach hier im Talboden des Ennstals, dunkle Wälder zieren die Hänge, rechts von mir fließt die Enns. Nur wenige Autofahrer sind unterwegs. Knapp vor mir radelt ein Sonntagsradler in bunter, enganliegender Kleidung. Wir beide grüßen uns nur kurz, wir radeln auf der Straße und nicht am Radweg, der neben der Straße verläuft. Ich ziehe auch für gewöhnlich die Straße dem Radweg vor, denn solche Radwege sind oft teuflisch, oft machen sie Umwege, und manchmal sind sie ungepflegt, auf ihnen finden sich kleine Steine, und sogar Nägel habe ich schon entdeckt. Oft fluche ich über Patschen, über Löcher im Schlauch, weil ich den Radweg benützt habe. Die normale Straße erscheint mir meist sicherer als Radwege zu sein, denn Radwege entpuppen sich oft als Fallen, wenn man selbst schnell unterwegs ist oder sein will und es kommen zwei oder drei gemütlich tretende Radfahrer entgegen, denen es gleichgültig zu sein scheint, daß ihnen jemand begegnet. Es kann passieren, wenn die Entgegenkommenden dickliche Gelegenheitsradler sind, daß man als Tourenradler regelrecht von ihnen überrollt wird. Die normale Straße dagegen ist bisweilen sicherer, denn die Autofahrer nehmen auf bunt angezogene Radfahrer grundsätzlich Rücksicht. Allerdings gibt es Autofahrer, die ärgern sich, wenn man die normale Straße mit dem Rad befährt, obwohl ein Radweg daneben verläuft. Ein solcher verärgerter Autofahrer überholt uns beide, die wir hintereinander radeln, laut hupend. Wir ignorieren den üblen Zeitgenossen. Die Ortstafel von Öblarn taucht auf, ein liebliches Dorf, in der die Dichterin Paula Grogger gelebt und schöne Sachen geschrieben hat, wie den berühmten Roman „Das Grimmingtor", eine geheimnisvolle Geschichte, die mit einem steinernen Tor hoch oben am Grimming in Verbindung gebracht wird.

Gegenüber von Öblarn erstrecken sich die Ausläufe des Grimmings bis hin zum Dachstein. Auch am Fuße des Dachsteins, in Ramsau, gab es rebellische Bauern, die zu Protestanten geworden waren. Dort sind sie bis heute geblieben, sie sind niemals vertrieben worden, da sie sich sehr geschickt vor den Häschern Maria Theresias, der große Gegnerin der Protestanten, schützen konnten. Es war für die Häscher schwer, die Bauern dort oberhalb von Schladming als geheime Protestanten zu überführen. Dies lag nicht nur in der gebirgigen Abgeschiedenheit des rebellischen Dorfes, sondern auch daran, daß die Ramsauer Protestanten die dort hinaufgelangten katholischen Polizeibeamten hineinlegten. Diese suchten in den Häusern nach der deutschen Lutherbibel, deren Besitz streng verboten war. Damit die Bibel nicht in die unbefugten Hände fiel, versteckten die Bauern diese sehr gewissenhaft, entweder an einem geheimnisvollen Winkel des Bauernhauses oder noch besser: unter den Sparren des Stalldaches in schwer zu entdeckenden Fächern. Aber um ganz sicherzugehen und um keine Probleme mit den Häschern zu bekommen, rissen manche Bauern die erste Seite der Bibel, auf der der Name Luther stand, heraus.

So hofften sie zu Recht, die Inspektoren, die nicht viel mehr als den Namen Luther lesen konnten, zu täuschen. Sie sollten meinen, bei dem betreffenden Buch würde es sich nicht um die Lutherbibel handeln. Vor einigen Jahren war ich bei einem alten Bauern in Ramsau, er hieß Knaus. Er erzählte mir, daß die verbotenen Lutherbibeln um 1750 zur Zeit Maria Theresias von Gosau auf einem geheimen Weg nach Ramsau geschmuggelt worden waren. Diesen Weg, man nennt ihn heute Bibelweg, würde er jedes Jahr zur Erinnerung an seine protestantischen Vorfahren marschieren. Nach Gosau kamen die Bibeln durch Handwerker aus Deutschland. Nachdem mir Herr Knaus dies geschildert hatte, holte er aus einem Kasten eine alte Lutherbibel. Vor dem Krieg hatte er sie im Stall versteckt gefunden. Er öffnete die Bibel und zeigte sie mir. Ich sah, daß die erste Seite fehlte, auf der wohl der Name Luther zu lesen gewesen ist. Die Protestanten haben sich in Ramsau bis heute gehalten, sie scheinen stolz auf ihre Religion zu sein, die einmal eine rebellische war.

Diese Luft der Rebellion umgibt mich, als ich kräftig in die Pedale trete, die ansteigende, kurvige Straße hinauf, die in Stein an der Enns nach St. Nikolai und auf den Sölkpaß führt. Noch ist es hell, es ist gegen sieben Uhr. Noch ist eine ziemliche Strecke zurückzulegen. Zwei junge Burschen radeln vor mir, sie sind schwer bepackt und lassen sich Zeit. Ich hole auf, grüße und beginne mit dem einen, der vorausfährt, ein Gespräch. Ich frage, wohin die beiden fahren wollen. Der eine Radler führt aus: „Wir beide kommen aus Deutschland. Wir sind mit einer Gruppe unterwegs. Wir haben in Fiume ein Treffen, ein Lager. Die anderen fahren mit dem Zug dorthin. Wir sind vorausgefahren mit dem Zug, bis Österreich, nun wollen wir mit dem Fahrrad nach Fiume fahren. Uns macht dies Freude, wir bekommen so eine ganz andere Beziehung zu den Gegenden, durch die wir radeln. Hier in Österreich, wir sind das erstemal hier, ist es wunderschön. Die Landschaften sind herrlich. Seit zwei Tagen sind wir mit dem Rad unterwegs." Ich nicke und bin froh, in Österreich zu leben.

Die beiden scheinen tatsächlich von der Umgebung hier angetan zu sein. Sie schauen auf die dieses Tal zum Sölkpaß umrandenden Berge. Die beiden machen Rast. Ich verabschiede mich mit dem Wunsch, ihre weitere Reise solle eine schöne werden. Ich radle, langsam steigt die Straße an. Sie geht entlang des kleinen Flusses, manchmal über diesen. Noch scheint die Sonne, aber sie ist am Verschwinden. An Bauernhäusern geht es vorbei. Echte Bauern gibt es hier und auch sonst in Österreich nicht mehr. Die früheren Bauern hier im Gebirge, falls sie noch nicht aufgegeben haben, wurden zu reinen Viehspezialisten mit Rinderhaltung, Milchwirtschaft und vielleicht Schweinemästung. In früheren Jahren bis um 1960 wurde hier auch Getreide angebaut. Es gab noch autarke Bauern, aber solche darf es im Rahmen der großen Globalisierung gar nicht geben. Der Bauer wurde zum Subventionsempfänger, er wurde abhängig und zum Landschaftspfleger. Ich erinnere mich als Kind, daß auf den Wiesen sogenannte Heumandln standen, Holzgestänge, auf den das frisch gemähte Gras trocknen konnte. Das Heu wurde dann auf dem Heuboden gelagert, bis der Bauer es für die Kühe herunterholte. Oft habe ich als Bub im Heu gespielt. Heute gibt es diese Heuböden nicht mehr. Das Gras wird, wenn es mit der am Traktor sich befindlichen Mähmaschine geschnitten ist, heute in Plastikhüllen gepreßt. Das Gras wird auf diese Weise silisiert und so den Kühen vorgeworfen. Zu diesem kommt noch Kraftfutter. Es hat sich Wesentliches bei den Bauern geändert. Der alte Bauer ist verschwunden, an seine Stelle ist der Manager getreten. Und das ist traurig, denke ich mir, während ich weiterradle und auf die langweilig grünen Wiesen schaue; früher waren sie bunter mit den vielen Blumen, die heute fehlen, weil mindestens dreimal das Gras geschnitten wird, Blumen haben da keine Chancen, voll zu erblühen.

Kleine Weiler werden von mir durchfahren. Bald bin ich an der Umfahrungsstraße von St. Nikolai, dem letzten Dorf vor dem Sölkpaß. Es dämmert schon, ich denke mir, glücklich jene beiden Radfahrer, die ich vorher getroffen habe, die mir erzählten, sie würden hier in St. Nikolai übernachten. Ich will weiter, in die Nacht hinein, bis Murau möchte ich kommen. Die Straße wird steiler, etwas mühsam wird es für mich als Radler, aber ich ziehe durch. Die Straße führt durch eine Almgegend, an einer Almhütte vorbei, früher mag sie eine echte mit Sennerin gewesen sein, die vorbeiwandernden Leuten Milch ausschenkte und Steirerkäse aufwartete. Sie wird dabei nicht viel verdient haben. Dieser „Steirerkas" ist eine Spezialität im Ennstal. Ich kaufe mir öfter einen solchen bei einer Bäuerin am steilen Weg von Ketten, nicht weit von Irdning, hinauf nach Oppenberg. Ein Schild irgendwo da oben verweist auf einen Bauernhof, auf dem man einen solchen „Kas" kaufen kann. Der Briefträger Lois Trinkl in Spital am Pyhrn hat mich, als ich noch ein Bub war, auf die Köstlichkeit dieses Käses aufmerksam gemacht. Seit damals schmeckt er mir. Dieser Käse schaut allerdings greulich aus. Er schimmert in Farben, die von hellbraun bis dunkelgrün und schwärzlich gehen. Er ist bröselig, er muß also auf das Brot gestreut werden. Der Anblick dieses Käses hält viele ab, ihn zu sich zu nehmen. Dazu kommt noch der intensive und scharfe Duft, der um vieles ärger ist als der der üblichen Stinkkäsesorten. Die furchtbare Farbe und dieser ganz und gar nicht anregende Duft machen das Delikate dieses Käses aus. Mir schmeckt er. Nur hier im Ennstal wird er hergestellt, sonst

nirgends. Hier in dieser Almhütte mag er erzeugt worden sein, vielleicht wird er es heute noch, aber die Milch für den Topfen, aus dem er
fabriziert wird, muß vom Tal hierher transportiert werden, denn hier
oben gibt es nur Jungvieh, und das gibt keine Milch. Es hat sich also in
der bäuerlichen Kultur viel geändert. Auch die Alm, auf der früher die
Kühe geweidet wurden, hat sich gewandelt. Eine echte Sennerin, die
täglich die Kühe melkte, kann es also nicht mehr geben. Aus der ehemaligen Almhütte ist eine Art Ausflugsgasthaus geworden, in dem man,
wie man auf Holztafeln lesen kann, Geselchtes, Käse und anderes, was
als typisch bäuerlich erscheint, erhalten kann. Ein paar Autos stehen vor
der Hütte. Gegenüber davon erblicke ich ein paar Kälber, die genußvoll
das Almgras zupfen. In einer Kurve zweigt ein Weg etwas bergab zu
einer anderen Almhütte, die allerdings wie ein Hotel wirkt, denn auf
einer Tafel wird großspurig darauf hingewiesen, daß man hier gutbür-
gerlich essen und sogar übernachten könne. Die Hütte ist nach dem le-
gendären Erzherzog Johann benannt, ebenso wie die ganze Straße bis
zur Paßhöhe hinauf. Dieser Erzherzog, der als so großer Menschenfreund hingestellt wird, dürfte tatsächlich eine sonderbare Person gewesen sein, denn er hat einige der aufrechten Rebellen von 1848 hineingelegt, so den Bauernbefreier Hans Kudlich, der als Student im
Reichstag den Antrag auf Aufhebung der Robot und des Zehents gestellt hatte. Er mußte in die Vereinigten Staaten fliehen und war in Ab-
wesenheit zum Tode verurteilt worden. Gott sei Dank war er in Sicherheit. Mir ist nicht bekannt, daß der Erzherzog, ein schlauer Herr, nur
einen Finger für diesen Rebellen gerührt hat. Ich bin also ein wenig ein
Kritiker des allseits so verehrten Erzherzogs Johann. Heinrich Heine
meinte sogar in einem Gedicht, daß der Erzherzog ein ehrgeiziger
Herr gewesen sei, der selbst deutscher Kaiser werden wollte. Jedenfalls
war er gegen die Revolutionäre von 1848, obwohl er am Beginn der Revolution so getan hatte, als ob er mit ihnen sympathisiere.

Dennoch radle ich auf der nach dem Erzherzog benannten Straße,
vorbei an hohen Bäumen und sattem Moos. In Serpentinen geht es allmählich in die Höhe. Die Bäume werden weniger. Es dunkelt. Bald
stehe ich am Paß. Die Tafeln, ich kenne sie schon von früher, verweisen

auf die alte Kultur dieser Straße. Römer spazierten hier, und das Salz von den Bergwerken Bad Aussees und Hallstatts wurde durch die Jahrhunderte über den Paß nach dem Süden verhandelt. Auf den Rücken von Bauernburschen und in von starken Rössern gezogenen Fuhrwerken wanderte das Salz nach Kärnten und sicherlich weiter bis nach Italien. Aus den Funden bei den Ausgrabungen in Hallstatt kann man schließen, daß bis in den Raum der Adria Hallstätter Salz gebracht wurde. So fand man in Hallstatt und am Dürnberg bei Hallein Situlen, so heißen die verzierten großen Bronzegefäße, in denen noble Römer den Wein mit Wasser mischten. Gegen Salz wurden also Gegenstände der Römer wahrscheinlich auch über diesen Paß, den Sölkpaß, befördert. Übrigens steckt in unserem Wort „Seidl", dem klassischen Glas, in dem 0,333 Liter Bier Platz findet, das Wort Situla, dem römischen Mischgefäß.

Auf ein Bier freue ich mich, als ich mir einen Pullover überstreife, das Licht am Rad andrehe und nun bergab sause. Es ist schon dunkel, sehr dunkel, mein Licht sucht den Weg, der teilweise steil hinunterführt. Es ist kühl, ich freue mich auf ein Wirtshaus. Es wird eben und dann wieder steil, an ein paar Bauernhäusern vorbei. Es zieht sich, und schließlich bei einem Friedhof biege ich in die Straße, die von Tamsweg hierher geht, nach Murau ein. Ein paar Autos begegnen mir, einige überholen mich. Man nimmt auf mich, den Radfahrer mit Gepäck und Licht, Rücksicht. Ich radle in den Ort Murau. Ich komme aus der Dunkelheit in das beleuchtete Städtchen. Ich bin müde, ich bin weit gefahren, immerhin bin ich erst am Nachmittag von Liezen weggeradelt. Im ersten Gasthaus, an dem ich vorbeikomme, halte ich und frage den Wirt, ob er ein freies Zimmer für mich habe. Denke fest, daß dieses große Haus mich, den Radfahrer, aufnehmen werde. Doch ich werde enttäuscht, als der Wirt meint, es sei nichts frei, ich solle es woanders versuchen. Dabei schaut er mich etwas skeptisch von oben bis unten an. Mag sein, daß er mich für einen radelnden Vagabunden hält. Ein solcher bin ich eigentlich auch, allerdings kann ich mir ein Zimmer leisten. Ich radle weiter gegen die Mitte des Ortes. Beim Gasthaus „Bärenwirt" versuche ich es wieder. Es ist schon gegen 11 Uhr, als mir der Wirt erklärt, ich könne bei ihm übernachten. Das Radl stellt er in der Nähe der Küche ab. Hier könne es nicht gestohlen werden, meint er. Ein älteres Ehepaar sitzt noch in der Gaststube und trinkt Bier. Ich bitte den Wirt inständig, wenn ich mein Gepäck am Zimmer habe, noch einmal kommen zu dürfen, ich habe Hunger, allerdings bin ich Vegetarier. Er sträubt sich etwas, nickt aber. Ich gehe auf das Zimmer, es ist eher einfach und langweilig. Hauptsache, ich habe ein Bett. Ich ziehe mich um und erscheine in der Gaststube. Das biertrinkende Ehepaar betrachtet meine Person als unerwünschte Störung und ignoriert mich. Ich grüße zwar, ernte aber nicht einmal ein Kopfnicken. Der Wirt hat mir inzwischen einen Käseteller mit einem Stück Weißbrot, das nicht mehr das jüngste zu sein scheint, und ein Glas gefüllt mit Bier auf einem abseits stehenden Tisch kredenzt. Ich bedanke mich höflich und wortkarg. Ich habe keine Lust, jetzt noch mit dem Wirt ein Gespräch zu führen. Müde lange ich zu und trinke mein Bier. Ich erhebe es auf das Wohlsein all der Rebellen, über die ich heute nachgedacht habe, es sind dies die Landler und die alten Bauernkrieger, die dem Adel harte Kämpfe geliefert haben. Es gab aber noch andere Rebellen hier in den Wäldern um den Paß, es waren dies die Wildschütze, über die werde ich morgen etwas nachdenken. Dies nehme ich mir vor und gehe schlafen.

Ich hoffe das Beste.

2. ÜBER DIE TURRACHER HÖHE,
ZUM OSSIACHER SEE — JÄGER UND WILDERER,
SEELEUTE

Ich habe einigermaßen gut geschlafen, etwas steckt mir der steile Anstieg auf den Sölkpaß noch in den Wadeln. Im Radeldreß setze ich mich
zum Frühstück in die Gaststube. Der Wirt bringt mir zwei harte Semmeln, dazu Käse und Marmelade und ein Häferl mit schwarzem Tee, in
den ich etwas Milch gebe. Die beiden Semmeln erregen meinen Unwillen. Ich teile dies höflich dem schlampigen Wirt, als solcher erscheint er mir, mit. Er bringt mir mit starrer Miene zwei frische Semmeln. Offensichtlich dachte er, mir dem Radfahrer könne er die
Semmeln vom Vortag andrehen. Ich bin froh, daß ich mir dies nicht gefallen ließ. Ich esse dennoch gemütlich, schaue mir die Straßenkarte an.
Noch weiß ich nicht, ob ich über die Turracher Höhe mit ihrer
berühmten steilen Straße, die heute zwar entschärft ist, aber doch bei
15 Prozent Steigung aufweist, fahren soll. Immerhin komme ich so auf
ungefähr 1800 Meter Höhe hinauf. Oder soll ich schon etwas vorher
abbiegen und über die Flattnitzer Höhe mit einer eher leicht anstei-
genden Straße bis auf 1400 Meter Seehöhe radeln. Ich frage den Wirt,
er rät mir, die Flattnitzer Straße zu nehmen. Sonst sagt er nicht viel.
Aber mich reizt gerade wegen des Wirtes die Turracher Höhe.

Am Nebentisch sitzt ein stummer Herr, er ist um die Vierzig und
eher nachlässig gekleidet mit Schlosserhose und offenem grau-rot ge-
streiftem Hemd. Er macht keinen glücklichen Eindruck. Jetzt um 8
Uhr vormittags trinkt er schon Bier. Er redet nichts, vielleicht ist er ein
freudloser Alkoholiker, der auf ein Leben mit Pech zurückblickt. Viel
Geld dürfte er nicht haben, daher wende ich mich an ihn mit den Worten: „Darf ich Sie auf ein Bier einladen." Doch der Mann reagiert nicht,
er verzieht keine Miene. Ich lasse die Hoffnung fahren, er würde sich
auf ein Gespräch einlassen. Er blickt an mir vorbei. Ich bin ihm gleichgültig. Ich gebe dem Wirt ein paar Schilling für das Bier, zu dem ich

den stummen Herrn einladen will. Der Wirt nimmt das Geld, er flüstert mir noch zu, der Mann sei arbeitslos, alkoholabhängig und mit einer Frau hatte er Pech. Er wird ihm ein Bier kredenzen. Der stumme Herr ignoriert mich weiter. Im Gastzimmer sitzen noch ein paar unscheinbare Gäste, sie entsprechen dem Stil des Gasthauses, dem Vornehmheit eher fremd ist. Ich zahle für die Übernachtung und gehe auf mein Zimmer. Ich nehme mein Gepäck, marschiere zum Fahrrad, das mir der Wirt aus einem Verschlag hinter der Küche geholt hat. Ich sattle mein Roß und schiebe es durch Murau. Mir gefällt dieses kleine Städtchen. Es hat eine berühmte Bierbrauerei. Vor ein paar Jahren hielt ich dort bei einer Tagung österreichischer und deutscher Bierbrauer einen Vortrag über Trinkrituale und berühmte Biertrinker. Bei diesem Vortrag verwies ich übrigens auf den großen Arzt Paracelsus, der eine Art Vagabund war und der meinte, man könne bei alten Weibern und fahrendem Volk mehr über Medizin lernen als an der Universität bei noblen medizinischen Gelehrten. Paracelsus soll um 1549 bei einer Wirtshausschlägerei gestorben sein. Er soll ein großer Säufer gewesen sein. Über Paracelsus und das fahrende Volk hielt ich auch einmal einen Vortrag bei feinen Leuten in Salzburg, unter ihnen einige Professoren der Universität. Bei meinen Ausführungen wies ich darauf hin, daß heutige Wiener Vagabunden noch Wörter der Gaunersprache, des Rotwelsch, verwenden, die auch Paracelsus verwendet hat. Für mich ist dies ein Beweis, daß Paracelsus beste Kontakte zum fahrenden Volk, zu Gesindel aller Art gehabt haben muß. Erst jetzt vor ein paar Wochen zeigte mir ein freundlicher früherer Student aus Salzburg einen Brief eines Salzburger Professors der Geschichte an ihn, in dem er mir mangelnde Wissenschaftlichkeit vorwirft, eben wegen meiner kühnen Überlegungen, die, so meine ich, durchaus ihre Berechtigung haben. Immerhin haben andere Geschichtsprofessoren meinen Aufsatz, der dem Vortrag zugrunde lag, in einem Sammelband über Paracelsus veröffentlicht. Sie fanden offensichtlich keine Kritik an meiner Auffassung von Wissenschaft. Als ich den Brief des mir übelwollenden Professors, der bei diesem Studenten über mich schimpfte, gelesen hatte, rief ich diesen Kollegen in Salzburg an und fragte ihn, warum er so etwas über mich schreiben könne. Ob meiner Direktheit war er kurz sprachlos, dann antwortete er, ich hätte keine historischen Quellen oder ähnliches zitiert. Ich erwiderte ihm schroff, daß meine Quellen in meinen Forschungen bei Sandlern und anderem Volk liegen, die jene Sprache sprechen, die offensichtlich auch Paracelsus beherrscht hat. Ich sagte dann noch etwas Freches. Der Mann beendigte darauf grußlos das Telefongespräch. So geht es einem unter Kollegen. Der Neid ist groß und ebenso die Niedertracht. Wenn ich mich über Leute dieser Art ärgere, besteige ich mein Rad und ziehe durch die Gegend. Jetzt schiebe ich mein Rad durch Murau und denke an die freundlichen Bierbrauer, denen ich Treffliches über Trinker von der Art des Paracelsus erzählt habe. Ich gehe durch eine Fußgängerzone mit hübschen Häusern und freundlichen Geschäften, vor denen Obst, Sportschuhe, dünne Damenkleider, zarte Wäsche und auch Fotoartikel in mehr oder weniger bunten Schachteln oder auf kleinen Bänken dem schlendernden Besucher der Stadt dargeboten werden. Gegenstände solcher Art regen zum Denken an, dies ist im Sinne der Verkäufer, man überlegt über den Sinn des Kaufens, fragt sich nach der Notwendigkeit eines Gegenstandes, an dem die Augen hängenbleiben. Dies mag eine Orange, ein Schuh oder ein Fotoapparat sein. Allmählich hat man Gefallen an dem Stück und findet für sich ein treffendes Argument, den Gegenstand zu erwerben. Ein solches Argument kann ein momentanes Gelüste, wie bei einer Orange, oder eine gewisse Dringlichkeit sein, wie bei einem Fotoapparat, den man nicht besitzt, wie eben ich, der bummelnde Radfahrer. Ich brauche einen Fotoapparat, einen billigen, ich werde mir einen kaufen. Ich lehne mein Fahrrad samt Gepäck an eine Wand und betrete die Drogerie. Eine freundliche junge Dame weiß mir mit Geschick einen Fotoapparat aus China, den ich zunächst gar nicht will, ich will einen noch einfacheren, zu verkaufen. Er ist mit einer Batterie versehen und besitzt sogar ein Blitzlicht. Wichtig für mich als Radfahrer ist, daß er schnell und problemlos zu bedienen ist. Ich zahle, erzähle noch, daß ich nach Italien mit dem Fahrrad aufbrechen will. Man schenkt mir immerhin ein Lächeln, ein eher skeptisches. Zur Bewunderung ist offensichtlich noch kein Grund vorhanden. Ich schiebe mein Fahrrad weiter. Um Brieftasche und Ausweise übersichtlich und leicht greifbar an meinem Gepäck zu haben, bringe ich die Brieftasche in der rechten Seitentasche unter und in der linken meinen Paß und andere Ausweise. Zu meinen sich ständig wiederholenden Handlungen gehört es, während kurzer Pausen zu diesen beiden Taschen zu greifen, um zu spüren, ob Geld und die wichtigen, meine Person erfassenden Papiere noch vorhanden sind. Auch diesmal, ungefähr hundert Meter nach der Drogerie, fühle ich an den beiden Taschen. Ich spüre die Ausweise, aber die Brieftasche ist weg, sie ist nicht zu finden. Mir wird anders. Ein schöner Beginn dieser Tour, denke ich mir. Ohne Brieftasche kann ich meinen Plan aufgeben, nach Italien zu radeln. Ich male mir die Sache schrecklich aus. Ich gehe zurück zur Drogerie, die hübsche Verkäuferin mit den blauen Augen schaut mich entsetzt an. Vielleicht fürchtet sie eine Reklamation. Traurig frage ich nach meiner Brieftasche. Sie schaut umher und meint mitleidlos: „Hier ist keine Brieftasche." Diese Antwort klingt wie ein Vorwurf. Ich verneige mich, und beschämt ziehe ich mich zum Fahrrad zurück. Ich suche weiter. Endlich, ich freue mich, fast hatte ich mich aufgegeben, finde ich die Brieftasche, aber nicht in der für sie vorgesehenen Tasche, sondern in der großen mittleren Tasche obenauf. Aus Verwirrung, vielleicht vor Freude wegen des neuen Fotoapparates, hatte ich die Brieftasche, dieses wertvolle Stück, in dem sich Geld und eine Kreditkarte befindet, an einem falschen Platz in meinen Radtaschen verstaut. Mir ist dies eine wichtige Lehre für die Tour: In gewissen Sachen ist Ordnung geradezu lebenswichtig.

Ich werde ab nun sorgfältiger sein.

Es gibt so etwas wie die Weisheit des Vagabunden. Diese Weisheit besteht darin, daß er sein Wanderzeug in Ordnung hält, denn an diesem kann alles scheitern, so wenn er etwas vergessen hat, wenn er etwas Falsches anstelle des Benötigten mitführt, wenn er in seinem Gepäck nicht das findet, was er im Moment braucht, und wenn er seine Brieftasche mit Ausweisen und Geld nicht unter Beobachtung hält, denn die braucht er ständig.

Zu den wichtigen Regeln jedes vagabundierenden Radfahrers gehören daher diese zwei:

1. Achte auf dein Geld und deine Ausweise, so daß du sie nicht verlieren kannst und sie dir niemand stehlen kann.

2. Achte auf dein Fahrrad und die Dinge, die du für eine Reparatur brauchst. Dazu gehören ein Ersatzschlauch, Flecken zum Kleben eines Patschens und eine gute Pumpe. Fehlt es an einem dieser Dinge, so können die Folgen fatal sein. Eine Geschichte fällt mir ein. Ich will sie dem freundlichen Leser präsentieren. Vor einigen Jahren radelte ich von Linz aus in die Tschechei. Bevor ich zur Moldau kam, ich radelte gerade, es war schon nach der österreichischen Grenze, etwas bergab in ein Dorf, machte es plötzlich einen zarten Schnalzer, und die Luft im Vorderreifen ging unmelodisch pfeifend aus. Unglücklich, denn es war schon Abend und ich wollte noch ein paar Kilometer radeln, schob ich das Rad zur Seite in die Wiese. Dort begann ich mit der Reparatur. Ich nahm den Schlauch aus dem Mantel, ich suchte nach dem Loch, es befand sich in der Nähe des Ventils. Eine ungünstigere Stelle zum Kleben gibt es nicht, denn wie soll man den Flecken dauerhaft anbringen, wenn sich das Loch direkt dort befindet, wo das Ventil kühn aus dem Schlauch ragt. In diesem Fall ist es günstiger, den Schlauch zu wechseln, als sich mit der Reparatur zu plagen. Ich nahm daher den Ersatzschlauch aus der Gepäcktasche. Zu meinem Schrecken mußte ich feststellen, daß ich den falschen Schlauch mitgenommen habe, nämlich einen breiteren, der zu meinem anderen Fahrrad, meinem Stadtrad, das dicke Reifen hat, paßt. Diesen Schlauch brachte ich nun nicht in den schmalen Mantel des Reifens meines Rennrades. Das Ventil war zu dick für das Loch in der Felge. Ich ärgerte mich und plagte mich, den Schlauch doch zu kleben. Ich klebte den Flecken so um die Wurzel des Ventils, daß das Loch gedeckt war. Ich pumpte ein. Zu meiner Freude hielt die Luft, und ich radelte den Moldaustausee entlang. In einem Dorf nahm ich mir ein Quartier. Am nächsten Tag wollte ich weiter, doch die Luft war aus dem Schlauch entwichen. Der Klebeflecken, es war mein letzter, den ich am Vortag angebracht hatte, hielt die Luft nicht mehr. Ein Fahrradgeschäft im Ort, in dem ich solche Kleber erhalten hätte, war geschlossen, es war Feiertag. In der Nähe des tschechischen Wirtshauses befand sich ein Campingplatz, und auf diesem

machte ein Mann Geschäfte mit dem Verleihen von Fahrrädern. Zu diesem marschierte ich und bat ihn, er sprach Deutsch, unterwürfig in aller Höflichkeit, er möge mir doch einen Klebeflecken verkaufen. Er antwortete mir ganz im Sinne des in der Tschechei sich unmittelbar nach der Wende entwickelnden Kapitalismus – die Sache spielte sich 1993 ab: „Ich habe noch drei solcher Flecken. Fünf Fahrräder habe ich zum Verleihen hier. Wenn ich Ihnen jetzt so einen Flecken verkaufe, dann habe ich nur noch zwei. Und stellen Sie sich vor, wenn drei meiner Fahrräder einen Platten haben, dann kann ich nur zwei reparieren. Mit dem einen Fahrrad mache ich dann heute kein Geschäft mehr. Es tut mir leid, ich verkaufe nichts." Der Mann, ein junger Kapitalist, wollte mir in meinem Unglück also nicht helfen. Verwundert über ein solches unfreundliches Geschäftsdenken und ein paar Schimpfwörter murmelnd, verließ ich den Fahrradverleih. Traurig setzte ich mich vor das tschechische Wirtshaus, in dem ich genächtigt hatte, auf eine kleine Bank, nahm den dicken Schlauch, den ich irrtümlich mitgenommen hatte, aus der Gepäcktasche und versuchte verzweifelt, diesen in den Reifenmantel zu zwängen. Dies gelang fast, aber das Loch für das Ventil war zu eng. Trotz aller Mühe hatte ich keinen Erfolg. Ich bat darauf, mich einfacher tschechischer Wörter und der Zeichensprache bedienend, einen Arbeiter, der im Gasthaus offensichtlich allerlei Handlangerdienste zu verrichten hatte, er solle mir helfen oder mir ein Gerät borgen, mit dem ich das Loch im Reifen erweitern könnte. Der Mann besah Reifen und Schlauch, holte eine Art Feile, fuhr mit dieser in das Loch und machte sich daran, durch kreisförmige Bewegungen dieses zu erweitern. Ein paarmal versuchte er, das Ventil durchzustecken. Endlich hatte er Erfolg. Ich steckte das Ventil durch und zwängte den Schlauch in den schmalen Radmantel meines Rennrades. Auch dies gelang. Als ich dann den Schlauch aufpumpte, zeigte der Mantel an einer Stelle allerdings eine deutliche Erhebung, da der Schlauch doch zu breit war. Mit diesem unförmigen Rad fuhr ich humpelnd aus der Tschechei ins Bayrische, wo ich ohne Probleme bei der nächsten Tankstelle einen neuen Schlauch für das Rennrad erhielt. Ich ärgerte mich über diese ganze Sache, da sie doch auf einer Schlamperei von mir be-

ruhte, denn hätte ich mit Sorgfalt mein Reparaturzeug samt Ersatzschlauch eingepackt, hätte es nicht passieren können, daß ich zuwenig
Klebeflecken und einen falschen Schlauch dabeihatte. Ich dachte, dies
würde mir eine Lehre sein. Aber dennoch passieren mir derartige
Schlampereien immer wieder.

An die Weisheit des Vagabunden, der sein Wanderzeug in Ordnung
hält, denke ich, als ich meine Brieftasche wieder in der vorgesehenen
Seite meines Gepäcks verstaue. In mir herrscht nicht mehr Chaos, sondern gefällige Ordnung. Ich schiebe mein Rad durch Murau. Dann besteige ich es, suche bei einer Tankstelle den Weg aus Murau und überquere die Straße hinter einem wild fahrenden Auto. Heil radle ich nun
in Richtung Westen. Mein Radleiberl in den Farben Blau und Rot be-
lebt die Straße, und die Autofahrer machen einen Bogen um mich.
Noch überlege ich, ob ich nicht doch den leichteren und weniger hohen Weg über die Flattnitz nehmen soll und nicht den über den steilen
und hohen Turracher, der sich bis fast 1800 Meter Seehöhe erstreckt.
Von der Entfernung nach Kärnten sind beide ungefähr gleich lang, aber
die Turracher Höhe reizt. Vor Jahren bin ich sie von der Kärntner
Seite, also von der gegenüberliegenden, angegangen. Damals plagte ich
mich furchtbar, die Steile war enorm. Aber irgendwie schaffte ich es,
ohne vom Rad absteigen zu müssen, aber im Zickzack fahrend.

Die Turracher Höhe hat einen unwiderstehlichen Reiz auf mich.
Aber warum soll ich heute nicht doch über diesen kühnen Paß fahren.
Im Gasthaus hat man mir zwar geraten, über Flattnitz zu fahren, aber
ich überlege es mir noch, während ich an der Mur entlang radle. Ich
wäge ab. Am späten Nachmittag will ich am Ossiacher See bei meinen
Freunden Moser sein. Doch als ich in Stadl, dem Ort, an dem die
Straße nach Flattnitz abzweigt, einfahre, weiß ich, es ist die Turracher
Höhe, über die ich will und muß. Sie bedeutet Schweiß, aber nachher
die Freude, die Paßstraße, die als schwer erschien, befahren zu haben.
Es sind diese Grenzen und Hemmnisse, die das menschliche Leben
ausmachen. Man wird sich seiner eigenen Existenz bewußt, wenn man
sich plagt, um Barrieren, die einem gesetzt sind, zu trotzen. Tatsächlich
erscheint es oft unsinnig, wenn Menschen Wildes unternehmen, über

das andere entsetzt sind. Aber ich meine, dies gehört eben zum Menschsein. Ohne diese Einstellung wäre Kolumbus nicht nach Westen gesegelt, und ohne sie hätte Humboldt seine Forschungen in Südamerika nicht durchgeführt. Der an seine Grenze gehende Mensch findet Freude, wenn er sie überwunden hat. Vielleicht ist es diese Freude, diese Hochstimmung danach, die den Ansporn zu kühnen Taten legt. Ich bin früher viel geklettert. Jede Klettertour war für mich mit Anstrengung, Angst und Überwindung verbunden. Und jede Klettertour, die ich hinter mich brachte, erfüllte mich mit unbändiger Freude und großem Stolz, wenn ich dann am Gipfel saß und am Abend darauf in der Hütte in Erinnerung an dieses Erlebnis und auf das Wohlsein meines Freundes einen Schluck Bier trank. Der Feststellung des berühmten Südtiroler Bergsteigers Messner kann ich allerdings nicht zustimmen, wenn er meint, „der Weg sei das Ziel". Solche Sätze mögen der Beruhigung dienen, wenn man das Ziel nicht erreicht hat. Messner selbst blieb nicht am Weg, sondern, wie man seinen Bergsteigerberichten entnehmen kann, wollte er stets an das Ziel, sei dies das Betreten des Gipfels des Mount Everest oder das Sammeln von Siegen über die Gipfel sämtlicher Achttausender. Messner müht sich ab, um kühn auf solche Leistungen verweisen zu können, schließlich bedeuteten sie für ihn auch ein großes Geschäft. Das Bergsteigen, aber auch das Radeln über Berge, bietet Mühe, aber auch letztlich das Glücksgefühl des Erfolges, etwas auf sich genommen zu haben, das nicht jedermanns Sache ist.

Von anderen Wesen unterscheidet sich der Mensch vor allem dadurch, daß er sich mit Grenzen nicht zufrieden gibt. Er versucht sich an ihnen. Ein Tier gibt sich mit dem ihm aufgelegten Grenzen zufrieden. So zum Beispiel würde es einem Löwen nicht einfallen, nach Grönland zu fahren, um dort eine Eiswüste zu durchqueren, nur des Abenteuers wegen. Das Abenteuer reizt den Löwen nicht, ihn reizt die Aussicht auf fette Beute, dafür freilich unternimmt er Anstrengungen, um sich dieser zu bewältigen. Die andere Zeit, wenn ihn Beute nicht interessiert, räkelt er sich in der Wüstensonne. Der Mensch ist da von anderer Art. Ihn zieht es hinaus, auch wenn er es nicht notwendig hat, sei es als Eroberer, als Wandersmann, als Bergsteiger oder als Radfahrer. Der echte Genuß des Menschen schließt sich an die Überwindung der ihm gesetzten Grenzen und Schwierigkeiten.

Bergsteigen und wohl auch Radeln hat mit Grenzen zu tun. Eine besondere Grenze ist die des Todes, die dem Menschen angst macht und ihm zeigt, daß er mit dem Bewußtsein dieser Grenze leben muß. Diese Grenze des Todes zu negieren, mit dem Tod fertig zu werden und zu überleben, macht den „Helden" aus, wie eine derartige Person gemeiniglich bezeichnet wird. Während in früheren Zeiten im tödlichen Kriegsduell der junge Mann sich messen konnte oder er als Wanderer weite Strecken, die voll der Gefahren waren, zu bewältigen hatte, ist es heute der abenteuerliche und gefährliche Sport, der fasziniert und Heldentum ermöglicht. Eine ganze Industrie lebt von diesem Drang nach Heldentum des Menschen und erfindet laufend Dinge, mit denen er sich auf beste Weise in Gefahr bringen kann, sei dies beim Schifahren durch steiles felsiges Gelände, beim Snowboardfahren in unberührten Schneehängen, beim Drachenfliegen oder beim Motorradfahren.

Der Radfahrer auf Tour befindet sich in der besten Tradition der früheren Wandersleute, die hinaus in die Ungewißheit zogen. Er hat mit Mühe und Plage zu tun, an die sich die Freude über die Überwindung und einen Schluck Bier anschließt.

Mein Ziel ist es nun, auf die Turracher Höhe zu gelangen. Ich gelange nach Predlitz. Jetzt zweige ich ab. Die gut ausgebaute Straße schlängelt entlang eines Baches, zunächst geht sie langsam bergauf. Sie durchschneidet dichte Wälder. Ich komme zu einem großen Platz mit einem Sägewerk. An einem Holzvorbau, der zur Straße zeigt, erblicke ich das Wappen einer fürstlichen Familie, die bei Murau ein Schloß besitzt und Herr über die Wälder, die ich sehe, ist. Sicherlich sind es tüchtige Leute, die aus dieser Familie kommen und die auch wissen, wie man mit Holz aus den eigenen Wäldern gutes Geld machen kann. Beliebt waren die Fürsten, die heute für die Menschen hier im Tal und am Fuße der Turracher Höhe die Brotgeber sind, nicht immer. Die Bauern früher werden unter ihrem Joch gelitten haben, denn bis 1848, bis zur großen Revolution, war der Bauer abhängig von den Grundbesitzern, den hohen Herren, ihnen mußte er von dem, was der Bauernhof hergab, den Zehent leisten und Roboten, also Arbeiten, verrichten, denn sie selbst waren nicht Eigentümer der von ihnen bewirtschafteten Gründe. Der Bauer wurde 1848 zwar frei, aber Herr über den Grund und Boden, den er beackerte, wurde er erst, als er ein Drittel des Wertes seines Besitzes an den ehemaligen Grundherrn bezahlt hatte. Dabei gab es gewaltige Probleme, denn gerade in den Gebirgsgegenden hatten die Bauern nicht genügend Geld für diese Ablöse und mußten Kredite aufnehmen, die sie nur schwer zurückzahlen konnten. So kam es zur Versteigerung von Bauernhöfen. Man sprach damals vom Bauernlegen, das heißt, die Bauern wurden regelrecht hineingelegt. Adelige und reiche Bürger liehen den Bauern Geld. Konnten sie es nicht rückerstatten, kam es zur Versteigerung der Bauerngüter. Auf diese Weise verloren viele Bauern ihren Besitz an Bürger und Adelige. Oder es blieben hochverschuldete Bauernhöfe. Peter Rosegger, ein Bauernsohn aus der Steiermark, beschreibt in seinem Buch „Jakob der Letzte" das Schicksal eines Bauern, dessen Hof verschuldet war, versteigert wurde und der Bauer mit seiner Familie vom Hof mußte. In der Obersteiermark, durch die ich heute fahre, sollen um 1900 ungefähr 25.000 Hektar an Bauerngütern versteigert worden sein. Viele Bauern sahen sich zur Auswanderung nach den USA gezwungen. Peter Roseggers Gedicht „Ein Freund ging nach Amerika" handelt davon. Auch die fürstliche Familie, deren Sägewerk ich eben kennengelernt habe, kaufte Güter der Bauern auf. So gingen Wälder und Almen der Bauern in den Besitz des früheren Adels. Der Zorn der Bauern, auch der, die nicht wegziehen mußten, dürfte groß gewesen sein. Sie fanden daher als Bauernburschen nichts dabei, als Wilderer dem Fürsten das Wild und vor allem die Gams wegzuschießen. Diese Wilderer waren, wenn sie der Gams nachstellten, ausgezeichnete Kletterer, in gewisser Weise sind sie die Vorläufer der modernen Kletterer. Die Wildschützen, wie man die Wilderer auch ehrenvoll benannte, genossen Ansehen und Achtung im Dorf und vor allem bei den Mädchen.

An diese Wilderer, die es in den Wäldern hier dem Fürsten bis in die sechziger Jahre, als noch viel gewildert wurde, wohl nicht leichtgemacht

haben, denke ich in Hochachtung, während die erste starke Steigung
beginnt. Ich trete mühsam in die Pedale. Einmal muß ich kurz stehen
bleiben, da der kleine Gang nicht hinein will. Im Stehen schafft die
Kette den Sprung auf das hintere größte Kranzerl. Ich steige irgendwie
in den Sattel und plage mich, nun nicht mehr ganz so schwer, die Straße
hinauf. Bald geht es etwas leichter, in die Serpentine. Nun wird es flach,
die Straße ist in Arbeit, es wird gebaggert und geteert, nur die Hälfte
der Straße ist befahrbar. Ich bleibe vor der Ortstafel „Turrach", die die
hier Reisenden auf den Ort dieses Namens aufmerksam machen soll,
stehen und lehne mein Fahrrad an die Tafel. Ein Lastwagenfahrer
bemüht sich daneben sein Fahrzeug umzukehren. Ein junger Kollege
von ihm, in oranger Arbeitshose und mit nacktem Oberkörper, gibt
ihm Anweisungen. Ich rufe dem Fahrer zu: „Kann Ihr Kollege mich fotografieren? Geht das?" Er nickt und hält das Lastauto an. Ich gebe
dem Burschen den Fotoapparat und stelle mich zur Ortstafel und zu
meinem Fahrrad. Zweimal knipst er mich. Mit einem freundlichen
Lächeln gibt er mir den Apparat, den ich erst heute gekauft habe und
der somit eingeweiht wurde, zurück. Das Foto wird mich an die erste
große Barriere meiner Tour, die Höhe bei Turrach, erinnern, es ist eine
Art Beweis für die Mühe des Tretens in die Pedale hier herauf. Ich radle
weiter und genieße die Gegend. Ein schöner kleiner See, in dem aber
niemand badet, gibt dem Hochplateau einen besonderen Reiz. Anden-
kengeschäfte und Gasthäuser reihen sich aneinander. Kühne Motorradfahrer trinken Coca-Cola, und ausgehungerte Autofahrer ergötzen
sich an sogenannten Almspezialitäten. Ich kehre in ein Andengenge-
schäft ein, kaufe ein paar Ansichtskarten, darunter ist eine, die einen alten Bauern mit einem alten Waffenrad, einem Fahrrad, das bis in die
letzte Zeit in der Steyrer Waffenfabrik erzeugt wurde, neben Pferden
zeigt, ein edler Herr mit edlem Fahrrad unter edlen Tieren. Mit dem
Inhaber des Geschäftes beginne ich ein Gespräch über die kitschigen
Dinge, die hier angeboten werden. Er lacht und antwortet mir nicht in
steirischer oder kärntnerischer Mundart, sondern in einem norddeut-
schen Dialekt. Ich bin verwundert und frage in alter Neugier: „Jetzt
plage ich mich herauf und erwarte einen Kärntner oder einen Steirer,

bei dem ich etwas kaufen kann, und werde von einem Herrn aus Norddeutschland freundlich bedient." Darauf erzählt er: „Wissen Sie, meine Frau stammt von hier. Ich habe sie beim Schifahren in dieser Gegend hier kennengelernt. Ich bin neben ihr im Gasthaus gesessen. Sie hat mir gefallen, und ich habe mich in sie verliebt. Wegen ihr bin ich hierher gezogen. Mir gefällt es hier. Lustig ist es oft, wenn Norddeutsche in diesen Andenkenladen kommen. Sie sind geradezu erschrocken, wenn sie hören, daß ich gar nicht steirisch spreche. Bei mir bekommen Sie alles, vom Wurzelschnaps bis zur Ansichtskarte. Eine Neuheit ist diese Schnapsflasche." Er zeigt mir eine Glasflasche, die eigentlich aus zwei Fläschchen besteht, die eng aneinander passen. Auf dem einen Fläschchen ist ein nackter Herr und auf dem anderen eine nackte Dame zu sehen, die sich in etwas verfänglicher Lage zueinander befinden. Zusätzlich zu den Nackten ist zu lesen: „Grüße von der Turracher Höhe". Ich betrachte erstaunt die Fläschchen und sage etwas spöttisch: „Das ist gut zum Anbandeln. Er trinkt einen Schnaps aus dem Flascherl, auf dem ein Mann, und sie aus dem, auf dem eine Dame abgebildet ist. So kann man sich schon sehr nahekommen. Das ist alpenländisches Brauchtum!" Der norddeutsch-steirische Andenkenverkäufer lacht und meint weise: „Das meiste, das hier zu sehen ist, ist ja Kitsch, den bekommen Sie überall, an der Nordsee genauso wie hier. Auf dem gleichen Stück, zum Beispiel einer Kuh, steht auf der Insel Norderney: Grüße aus Norderney und hier: Grüße von der Turracher Höhe. Die Touristen sind Jäger und Sammler im wildesten Sinn. Sie jagen exotischen Sachen nach und sammeln alles mögliche, auf dem der Name des Ortes steht, zu dem sie gelangt sind. Damit sie zu Hause sagen können, sie waren auf der Turracher Höhe. Und wenn etwas Erotisches dazukommt, wie bei dem Schnaps, dann ist es besonders spannend. Dann bringen diese Sammler und Jäger prachtvolle Beutestücke mit heim. Früher haben die herumziehenden Krieger vielleicht irgendwelche Damen mit nach Hause geführt. Heute sind es die Touristen, die wie altertümliche Nomaden alles erwerben, von dem sie meinen, daheim könne man dies brauchen oder damit könne man jemanden überraschen. Sie nehmen zwar keine nackten Damen mit, aber so Schnapsflaschen, auf denen sol-

che Damen sichtbar sind. Das Anrüchige fasziniert. Sogar so ein Auf-
stecker mit einem Gamsbock kann erotisch sein. Jedenfalls, es wird bei
mir von diesen Jägern und Sammlern, die mit ihren Autos hier herauf-
fahren, ordentlich eingekauft."

Ich höre mir mit Interesse an, was der weise Händler hier am Paß zu
erzählen hat. Er kennt die Typen von Andenkenjägern und erfreut sich
an ihnen. Ihm gefällt, daß ich mit dem Rad unterwegs bin, er hat mich
schon vorher gesehen. Er drückt mir dafür sein Kompliment aus: „Ich
bin vor einer halben Stunde mit dem Auto von Predlitz hier heraufge-
fahren. Dabei habe ich Sie gesehen, wie Sie ohne Absteigen auf die Turracher Höhe geradelt sind. Nicht schlecht. Viele Radfahrer mit Gepäck
sind hier nicht unterwegs." Ich freue mich über die freundlichen Worte,
immerhin bin ich Großvater, der sich mit dem Fahrrad durch die Gegend plagt.

Ich schreibe ein paar Ansichtskarten, zwei nach Siebenbürgen an
brave Landler, an die Pitters in Großpold und die Piringers in Hermannstadt. Erwähne, daß ich durch eine Landschaft fahre, die auch ihre
Vorfahren, die aus der Steiermark und Kärnten nach Siebenbürgen in
den Karpatenbogen verbannt worden waren, gekannt und gesehen haben. Ich drücke dem weisen Andenkenverkäufer, der die bei ihm einkaufenden Touristen als Jäger und Sammler sieht, die ihre Freude auch
an derb-erotischen Sachen haben, die vom Radfahren gegerbte Hand.
Dann gehe ich und setze mich auf das Fahrrad und radle, langsam tre-
tend, an einem Feuerwehrdepot und Hinweisen auf Hotels und ähnliche Gebäude vorbei zur höchsten Stelle der Höhe. Wanderer sind unterwegs, ein Autofahrer knallt die Tür seines Autos zu, und ein
Mädchen in Jeans ruft ihrem Freund, der in Lederhose und blauem
Hemd, einen Rucksack auf dem Rücken, einige Schritte vor ihr marschiert, in einer Sprache, der man das Wienerische anmerkt, etwas zu,
das so klingt: „Hans, wart a bisserl!" Der Bursche bleibt stehen und ruft
auf steirisch zurück: „Kimm her, i woart scho!" Sie kommt, er drückt
sie an seine Brust und küßt sie fest. Ich schaue höflich weg. Von der
Paßhöhe, der Grenze zu Kärnten, habe ich einen herrlichen Blick auf
schöne Berge, die so um die 2.300 Meter hoch sind, wie der Rinsen-

Nock oder der Große Speikkofel. Sie gehören zu den Gurktaler Alpen. Hier, wie ich schon erzählt habe, ist viel gewildert worden, vor allem in den Wäldern und auf den Höhen, die dem Fürsten gehören. Steil geht es nach Kärnten bergab. Die Bremsen werden warm, zu schnell darf ich nicht unterwegs sein. Dennoch erfreue ich mich an der Landschaft und denke an die Gamswilderer hier. Irgendwie erinnert mich der Bursche, der das Mädchen, von der ich glaube, sie ist eine Wienerin, geküßt hat, an die früheren Holzknechte, die meist auch Wilderer waren. Der Bursche hat breite Schultern und feste Haxen. Er wird ein guter Schiläufer sein, vielleicht sogar ein Schilehrer. Als solchen mag ihn das Mädchen im Winter kennengelernt haben, jetzt besucht sie ihn wieder in seinen Bergen. Früher wäre der Bursche wahrscheinlich ein berüchtigter und waghalsiger Wildschütz gewesen. Diese Wildschützen hatten, ebenso wie die Schilehrer heute, eine besondere Erotik, von der die alten Bergsteiger- und Wildschützenlieder künden. Sie waren waghalsige Leute, die viel auf sich genommen haben, um in die Berge, zur Gams und schließlich zum Mädchen zu gelangen.

Einfügen möchte ich, daß ich das schöne Wort Gams verwende und nicht „Gemse", aber auch nicht „Gämse" im Sinne der neuen Rechtschreibung, obwohl „Gämse" noch am ehesten an die „Gams" erinnert, wie in den österreichischen Bergen dieses kühne Gebirgswild schon im Mittelhochdeutschen bezeichnet wird.

So ein Wildschütz, der auf die Gamsjagd geht, brauchte Mut, und das imponierte den Bauernmädchen. Ein Spruch aus dem Salzkammergut heißt daher: „Erst der Bursch, der sich selbst die Lederhose geschossen hat, darf zum Fenster des Mädchens gehen." Also erst ein Wildschütz durfte in die „Menscherkammer", wie man den Raum im Bauernhaus bezeichnete, in dem die Mädchen schliefen. Es ist interessant, daß im österreichischen Dialekt, sowohl im alten Wienerischen als auch bei den heutigen Bauern das Mädchen als „das Mensch" und mehrere Mädchen als „die Menscher" bezeichnet werden. Diese Worte finden sich schon im Mittelhochdeutschen. Das Mädchen und das Mensch sind also Neutra, Sachbegriffe. Es mag etwas Abwertung damit verbunden sein, aber, so deute ich es, auch etwas Liebenswürdiges,

Neckendes. Degradierend war es wohl, wenn man vom „blöden Mensch" sprach, aber man sprach auch vom „schönen Mensch". Und in der „Menscherkammer" waren fesche junge Weiber. Das Wort Weib hat, ebenso im Mittelhochdeutschen, dabei nichts Abwertendes. Es war ein echtes Abenteuer für den jungen Burschen, in eine solche Menscherkammer zu gelangen. Besonders angesehen bei den Mädchen waren, wie gesagt, die Wildschützen, denn die verbotene Gamsjagd galt zumindest bis in die sechziger Jahre als Ausweis der Mannbarkeit, überhaupt wenn die Gams dem reichen oder aristokratischen Jagdherrn vor der Nase weggeschossen worden war.

Ein solcher Wilderer mußte ein guter Kletterer sein, um überhaupt in die Nähe der Gams zu gelangen, und er benötigte einige Kraft, um das erlegte Tier dann zu Tale zu tragen. Ein in Ehren ergrauter Wilderer meinte zu mir, ihn habe nur die Gams interessiert, nicht jedoch der Hirsch oder das Reh, denn es wäre „nichts dabei", es gehöre also nicht viel Anstrengung dazu, letztere zu schießen. Um einen Gamsbock zu erlegen, brauche man bergsteigerisches Können, Kraft und „Schneid", also Mut. Diese Bedeutung der Gams für die Wilderer hebt auch der Botaniker Schultes, der um 1800 im Gebiet des niederösterreichischen Schneebergs unterwegs war, hervor. Seine Beschreibung paßt auch auf die alte bäuerliche Welt dieser Gegend, daher sei sie hier wiedergegeben: „So wie alle Gebirgsbewohner sind auch die Bauern um den Schneeberg passionierte Jäger, d. h. auf deutsch: Wildpretschützen. Man braucht nur das Wort Gemse fallenzulassen, um die Bauern an allen Tischen der Schenke zu elektrisieren. Um einer Gemse willen versäumt der Bauer Arbeit einer halben Woche, wagt die Strafe der Herrschaft [!] und besteht alle Mühseligkeiten und Gefahren eines Gemsenjägers [!]."

Hier klingt an, daß der Wilderer jemand ist, der Wagemut und wahre Männlichkeit zeigt und somit der Held der kleinen Leute ist, er hat etwas Aristokratisches an sich, immerhin stellt er sich durch seinen Mut dem Jagdherrn gleich.

Ich denke darüber nach. Hier auf diesen Höhen werden sie sich herumgetrieben haben, um die Gams zu schießen – zum Ärger der noblen

Herren, die meinten, sie hätten alleine das Recht zur Jagd. Der Wilderer war also ein echter Rebell, der sich auf sein altes Recht der Jagd berufen hat. Er war kein großer Theoretisierer, wie es die bekannten Revolutionäre waren, sondern ein Mann der Tat, der sich nahm, von dem er meinte, es gehöre ihm.

Der Wildschütz entstammt einer alten bäuerlichen Welt der Alpen, in der man dem Staat und seinen Vertretern seit Jahrhunderten skeptisch gegenüberstand. Auch unter den heutigen Bauern gibt es nicht wenige, die den Staat und seine Ergüsse verachten. Damals meinte Peter Rosegger, daß in dieser Welt der Gebirgsbauern ein „Fünklein des Communismus" glimmt, der dem eingewurzelten Konservatismus die Waage hält", und schließlich schreibt er: „Das Volk der Alpen hat eine Menschengattung in sich erhalten, die das kommunistische Prinzip zwar nicht theoretisch [!] zu denken, wohl aber praktisch durchzuführen weiß." Und weiter hält der steirische Autor fest: „Die Wilderer – über die ganzen Alpen und weiter hin verbreitet – kannten nur einen Herrn, die mit ihren Gewalten und Schrecknissen sie zähmende Natur; sie kannten nur einen Freund, ihren Kugelstutzen, den sie mit vollster Sicherheit zu handhaben wußten; kannten nur einen Feind, den Jäger." Auch Rosegger sah in diesen kühnen Burschen einen aristokratischen Zug, wenn er meint, daß sie „Freiherren" sein wollten.

Sympathien für den Wildschützen hatte auch, wie mir einfällt, der spanische Philosoph Ortega y Gasset, er schreibt: „Der Wilderer ist ein entferntes Abbild des Steinzeitmenschen, er ist der von der Kultur berührte Steinzeitmensch, der in unseren Dörfern wohnt. Sein häufiges Verweilen in den Gebirgsamkeiten hat wieder ein wenig die Instinkte entwickelt, die beim Städter nur noch in Überresten vorhanden sind. Der Wilderer riecht immer ein wenig nach Raubtier, und sein Auge ist das des Fuchses, des Marders oder des Frettchens. Wenn der zivilisierte Jäger draußen am Werke sieht, entdeckt er, daß er selbst kein Jäger ist, daß er mit all seinen Anstrengungen und all seiner Begeisterung nicht in die solide Tiefe jagdlichen Wissens und Könnens eindringen kann, die den Reichtum des Wilderers ausmachen."

Der Wilderer als ein Desperado der Berge übte eine gewisse Faszination aus. Heute noch immer, er gilt als jemand, der der Enge des Dorfes entflieht, er wurde zum Symbol der Freiheit und Außeralltäglichkeit; er ist es heute noch, verklärt in Liedern und Wilderergeschichten.

Wahrscheinlich wird einer der Vorfahren des Burschen, den ich mit dem Mädchen hier am Paß gesehen habe, auch Wilderer und ein Spezialist im Fensterln gewesen sein.

Von einem Wildschütz weiß ich, daß er ein ganzes Fensterkreuz ausgerissen hat, um in die Kammer des Mädchens zu gelangen.

Es gab gewisse Sprüche, die die Burschen zum Fenster der Auserkorenen riefen, um eingelassen zu werden. Diese Sprüche hatten oft etwas Erotisches an sich.

Von einem alten Wildschützen habe ich einige Sprüche: Ein solcher lautet: „Geh Dirndl, schau auße ein weng auf d'Erd, was da für ein schöner Gasselbub steht." Ein anderer Spruch war: „Dirndl, i klopf heut bei dir a, i hab noch einen bei mir, der is noch a weng menscha schier [mädchenscheu]." Ein kühner war dieser: „Zum Schiabn [Schieben] und zum Taucha ist der Lackl a [auch] zu braucha." Hier wird direkt Bezug zum Zeugungsinstrument genommen.

Geradezu poetisch, aber doch auch direkt klingt es in diesem Spruch an: „A Wischbaum zu der Nadel, einen wagenseilern Zwirn, geh Dirndl willst mir net das Hosentürl reparieren!?" Heiter werden hier der Wischbaum, die dicke Holzstange, die zum Niederbinden des Heus dient, und das Wagenseil, mit dem dieser niedergebunden wird, herangezogen, um das Begehren des jungen Burschen, der seine Hosentüre zur Reparatur anbietet, auszudrücken.

Es wird wild zugegangen sein auf den Bauernhöfen und in den Almhütten hier.

Steil hinunter führt nun die Straße, ich befürchte, daß die Bremse versagt, aber sie hält. Die Radfelgen sind brennend heiß, ich spüre es, als ich kurz stehenbleibe und sie mit der Hand berühre. Erschrocken ziehe ich sie zurück. Die Steigung hat beinahe 20 Prozent. Schnell fahren wäre zu gefährlich, ich gehe langsam in die Kurven, und an gerader steiler Stelle fahre ich fast im Schritt in der Hoffnung, die Bremsen würden dies aushalten. Allmählich weichen die Wälder zurück, die Bauernhäuser mehren sich. Der Tag ist warm. Ich radle in Ebene-Reichenau ein, das auf 1062 Meter Seehöhe liegt. Die Glocke des Kirchturms schlägt zweimal. Es ist zwei Uhr nachmittags. Ich bin früh dran. Auf einem kleinen, mit ein paar schattenspendenden Bäumen und Latschen bewachsenen Platz mache ich Rast. Zwei Bänke und ein Brunnen, der aus Holz geschnitzt ist und das Gesicht eines Wurzelsepps darstellen soll, erfreuen mich. Mein Rad lehne ich an den Brunnen. Gegenüber befindet sich ein großes Hotel, das wohl zu gewaltig geraten ist. Von Gästen sehe ich nichts. Das Hotel, im Stil der fünfziger Jahre erbaut, ist gradlinig, mit viel Beton, es macht einen eher langweiligen Eindruck. Es mag sein, daß sich an seiner Stelle einmal ein altes Fuhrwerksgasthaus befunden hat, denn hier kreuzen sich die Straßen. Die eine, die ich fahren werde, zieht nach Feldkirch, und die andere ins Gurktal. Früher werden hier die Fuhrwerker, bevor sie den Weg auf die Turracher Höhe genommen haben, eine Rast eingelegt und den Pferden frisches Wasser und gutes Futter gegönnt haben. An diese alten Zeiten erinnert wenig. Das Geschäft heute wird man wahrscheinlich mit den Wintersportlern machen.

Doch etwas erinnert an dem Hotel an eine vergangene Welt: eine alte Steintafel, die aus einem vorigen Jahrhundert zu stammen scheint. Vielleicht war diese Tafel, die so gar nicht zu dem betonenen Hotel paßt, schon an einem früheren Gasthaus, dem Vorläufer, angebracht gewesen. Ich nehme es an. Auf dieser Tafel ist ein wunderschöner Spruch zu lesen. Ich versuche ihn mir einzuprägen und schreibe ihn in mein Notizbuch. Mir erscheint es wichtig, diesen Spruch einem großen Publikum bekannt zu machen, so beeindruckt er mich:

„Fürwahr der ist ein edler Mann
Und gar von Götter Blut,
der wenn er schaden könnt,
sein Feinden Gutes tut."

Diese Worte sind gewaltig, in ihnen ist Urchristliches ausgedrückt. Der heilige Franz von Assisi mag ähnliches gedacht haben. Der wahre Edelmann ist also der, der großzügig ist, ein weites Herz besitzt und zu verzeihen weiß. Echte Aristokratie zeigt sich in einer Lebenseinstellung, wie ich sie auf dieser alten Steintafel lesen kann, davon bin ich überzeugt. Nicht auf den adeligen Stammbaum kommt es an, sondern auf ein edles Handeln, das weitherzig und gütig ist. Ich werde mich bemühen, in diesem Sinn mein Leben einzurichten. Ob ich jedem meiner Feinde ab nun Gutes tun werde, weiß ich allerdings nicht. Aber ich nehme es mir vor. Wir werden sehen!

Noch beeindruckt von dem schönen Spruch schiebe ich mein Fahrrad zu einem Lebensmittelgeschäft. Vor diesem parken vier Motorräder. Vier junge Burschen und vier junge Mädchen, alle in Lederjacken, die vorne weit geöffnet sind, und in Lederhosen, sitzen im Schatten des Hauses auf einer Stufe. Während ich mein Rad umständlich an die Hauswand lehne, höre ich, wie ein Mädchen mit Behagen und mit Grusel von der Fahrt über die Turracher Höhe erzählt. Ein anderes Mädchen lacht hell, und ein Bursch – er ist aufgestanden – setzt eine Flasche, die, wie ich annehme, Mineralwasser enthält, zum Mund und zieht daran. Die vier sind glücklich und genießen das Leben der Straße, wie es sich Motorradfahrern anbietet. Ich betrete das Geschäft und erwerbe eine Schokolade und eine Flasche Mineralwasser. Das von mir mitgeführte Mineralwasser habe ich auf der Fahrt zum Paß durstig in mich hineingegossen. Ich setze mich in Abstand zu den Motoradfreunden und genieße die Heiterkeit ihres Gesprächs, das immer wieder um ihre lauten Stahlrösser kreist und auf diese zurückkommt. Sie lachen sich an und blicken auf ihre Räder. Irgendwie beneide ich sie um den Glanz ihrer Jugend, deren Symbol der Freiheit das Motorrad ist. Ich nicke ihnen zu, als ich mein Fahrrad, ein zartes Stück gegenüber ihren mächtigen Rädern, besteige und in den Sommer losradle.

Der kleine Fluß, dem ich nun entlangradle, ist die Gurk, nach dem ein ganzes Tal und ein frommer Ort mit einem berühmten Stift benannt sind. Zu diesem zieht es mich nun nicht hin. Nach Gnesau verläßt die Straße den Lauf der Gurk und zieht in Richtung Himmelberg. An satten Wiesen entlang, Wälder locken und an den Straßen interessieren mich kleinere Plakatwände. Damit meine ich solche Wände aus Holzbrettern, die bei Autobushaltestellen an zwei Holzstangen angebracht sind. Sie sind ungefähr zwei Meter hoch, beginnend etwa bei einem Meter über dem Boden, und ungefähr zwei Meter breit. Auf ihnen kann man alles mögliche lesen, so zum Beispiel, daß in einem Gasthaus ein Tanzabend stattfindet oder daß ein Autofahrkurs abgehalten wird. Manchmal wird zur Teilnahme an ländlichem Brauchtum oder zu Heimatabenden, speziell für die Sommerfrischler, gebeten.

Ich schaue mir diese Plakatwände gerne an, denn sie geben Auskunft über einen wichtigen Teil der Kultur der Dörfer, vor allem den der Unterhaltung. Nicht weit vor Himmelberg erblicke ich wiederum so eine bunte Plakatwand. Ich bleibe stehen und studiere die einzelnen Plakate. Die Vielfalt der Angebote, die ziemlich gegensätzlich sind, zwingt mir ein Lächeln ab und ermuntert mich, zum Fotoapparat zu greifen.

Auf einem grün-weißen Plakat ist groß zu lesen: „1. Lederhosen-Olympiade". Auch Informationen über die Möglichkeit der Teilnahme und ähnliches ist aus dem Plakat zu erfahren. Ein anderes Plakat, das zu einem kleinen Teil von dem Plakat mit der Lederhosen-Olympiade verdeckt ist, kündet davon, daß gewisse Sänger auf der Turracher Höhe in den nächsten Tagen auftreten werden. Wie die Sänger genau heißen, kann ich nicht erkennen, da der erste Buchstabe nicht zu sehen ist. Zu lesen ist lediglich: „…ebelstädter". Vielleicht heißen sie Nebelstädter. Ein Plakat daneben lädt zu einem „Sommer Dämmer-Shopping" ein. Was dieses „Shopping" bedeuten soll, kann ich nicht erkennen. Vielleicht ist unser altes Wort „Schoppen" verenglischt worden, weil der Verfasser des Plakates sich gedacht haben mag, das deutsche Wort „Schoppen" sei ähnlich dem englischen „shop" für Geschäft. Tatsächlich stammt unser „Schoppen" vom niederdeutschen „Schope" für Schöpfkelle des Maurers ab. Dieses „Schope" wird nach Frankreich entlehnt und ist dort seit dem 13. Jahrhundert als Bezeichnung für ein Gefäßmaß belegt. In der nordfranzösischen und lothringischen Mundart wird dieser „Schope" zu „chopenne". Als solches gelangt es in die deutschen Mundarten Badens, Württembergs, der Schweiz und Elsaß-Lothringens, wo „schöpelen" heute noch für „gerne trinken" verwendet wird. Und ebenso der schöne Begriff „Schoppen", ein Trinkgelage, das eben gerne zur Dämmerung schon von unseren Vätern abgehalten wurde. Hier nun auf der Plakatwand beim Milchbankerl wird es plötzlich zu einem englischen Wort gemacht, eine bravouröse Wortschöpfung, vielleicht im Sinne der Fremdenverkehrsindustrie. An dieses Plakat anschließend, im rechten Teil der Wand, prangt eines mit einer betörenden roten und zum Teil schwarzen Farbe. Im schwarzen Feld sind mit großen roten und geheimnisvollen Buchstaben zwei Wörter zu lesen: „Erotik" und „Messe". Und dazu das Datum: 10.–14. 8. 2000. Nicht zu lesen ist, wo diese bizarre Messe stattfindet, denn der untere Teil dieses Plakates wird von einem kleineren gelben Zettel abgedeckt, auf dem freundlich zu lesen ist: „Almwiesen-Mähen der Landjugend Reichenau". Ich denke, nachdem ich die Plakattafel eifrig studiert und fotografiert habe und während ich weiterradle, gerade über diese Verbindung von Erotik und Almwiesen-Mähen nach. Irgendwie paßt ja beides gut zusammen, denn gerade beim Mähen in alten Zeiten fanden sich Knechte und Mägde. Sie brauchten jedoch noch keine Erotik-Messe, um sich wild zu erregen. Die heißen Sommertage und die leicht geschürzten jungen Mädchen mögen die männlichen Triebe der kräftigen Knechte herausgefordert haben. Manches uneheliche Kind, wie es bei den früheren Bauern viele gab, wird im Anschluß oder vielleicht auch während der Mittagsrast gezeugt worden sein. Allerdings hielt dazu vor ein paar Monaten zu mir ein alter Knecht, mit dem ich befreundet bin und mit dem ich regelmäßig, wenn ich in Spital am Pyhrn bin, spazierengehe, etwas ganz anderes fest. In einem Spruch, den er mir vorsagte, kommt das Problem, sich während des Mähens mit den Mägden einzulassen, etwas deftig zum Ausdruck. Ich will daher die Worte des Knechtes, um den Anstand nicht zu verletzen, hier nicht in ihrer ganzen Breite wiedergeben. Sinngemäß meinte der alte Knecht: Zur Zeit des Heuens und des Kornschneidens, also während des Mähens, wenn die Sonne heiß herunterbrannte, würden die Mägde einen starken, nicht gerade angenehmen Schweißgeruch verströmt haben, denn Waschen war damals ein eher seltenes Unternehmen. Beim Erdäpfelklauben dagegen, also im September und wenn es kühler war, wäre eine intime Beziehung zu Mägden freudvoller gewesen. Eben wegen des angenehmeren Odeurs, da man doch am Beginn des Herbstes nicht mehr derart schwitzte wie im Hochsommer. Jedoch meine ich, es wird vielen Knechten egal gewesen sein, ob sie sich mit den Mägden im Sommer oder erst im Herbst zu einem Abenteuer der freudigen Lust eingelassen haben.

Dieser Knecht, Erwin heißt er, ist von höchster Abstammung. Sein Großvater ist ein Habsburger. Über ihn werde ich später, wenn ich in Florenz bin und auf die Toskana-Linie der Habsburger zu sprechen komme, noch einiges zu sagen wissen.

An diesen alten Knecht, der, wie er mir beichtete, eine hübsche Zahl von jungen Mägden im Heustadel, auf der Wiese und im Wald mit seiner Lust erfreut haben mag, werde ich am Abend denken und auf sein Wohlsein ein Glas Bier leeren.

An das Mähen im Sommer und die beiden kaiserlichen Hoheiten denke ich mit Freude, während ich in Richtung Himmelberg in einer schönen, waldigen Gegend radle. Ich radle angenehm dahin, am Himmel sind Fetzenwolken, es ist nicht allzu warm. Himmelberg erfreut mich, ein liebes Städtchen mit einer rebellischen protestantischen Tradition. Viel ist nicht los auf der Straße, etwas verschlafen wirkt der Ort. Auch hier gab es Protestanten, die wie ihre Glaubensbrüder im Ennstal in der Mitte des 18. Jahrhunderts unter Maria Theresia nach Siebenbürgen verbannt wurden. Auch sie gehören zu den Landlern. Bei meinen Forschungen, die ich mit Studenten seit Jahren bei diesen freundlichen Leuten in der Nähe von Hermannstadt durchführe, ich habe darüber schon erzählt, erlebte ich viel Schönes. Wir erlebten nicht nur eine alte bäuerliche Kultur, die allmählich zu Ende geht, sondern wir sahen auch den Stolz alter Landler, die nicht wegziehen wollen. Zu diesen gehören Anneliese und Andreas Pitter, in deren Bauernhof an der Straße, die breit durch Großpold zieht, ich jeweils wohnen darf. Eine sehr eifrige Forscherin war übrigens meine Kollegin Magistra Helga Patscheider, sie will ich in allen Ehren hier erwähnen, sie bemühte sich redlich um die Herausgabe unseres gemeinsam mit einigen Studentinnen und Studenten verfaßten Buches „Die Letzten der Verbannten". Dafür sei ihr gedankt. In diesem Buch schildern wir das Leben jener Landler, die noch nicht nach Deutschland oder Österreich ausgewandert sind. Diese wenigen sind voll der Trauer, daß die Jugend des Dorfes unmittelbar nach dem Niedergang des Kommunismus in Rumänien und dem Öffnen der Grenzen weggezogen ist. Die Ausgewanderten sind nicht gerade glücklich weitab ihrer Heimat in Ulm, München oder Dinkelsburg.

In Großpold leben daher nur mehr wenige Deutsche, sie wollen eigentlich nicht weg, aber vielleicht ziehen auch sie einmal ihren Kindern nach. Frau Pitter meinte zu mir, sie fühle sich durch ihre Freunde verraten, die zunächst sagten, sie würden hierbleiben, nun aber doch ihrem deutschen Dorf hier im Karpatenbogen den Rücken gekehrt haben. Schade um diese alte Kultur deutscher und österreichischer Bauern. Ich habe vor, über diese bäuerliche Kultur, wie sie heute noch bei den Landlern besteht, etwas zu schreiben. Vielleicht können unsere Leute etwas daraus lernen, denn bei uns in Österreich, Deutschland und anderen europäischen Ländern hat man diese bäuerliche Kultur aufgegeben. Darüber habe ich schon nachgedacht, als ich durch das Ennstal radelte. Die heutige Kultur der Bauern bei uns steht auf tönernen Füßen, denn diese Kultur mißachtet das Tier. Traurig, diese Kälbermast und die furchtbare Schweinehaltung. Ich sah neulich im Fernsehen einen Bericht darüber, der mich geschockt hat. Ich sah große Mutterschweine unter einem Gitter liegen, so daß sie sich kaum rühren konnten, damit die vielen Ferkel ohne Schwierigkeiten an ihren Zitzen saugen können. Die Zucht der Schweine muß schnell gehen, sie dürfen sich nicht viel bewegen, damit sie ordentlich zunehmen und gutes Geld bringen. Es ist eigentlich kein gutes Geld, das die Bauern mit den Schweinen heute machen, es ist ein Schandgeld, denn es geht auf Kosten der Kreatur. Die Bauern in Siebenbürgen sind noch echte Bauern, wie es sie früher bei uns auch gegeben hat. Sie sind nicht zu Spezialisten und Managern degradiert, sie sind autark, sie haben noch alles, was den klassischen Bauern ausmacht. Sie haben zwei Kühe, ein Kalb, vier Schweine, die zwar auch beengt leben, aber immerhin zwischen zwei Räumen herumlaufen können, zwischen dem Kobel, in dem sie schlafen und in dem sie gefüttert werden, und einem kleinen abgezäunten Hof, in dem sie sich im Dreck wohlig wälzen können. Das Leben dieser Schweine ist geradezu paradiesisch im Vergleich zum Dahinvegetieren moderner Zuchtsäue, die dichtgedrängt in sterilen Ställen auf ihren Abtransport in oft ferne Gegenden warten. Unser Bibliothekar Fröschl von der Universität Wien meinte einmal: „Erst der Mensch macht das Schwein zur Sau." Der Mann hat recht. Jedenfalls bei den Bauern in Großpold geht es den Tieren nicht so schlecht. Zum Schlachten werden sie in die sich ein paar hundert Meter entfernt befindende Fleischhauerei gebracht, ein Weg, der nicht so lang ist. Neben Schwein und Rind haben die Landler noch Hühner, die sich beim goldig glänzenden Misthaufen herumtreiben. Dieser Bereich des Hofes wird als „Henner-(Hühner)Hof" bezeichnet, und das Gittertor, das diesen vom übrigen Hof trennt, heißt man das „Henner-Tor". Bei uns gibt es solche Hühnerhöfe nicht mehr. Man ist spezialisiert, entweder auf Kühe oder Schweine. Hühner haben da nichts zu suchen, denn sie machen nur Dreck. Hühner gehören aber zur alten Bauernkultur, wie sie sich in Siebenbürgen erhalten hat. Eine Kultur, die zwar arbeitsame Leute braucht, die aber ein Überleben auch in Krisenzeiten ermöglicht, nicht nur für sich, sondern auch für die anderen. Vor einigen Jahren schrieb man in einer rumänischen Zeitung: „Wir wollen nicht, daß unsere alten Bauern auswandern", denn diese Bauern sind fleißige Leute, die ihre Kultur bis heute erhalten haben. Viele dieser braven Landler haben ihre Vorfahren hier in Himmelberg, durch das ich eben radle. Eine Familie zum Beispiel in Großpold heißt „Glatz", sie leitet sich direkt von diesem Ort hier ab. Von hier vertrieb man sie als brave Protestanten und siedelte sie in Siebenbürgen an. Ich redete bei meinen Forschungen in Großpold gerne mit diesen Glatz, sie sind stolz, daß ihre Ahnen Kärntner sind.

Ich lasse es rollen, es geht leicht bergab, allmählich nähere ich mich Feldkirchen, einem alten Markt, in einem weiten Becken gelegen. Hier in Feldkirchen kreuzen sich Straßen. Die eine, auf der ich radle, stößt vom Norden über die Pässe hierher und führt weiter nach Klagenfurt. Die andere schlängelt sich von St. Veit entlang des Flusses und zieht nach Feldkirchen zum Ossiacher See und weiter nach Villach.

Händler waren hier unterwegs, die Feldkirchen zu einem wirtschaftlichen Aufschwung verhalfen. Wehrbauern soll es hier im frühen Mittelalter gegeben haben, denn Menschen verschiedener Kulturen begegneten sich hier, kriegerisch und friedlich.

1162 trafen sich der Erzbischof von Salzburg und der Patriach von Aquileia hier zur Besprechung, um ihre Einflußbereiche abzustecken. Und zu dieser Zeit ging der Markt durch Kauf an das Bamberger Bistum. Die Bischöfe von Bamberg waren kühne Leute, die auf dem Gebiet des heutigen Österreichs einiges bewirkt und eine bemerkenswerte Kultur geschaffen haben, die sich in Kirchen und Stiften zeigt. Ein Bamberger Bischof, Heinrich von Aufseß ist sein Name, hatte im 15. Jahrhundert Bamberg und sein Amt verlassen, um sich in Spital am Pyhrn, von wo ich weggeradelt bin, in seinen letzten Jahren niederzulassen. Er liebte es, wie in einer alten Schrift steht, im bäuerlichen Gewand umherzuwandeln. Wahrscheinlich hat er unter den Bauern ein heiteres Leben geführt, ein sicher schöneres als im Hochstift Bamberg unter seinen geistlichen Brüdern. Er soll an einem Blasenstein verstorben sein. Die Bamberger Bischöfe dürften Freude an den Alpen gehabt haben.

Es sind viele Kulturen hier zusammengekommen. Alpenslawen wurden von Bajuwaren überlagert, und dazu mischten sich die Goten, über die ich noch erzählen werde. Feldkirchen liegt an einem für Umherzieher idealen geographischen Punkt, der dem Radfahrer, der mit offenen Augen durch die Gegend zieht, auffällt. Hierher wird man wohl vieles gebracht haben, wie Salz, kostbare Stoffe und anderes, um es dann weiter in die Berge zu verhandeln. Auch Paracelsus, der die Märkte liebte, an denen er seine Wundermittelchen anpries, trieb es durch Kärnten und vielleicht auch durch diese Gegend, möglich wäre es. Paracelsus, der um 1493 in Einsiedeln geboren worden war, hielt sich eine Zeit in Villach auf, wie wir wissen. Paracelsus gehörte zu den vagierenden Marktschreiern. Ich radle über Schienen hinein nach Feldkirchen, in eine große Einkaufsstraße, die in einen weiten Platz mit einigen Kaufhäusern mündet. In einem dieser Kaufhäuser versuche ich noch ein nobles rotes Leiberl, ein sogenanntes T-Shirt, zu erwerben. Es könnte zu meiner schwarzen Leinenhose, die ich in der Gepäcktasche eingerollt mit mir führe, gut passen. Ich werde es brauchen, da ich heute abend wohl mit feinen Leuten ausgehen werde. Ich irre durch das Geschäft, ein Wirbel herrscht hier. Mein Fahrrad habe ich an einen Brunnen gelehnt, lediglich die Brieftasche und meinen Paß lasse ich nicht im Gepäck. Wenn man mir das Fahrrad samt Taschen stiehlt, so habe ich wenigstens Geld und einen Ausweis über meine Identität bei mir.

Es ist gegen 17 Uhr, freundliche Frauen eilen in die Geschäfte, um noch schnell etwas für den Abend zu ergattern oder von den Billigangeboten Gebrauch zu machen. Unter den Einkaufenden sind wohl viele, die aus dem Umkreis hierher gefahren sind. Feldkirchen ist ein sogenanntes Einkaufszentrum mit Parkplätzen, hohen Häusern, an denen die Namen von bekannten Verkaufsketten zu lesen sind, und Menschen, die gerne in dieser Welt arbeiten und einkaufen. Hier ist Leben. Ich bin gerne auf solchen Plätzen. Hier ist etwas los. Und ich besuche mit Freude Geschäftslokale und betrachte mit Neugierde die dargebotenen Artikel, begonnen bei den Socken über Fahrräder bis hin zu Büchern und lockeren Zeitschriften. Ich beobachte Paare, die beim Einkaufen in Streit geraten sind, ihm ist die Sache vielleicht zu teuer, ihr aber offensichtlich nicht.

Mein Fahrrad ist noch hier, als ich mit dem Leiberl aus dem Kaufhaus trete. Ich frage eine freundliche Dame nach dem besten Weg zum Ossiacher See. Sie erzählt etwas von einem Radweg, den ich aber nicht finde. Es ist gar nicht so einfach, aus dieser Stadt der Händler zu gelangen. Als Autofahrer ist es leichter, denn man hält sich an die Schilder, die alle auf Schnellstraßen verweisen. Aber als Radfahrer, der auf der Suche nach den schönsten und für ihn angenehmsten Straßen ist, ist es oft schwer, den idealen Weg aus einer Stadt zu finden. An einer Kreuzung frage ich einen Herrn in einem Auto, die Ampel zeigt gerade Rot, nach dem Weg. Währenddessen springt das Rot auf Gelb und dann auf Grün. Der Mann ruft mir noch ein paar Fetzen zu, dann steigt er aufs Gas und entfernt sich. Ich ärgere mich. Um mich nicht zu verirren, folge ich der Hauptstraße, den Radweg finde ich zunächst nicht. Nach einigen Kilometern auf dieser stark befahrenen Straße überholt mich ein Auto, ein schwarzer Sportwagen mit Wiener Kennzeichen. Es bleibt stehen, ein nobler Herr, er könnte ein Schauspieler sein, fragt mich um die beste Straßenverbindung in den Süden von Klagenfurt. Der Mann dürfte mich, da ich mich auf dem Fahrrad fortbewege, für einen Einheimischen gehalten haben. Offensichtlich ist es für ihn nicht vorstellbar, daß ein Radfahrer von fernab hierher geradelt kommt und sich hier nicht auskennt. Ich muß ihm dies klarmachen.

Wieder nach einigen Kilometern entdecke ich etwas abseits rechts von mir den von der Dame in Feldkirchen angekündigten Radweg. Ich kreuze zu diesem. Ich durchradle eine Landschaft, die sich zwischen Bergstöcken erstreckt. Durch diese weiten Täler zogen also Händler aller Art, um ihre Waren vom Süden nach Norden und vom Westen nach Osten zu bringen. Auch ich ziehe dahin, auf einem breiten Radweg, der kaum von Radlern befahren ist, er verläuft entlang der Bahn. Beim Fleckchen Sonnenberg zweige ich nach Süden in eine gemütliche Landesstraße mit wenig Verkehr ab. Nach ungefähr zwei Kilometern führt die Straße durch einen Wald und biegt nach Westen zum Ufer des Ossiacher Sees. Ein freies Bild mit lieblichen Häusern an einem prächtigen See und einem angenehmen Radweg öffnet sich dem Auge des reisenden Radfahrers. Für gewöhnlich sind mir Radwege dieser Art, wie schon gesagt, eher verdächtig, wenn viele Sonntagsradler oder solche Radler auf diesen unterwegs sind, die nur kurze Strecken in sportlicher Manier hinter sich bringen wollen. Die Benützung des Radweges kann für den schnell fahrenden Tourenradler, als einen solchen sehe ich mich, gefährlich sein, wenn man zum Beispiel einem Bulk gewichtiger Damen, die nicht an ein Ausweichen denken, begegnet. Man kann überrollt werden. Dieser Radweg hier ist weitgehend verschont von solchen Massenbewegungen, lediglich eine schlanke Dame mittleren Alters in kurzen roten Hosen und einem weißen knappen Leiberl, das ihre reifen Brüste etwas betont, plagt sich redlich auf ihrem mit vielen Gängen ausgestatteten Fahrrad. Ich grüße höflich. Die Dame schaut auf und ruft: „Ah, sind Sie nicht der Professor Girtler von den Soziologen an der Universität Wien?" Sie lacht. Ich antworte überrascht: „Ja, Sie haben recht, aber wie komme ich zu der Ehre, von Ihnen angesprochen zu werden?" Sie antwortet: „Ich habe vor vielen Jahren ein Proseminar bei Ihnen gemacht. Ich bin Lehrerin an einem Gymnasium geworden. Mein Mann ist Techniker, er ist alleine unterwegs. Und mein achtzehnjähriger Sohn ist bei Freunden. So radle ich alleine. Aber ich habe im Radeln noch wenig Übung. Ich freue mich, Sie da zu sehen. Daß Sie viel radeln, weiß ich, aber was haben Sie jetzt vor, mit dem Gepäck am Rad?" Nun erzähle ich ihr, während wir nebeneinander radeln, von meiner vagabundierenden Radtour, die ich nach Italien vorhabe. Wir radeln den Radweg, der bergauf, bergab geht, nun gemeinsam. Wenn uns ein Radler oder eine Radlerin begegnet, ordne ich mich hinter sie ein. Als wieder einmal der Weg etwas ansteigt, merke ich, wie sie sich beim Treten plagt und sie keinen Gebrauch von den Übersetzungen, den Gängen, ihres geländegängigen Rades macht. Ich frage: „Warum schalten Sie nicht?" Sie erklärt mir nun: „Ich fahre ganz selten mit dem Rad. Ich kenne mich mit den Gängen nicht aus. Wie das Schalten geht, weiß ich nicht." Ich bitte meine Begleiterin anzuhalten. Sie tut es. Nun zeige ich ihr, wie die Gänge zu schalten sind. Auf der rechten Seite des Lenkers kann man durch Bewegen eines Hebels die Kette von der kleinsten hinteren Scheibe bis zur größten springen lassen und so fort. Allerdings sei es günstig, während des Tretens die Gänge zu wechseln. Meine ehemalige Schülerin in der Soziologie und meine jetzige in der Kunst des bequemen Radfahrens hört dankbar zu. Sie steigt wieder auf ihr Rad, fährt langsam weiter und versucht sich am Hebel für die Gänge; endlich hat sie eine kleine Übersetzung, die Kette zurrt leicht über die Zahnkränze. Erleichtert und mit freudigem Gesicht, so als ob sie eine schwere Prüfung bestanden hätte, zieht sie die kleinen Hügel, über die der Radweg geht, hinauf. Wir unterhalten uns über die Lust des Vagabundierens und betrachten die Anlegestellen für die kleinen Kajütenboote, die es nicht nur am Meer gibt, sondern auch hier. Diese Boote sind nicht mit einem Benzinmotor, vielleicht mit einem Elektromotor, ausgestattet, aber sie haben dafür Segel. Eine eigene Romantik umgibt diese Boote. Ihre Besitzer haben etwas Weltmännisches an sich. Wir radeln bei Ossiach vorbei. In der Nähe von St. Andrä suche ich die Anlegestelle des Bootes meiner Freunde Dr. Rudolf und Ridi von Moser zu Gams. Sie sind freundliche Leute, die den Leichtsinn hatten, mich hierher einzuladen. Ich habe einen säuberlich mit der Hand gezeichneten Plan von Freund Rudi, auf dem der Ort der Wasserung ihres Bootes eingezeichnet ist. Meine Begleiterin hilft mir, die angegebene Stelle ausfindig zu machen. Wir fragen und radeln weiter, an noblen Häusern vorbei, deren Besitzer einen feinen Lebensstil zu demonstrieren bereit sind. Nach einer Kreuzung – die Hoffnung, meine edlen Freunde zu finden, wird immer größer – sehe ich einen Herrn im besten Alter, auf dem Kopf trägt er einen Hut, wie ihn Wildwesthelden mitunter zu tragen pflegen. Zum Hut paßt das zweite Kleidungsstück, eine elegant geschnittene, sehr schmale Badehose, die den braungebrannten Bauch von den ebenso braungebrannten, kühn geformten Beinen trennt. Abgerundet wird die Kleidung des Mannes durch lockere Badeschuhe. Erst im Näherkommen erkenne ich in dem feinen Badegast meinen Freund Rudi. Er ruft mir grüßend zu. Ich bleibe stehen, strecke meine Hand aus und sage: „Servus, Rudi, bin froh, dich endlich gefunden zu haben. Diese Dame hier", ich zeige auf meine Begleiterin, „ist eine frühere Schülerin von mir, ich habe sie eben getroffen. Sie gab mir die Ehre der Begleitung." Die so von mir Angesprochene lacht herzlich und meint: „Es war mir eine Freude, mit Ihnen geradelt zu sein. Vielleicht sehen wir uns wieder." Wir wechseln noch unsere Telefonnummern aus, ich deute einen Handkuß an, dann radelt sie lachend weiter. Freund Rudolf zeigt sich über mein Auftauchen erfreut. Er bittet mich zum Steg hinunter. Ich schiebe mein Fahrrad über den Gehsteig in ein abgezäuntes Gelände, an dessen einer Seite Laubsträucher stehen. Darunter lehne ich mein Rad. Rudi zeigt auf einige Damen und Herren, die in der Wiese lagern. Auch sie haben Boote hier und sind Kapitäne. Dann führt mich Rudi zu ihrem Boot, einem gelungenen Erzeugnis der Schiffsbauerkunst. Die Segel sind eingezogen, Ruhe herrscht an Deck, an dieses schließen sich Stufen in die Kajüte, dem Wohnraum zur See. Rudi taucht aus dem Dunkel des Bootsbauches. Auch sie freut sich, mich zu sehen: „Schön, daß du da bist, wir haben schon auf dich gewartet. Ich habe Gemüse für dich, den alten Vegetarier, gekocht." Ich freue mich über diesen Empfang, drücke Ridi einen zarten Kuß auf die Hand. Zum Handkuß will ich einfügen, daß ich die Regel, man dürfe einer Dame nur in geschlossenen Räumen die Hand küssen, nicht akzeptiere. Ich küsse Damen überall dort die Hand, wo es mir eben beliebt. Ridi freut sich über den Handkuß hier auf freiem See. Rudi weist mich auf die Schönheit des Sees und die Herrlichkeit ihres Bootes hin, in dem sie während ihrer Urlaubstage wohnen, essen und schlafen. Rudi weist mich mit stolzen Handbewegungen auf die schnittige Form seines Schiffes hin und erklärt mir die Funktionen der in dessen Bauch sich befindenden Räumlichkeiten. Irgendwie erinnert er mich an den Kapitän eines Ozeandampfers, der im Hafen von Bombay liegt, wo ich mich vor vielen Jahren in Forschungssachen aufhielt, und der der Welt zeigen will, über welches Prachtstück er regiert.

Herr von Moser hat auch von der Statur und seinem Gehabe etwas von einem Kapitän eines Ozeanriesen an sich. Ridi, seine gütige Frau, paßt gut zu ihm und dem Boot. Sie gleicht einer griechischen Göttin im Bikini, die dem Göttervater Zeus Freuden zu spenden bereit ist. Und Freuden spendet sie auch, als sie uns ein prachtvolles Abendmahl, es ist schon gegen 20 Uhr, serviert. Mir schmeckt das angekündigte Gemüse, und ich erfreue mich an dem Bier, das mir kredenzt wird. Wir trinken uns zu und lassen uns leben. Ich erwähne noch: „Ihr lieben Leute, ich danke für eure schöne Einladung, die ich als müder Radfahrer, der aus dem Steirischen hierher an diesen Kärntner See geradelt kam, jetzt besonders genieße. Es war herrlich über die Turracher Höhe zu fahren. Während des Radelns dachte ich an mutige Wildschützen, freundliche Sennerinnen, aufsässige Landler und an Vagabunden, die durch diese Gegend hier zogen. Auf sie alle will ich einen großen Schluck Bier trinken." Rudi und Ridi nicken, auch sie erheben ihre Gläser. Das Bier rinnt lieblich durch unsere Kehlen. Ich füge noch hinzu, nachdem ich die Gemüsespeise genüßlich verzehrt und den Teller zur Seite geschoben habe: „Ich bin froh, bei euch zu sein. Auch in euch fließt das Blut des fahrenden Volkes, immerhin seid ihr mit dem Motorrad schon weit herumgekommen, und jetzt lebt ihr auf einem Schiff, dem Symbol für Weltbürger von der Art des Marco Polo, der sich aufgemacht hat, fremde Länder zu entdecken. Eure Entdeckungen mögen ebenso reich sein, auch wenn sie sich nur auf die Buchten dieses Sees beziehen. Ich glaube, der Mensch mit einem weiten Herzen ist ein Vagabund, der Grenzen überwindet und sich am Neuen, das er sieht und entdeckt, erfreuen kann. Die Neugierde zieht den Vagabunden aus der Enge der Häuser und der Hirne. Für mich ist es das Fahrrad, das mir es ermöglicht, im Stile eines Vagabunden durch die Gegend zu ziehen und in fremde Welten einzutauchen, wie nun in die eure, die von kühnen Seeleuten am Ossiacher See." Beide lachen ob meiner etwas erhebenden Gedanken, denen man anmerkt, daß der Genuß von ein paar Schluck Bier sie angeregt haben mag.

Ridi meint heiter: „Es ist eine Freude, einen so kühnen Radfahrer bei uns an Deck bewirten zu dürfen." Und Rudi, der Herr von Moser zu Gams, fügt hinzu: „Die Ehre, einen solchen Gast bei uns zu haben, ist enorm." Er schlägt vor, mich nun zu meinem Quartier zu bringen. Langsam chauffiert er das Auto so, daß ich ihm mit dem Fahrrad folgen kann. In einer abseits gelegenen kleinen Pension mit dem beruhigenden Namen „Waldfrieden" ist für mich ein Zimmer reserviert. Eine freundliche Dame mit rötlichem Haar, das an die alten Kelten, die auch einmal hier waren, erinnert, begrüßt mich freundlich und führt mich zu dem im ersten Stock der freundlichen Pension gelegenen Zimmer. Zwei Betten gibt es in diesem und Kästen aus hellem Holz. Ich kleide mich um. In schwarzer Hose und schwarzem Polohemd erscheine ich. Ridi und Rudi sind erstaunt, daß ich diese Sachen in meinen Gepäcktaschen mitführe. Mein wertvolles Fahrrad darf ich in einem Schuppen unterstellen, wo es vor Dieben sicher zu sein scheint. Wir nehmen im Auto Platz, ich werde also für ein paar Stunden meinem edlen Straßengaul untreu. Wir wollen einen Herrn, den ich seit meiner Jugend kenne und der an der anderen Seite des Ossiacher Sees ein Haus besitzt, besuchen. Dieser Mann ist ein interessanter Bursche, der sich bisweilen als Kolumnist einer Zeitung betätigt.

Wir fahren also zu ihm hin, läuten an seinem aus der Jahrhundertwende stammenden Haus, das noble Zeiten erlebt haben mag. Der Herr ist freudig überrascht. Im Garten sitzt eine nette Runde von Damen und Herren, zu denen wir uns gesellen dürfen. Ein Geburtstag wird gefeiert. Die Gläser klingen, der Wein rinnt durch die Kehlen.

Die Stimmung wird kühn, und die Themen, denen man sich scherzend nähert, beziehen sich auf die Bedeutung der Seefahrt, auf die Hygiene nach dem Besuch geheimer Örtlichkeiten, auf das Radfahren im allgemeinen und auf meine Radtour im besonderen und schließlich auf die von mir besuchte Klosterschule, über die ich nun ein Buch geschrieben habe. Man lacht, scherzt mitunter boshaft, leichtfertig gestatte ich mir freche Bemerkungen, und schließlich verabschieden wir uns, wobei uns der Gastfreund noch bis zum Gartentor begleitet und mir versichert, er könne mich trotz allem gut leiden. Nach einem kurzen Besuch in einem kleinen Lokal am See, wo wir Tee als Ausgleich zum Weingenuß zu uns nehmen, bringen mich meine beiden liebenswürdigen Freunde, deren Gastfreundschaft ich auf Deck ihres Kreuzers genießen durfte, zur Pension „Waldfrieden".

Müde von der Tour über die Turracher Höhe und hierher an den Ossiacher See sowie von dem bunten Abend mit Wein und losem Gespräch, begebe ich mich auf mein Ziimmer. Ich mache noch einen kleinen Zug aus einer Bierflasche, die mir die Wirtin bereitgestellt hat. Ich tue dies zur Erinnerung an und in Hochachtung vor den Rebellen der Berge, den Wildschützen, denen ich mit braven Leuten ein ganzes Museum in St. Pankraz beim Gasthaus Steyerbrücke eingerichtet habe und das gerne aufgesucht wird. Ebenso gedenke ich der Landler und des braven Marktschreiers Paracelsus, der sich nicht weit von hier herumgetrieben hat. Sie alle mögen hochleben.

Dann lege ich mich zur Ruhe.

3. NACH PORTOGRUARO –
DURCH DAS GEBIET DER LANGOBARDEN

Wahrlich, ich habe gut geschlafen, so wie man eben in einem Haus, das den Namen „Waldfrieden" stolz trägt, schläft. Es ist schon gegen 9 Uhr, als ich mich im Raddreß zum Frühstück an einen Tisch im Freien vor der Pension, hier ist auch für andere Gäste gedeckt, setze. Ridi und Rudi von Moser sind schon hier, sie ziehen es heute vor, nicht an Deck ihres noblen Kajütenbootes, das im Kleinen einem Ozeankreuzer mit Kombüse und anderen Räumlichkeiten gleicht, sondern mit mir das Frühstück einzunehmen. Ich freue mich und danke den beiden für ihr Erscheinen. Die mit ihren rötlichen Haaren keltisch aussehende Wirtin serviert uns Tee, Brot mit guter Butter, Käse und Honig. Wir langen zu, und Rudi sagt, ein Honigbrot in der Hand balancierend: „Es war schön gestern. Bevor du weiterpilgerst auf deinem Fahrrad, möchte ich dir noch sagen, daß es für uns wirklich eine Freude war, dich, den radelnden Vagabunden, bei uns an Deck zu begrüßen. Interessant war der Abend bei bemerkenswerten Leuten, deren Bekanntschaft wir dir zu verdanken haben. Von denen redete zwar der eine etwas obergescheit daher, aber es war spannend. Was wir da alles erfahren haben!" Und pfiffig fügte er hinzu: „Aber eines war besonders angenehm gestern, wir haben guten Wein getrunken, noch dazu umsonst." Ridi lächelt, und ich stimme Rudi zu: „Es war trotz allem ein lustiger Abend. Jetzt heißt es aber loszufahren, denn ich will heute noch in die Nähe von Venedig gelangen." Meine Freunde nicken. Wir beenden das Frühstück, ich gehe in mein Zimmer, packe meine Taschen und erscheine vollbeladen im Hof. Die Wirtin öffnet mir den Schuppen, damit ich mein Rad holen kann. Ich belade dieses und lehne es an einen festen Tisch. „Es hat mich gefreut, daß Sie bei mir genächtigt haben", meint die freundliche keltische Wirtin. Und als ich sie wegen des reinlichen Hauses lobe, fügt sie noch hinzu: „Sie müssen auch meinen Garten sehen, denn ich versuche, möglichst viel von dem, was ich koche, selbst anzubauen und zu ernten." Die Dame hat mich neugierig gemacht, denn ihr Garten scheint noch ein Garten im klassischen Sinn zu sein, ähnlich, wie es ihn heute noch bei den Landlern in Siebenbürgen gibt. Darüber habe ich bei meiner letzten Forschung in Großpold bei den Pitters geforscht. Der alte Garten sichert ein Überleben, er gehört zu dem, was man als Subsistenzwirtschaft bezeichnet, nämlich ein Wirtschaften von heute auf morgen. Mich interessiert also der Garten, und ich lasse ihn mir zeigen. Wir gehen hinter das Haus. Hier erstreckt sich eine kleine Welt der Pflanzen, die etwas chaotisch angebaut erscheinen, manche könnte man als Wildwüchse bezeichnen. Ich frage nach den einzelnen Blumen und Gewürzen. Mit liebevollen Worten beschreibt die Dame ihren Garten. Es ist wert, daß ich ihre Betrachtung hier wiedergebe: „Der Garten ist für mich die beste Speisekammer: Wenn man einen guten Garten hat, braucht man keinen Kühlschrank, denn alles wächst vor der Haustür. Hier wachsen Merlen, so nennt man bei uns die Karotten, Strangalarn, das sind die Fisolen, Bodenbernlern, so heißen die Buschbohnen – zu den Bohnen sagt man hier Bernlern. Dann gibt es hier Poree, Karfiol, Paradeiser, Kraut und viele Kräuter, wie Petersil, Majoran, Basilikum, Thymian und Eibisch. Auch Salat und Zwiebeln sind hier angebaut. Das ganze Jahr gibt es etwas anzubauen und zu ernten, im Dezember habe ich sogar Karfiol." Die Hausherrin zeigt mir die einzelnen Pflanzen und Pflänzchen. Ich mache einige Fotos, denn dieser Garten imponiert mir. Mir fällt auf, daß man hier ebenso wie in Siebenbürgen bei den Landlern zu den Karotten „Merlen" sagt. Dies ist nicht verwunderlich, da ein Teil der nach Siebenbürgen verbannten Landler aus Kärnten, auch aus Himmelberg, durch das ich gestern geradelt bin, stammt. Meine Gastgeberin erwähnt noch: „Für mich ist Gartenarbeit Entspannung. Gartenarbeit war immer Frauenarbeit. Heute ist es aber schon so, daß viele Frauen am Land nicht mehr im Garten arbeiten wollen, da sie Angst haben, daß ihre schönen Finger und Fingernägel dreckig werden, denn mit Handschuhen kann man im Garten nicht gut arbeiten. Es hat sich bei manchen daher umgedreht: Es sind die Männer, die im Garten arbeiten. Denen macht es nichts aus, dreckig zu werden. Ich jedoch liebe den Garten und bin gerne hier."

Die gute Frau hat mich zum Nachdenken über den Wert des Gartens angeregt. Nur mehr wenige wissen, wie wichtig so ein Garten sein kann. Ich freue mich über die freundlichen Worte, mit denen diese Dame, sie ist eine wahre Dame, über ihren Garten zu berichten weiß. Wir gehen vor das Haus. Ich nehme meine vier Jonglierbälle aus meiner Gepäcktasche, wo ich diese stets griffbereit habe.

Die beiden Mosers lächeln, und die Gärtnerin wartet gespannt auf das, was jetzt kommt: Ich beginne zu jonglieren. Daß jemand mit drei Bällen eine derartige Kunst versteht, erscheint ihr einsichtig, aber daß jemand vier Bälle durch die Luft schießt und sie wieder auffängt, ist doch bewundernswert. Sie lacht und applaudiert. Ich bin geehrt.

Ich gebe ihr zum Abschied die Hand. Rudi und Ridi kennen meine Kunststücke, sie tun aber dennoch so, als ob sie diese erfreuten. Dann gebe ich auch ihnen die Hand und danke für die netten Stunden. Die beiden machen ein freundliches, aber auch erlöstes Gesicht, das noch freundlicher wird, als ich winkend wegradle. Es ist ungefähr 9 Uhr 30 am Vormittag. Ein langer Weg wartet noch auf mich.

Ich lenke mein Fahrrad an dem schönen Garten der rothaarigen Dame vorbei, ich gelange zur Hauptstraße nach Villach. In dieser Gegend hat sich auch der von mir verehrte Paracelsus herumgetrieben. Seiner gedenke ich, während ich meinen Weg durch Villach nehme, ich kurve über den Hauptplatz, gelange nach einigem umständlichem Fragen zur Straße nach Arnoldstein. Auf ihr ist angenehm zu fahren, trotz vieler Autos. In Arnoldstein raste ich, der Himmel ist mit Wolken überzogen, das Wetter dürfte sich verschlechtern. Ich hoffe das Beste. In einer Apotheke erwerbe ich ein paar Mittelchen, die man so brauchen kann, wie Magnesiumtabletten, die sind gut für Muskeln jeder Art, und Leukoplast samt Salbe. Und in einem Papiergeschäft kaufe ich eine Landkarte von Oberitalien sowie einen kleinen Sprachführer für das Italienische. Obwohl ich im Klostergymnasium acht Jahre Latein gelernt habe und von daher gute Voraussetzungen für das Erlernen der italienischen Sprache mitbringe, hatte ich mir eigentlich nie die Mühe gemacht, mich voll auf das Italienische einzulassen. Etwas Italienisch kann ich, ich komme damit weiter und kann mich auch unterhalten, so hoffe ich zumindest. Aber es ist gut, ein Sprachbuch mitzuführen. Während des Radelns kann man einiges lernen. So tat ich es auch, als ich vor ein paar Jahren in Frankreich unterwegs war. Ich hatte zunächst keine Ahnung vom Französischen, doch ich kaufte mir ein Französisch-Wörterbuch, und während des Radelns lernte ich diverse Vokabeln auswenig, wobei ich das Büchlein jeweils kurz in die eine Hand nahm, während die andere am Lenker blieb. Jedenfalls konnte ich mir in den Pyrenäen Käse und Brot ohne Probleme kaufen. Ich mußte also nicht verhungern. Auch konnte ich damals nach dem Wetter fragen, denn als Radfahrer hatte ich unter den Gewittern, die in den Pyrenäen gewaltig sein können, zu leiden. Seit dieser Tour in die Pyrenäen schaue ich bei den üblichen Wetternachrichten stets auf die Pyrenäen, denn dort stauen sich die Wolken. Ich hatte unter diesem Stau zu leiden und achtete daher auf die Gasthäuser an der Straße, von denen ich mir bei Gewitter Rettung erhoffte.

Es kam mir damals also zugute, daß ich – aufgrund des Erlernens französischer Wörter während des Radelns – mich erkundigen konnte, ob sich ein Gewitter nähere.

Nachdem ich die Einkäufe erledigt und ich mir noch Geld aus einem Automaten geholt habe, radle ich zur Grenze. Die Straße steigt langsam an. Ein weißer Streifen am Rande der Straße deutet auf einen Freiraum für den Radfahrer hin.

Von der alten Grenzstation zeugen nur mehr leere langgezogene Häuser, in denen dereinst Zollbeamte ihrer Arbeit nachgingen, Waren kontrollierten und Pässe prüften. Die Autokolonnen früher waren gewaltig, wie ich mich erinnern kann. Oft ging das Passieren der Grenze nur schleppend, gerade am Beginn der Sommerferien. Die Radfahrer hatten damals das Privileg – auch ich gehörte zu ihnen –, die Autokolonnen überholen und unkontrolliert über die Grenze ins Italienische fahren zu können. Irgendwie gefiel mir damals diese Sonderbehandlung des Radfahrers, der auf diese Weise gegenüber dem Autofahrer, der auf den Wink der Zollbeamten, zuerst des österreichischen, dann des italienischen, warten mußte, um weiterfahren zu können, einen kleinen Vorsprung hatte.

Diesmal, schließlich gehört Österreich genauso wie Italien zur EU, existiert die Grenze im alten Sinn nicht mehr. Ohne ein Ritual wechselt man heute von einem Land ins andere, von einer Kultur in eine andere. Wohl bedeutet es heute eine große Erleichterung, ohne Kontrolle und ohne Grenzstation nach Italien zu gelangen, aber dennoch hatte früher, also vor dem Beitritt Österreichs zur EU, das Überschreiten der Grenze mit ihren Zöllnern und dem Vorzeigen des Passes, was zweifellos so etwas wie ein Ritual ist, einen gewissen Zauber. Durch ein derartiges Ritual wird einem klargemacht, daß er von einer Welt in eine andere wechselt. Die Spannung steigt, und man weiß, jetzt bin ich „drüben", jetzt kommt etwas Neues.

Von der Kulturwissenschaft weiß ich, daß überall dort, wo es Grenzen gibt, das Überschreiten dieser mit Ritualen verknüpft ist. Das zeigt sich bereits darin, wenn man die Grenze eines Hauses überschreitet. Dabei ist es zumindest üblich, die Bewohner zu grüßen. Und wenn jemand Mitglied einer Gruppe wird, er also die Grenze zu dieser überschreitet, so geschieht dies auch mit einem feierlichen Akt. Oder wenn jemand heiratet, so wird auch diese Überwindung einer Grenze von einem heiteren Leben zu einem mit Pflichten mit gewichtigen Ritualen und Zechgelagen versehen. Mir geht also ein Ritual hier an der Grenze nach Italien ab. Problemlos gleite ich in unser südliches Nachbarland.

Das Spannende im Leben sind eigentlich die Grenzen und ihr Überwinden, denke ich mir. Aber sie können auch gefährlich werden, wenn sie dazu beitragen, daß Menschen, eben weil sie verschiedene „Wahrheiten" besitzen, sich bekämpfen. So war es während der Religionskriege, als Katholiken und Protestanten gegeneinander zum Streit antraten, da jeweils die einen von den anderen meinten, sie wären durch und durch üble und gottlose Kreaturen, die man sogar ausrotten könne. Ganze Kriege beruhen auf solchen Vorstellungen, bei denen es schließlich um die Macht geht.

Und Italien und Österreich lagen sich oft in den Haaren. Aber heute haben sie viel gemeinsam. Und das ist auch gut so.

Eine besondere Bedeutung haben Grenzen dort, wo Waren nicht

von der einen Seite zu der anderen überwechseln dürfen oder nur unter bestimmten Bedingungen, wie der Bezahlung eines Zollbetrages. Für gewöhnlich sind derartige Grenzen identisch mit den Staatsgrenzen. Schmuggler jeder Art sind fasziniert von solchen Grenzen. Sie sind bereit, gegen gutes Geld Zucker, Vieh, Kleidung, Waffen, Alkohol und andere Sachen, die drüben gebraucht werden, auf geheimen Wegen und schlau über die Grenze und an den Zöllnern vorbei zu bringen.

Aber auch für den kleinen Mann hat Schmuggel seinen Reiz, es bedeutet nicht nur einen kleinen Gewinn, sondern auch eine Portion Abenteuer. Und Abenteuer verschafft ein Gefühl des Prickelns, das jene kennen, die schon einmal versucht haben, als Gelegenheitsschmuggler zum Beispiel ein paar Stangen Zigaretten oder einige Flaschen Wein in unerlaubter Weise im Auto an den Grenzbalken vorbei zu transportieren. Solche Spezialisten gab es hier, sie hatten hier ihre kleine Freude. Irgendwie erscheint der Gelegenheitsschmuggler als ein Held des kleinen Mannes.

Das Abenteuer lockt. Davon profitierten die Geschäfte, wahre Einkaufstempel, die sich bis hin zur Grenze lange vor Tarvis aneinanderreihten. Dort konnten Urlauber noch schnell Käse, Wein oder Sandalen kaufen, um sie elegant für sich selbst oder als Geschenke für Freunde zu schmuggeln. Es gab und gibt auch wackere Kärntner, für die die Grenze dazu da ist, um sie schnell in einer sogenannten Spritztour zu überwinden, denn der Kaffee ist angeblich in Tarvis besser, und die Schuhe sind dort eleganter und billiger.

Ich überlege, daß Grenzen aller Art das Leben des Menschen bestimmen, sei dies die Grenze des Alters, der Berge, des Weltraums, des Standes und so weiter.

Ich komme während des Radelns zu einer interessanten Überlegung, vielleicht beflügelt mich das Radfahren dazu, denn irgendwie hat der echte Radfahrer dauernd mit Grenzen, die in ihm selber liegen mögen, zu tun. So bemüht er sich, über Pässe zu fahren, die ihm im Weg stehen, oder er plagt sich, eine bestimmte Strecke zu bewältigen, obwohl er vielleicht Lust hätte, irgendwo in der Sonne zu liegen. Meine Überlegung ist, schließlich habe ich mich auch sonst viel mit Grenzen be-

schäftigt, daß der Mensch wohl das einzige Wesen ist, das die ihm gegebenen Grenzen nicht akzeptieren und diese überwinden will. Ein
Tier gibt sich mit den Grenzen, innerhalb derer es sich bewegt und
lebt, zufrieden. Wohl würde ein Hund ein Gitter, hinter dem er gefangen ist, zu überklettern versuchen, aber er tut dies aus dem in ihm vor-
handenen Freiheitsdrang heraus, um zu überleben, aber nicht aus dem
Drang nach Abenteuer. Es ist die Liebe am Abenteuer und die ihm in-
newohnende Freude am Neuen, die Kolumbus veranlaßte, in See zu
stechen, Marco Polo nach China zu ziehen und mich mit dem Fahrrad
nach Italien zu fahren. Aber das habe ich schon einmal beim Radeln
überlegt. Gerade derartige Gedanken zur Grenze wiederholen sich bei
mir im Sattel des Fahrrades.

Der Mensch will Grenzen überwinden. Auch mit der Grenze des Alters will er sich nicht abfinden und hofft auf Unsterblichkeit – entweder durch die Segnung der Religion oder die der Medizin.

Der Mensch geht also an Grenzen, er lebt mit Grenzen und versucht, sie zu überwinden. Allerdings geben manche auf und resignieren,
aber andere wieder versuchen es aufs neue.

Zur Buntheit der Welt gehört die Buntheit der Grenzen sowie jene
Leute, die als Schmuggler oder Radfahrer diese zu überwinden trach-
ten.

Ich radle weiter, an steilen Bergen und dunklen Wäldern am Fluß
vorbei.

Es ist schon gegen Nachmittag. Ich entferne mich immer mehr von
der österreichischen Grenze.

Ein Überwinder von Grenzen, sowohl geographisch als auch
menschlich, war der große Paracelsus, der weit umherzog. Auch nach
Italien kam er. In gewisser Weise ist er ein Vorbild der vagabundierenden Radfahrer. Wahrscheinlich wäre er heute mit dem Fahrrad unterwegs. Paracelsus war ein Freund der Vagabondage. Weit kam er umher, nicht mit Kutschen oder auf Pferden, sondern zu Fuß. Für
Paracelsus galt erst der Mensch etwas, der zu Fuß seine Wege zieht.

Darauf bezieht er sich ausdrücklich in der vierten seiner „Sieben
Verteidigungsreden“, die er 1538 zu St. Veit in Kärnten schrieb. Nicht

weit von St. Veit bin ich gestern geradelt. Es mag sein, daß mich der Geist des Paracelsus beflügelt hat. Ich denke, hätte Paracelsus das Fahrrad gekannt, so hätte er des Fahrradfahrens gedacht, so schreibt er lediglich vom Wandern und vom Fußmarsch. Er meinte, der gute Arzt müsse Schuhe und Hut abnützen. Heute würde er vielleicht schreiben, man müsse Reifen und Radkapperl abnützen. Außerdem meinte er: „Ich glaube also, daß ich bisher mit Recht gewandert bin, daß es für mich ein Lob und keine Schande ist. Das will ich mit der Natur bezeugen."

Vielleicht ist er hier durch dieses enge Tal gezogen, der große Paracelsus. So denke ich und radle mit leichten Füßen in Richtung Pontebba. Liebliche Bergnester lehnen sich hier an die Felsen, aber auch alte Kasernen, in denen früher italienische Alpini darauf warteten, daß Österreich angreift. Aber schon lange hat Österreich nichts mehr mit Kriegen zu tun. Und heute sind diese Kasernen unnötig geworden. Ich sehe auch keine Soldaten. Ein friedliches Tal mit einem Flußbett, in dem sich in der trockenen Zeit, wie in diesen Tagen, Sandbänke ausbreiten, das aber auch reißendes Wasser während der Schneeschmelze zu bändigen sucht, führt mich durch Friaul, einem Teil der Provinz Venetien mit ihrer Hauptstadt Venedig, wo ich morgen zukehren will. Friaul, italienisch heißt es Friuli, umfaßt die Stromgebiete des Tagliamento und des Isonzo, durch die ich noch radeln werde. Die Geschichte Friauls war auch eine Geschichte von Eroberern und Kriegern. Friaul, der Name leitet sich von der römischen Stadt „Forum Julia" ab, wurde im 6. Jahrhundert durch die hereinbrechenden Langobarden, die sicher nicht zimperlich waren, zu einem langobardischen Herzogtum. Karl der Große, der die Langobarden nicht wollte und sie bekämpfte, machte das Herzogtum zu einer fränkischen Markgrafschaft.

Der Zorn Karls gegen die Langobarden hängt wahrscheinlich auch damit zusammen, daß der unbotmäßige Bayernherzog Tassilo, der 777 das Kloster Kremsmünster gründete, nichts von einem großen Reich, in dem die Franken die Herrschenden sind, wissen wollte. Tassilo hatte größtes Interesse an einer guten Beziehung zu den Langobarden, deren Unterstützung gegen Karl den Großen er erhofft haben mag. Daher

steht auch am Fuß des berühmten, in Kremsmünster aufbewahrten Tas-
silokelches dies: „Tassilo dux forts et Liutpirg virga regalis" – „Tassilo,
tapferer Herzog und Liutpirg, königliche Jungfrau". Doch die Unterstützung durch seinen Schwiegervater Desiderius, des Königs der
Langobarden, kam nicht, da Desiderius durch Karl den Großen besiegt
worden war. Und dieser Karl der Große hat hier die Langobarden
Friauls untertänig gemacht. Seine Markgrafschaft bestand auch nicht
ewig, 1077 fiel sie an den Patriarchen von Venedig, und der größte Teil
Friauls wurde 1420 von Venedig erobert. Der Rest fiel an die Grafschaft
Görz und 1500 an Österreich. Österreich war sehr aktiv, denn 1797 fiel
auch das von den Venezianern eroberte Friaul infolge des Napoleoni-
schen Krieges an Österreich. Immerhin hat Österreich Anteil an der
Geschichte Friauls. Ich fühle mich also nicht fremd hier.

Allerdings wurde Österreich hier lange als Fremdherrschaft betrachtet. Daher erhob sich Venedig im März des Revolutionsjahrs 1848
gegen die Österreicher. Bis zum August 1849 konnte sich die Lagunenstadt halten, doch dann herrschten die Österreicher wieder über dieses
Gebiet, bis endlich 1866 im Italienisch-Österreichischen Krieg sie ihren
Anspruch aufgeben mußten. Um den Freiheitskampf der Lombarden
und der Venezianer niederzuschlagen, setzte man 1848 Feldmarschall
Radetzky ein. Die Wiener Studenten jedoch sympathisierten mit den
freiheitsliebenden Italienern und bezeichneten daher Radetzky, der die
Aufstände um die Freiheit niederschlug, als „Menschenschlächter". Sie
meinten, daß, wenn man selbst um die Freiheit kämpft in der Revolution von 1848, dann könne man es nicht gutheißen, daß ein Volk wie die
Italiener, das seine Freiheit von Österreich will, unterdrückt werde.
1866 war es schließlich doch mit der Herrschaft der Österreicher zu
Ende. Nur der Istrien genannte Teil Friauls blieb bis 1918 österreichisch. Österreich hat also ordentlich in der Geschichte der Gegend,
durch die ich vagabundiere, mitgemischt. Obwohl die Österreicher
nicht sehr freundlich waren, soll es heute noch Menschen hier geben,
die der alten Monarchie nachtrauern, denn angeblich sei diese besser
gewesen, was die Verwaltung anbelangt, als Italien. Als vor vielen Jahren ein starkes Erdbeben Dörfer und Städte Friauls stark zerstörte, wa-

ren es nicht Italiener, sondern österreichische Institutionen, wie das Rote Kreuz, die Feuerwehren und auch die Bergrettung aus Kärnten, die als erste zur Stelle waren, um zu helfen. Damals hörte ich darüber einen Radiobericht. In diesem meinte ein Mann aus Friaul, der sich über die Hilfe aus Österreich freute: „Die alte Mutter Österreich hat uns nicht verlassen." Ich freute mich über diese Feststellung.

Friaul hat einen eigenartigen Zauber. Felsen, Wälder und breite Flußbette faszinieren den Vagabunden, der seine Augen abseits der gemütlichen Straße schweifen läßt.

Ich komme nach Pontebba, ein freundliches Städtchen, an der Straße stehen langgezogene Verkaufslokale, in denen man als Tourist alles mögliche erhält, begonnen beim Chianti-Wein bis hin zur Ledertasche. Diese Geschäfte stammen wohl aus der Zeit, als es noch keine Autobahn gab und die Italientouristen, die auf dem Weg nach Österreich und Deutschland waren, noch schnell ein paar Erinnerungsstücke kaufen wollten. Früher dürfte man hier ein größeres Geschäft gemacht haben als heute.

Ich raste hier und kaufe mir Mineralwasser, ein kleines Weißbrot und Käse. Der Verkäuferin versuche ich klarzumachen, daß ich nach Venedig mit dem Fahrrad will. Sie fragt, ob ich heute noch dorthin wolle, denn immerhin müsse man bis dorthin noch bei 150 oder mehr Kilometer radeln. Ob ich dies heute noch schaffe, weiß ich nicht. Immerhin wirft mir die junge Dame einen Blick zu, der eine Mischung aus Skepsis und Bewunderung ist. Ungefähr 30 Kilometer nach Pontebba teilt sich die Straße, die eine führt nach Tolmezzo, also nach Westen, die andere nach Udine und weiter nach Venedig. Eine große Tafel weist darauf hin. Ab jetzt führt mein Weg am Tagliamento, der, aus dem Westen kommend, hier im rechten Winkel den Weg nach Süden sucht. Es ist früher Nachmittag. Bis am Abend hoffe ich in Portogruaro zu sein. An kleinen Städten wie Carnia und Venzone vorbei nach Gemona del Friuli. Die Hauptstraße führt nach Udine, die andere Straße, die ich wähle, direkt nach Portogruaro. Ich radle nun auf einer Straße, auf der wohl alle jene zogen und ziehen, die nach Venedig und in die klassischen Badeorte braver österreichischer Beamter, Hausmeister, Angestellter und anderer Leute Jesolo und Caorle wollten und wollen. Und ich sehe auch Autos mit österreichischen Nummern, in denen ganze Familien eng gepfercht sitzen und auf deren Dächern sich einiges Zeug stapelt. Ich kenne diese Straße, ich bin sie vor einigen Jahren mit dem Fahrrad in umgekehrter Richtung gefahren. Mir sind damals zwei komische Sachen passiert, die erzählenswert sind.

Das erste Erlebnis hatte ich ungefähr hier bei Dignano, wo ich gerade radle. Ich war damals in der Früh von Venedig weggefahren. Neben der Straße verlief ein kleiner Kanal, es war gerade Mittag. Ich achtete wenig auf die Straße, weil ich auf der anderen Straßenseite einen Wiener in klassischem Ottakringerisch mit seiner Frau schimpfen und diese zurückschimpfen hörte. Während ich so meine Aufmerksamkeit diesen beiden Streithähnen schenkte, fuhr und flog ich in den Kanal, in dem das Wasser schnell dahinschoß. Ich tauchte gänzlich in dieses ein. Irgendwie rettete ich mich und fuhr in nassem Radgewand und mit nassen Gepäcktaschen weiter. Im Laufe des Nachmittages trocknete alles. Am Abend passierte mir ebenso aufgrund einer Unaufmerksamkeit die nächste dumme Geschichte. Ich war nach Tarvis gekommen und überquerte die Grenze, ich wollte noch bis Villach radeln. Ich hielt mich daher an ein blaues Straßenschild, auf dem „Villach" zu lesen war. Ich folgte nun irrtümlich diesem Schild, es war ein Autobahnschild. Ich hatte vergessen, daß in Österreich ein solches Schild einen blauen Grund hat. In Italien sind die Schilder, die auf Autobahnen hinweisen, grün. Ich hatte noch offensichtlich dieses „Grün" im Kopf und folgte, ohne viel nachzudenken, dem blauen Schild. Nach einigen hundert Metern merkte ich, daß ich mich auf der Autobahn befinde. Umkehren konnte und wollte ich nicht mehr, so blieb ich am Pannenstreifen. Immer wieder winkten mir die Insassen vorbeifahrender Autos, um mich auf meinen Irrtum hinzuweisen. Ich ließ mich nicht beirren, winkte zurück und radelte weiter in der Absicht, bei der nächsten Ausfahrt von der Autobahn abzubiegen. So gelangte ich zu einer Autobahnraststelle, die „Südrast" heißt. Ich kam bei einer Tankstelle vorbei. Die dort Beschäftigten schauten überrascht und entsetzt, als sie mich von der Autobahn her auf dem Fahrrad kommen sahen. Bei einer Stelle des

Österreichischen Automobilklubs hielt ich. Auch dort war man über mich überrascht. Ich fragte höflich, ob mich nicht jemand mit seinem Auto von hier holen und zu einer gewöhnlichen Landstraße bringen könne. Man telefonierte für mich nach einem Fahrer. Doch dieser ließ sich lange Zeit. Endlich tauchte ein solcher mit seinem Auto auf. Es war schon dunkel, und es hatte zu regnen begonnen. Der Mann kam lächelnd zu mir, dem Radfahrer. Er schaute ungläubig auf mich und meinte: „Sie sind tatsächlich mit dem Fahrrad unterwegs. Wir dachten, Sie wären einer vom Fernsehen, von der versteckten Kamera, der die Leute zum Narren hält und uns erzählt, er würde mit dem Fahrrad auf der Autobahn fahren." Er lachte hellauf und lud mein Fahrrad in sein geräumiges Kombi-Auto, in dem sich auch Werkzeug für Reparaturen befand. Dann brachte er mich nach Villach, wo ich mir in einer Pension ein Zimmer nahm.

An diese heitere Geschichte denke ich, als mir zwei Radfahrer und eine Radfahrerin begegnen, alle drei haben ihre Räder vollbepackt. Es dürften Studenten sein, die vielleicht in der Nähe von Venedig sich umhergetrieben haben. Ansonsten sehe ich kaum Radler. Als Radfahrer bin ich einsam, aber immerhin habe ich das Gefühl, die mich überholenden und mir begegnenden Autofahrer haben Sympathien für mich und stören meine radelnde Person nicht.

Bei Codroipo stoße ich auf eine stärker befahrene Straße, die direkte Verbindung zwischen Pordenone und Udine. Ich folge ihr ein paar Kilometer nach Westen und zweige dann, immer entlang des mich begleitenden und mir inzwischen liebgewordenen Flusses Tagliamento, nach San Vito ab, und nach ungefähr zwanzig Kilometern, ich bin hungrig, durstig und müde, rolle ich in Portogruaro ein, eine freundliche Stadt mit alten Häusern, die mit ihren Laubengängen an das Mittelalter Venetiens erinnern. Bereits die alten Römer hatten hier eine Militärsiedlung. Von hier zogen römische Kompanien nach Norden, um sich das freie Germanien untertan zu machen.

Ich radle auf der Suche nach einem Gasthaus oder einem Hotel durch die Stadt. Ich ziehe einige Runden, ich finde zunächst nichts, das einem Hotel gleichsieht. Ich frage an der Kreuzung einer Straße, die zum Zentrum führt, eine hübsche Polizistin nach einem Hotel. Die Dame erklärt mir mit freundlichen Handbewegungen und einem gütigen Lächeln, dem man die Sympathie für Radfahrer anmerkt, den Weg zum Hotel mit dem Namen Albergo da Sport, also dem Sporthotel. Ich radle hin, lehne mein Fahrrad an das Hotel. Im Foyer des kleinen Albergos sitzt bei der Rezeption ein älterer Italiener, der seinen Blick nicht von einem Fernsehapparat, der etwas erhöht angebracht ist, abwendet. Ein Fußballspiel wird übertragen. Gerade dürfte die dem Herrn Empfangschef unsympathische Mannschaft ein Tor geschossen haben. Er macht ein verzweifeltes Gesicht und nimmt mich, der ich im Raddreß vor ihm stehe, kaum wahr. Ich melde mich durch einen freundlichen Gruß. Er antwortet gequält, als er offensichtlich merkt, daß ich mit dem Fahrrad hier vorgefahren bin. Er fragt auch gleich, ob ich Besitzer einer Kreditkarte bin. Ich bejahe, er wird nun etwas freundlicher, denn als Kreditkartenbesitzer dürfte ich ich so etwas wie ein Vollmensch sein, auch wenn ich den Herrn an der Rezeption etwas an einen Vagabunden erinnere.

Er weist mir ein gemütliches Zimmer mit Dusche zu. Ich darf mein Fahrrad in den Hof des Albergos stellen. Dort wäre es vor Diebstahl sicher, meint der Mann an der Rezeption. Ich hoffe es. Ich trage meine Gepäcktasche in mein Zimmer, dusche mich, kleide mich um, und in ein Sackerl stecke ich meine Papiere, meine Geldtasche und ein Heft, in das ich meine Tagebuchaufzeichnungen mache. So marschiere ich durch die Stadt. Ich folge der Straße, die zum Zentrum führt. Dort ragt ein schiefer, sandfarbener Turm in den Himmel. Von diesem hatte mir meine Frau bereits erzählt. Sandfarben sind auch die Plätze und die Häuser hier. Ein paar Burschen mit ihren Mädchen scherzen, vielleicht auch über mich, der ich einsam über den Platz und mit neugierigem Blick nach oben, mir gefällt die Spitze des schiefen Turmes, die einem vierseitigen hohen Haus gleicht, gehe. Gleich neben diesem Turm entdecke ich eine kleine Pizzeria, doch man weist mich darauf hin, daß diese nun geschlossen werde. Mein Hunger ist groß, und die Vorfreude auf ein Bier, dem Getränk kühner Radler, steigt. Ich marschiere die Straße weiter, an einem Eissalon vorbei zu einer breiten Straße, einem Boulevard.

Hier finde ich, was ich suche, eine Pizzeria mit einem Schanigarten, wie man ihn in Wien nennt. Ein solcher Schanigarten ist ein vor einer Gaststätte durch Zäune und Blumen vom übrigen Gehsteig abgegrenzter Bereich, in dem Tische und Sessel für die Gäste stehen. Dieser italienische Schanigarten also zieht mich an. Seinen Namen verdankt dieser Garten angeblich, so meint Freund Dr. Moser von Gams, der Gewohnheit früherer Wirte, ihrem Kellner, der meist den Namen Schani, dieser kommt von Johann, trug, bei Beginn der warmen Jahreszeit aufzutragen: „Geh, Schani, trag den Garten hinaus." Dieser trug darauf Zäune, Sessel und Tische auf den Gehsteig.

Den Gästen dieses Gartens soll in der Stadt wohl das Gefühl vermittelt werden, mitten in der Stadt in einem wirklichen Garten zu sitzen. Einem solchen Garten nähere ich mich nun. Er ist voll besetzt, aber mir gelingt es, einen abseits stehenden kleinen Tisch mit einem Sessel zu erobern. Die nobel aussehenden Kellner blicken mich etwas abschätzig an, aber schließlich bringt mir doch einer von ihnen eine Karte. Ich bestelle eine vegetarische Pizza und ein großes Bier. Beides wird auch gleich gebracht. Nachdem ich einen großen Schluck Bier, den ich mit meiner ganzen Seele genieße, zu mir genommen habe und während ich auf die Pizza warte, schreibe ich in das Heft die Erlebnisse und Gedanken des Tages. Am Nebentisch sitzen vier gut gekleidete Herren, einer dürfte ein Deutscher sein, die anderen sind Italiener. Der Deutsche hat nicht viel Ahnung vom Italienischen, so verwendet er englische Wörter, aber auch deutsche. Wahrscheinlich versteht man ihn, denn die drei Herren nicken abwechselnd höflich. Hier und da schickt man mir einen Blick, eher einen neugierigen, denn mit meinen zerknitterten schwarzen langen Jeans, meinem zerknitterten blauen Polohemd und den Laufschuhen mache ich nicht den Eindruck des noblen Gastes. Aber ich ertrage solche Blicke, trinke mein Bier, greife bei der eben aufgedeckten Pizza kräftig zu und lasse meine Gedanken über die Vielfalt der Grenzen schweifen, viele Grenzen sind soziale, gesellschaftliche. Grenzen, durch die die Menschen sich von anderen zu unterscheiden suchen. Symbole wie die Kleidung und ein vornehmes Benehmen werden gekonnt eingesetzt, um sich als zu den feinen Leuten gehörig sehen zu können. So ist das Leben, denke ich mir. Unsere Kultur ist eine Kultur der Autofahrer. Der echte Radfahrer scheint benachteiligt zu sein, er ähnelt eher dem klassischen Vagabunden als dem vornehmen Autofahrer, auch wenn dieser es nicht ist.

Ich bestelle noch ein zweites Glas Bier. Ich erhebe es auf das Wohlsein all der Leute, die sich an Grenzen reiben, die das Zeug zum Eroberer in sich fühlen, die sich zum Schmuggeln eignen und die mit dem Fahrrad Grenzen überwinden. Noch ein drittes Glas trinke ich, diesmal auf das Wohlsein der Langobarden und auf Herzog Tassilo von Bayern, der Ärger mit Kaiser Karl hatte. Ich winke dem Kellner, die Pizza hat geschmeckt, ich zahle, nehme mein Heft unter den Arm und das Sackerl in die Hand und marschiere in das Hotel zurück. Müde lege ich mich zu Bett. 170 Kilometer war ich im Sattel meines Rades heute unterwegs.

4. NACH VENEDIG — MARCO POLO
UND EDLE VORFAHREN

Gegen 8 Uhr erwache ich aus müdem Schlaf. Der Himmel ist trüb. Mein Blick aus dem Fenster gilt meinem im Hof abgestellten Fahrrad. Gott sei Lob und Dank, es ist noch hier, kein Dieb war nächtens unterwegs, um es zu stehlen. Ich mache mich fertig. Im Raddreß erscheine ich beim Frühstück in einem grüngrauen Saal mit weißen Tischen. Trinke Tee und esse ein Stück weißes Brot mit Butter. Ich zahle bei der Rezeption und gehe in mein Zimmer. Meine Radtasche wird gepackt, und mit freundlichem Gruß, heute ist man freundlicher als gestern am Abend, offensichtlich hat man mich für einen radelnden Hungerleider gehalten, verlasse ich das Hotel und hole mein Fahrrad. Vorne am Lenker bringe ich eine kleine Tasche an, diese ist höchst praktisch, in ihr befinden sich Landkarte, Fotoapparat, etwas Proviant wie Brot und Obst, meist eine Banane. Ich besteige das Fahrrad und schaue, daß ich aus dieser kleinen liebenswürdigen Stadt hinausgelange, ich orientiere mich an dem Straßenschild „Venedig". Das Wetter macht keinen freundlichen Eindruck, es ist zwar warm, der Himmel aber ist mit schweren Wolken beladen, mit Wolken, die ihren Inhalt abzugeben bereit sind. Noch regnet es nicht, aber die Wolken drohen mit dem Naß, das mir als Radfahrer wenig Freude bereiten wird. Dem Autofahrer kann es egal sein, wenn es regnet, denn er ist vor den Unbilden des Wetters geschützt. Der Radfahrer dagegen ist diesen dauernd direkt ausgesetzt, dies macht auch das Aufregende des Radfahrens aus. Hierin ähnelt der Radfahrer den alten Vagabunden und wandernden Handwerksburschen, die Hitze, Regen, Sturm und sogar Schnee auf sich nehmen mußten, um ihr Ziel zu erreichen.

Ich erreiche die Landstraße, die parallel zur Autobahn in Richtung Venedig führt. Der Verkehr auf dieser Straße hält sich in Grenzen, die Urlauber aus Österreich und Deutschland benützen die Autobahn, die von Österreich über Udine nach Venedig, Padua und Vicenza sich zieht. Ich komme nach San Stino und San Dona, Orte, durch die jene Autofahrer ihre Wägen lenken, die in Caorle und Jesolo Sonne und Adriawasser genießen wollen.

Neben Grado und Lignano sind Jesolo und Caorle zumindest seit den fünfziger Jahren die Paradiese der Österreicher, ihre Hausstände. Für die Wiener erscheinen diese Badeorte als Erweiterungen der Alten Donau und der Lobau.

Sie alle, die Urlauber aus dem Norden, haben hier eine Art Hausrecht. Hier spricht man Deutsch, kann gutes Bier trinken, bis in die warmen Nächte hinein bummeln und Freunde aus Wien, aus dem Nachbarhaus oder von sonstwo treffen.

Die Kinder dieser klassischen Urlauber haben hier ihre ersten kühnen Erlebnisse in Discos oder am verschwiegenen Strand. Verständigungsprobleme gibt es kaum, denn man bemüht sich, italienisch zu sprechen. Zu essen gibt es Fische in allen möglichen Zubereitungsformen, die mitunter widerspenstigen Spaghetti, und die berühmten Pizzen, die einfacher zu bearbeiten sind als die Fische. In den Trattorias schmeckt der Wein, den manche Urlauber in vollen Zügen genießen.

Italien bedeutet für viele nicht bloß Sonne, Strand und vielleicht Amore, sondern auch ein Essen, das erfreut, auch wenn es aus zerlegtem Tintenfisch besteht.

In nicht ganz fünf Autostunden ist man von Wien hier am Strand von Friaul und Venetien. Man bleibt für zwei Wochen und freut sich auf das nächste Jahr.

Hier ist der Österreicher kein Fremder. Nicht nur den Habsburgern gefiel es hier, sondern auch das „gewöhnliche" Volk empfindet Gefallen an dieser kleinen Urlausbwelt am Strande der Adria.

Die Gegend, durch die ich gerade radle, zwanzig Kilometer nördlich der Küste, ist flach, aber ansprechend, allerdings beginnt es jetzt zu regnen.

Ich radle ein Stück im Regen weiter, doch dann halte ich bei einem Wartehäuschen an einer Bushaltestelle. Dieses Häuschen, dessen Seitenwände gänzlich aus Glas bestehen, bietet mir und dem Fahrrad vor dem Regen Schutz. Der Himmel ist grau, und grau ist der Horizont.

Ich muß an ein Holzbrettchen denken, das mein Vater über seinem Teil des Ehebettes hängen hatte. Auf diesem Brettchen war ein Hecht mit offenen und lachenden Augen zu sehen. Auch ein Spruch war zu lesen, der gut zu dem heutigen grauen, verregneten Tag paßt, aber auch zur Erfreulichkeit einer Ehe, in der der Mann nicht viel zu sagen hat: „Der Hecht ist grau, recht hat die Frau. Grau ist der Hecht, die Frau hat recht." Man kann den Spruch variieren, wie man will, die Frau ist diejenige in der Ehe, die weiß, was angeblich richtig ist. Der Mann hat sich dem zu fügen. Mein Vater tat dies, aber auch mein Urgroßvater, von dem mein Vater dieses Holzbrettchen geerbt hat. Von meinem Vater ging dieses Stück Holz mit dem aufregenden Spruch auf meinen Bruder über, der es, wenn ich mich nicht irre, auch über seinem Ehebett verankert hat. Aber das Graue des Tages hat auch seinen Zauber, zumal man weiß, daß der Himmel irgendwann wieder einmal blau wird. Auf diese Weisheit bezieht sich ein anderer Spruch, der mir im Stiegenaufgang des wuchtigen Hauses des werten Herrn Bürgermeisters von Spital am Pyhrn aufgefallen ist, als ich mit unserem Dackel einmal dort vorbeimarschiert bin. Von der Straße her konnte ich dies lesen: „Verzage nicht, wenn auch der Himmel grau, denn hinter düstern Wolken wird es wieder blau." Ich verzage nicht, wenn ich hier im Glashäuschen zwar nicht auf einen italienischen Bus warte, sondern auf besseres Wetter. Ich nehme aus der Radtasche meine vier Jonglierbälle, mit denen ich gestern bereits die rothaarige Quartiergeberin erfreut habe. Und jongliere. Dabei muß ich aufpassen, daß die Bälle nicht an die Decke dieses Wartesaales schießen und zurückprallen. Einige Autos fahren langsam vorbei, offensichtlich erfreuen sich deren Fahrer, die mir neugierig zusehen, an meinen Kunststückchen. Nach über einer Stunde Wartens und Jonglierens radle ich weiter. Wohl schaut alles nach Regen aus und es nieselt, aber ich radle weiter. Ich bin gerade in einem Nest vor Mestre, als das Nieseln in einen Guß übergeht. Ich pausiere diesmal inmitten des Dorfes vor einem Kleidergeschäft und stelle mich unter den Baldachin, der freundliche Kunden wohl vor den intensiven Strahlen der italienischen Sonne schützen soll. Ich jongliere etwas, ein paar Kinder gehen vorbei, auf der gegenüberliegenden Straßenseite schleicht ein Hund und hebt sein Bein. Eine Frau ruft dem Hund ein paar gütige Worte zu. Der Hund gehört zum Dorf, er ist ein Teil dessen. Ich bin jedoch ein Fremder, mich ignoriert sogar der Hund. Allerdings ähnelt der Fremde dem Hund insofern, als beide versuchen müssen, sich so zu benehmen, daß niemand an ihnen etwas Gröberes auszusetzen vermag. Hunde und Fremde, die gut überleben wollen, sind in gewisser Weise Spezialisten in der Anpassung. Auch der wahre Kulturforscher ist ein solcher Spezialist. In meinen „10 Geboten der Feldforschung", die ich für meine Studenten verfaßt habe, gehe ich darauf bereits im ersten Gebot näher ein. In diesem heißt es, daß in der zu erforschenden, fremden Kultur die Regeln und Rituale einzuhalten sind, wie die des Speisens, um überhaupt etwas über diese Kultur zu erfahren. In diesem Sinn meinten die alten Römer: „Si vivis Romae Romano vivito more" – „Wenn du in Rom lebst, lebe nach römischer Sitte." Ganz wird dies freilich nicht möglich sein, aber man soll es zumindest versuchen. Dies versuche auch ich als radelnder Pilger und Fremder, der hier vor Venedig höflich unter einem Baldachin vor einem Kleidergeschäft steht.

Noch regnet es, und ich habe Zeit, über die Figur des Fremden nachzudenken.

Als Radfahrer und Fremder bin ich von der Huld der Einheimischen abhängig. Und diese Huld genieße ich auch, wenn mir höflich lächelnd der Weg erklärt wird.

Allerdings genießt der Fremde in beinahe allen Kulturen auch Schutz und hat sogar ein Recht auf diesen, wie ich eben, der ich mich hier untergestellt habe. Es wäre unhöflich und frech, wenn der Besitzer des Hauses mich von hier in den Regen verjagte. Er tut es nicht, denn auch er erkennt, daß ich so etwas wie einen Anspruch auf die Sicherheit vor den Unbilden des Wetters habe.

In früheren Zeiten, als das Geld noch rar war und die eher armen Menschen ein karges Leben zu führen hatten, hatte der herumziehende Vagabund und Bettler geradezu, wenn er bei einem Pfarrherrn oder in einem Kloster auftauchte, ein Recht auf Aufnahme und Bewirtung. Allerdings mußte er sich gewisser Formen der Höflichkeit befleißigen. Experten darin waren die alten umherwandernden Studenten, die auch stets einen entsprechenden Bettelspruch parat hatten. Einen solchen lehrte mich ein freundlicher Lehrer in der Klosterschule zu Kremsmünster, der meinte, falls ich einmal durch die Gegend ziehe und wenig Geld habe, so solle ich zu einem Pfarrer oder einem Bruder eines Klosters gehen und ihm diesen Spruch, der Wunder bewirken könne, sagen: „Pauper studiosus sum, peto te viaticum." Also: „Ich bin ein armer Student, ich bitte dich um eine Wegzehrung."

Eine alte Kultur, auch die der Pilger, verbindet sich mit diesem Spruch.

Der Fremde, der plötzlich auftaucht, auch wenn er im Sattel seines Fahrrades unterwegs ist, bedarf der Gunst der Einheimischen, denen er nicht zur Last fallen darf, denn sonst riskiert er, durch Worte oder Verhalten erniedrigt zu werden. Ähnliches meint wohl Georg Simmel, der große Soziologe und Kulturwissenschaftler, in einem Essay über das allgemein menschliche Phänomen des Fremden. Von ihm stammt der berühmte Satz: „Nicht der Fremde ist gefährlich, der heute kommt und morgen geht, sondern der, der heute kommt und morgen bleibt." Dies ist eine interessante Überlegung, der ich als pilgernder Radfahrer zuzustimmen bereit bin. Mit dem Fremden umzugehen ist wohl nicht immer einfach. Bei den Tieren ist die Sache unkompliziert. Ist der Hunger groß, so weiß der Löwe die ihm begegnende fremde Antilope entsprechend freudig zu behandeln und aufzuzehren.

Und der Hund zeigt dem Eindringling die Zähne.

Bei Menschen ist die Beziehung zu Fremden mitunter äußerst kompliziert. Je nach Kultur und je nach der Art des Fremden ändert sich auch das Handeln ihm gegenüber. So wird ein gut gekleideter Herr mit einem noblen Auto wohl anders vom Hotelpersonal behandelt werden als ein müder und etwas herabgekommen aussehender Radfahrer, der ebenso ein freies Zimmer begehrt. Der fremde Radfahrer kann also Probleme haben. So ging es mir, als ich vor Jahren mit dem Fahrrad nach Dresden kam und bei einem Hotel vorfuhr, in dem ich den Herrn an der Rezeption fragte, ob er ein freies Zimmer habe. Dieser besah mich von oben bis unten und meinte schließlich herablassend: „Ein freies Zimmer haben wir schon, aber dieses können Sie sich nicht leisten!" Der Mann hielt mich offenbar für einen mittellosen Vagabunden. Ich erwiderte: „Seien Sie nicht so unhöflich. Auch wenn ich mit dem Fahrrad hierhergekommen bin und durch die Gegend vagabundiere, so heißt dies noch lange nicht, daß ich ein armer Hund oder ein Bettler bin." Ich fügte noch frech hinzu: „Bilden Sie sich mit Ihrem Hotel nichts ein. Was kostet es überhaupt. Seien Sie vorsichtig. Ich kann das Hotel kaufen, und dann haue ich Sie hinaus." Der gute Mann an der Rezeption hielt mich nun für einen Hochstapler und blickte mit Verachtung auf mich. Nun zog ich meinen Paß heraus und zeigte ihm, daß ich an der Wiener Universität beschäftigt bin. Der Mann blickte in den Paß und betrachtete mich ungläubig. Ich sagte noch: „Sie sehen, man kann sich in Menschen leicht irren. Ich wünsche einen schönen Abend." Ich verließ den verunsicherten Herrn und suchte ein anderes Hotel. Diese Geschichte spielte sich 1993 ab, also nicht lange nach der Wende in der DDR. Vielleicht entsprach es dem alten DDR-Bewußtsein, daß ein Radfahrer ein armer Zeitgenosse sein müsse, überhaupt wenn er aus dem „Westen" kommt. Das Fahrrad sah man damals noch nicht als nobles Fortbewegungsmittel. Jedenfalls war ich in dem Hotel als Gast nicht willkommen, weil ich mit dem Fahrrad unterwegs war.

Es gibt also den Fremden als Gast und den Fremden als Bettler.

Es gibt Kulturen, in denen auch der fremde Bettler als zu ehrender Gast zu achten ist. So glaubte man bei den Griechen und auch bei den Germanen, daß ein Bettler, der um eine milde Gabe vorspricht, ein verkleideter Gott sein kann, der die Menschen prüft. So wird vom griechischen Göttervater Zeus erzählt, er wäre als Bettler erschienen. Auch der germanische Gott Wotan, ein Herumzieher, pflegte als Bettler die Menschen zu versuchen. Eben weil im Bettler ein Gott verborgen sein konnte, war man vorsichtig zu ihm und behandelte ihn mitunter recht freundlich.

Das bis heute bei uns übliche „Vergelt's Gott!" desjenigen, der etwas geschenkt bekam, ist ähnlich zu sehen. Man gibt dem Fremden an der Tür, um von Gott belohnt zu werden.

Der weise Bettler, der freundlich behandelt wird, weiß aber auch, daß er sich nicht wie ein übler Schnorrer aufführen darf, sonst verliert er seine „Göttlichkeit" und wird verjagt.

Im „Liber Vagatorum", dem Buch der Vaganten aus der Zeit um 1510, das ich bereits erwähnt habe, gibt es eine nette Geschichte dazu. Ein Bettler mit Krücken kam zu einem Pfarrhaus und bat flehentlich die Köchin des Pfarrers um Brot und Geld. Sie gab ihm nur ein kleines Stück Brot, weniger, als der Flehende sich erhofft hatte. Dieser ärgerte sich derart, daß er die Frau furchtbar beschimpfte. Dadurch hatte er seine Pflicht als Bettler, von dem Höflichkeit und Bescheidenheit erwartet wird, verletzt. Die beschimpfte Dame lief darauf zum Pfarrer. Dieser nun war wütend und wollte den Bettler zur Rede stellen. Doch als dieser den erzürnten Pfarrer sah, warf er seine Krücken weg und begann zu laufen, er konnte dies besser als der Pfarrer.

Der Bettler als Fremder muß also schlau sein.

Da menschliches Leben, wie Marcel Mauss in seinem Buch „Die Gabe" beschreibt, durch den Grundsatz der Gegenseitigkeit bestimmt ist, ist es Pflicht des Bettlers, als Gegenleistung zumindest höflichen Dank zu erbringen, an dem erfreut sich der Geber.

Der Gast überhaupt, dies sei hier eingefügt, steht unter dem Druck der Gegengabe.

Bereits bei seiner Ankunft bietet er, wenn er zu einem fulminanten Mahl eingeladen ist, ein Geschenk zum Beispiel in Form eines Blumenstraußes oder eines edlen Buches, um ohne Gewissensbisse bei der vollen Schüssel zugreifen zu können.

Allerdings hat der Gast, ebenso wie der Bettler, die Pflicht, sich rechtzeitig wieder zurückzuziehen, um dem Gastgeber nicht auf die Nerven zu fallen. Nicht ohne Grund meinten daher die alten Römer, der Gast und der Fisch würden nach drei Tagen stinken. Nach drei Tagen verliert der im Haus weilende Gast das Anrecht auf Gastfreundschaft, und er muß damit rechnen, als unverschämter Bursche oder als Mensch ohne Benehmen betrachtet und schließlich vor die Tür gesetzt zu werden.

Eine besondere Rolle des Fremden und des Gastes ist die des Touristen, der für die Leistungen gutes Geld zu geben bereit ist. An diesem verdient man, und das ist erfreulich. Leistung und Gegenleistung stehen sich hier gegenüber, daher duldet man den Touristen, auch wenn er sich faul bis in den Vormittag hinein in seinem Bett räkelt und dem Personal im Wege steht. Beim gewöhnlichen Gast ist dies freilich anders, denn dem mangelt es an der wahren Gegenleistung, er ist von der Huld des Gastgebers abhängig, der allerdings bald die Nase voll hat von ihm. Es ist der weise Grundsatz des „do ut des" – „ich gebe, damit du gibst", den die alten Römer schon ausgesprochen haben. Der Gast muß also wissen, wann er sich wieder zurückziehen soll.

Menschliche Kultur und Geschichte folgten stets diesem Spruch. Ganz schutzlos waren die Fremden nie, gewisse Rechte hatten sie, aber sie durften sie nicht überziehen.

Das wußten auch die Händler und Kaufleute, wenn sie in fremde Gebiete aufbrachen und von der Großmütigkeit der Einheimischen abhängig waren. Ihre Kunst war und ist es, sich höflich in fremde Kulturen einzupassen. Erst so konnten sie überleben, Geschäfte machen und heil heimkehren.

Eine ähnliche Rolle wie die Händler spielen auch die Schmuggler, sie überschreiten ebenso Grenzen und bringen Waren in andere Welten. Sie sind willkommen, wenn man sich Vorteile von ihnen erhofft. Es ist interessant, daß es in der Antike bei den Griechen der Gott Hermes war, seine Entsprechung bei den Römern hatte er im Merkur, der zum göttlichen Schutzpatron der Händler, Kaufleute, aber auch der Diebe und Schmuggler erkoren wurde. Ich meine, daß Hermes auch für die echten Forscher der Patron sein müsse, denn auch Forscher bringen etwas von einem Ort zum anderen, nämlich ihre Ergebnisse. In meinem Buch „Methoden der Feldforschung" ernenne ich übrigens kühn den Hermes auch zur Schutzgottheit der Feldforscher. Wenn ich in Ravenna sein und auf die Goten stoßen werde, werde ich noch einmal auf diesen Gott eingehen, ihm ist der Mittwoch geweiht.

Bei den Germanen ist es der Wotan, der als vagabundierender Gott Länder überschreitend die Rolle des Hermes übernimmt. Er ist ein mir höchst sympathischer Gott, der in allen möglichen Verkleidungen auftritt. Als ich vor einigen Jahren mit dem Fahrrad durch das Elsaß fuhr, überholte ich auf der Straße einen edlen Vagabunden, den ein alter grüngrauer Mantel kleidete, der einen alten Rucksack trug und der mit sich selber sprach. Ich blieb stehen, stieg vom Fahrrad und schaltete mich in das Gespräch mit den Worten ein: „Rüstiger Wandersmann, Gott zum Gruß, wohin des Weges?" Zuerst schaute mich der Herr verwundert an, vielleicht, weil ich es überhaupt wagte, ihn anzusprechen. Zuerst sagte er nichts, dann jedoch begann er, während er festen Schrittes weitermarschierte, zu erzählen: „Heute ist, Gott sei gedankt, ein schöner Tag, ich bin schon zehn Kilometer unterwegs. Geschlafen habe ich im Stroh hinter einem Stall. Es war nicht angenehm, weil das Stroh etwas gekratzt hat. Ich habe den Bauern gar nicht gefragt, wahrscheinlich hätte er mich verjagt. Früher, als ich noch ein junger Landstreicher war, war es so, daß, wenn man bei einem Bauern gefragt hat, ob man bei ihm im Heu schlafen könne, er es meist erlaubt hat. Wir mußten nur unser Feuerzeug oder unsere Zündhölzer samt Zigaretten vorher abgeben, damit wir im Heu nicht auf die Idee kommen, uns eine Zigarette anzuzünden. Das wäre gefährlich gewesen, und alles wäre abgebrannt. Auf der Straße zu leben ist hart, aber ich habe mich daran gewöhnt. Mir ist es lieber, ich ziehe so umher, als daß ich irgendwo fest wohne. Ich hätte nur Ärger mit den Leuten. So bin ich frei, aber ich habe es nicht leicht. Alles kostet Geld. Es ist auch eine Kunst, gut zu betteln. Überall ist dies nicht möglich. Man muß wissen, wo ein guter Strich ist." Ich horchte beim Wort „Strich" auf. Mit Strich will die Gegend bezeichnet sein, durch die Bettler ziehen oder andere fahrende Leute, zu denen auch in gewisser Weise die leichten Mädchen, die Dirnen, gehören, ihren Geschäften nachgehen. In Wien sagt man dazu: In die Hackn gehen. Hackn leitet sich vom jiddischen Wort „hogun" ab und heißt soviel wie „Arbeit". Übrigens: „in die Hackn geht" auch der Dieb, wenn er auf Tour ist. Alle haben ihre „Striche", die Gegenden, die für das Überleben und den Erwerb wichtig sind. So ein Bettlerstrich konnte riesengroß sein. Es gab Bettlerstriche von Prag bis Hamburg und sicherlich auch solche von Venedig bis Padua und Bologna, also auf der Route, die ich im Sattel meines Fahrrades ziehen will. Dieses gefährliche und unanständig klingende Wort „Strich" ist, dies ist festzuhalten, im schönen Wort Landstrich enthalten und so auch für den braven Bürger benutzbar. Aber der „Strich", den mein Begleiter, neben

dem ich nun mein Fahrrad herschob, innerhalb eines Jahres durchquerte, interessierte mich mehr als der „Landstrich". Der Mann
merkte, daß ich ins Nachdenken versunken war, und fuhr fort: „Der beste Strich für uns ist der Strich von Freiburg nach Basel. Den kann ich
nur empfehlen. Wenn du mit dem Fahrrad dorthin fährst, so wirst du
sehen, daß man dort gut betteln kann." Der freundliche Wandersmann
hatte mich also für seinesgleichen gehalten. Das ehrte mich, ich ließ ihn
bei dem Glauben und sagte noch, während ich mein Fahrrad bestieg:
„Guter Mann, es hat mich gefreut, dich getroffen zu haben. Wir sehen
uns sicher wieder, irgendwo, vielleicht im Norden oder im Süden. Ich
wünsche dir das Beste." Er antwortete bloß: „Es war schön, mit dir,
einem Österreicher, gesprochen zu haben. Ich mag die Österreicher, die
sind lustiger als die Deutschen und haben ein gutes Herz." Er fügte
noch hinzu: „Wir sehen uns wieder!" Bevor ich weiterfuhr, sagte ich
noch: „Gestern hatte ich Glück, mir schenkte jemand, der einen guten
Augenblick hatte, hundert Mark. Von diesen schenke ich dir zwanzig
Mark. Mach dir einen guten Tag."

Ich drückte ihm das Geld in die Hand, er war erstaunt, daß ich, der
vagabundierende Radfahrer, ihm, dem wahren Vagabunden, Geld gebe.
Sein Gesicht verzog sich zu einem Lächeln, und er rief mir nach:
„Danke, alles Gute! Ich werde auf dein Wohlsein ein Bier trinken." Ich
winkte und trat in die Pedale. Von diesem Erlebnis erzählte ich meinem
Freund Wolf-Dieter Storl, einem Schamanen, Magier und Baumver-
ehrer in einer Person. Dieser Herr, der auf einem Hügel bei Isny, nördlich des Bodensees, mit seiner Familie in einem alten Holzhaus wohnt,
ist übrigens ein hervorragender Schriftsteller. Von ihm stammen
Meisterstücke, so zum Beispiel ein Buch über die Baumkultur der alten
Kelten und eines über die Frühlings- und Liebesgöttin Freya. Auf
meine Erzählung über diesen freundlichen Vagabunden hin meinte
Wolf-Dieter Storl allen Ernstes: „Dieser Vagabund ist sicherlich Wotan gewesen, der in Verkleidung eines Bettlers aufgetaucht ist, um mit
dir zu sprechen." Ich nickte, denn einen Widerspruch hätte der fabel-
hafte Wolf-Dieter nicht geduldet. Ich hätte ihm auch nicht widerspro-
chen, denn irgendwie wollte ich auch daran glauben, daß Wotan mir

begegnet ist. Vielleicht war es auch der heilige Franz von Assisi, der für mich ebenso ein Patron der Vagabunden ist. Aber darüber ist vielleicht noch etwas zu sagen.

Vagabunden sind auch Kulturträger, ähnlich den Händlern und fahrenden Kaufleuten, sie führen zwar keine Waren mit sich, sondern oft bloß nur Geschichten, Märchen oder ein Wissen über wahre Begebenheiten. So wurden angeblich aufrührerische Ideen, die die große deutsche Revolution von 1848, als es um Freiheitsrechte gegenüber den Monarchen ging, entfachten, von Vagabunden und vagabundierenden Studenten durch die deutschen Lande getragen. Das von Wilhelm Müller, der selbst etwas Rebellisches an sich hatte, 1821 gedichtete Lied „Im Krug zum grünen Kranze" kündet davon: Es erzählt, wie ein Wanderbursche irgendwo in Deutschland in ein Gasthaus einkehrt und dort einen anderen Burschen trifft. Er setzt sich zu ihm. Beide kennen sich nicht, sie trinken sich zu, schauen sich in die Augen, und nun wissen sie, sie beide sind von denselben Ideen der Freiheit getragen. Und schließlich lassen sie ihre „Herzallerliebste im Vaterland" leben. Wandersleute und Vagabunden können also zum Verbreiter rebellischer Ideen werden.

Ein großer Händler, Vagabund und wahrscheinlich auch Schmuggler war Marco Polo, ein stolzer Sohn Venedigs. Seiner Vaterstadt nähere ich mich, als der Regen in ein warmes Nieseln übergeht. Radelnd bewege ich mich auf Mestre zu, der Vorstadt von Venedig, der Stadt am Meer, die mit Venedig lediglich durch einen langen Damm verbunden ist. Ich suche mit dem Fahrrad den günstigsten Weg in die Lagune, allerdings nicht auf der Autobahn. Irgendwie gelange ich zu dem Damm, auf dem Eisenbahnen und Autos in schnödem Wettstreit nebeneinander der Stadt an der Lagune zustreben. Daneben, durch einen langen Zaun aus Stahlrohren von der Straße abgegrenzt, läuft ein Weg für Fußgeher, aber auch für Radfahrer, von denen außer ich aber keiner unterwegs ist. Ich bin der alleinige Herr auf diesem Streifen sicheren Landes, als solcher fühle ich mich wohl, hier belästigt mich kein Auto, und hier kann ich mich auf Venedig, die prachtvolle Stadt, die Blume der Adria, die stolze Welt der Dogen, einstimmen. In der

Ferne, einige Kilometer habe ich am Damm noch zu radeln, breitet sich Venedig aus. Kirchen, Paläste und der alles überragende Turm des heiligen Markus tauchen allmählich vor mir auf. Dieser Blick auf Venedig ist berühmt, ihn haben schon viele vor mir genossen und in sich aufgesogen. Wohl mögen viele Italienreisende, bevor sie nach Venedig gefahren sind, Fotos oder Filme von Venedig gesehen und diese mit aufmerksamer Liebe studiert haben, doch dieses Sichannähern an Venedig, das wohl nur der Radfahrer in idealer Weise kann, hat seinen einmaligen Zauber, der die Erwartungen übertrifft. Die Ankunft in Venedig als Radfahrer ist eine Offenbarung. Am Ende der Dammstraße bekomme ich allerdings Schwierigkeiten, ich muß ein Stück auf der normalen Straße radeln, um günstig nach Venedig zu gelangen. Ich komme an großen Parkhäusern und Parkplätzen für Autobusse vorbei, reges Leben und in allen Sprachen schwirrende Menschen erfassen mich. Ab hier haben Autos und ähnliche Verkehrsmittel ihre Macht und ihre Freiheit verloren, die Stadt an der Lagune mit ihren Wasserwegen will gleich einer schönen Frau nicht durch schnöde Langeweile, wie sie die Autos ausstrahlen, sondern durch Eleganz und heiteren Witz erobert werden, nämlich durch prachtvolle Gondeln, durch Fußgänger aber auch durch Fahrräder, die kühn in die Nähe des Rocksaumes der schönen Venezia gelenkt werden. Dies ist die Gegend um den Bahnhof. Dort will ich hin. Und suche nach einem Weg. Ich zweige von der Straße ab, ich gelange zu Lagerhäusern, zwischen denen Laub, Papierfetzen und ähnliches Zeug liegen, ein Windstoß durchfährt sie, es beginnt wieder zu regnen. An einem Haus vorbei, aus dem ein Herr mit Papieren in der Hand tritt, vielleicht ein Bahnbeamter. Nach eine paar Ecken gelange ich zu einem Bahngleis, an dessen Rand Platz zum Radeln ist und an dem ich mich nun orientiere. Es hat kräftig zu regnen begonnen. Ich radle direkt in das Bahnhofsgelände und schließlich in den Bahnhof von Venedig. Ich schiebe mein Rad durch das Bahnhofsgebäude, vorbei an Andenkengeschäften und Bahnschaltern, zum großen Ausgang, der über viele Stufen zu einem Kanal führt, an dem eine Anlegestelle für Motorboote sich befindet, mit denen man zu Stadtrundfahrten aufbrechen kann. Hier ist auch der Beginn einer über

viele Brücken und kleine verwinkelte Gassen zum Markusplatz führen-
den Route für frische Fußgeher. Reges Leben herrscht am Bahnhof.
Während es draußen ungebremst regnet, wird die Bahnhofshalle zum
Marktplatz, auf dem sich die auf ihren Rucksäcken sitzenden jungen
Mädchen und Burschen aus aller Herren Länder mit jenen mischen, die
mit den Zügen eben angekommen sind, und jenen Besuchern Venedigs,
die warten, bis es zu regnen aufhört. Läden, in denen es Ansichtskarten,
Bücher und ähnliche Dinge gibt, die von Venedig handeln oder die die
Touristen späterhin an Venedig erinnern sollen, haben Hochbetrieb.
Ich lehne mein Fahrrad mit den Gepäcktaschen so an einen Säulenbo-
gen, daß ich es stets im Blick habe, wenn ich zwischen den Läden und
den Menschen herumwandle. Einige der Touristen lehnen gelangweilt
an einer Wand, andere schreiben Karten oder in einem Büchlein, vielleicht in ein Tagebuch, andere scherzen laut miteinander, und wieder
andere flanieren wie ich durch die Landschaft des Bahnhofs. Hin und
wieder zieht es mich zum Ausgang mit den Stufen in der Hoffnung, daß
der Regen endlich aufhöre. Zu all den Besuchern hier am Bahnhof gesellen sich noch Männer, Venezianer, die Leute, von denen sie meinen,
sie würden ein Hotelzimmer suchen, ansprechen und ihnen ein solches
anbieten. Sie haben einen guten Blick für derartige Suchende und Hei-
matlose. Heimatlos ist hier jeder, der noch kein angenehmes Nachtquartier hat. Ein solches Nachtquartier kann für manche Zeitgenossen
ein kostenloser, windgeschützter, nicht unbedingt komfortabler, aber
trockener Platz bei einer Kirche oder unter einer Brücke sein, für andere ein Zimmer in einem bescheidenen Gasthaus und wieder für andere ein solches in einem Nobelhotel. Für mich als Radfahrer, der seine
müden Glieder nicht auf dem Asphalt der Straße ausstrecken will, ist
die mittlere Unterstandskategorie von Interesse. Ein Zimmer dieser Art
bedeutet für mich Heimat, und sei es nur für eine Nacht. In dieses kann
ich mich zurückziehen und mich vom Lärm der Straße und vom Tand
der Menschen erholen. Das Gasthauszimmer ist für mich Rückzugs-
und Erholungsgebiet in einem. Hier unterliege ich keiner Kontrolle,
ich kann mich auf das Bett werfen, etwas schreiben und mich freuen,
Herr über mich selbst zu sein. Das Zimmer, das ich für eine Nacht will,

bietet Freude und Genuß. Und dort, wo ich dies alles empfinde, ist für mich Heimat. Ich muß an den Satz der alten, aus Rom verbannten Philosophen denken, die da meinten: „Ibi bene ubi patria" – „Dort, wo es mir gut geht, ist mein Vaterland, also meine Heimat." Genauso geht es mir, wenn ich ein Zimmer zum Übernachten habe. In diesem fühle ich mich wohl, und es ist meine Heimat bis zum nächsten Morgen, wenn ich das Gasthaus verlasse, um weiterzuradeln. Ganz in der Art des klassischen Vagabunden, dessen Heimat eine täglich neue ist.

Für die heutige Nacht benötige ich noch eine Heimat, ein Zimmer. Während ich an dieses hier am Bahnhof zu Venedig denke, werde ich von einem freundlichen Herrn auf deutsch angesprochen. Er versucht es gar nicht auf italienisch, denn offensichtlich sind es vor allem Deutsche, die Venedig zur Urlaubszeit überschwemmen. Er erzählt mir von einem Hotel, das allerdings ungefähr 15 Minuten von hier entfernt liege, allerdings müsse ich über ein paar Brücken marschieren. Ich mache ihn darauf aufmerksam, daß ich mit dem Fahrrad hier wäre. Dies wäre kein Problem. Der Mann erzählt von den Vorzügen des Hotels und dem billigen Preis für das Zimmer. Er läßt mir zunächst keine Chance, ihm zu sagen, daß mir ein Zimmer in unmittelbarer Nähe des Bahnhofes lieber wäre. Er drängt mich, ihm zu folgen. Ich beteuere, mir wäre der Weg zu umständlich. Ein anderer Herr, ein Kollege meines Belästigers, hört uns zu und erbarmt sich meiner. Er mischt sich ein und bietet mir ein Zimmer an, zu dem ich lediglich drei Minuten gehen müsse. Mir ist dieses Angebot willkommen, bedanke mich bei dem ersten Herrn und folge, nachdem ich mein Fahrrad geholt habe, dem zweiten. Es regnet nur mehr leicht. Fürsorglich begleitet mich mein Führer zum Hotel mit dem Namen „Livian". Er spricht mit dem Portier. Mein Fahrrad darf ich in einen kleinen Hinterhof, gleich bei der Küche, stellen. Hier ist es allerdings nur zum Teil vor dem Regen sicher. Dann zeigt mir der Herr mein Zimmer, es ist ganz oben, versteckt, mit Blick auf einen enge Gasse. Ich bin zufrieden, der freundliche Herr, der gut von den Provisionen für seine Hotelvermittlungen am Bahnhof zu leben scheint, er ist nobel gekleidet, verabschiedet sich. Ich dusche mich, ziehe mich um, gehe zum Portier, der mir auf meine

Bitte hin einen Regenschirm borgt. Und beginne meine Wanderung durch Venedig. Trotz des Regens ist der Wirbel groß. Über Brücken, über die sich Touristen jeder Art, von amerikanischen Rucksackträgern bis hin zu feinen Leuten aus Hamburg und Wien, scharen, gelange ich in verwinkelte Gassen und bin erstaunt über die vielen alten venezianischen Häuser, die den Eindruck des Verfallens machen. Sie alle, die aus dem Wasser der Lagunenstadt emportauchen, zu renovieren, wäre wohl nicht zu bezahlen, so überläßt man sie dem Wetter, dem Wasser und der Sonne. Und gerade dadurch haben diese Häuser, von denen in einigen sich kleine Läden mit Käse, Obst, Andenken und Ansichtskarten befinden, ihren besonderen Zauber, der auch mich gefangen nimmt. Venedig ist eigentlich schon immer eine Stadt mit Häusern, die dem Vergehen geweiht sind. Und das hat auch seinen Reiz und zieht Menschen an.

Den sterbenden Glanz besinge nicht nur ich in verschämten Worten, sondern ihn besang auch der Dichter Lord Byron, der 1817 bereits wohl ähnliche Gedanken wie ich hatte:

„Ich weilte auf Venedigs Seufzerbogen,
Ein Kerker, ein Palast zu jeder Hand;
Ich sah die Bauten steigen aus den Wogen
Wie Zaub'rers Blendwerk; eine
Versunk'ne Zeit, da manch bezwung'nes Land
Dem Marmorsitz des Flügellöwen Jahrtausend stand
Vor mir, die dunklen Flügel ausgespannt;
Sterbender Glanz umfloß die Sieggewohnte fronte,
Wie stolz Venezia auf hundert Inseln thronte. "

Also schon bei der Ankunft Lord Byrons vor beinahe zweihundert Jahren erschien Venedig, „la Serenissima", die „Perle an der Adria", dem Untergang geweiht. Tatsächlich leiden die Bauten und Fundamente in Venedig, aber sie stehen ungebeugt und werden wohl noch eine Zeit Wasser und Wind trotzen. Ich hoffe es zumindest. Es ist die bunte und zauberhafte Geschichte dieser Stadt, die in ihren Mauern atmet und die

die Vielzahl an Reisenden, die heute über die Brücken und hin zum Markusplatz sich ergießt, gefangen nimmt. Geheimnisvoll breitet das große Märchen Venedig seine Netze aus, in denen sich nicht nur junge Leute aus allen Ländern, die dem Zauber der Stadt ihre Achtung erbringen, sondern in denen sich auch Schriftsteller, Dichter, Musiker und Gelehrte, die sich hier inspirieren lassen, einträchtig nebeneinander finden.

Die Brücken, über die ich hier gehe, um zum Markuslöwen zu gelangen, erscheinen mir auch als Brücken in eine kühne Vergangenheit mit ihren alten Häusern und Palästen, die an schöne Frauen im Lichte der Dämmerung erinnern. Nicht nur Habsburger und Napoleon, die mit noblem Gefolge hierherkamen, verbinden Geschichten mit Venedig, auch meine bescheidene Person, die allerdings mit dem Fahrrad hier einlangte, hat eine Geschichte aus der Familie, die zu Venedig gehört. Ich gestatte mir höflich, diese Geschichte, die auf mich durch meine Vorfahren kam, hier zu erzählen. Im 16. Jahrhndert lebte in Venedig ein reicher Kaufmann. Sein Diener und Mitarbeiter war ein gewisser, aus der Bretagne stammender Jean Thierry. Bei einem Schiffsunglück vor Südamerika, in das beide verwickelt waren, rettete der Diener seinen Herrn. Als der Kaufmann zum Sterben kam, vermachte er sein Vermögen, unter dem sich auch ein Palast befand, seinem Diener und Freund. Dieser vermehrte das Vermögen. Nach seinem Tod schickte eine venezianische Gerichtsbehörde zwei Boten mit den entsprechenden Urkunden nach Frankreich, um die Erben dieses Jean Thierry von ihrem Glück, der riesigen Erbschaft, zu benachrichtigen. Die beiden Boten traten die Reise an. Als sie wieder einmal in einem Gasthaus nächtigten, wahrscheinlich hatten sie beim abendlichen Umtrunk von ihrer Mission erzählt, waren zwei Ganoven auf sie aufmerksam geworden. In der Nacht, als die beiden Venezianer schliefen, raubten die Ganoven die Erbschaftsdokumente und suchten schnell das Weite. In den nächsten Tagen langten sie in Venedig ein, legten der Behörde die Dokumente vor und forderten die Einsetzung in die Erbschaft. Sie hatten Pech, denn man kam hinter ihre Schliche und sperrte sie ein. Das Vermögen des Kaufmanns blieb nun in Venedig, und man

machte anscheinend keine Anstalten, es den rechtmäßigen Erben aus-
zuhändigen. Als nun Napoleon bei seinem großen Feldzug 1797 nach
Venedig kam, hörte er von dieser Geschichte mit der Erbschaft. Er be-
schlagnahmte nun diese, zu der Geld, wertvolle Kunstwerke und Edel-
metall gehörten, und ließ sie in vierzig Kutschen, so erzählte es mir
meine Großtante Claire, nach Frankreich bringen. Die Erben dort er-
fuhren von dieser Aktion Napoleons und verlangten das Vermögen.
Napoleon, der Geld für seine Kriegsführung brauchte, versprach, nach
seinen Eroberungen die Erben zufriedenzustellen. Er schrieb ihnen daher einen Schuldschein. Doch, als Friede wieder eingekehrt war, weigerte sich der französische Staat, die Verwandten und Nachkommen
des in venezianischen Diensten gestandenen Jean Thierry auszuzahlen.

Ich bin mit diesem bemerkenswerten Herrn, dem auch ein Palast in
Venedig, wie ich schon gesagt habe, gehörte, durch meine Urgroßmutter verwandt. Diese Dame, die meinen Urgroßvater in Wien kennengelernt hatte, stammt aus einer großartigen bretonischen Familie. Zu
dieser Familie gehörten nicht nur ein napoleonischer General, mein
Ururgroßvater, und angeblich auch Jacques Cartier, der Canada im
Namen des französischen Königs als Seefahrer in Besitz genommen
hatte, sondern eben auch der genannte Jean Thierry. Die Eltern und
Verwandten meiner Urgroßmutter führten noch Prozesse um das Vermögen dieses Herrn aus Venedig, doch vergeblich. Einige Dokumente,
die sich auf diese Geschichte beziehen, besitze ich, aber sie haben nur
familiengeschichtlichen Wert. Während ich so zum Markusdom
bummle, fällt mir diese abenteuerliche Historie wieder ein. Ich werde
meiner Urgroßmutter am Abend beim Wein gedenken.

Nicht nur mein Verwandter Thierry hat meine Sympathie als vagabundierender Radfahrer, sondern noch ein anderer Mann, der geradezu
ein Patron aller Vagabunden sein könnte, nämlich Marco Polo, der um
1254 in Venedig geboren wurde und dortselbst um 1324 verstarb.
Marco Polo, wie man weiß, war mit seinem Vater und seinem Onkel
auf einer Handelsreise durch Zentralasien, das damals von den Mongo-
len unterworfen war, unterwegs. Die drei kamen bis nach China, an den
Hof des Großkhans Khubilai. Dieser fand Gefallen an Marco und

machte ihn zum Statthalter der Provinz Kianguan. Als solcher durchstreifte er China in allen Himmelsrichtungen.

1292 traten die Polos die Rückreise an, diese führte sie durch das Südchinesische Meer zu den Sundainseln und nach Vorderindien. Sie landeten in Ormus. Von dort zogen sie über Persien und Armenien und gelangten reichbegütert nach Venedig.

Während des Seekrieges von 1298 und 1299 zwischen Venedig und Genua führte Marco Polo eine venezianische Galeere. Bei der Seeschlacht von Curzola geriet er in genuesische Gefangenschaft. Er nutzte diese, er hatte nun Zeit, seine Erinnerungen an diese fantastische Reise einem Mitgefangenen, einem gewissen Rusticiano aus Pisa, zu diktieren: Sein Bericht über Reichtum und Glanz des Fernen Ostens war so unglaublich, daß man ihn spöttisch „Messer Millione" nannte, nämlich als einen Mann, der Millionen Lügengeschichten erzählt. 1299 wurde Marco Polo freigelassen. 1307 gab er allerdings eine revidierte Fassung seines Berichtes heraus, die bis ins 16. Jahrhundert die geographischen Vorstellungen beherrschte. Schon 1477 wurde das Buch ins Deutsche übersetzt.

Das Buch endet mit dem stolzen Satz: „Doch, ich glaube, es war Gottes Wille, daß wir zurückkehren sollten, damit die Menschheit ihr Wissen von der Erde bereichern könnte. Denn es hat noch niemals einen Mann gegeben, sei er Christ, Sarazene, Tatar oder Heide gewesen, der so viele Gebiete der Welt besucht hätte wie die edlen und berühmten Bürger der Stadt Venedig, die Herren Maffio Polo, Marco, der Sohn, und Nicolo Polo. Dank sei Gott. Amen! Amen!"

Mir zeigt sich Marco Polo, aber auch sein Vater und sein Onkel, als kühner Bursche, der aus Neugierde heraus, aber auch aus Freude an den Geschäften des Kaufmannes in die fernen Welten aufbrach. Kaufleute spielen in der Geschichte eine große Rolle, sie sind es, die Kulturen miteinander verbinden, indem sie Waren von einem Ort zum anderen bringen. Bei ihnen paart sich die Lust am Abenteuer mit der Aussicht auf guten Gewinn.

Bei Marco Polo wird auch klar, daß Händler ebenso politische Aktivitäten durchzuführen bereit sind. Eben weil Händler tief in andere

Gebiete und Kulturen eindringen, werden ihnen von ihren Heimat-
staaten seit der Antike auch Aufgaben im Sinne ihres Staates und des-
sen Bürger anvertraut. So wurden sie zu Botschaftern und setzten sich
für ihre Landsleute in fremdem Land ein. Die modernen Konsuln und
Handelsdelegierten stehen in dieser Tradition. Sie vermitteln nicht nur
Geschäfte, sondern sie können auch beauftragt sein, gewisse politische
Aufgaben zu erfüllen, wie das Ausstellen von Pässen. Als ich 1971 und
1972 in Indien eine Feldforschung durchgeführt habe, geriet ich in den
Indisch-Pakistanischen Krieg. Damals erhielt ich vom österreichischen
Konsul in Bombay eine Art Schutzbrief ausgestellt, in diesem stand in
den wichtigsten indischen Sprachen, wie in Hindi, in Panjabi, in Urdu
und in Englisch, daß ich unter dem Schutz der österreichischen Bot-
schaft stehe. Ob mir dieser wichtig aussehende Schrieb im Ernstfall geholfen hätte, weiß ich nicht, aber immerhin hatte ich das Gefühl, von
den Vertretern Österreichs in Indien nicht verlassen zu sein. Dieses Gefühl wurde mir zumindest einmal tatsächlich vermittelt, als ich den
österreichischen Konsul besuchte und dieser mir gutes steirisches Bier,
ein Puntigamer, gut gekühlt, es war ein heißer Tag, kredenzte. Noch
nie hat mir ein Bier so gut geschmeckt. Auch dieses Bier fällt mir ein,
als ich über Marco Polo, der mir ungemein imponiert, sinniere, und als
ich an Andenkenständen vorbei zum Markusturm gehe, jenem roten
Turm mit der weißen viereckigen Spitze, der alles überragt. Zu dieser
Spitze will ich. Es geht ein Lift zu ihr hinauf. Nicht nur ich bin durch
den Wunsch nach oben beseelt, sondern auch viele andere. Es kostet
ein paar hundert Lire, um mit dem Lift mitfahren zu können. Ein herr-
licher Blick auf die Lagunenstadt Venedig mit den vielen Inseln und
den großen Plätzen öffnet sich von den großen Fenstern der Turmes-
spitze. Es ist drei Uhr nachmittags, es hat zu regnen aufgehört, den Regenschirm habe ich bis jetzt nicht verloren, denn immerhin gehört er
dem Portier meines Hotels. Ich hänge den Regenschirm an das Fen-
stergitter, das wohl wegen potentieller Selbstmörder angebracht ist. So
fotografiere ich den Schirm, er passt gut in das Bild von dem Platz, er
gibt dem Ganzen eine augenzwinkernde Eleganz.

Nun beginnt die große Glocke ihren stählernden Gesang, sie kündet von der vollen Stunde und dem Leiden unseres Herrn Jesus Christus. Es ist ein wunderbarer fester Klang, der mich hier umgibt. Ich kann mir vorstellen, daß brave Christen glauben mögen, so ähnlich müsse es am Jüngsten Tag, wenn die Engel mit ihren Instrumenten die Menschen in den Himmel oder auch in die Hölle rufen, klingen.

Die Fahrt mit dem Lift hinunter zum Fuß des Turmes hat wegen der dichtgedrängten Besucher und ihrer ergebenen Blicke etwas Teuflisches an sich, schließlich bewegen wir uns sausend in die Tiefe, weg von der Heiligkeit des Glockenklangs hin zu menschlicher Begierde.

Ich flaniere, kaufe ein paar Ansichtskarten, eine mit der Seufzerbrücke, die zu den berüchtigten Bleikammern, dem Gefängnis, aus dem der kühne Casanova floh, führt. Über diesen Casanova, auch ein Abenteurer und nobler Vagabund, werde ich morgen etwas nachdenken, schließlich liebte er es, auf der Reise, in der Kutsche, manche Damen zu verführen. Und wegen einer Dame stellte er sich sogar einem Duell.

Beim Radeln morgen ist Zeit, darüber mehr zu sagen. Ich lasse die Stadt auf mich einwirken. Die kleinen und großen Paläste, an allen nagt charmant die Zeit. Auch die Zeit hat ihren Charme, wenn sie dem Großmächtigen, das der Mensch schuf, den Hauch des Vergänglichen dämmernd und zaubernd verleiht. Aus stolzen Schlössern wurden Ruinen, in denen grüne Farne, Nesseln, Akeleien und Hagebutten sprießen und Tiere sich tummeln. In diesem Sinn erfreue ich mich an den allerdings noch nicht zu Ruinen gewordenen Häusern. Es würde nicht zu Venedig passen, wenn alle diese Häuser zu neuem Glanz renoviert werden, sie würden mich an die Häuser in Rottenburg und anderen deutschen Städten erinnern, die zwar alle wunderschön, aber höchst langweilig sind. Hier in Venedig atmet das Vergangene, und das lebt hier, auch durch die Besucher. Am Kanal nicht weit von St. Markus sitzt in einer Säulenhalle ein alter, dreckig aussehender Mann mit all seiner Habe. Ich will mit ihm ein paar Worte wechseln. Er aber ignoriert mich, antwortet mir nicht. Er will in Ruhe gelassen werden.

Ich weiß nun nicht, ob er ein Bettler ist oder jemand, der zum Obdachlosen wurde und es sich hier eingerichtet hat, hier, wo Leute vorbeieilen, ihn aber nicht beachten. Dies ist ihm angenehm so, denke ich, er will kein Schaustück sein. Recht hat er, der alte, herabgekommene Mann. Ich gebe ihm etwas Geld. Er tut so, als ob es eine Gnade für mich wäre, daß er es überhaupt annimmt. Eigentlich müßte ich ihm dankbar sein, denn immerhin verleiht er mir das Gefühl, ein großzügiger Mensch zu sein. Ein stolzer Herr am stolzen Kanal in einer Stadt, an deren Fundamenten das Wasser frißt, denke ich mir. Ich suche den Weg zurück. Igendwie gelange ich zum Hotel. Gegenüber von diesem liegt einladend eine Pizzeria. Sie suche ich nun auf, ich habe mir ein ordentliches Essen und einen großen Schluck Bier verdient. Ich setze mich an einen kleinen Tisch. Mir gegenüber an einem ebensolchen Tisch sitzt eine Dame um die Fünfzig, eine Amerikanerin, wie ich bald merke. Sie bemüht den Kellner, einen geduldigen Herrn, der ihr aus einer Mischung von Italienisch und Englisch erklärt, daß es nicht nur Pizzen hier gibt. Er bringt ihr schließlich etwas, das aussieht wie ein Salat mit Käse. Um einen anderen, einen größeren Tisch sitzen vier junge deutsche Burschen mit zwei Mädchen in ihrer Mitte. Sie reden laut, lachen, sie tun so, als ob sie die Herren des Lokals wären. Der Kellner ist freundlich zu ihnen, denn sie essen große Pizzen und trinken Bier in jeden Mengen.

Ich bestelle eine vegetarische Pizza und ein großes Glas Bier. Dann nehme ich mein Notizheft aus der Tasche und beginne meine Gedanken des Tages niederzuschreiben. Ich gedenke noch einmal meiner französischen Urgroßmutter, deren Vorfahre hier in Venedig ein Diener und Freund eines Kaufmannes war, den er vor Südamerika bei einem Schiffbruch gerettet hatte und der schließlich, da er ihn beerbte, ein riesiges Vermögen samt einem Palast hier in Venedig besaß. Der Vater meiner Urgroßmutter, also mein Ururgroßvater, war übrigens im französischen Heer ein hoher Offizier, der den Afrikafeldzug Napoleons mitgemacht hat. Er soll sich einige Male wegen Frauen duelliert haben. Mir wurde erzähl, er habe einem Feldmarschall eine Ohrfeige gegeben, da dieser sich abfällig über eine Dame geäußert habe. Er hatte deswegen große Schwierigkeiten und mußte in die Schweiz auswandern, wo meine Urgroßmutter geboren wurde. Angeblich wurde mein edler Vorfahre dann Hauptmann der Schweizergarde beim Papst. Das muß ich aber noch nachprüfen.

Auch in meinem Ururgroßvater steckte etwas von einem noblen Vagabunden, der sich wegen Frauen schlug und herumzog. Auf das Wohl meines schiffbrüchigen venezianischen Verwandten, auf das meiner noblen Urgroßmutter, meines sich duellierenden Ururgroßvaters und schließlich auf das Marco Polos trinke ich einen edlen Rotwein. Diesen habe ich verdient. Venedig, die schöne alte Dame, übt auf mich einen eigenartigen Zauber aus. Nachdem ich meine Pizza gegessen und gezahlt habe, wandere ich noch über ein paar Brücken, schaue in das abgestandene Wasser, das in kleinen Wellenschlägen an den Mauern sich bricht, und wandere zu meinem Hotel. Müde lege ich mich zu Bett und schlafe den Schlaf des Vagabunden.

5. NACH PADUA –
CASANOVA UND ANTONIUS,
DER SCHUTZPATRON DER VAGABUNDEN

Leichter Regen, der auf das meinem Zimmer gegenüberliegende Dach zart trommelt, weckt mich gegen acht Uhr. Ich schaue zwischen den schmutzigroten Mauern zum Himmel, dieser ist grau. Eine Chance, daß der Regen bald aufhört, besteht nicht. Aber ich muß weiter. Ich werde mir Zeit lassen, denn der Weg nach Padua, wo ich heute nächtigen will, ist nicht weit. Ich will mir dort einiges ansehen. Padua ist die Stadt früherer vagabundierender Studenten, aber auch Rebellen gab es dort, wie den großen Galileo Galilei. Pilger zogen und ziehen nach Padua, um beim heiligen Antonius Glück und Segen zu holen. Dieser heilige Antonius war übrigens auch ein Wandersmann und Vagabund. Ich glaube überhaupt, daß echte Heilige Vagabunden sind, ebenso wie wahre Gelehrte und Dichter.

Mir steht also heute noch einiges bevor.

Ich will mich nicht mehr lange in Venedig aufhalten. Daher ziehe ich gleich meine Raddreß an, die schwarze kurze Hose und das blaurote Leiberl. Leiberl, ein schönes altes österreichisches Wort, es gefällt mir besser als das übliche „Shirt" oder „T-Shirt". Also mit Leiberl und schwarzer kurzer Radhose bekleidet, begebe ich mich ins Frühstückszimmer. Es liegt im Parterre, etwas vor der Rezeption, einige Topfblumen, die einen exotischen Eindruck vermitteln, zieren es, und die weißen Tische mit den hellblauen Tischtüchern laden zum Platznehmen ein.

An einem Tisch sitzen ein paar Japaner und an einem anderen eine italienische Familie, die aus einem Dorf, wie ich schätze, hierher kam, um vielleicht eine Hochzeit zu feiern oder bloß um ein paar schöne Stunden zu erleben. Sie lachen und schauen etwas neugierig auf mich, der ich in dem Raddreß hier aufkreuze. Ich nicke ihnen zu und setze mich an einen freien Tisch, ich bestelle einen Tee, hole mir ein Müsli und nehme mein Notizbuch zur Hand. Einige Gedanken und Beobachtungen von gestern sind noch nachzutragen. Mit Genuß schlürfe ich meinen Tee und höre das aufgeregte Geschnatter der Japaner. Ich gehe in mein Zimmer, packe die Taschen und melde mich beim Portier. Ich lasse mir die Rechnung geben, zahle und hole mein Fahrrad aus dem versteckten Platz bei der Küche. Ich belade das Rad und schiebe es durch das Gewimmel von Menschen. Der Regen hat inzwischen aufgehört. Vielleicht komme ich trocken nach Padua. Ich suche den Weg zum Bahnhof. Über dessen Stufen trage ich das Fahrrad, etwas mühsam, die Gepäcktaschen hängen sich an. Dann weiter zum letzten Bahnsteig an der linken Seite. Diesem entlang, so bin ich auch gekommen. Wieder zwischen Lagerhäusern durch, und schließlich bin ich am Fuß- und Radweg, der am Damm nach Mestre führt. Noch einmal werfe ich ein paar Blicke auf die Silhouette Venedigs, die aus dem Wasser aufsteigt und vor dem grauen, Regen ankündigenden Himmel an eine alte Dame erinnert, die schön, schaurig, geheimnisvoll und etwas verrucht ist. Ich radle weg von der Autobahn zur alten Landstraße, die die stolzen Städte Venedig und Padua seit alters her verbindet. Auf einer dieser Straßen wird der große Verführer Giacomo Casonova, ein kühner Abenteurer aus Venedig, oft unterwegs gewesen sein, entweder auf der Flucht aus seiner Vaterstadt oder in Sachen Liebeshändel. Diesem Venezianer widme ich meine Gedanken, während ich auf der alten Landstraße radle, die in vornehmem Abstand zur parallellaufenden Autobahn sich durch Dörfer schlängelt, vorbei an kleinen Städten wie Mira, Fiesso und Stra. Es geht zügig dahin, es ist flach hier, kaum eine Erhebung hindert den Lauf meines schnellen Fahrrades. Aber dennoch lasse ich die Gegend, die voll alter Geschichte ist, samt ihren freundlichen Häusern an der Straße, die streckenweise Industrieanlagen weichen müssen, auf mich wirken. Autos ziehen an mir vorbei, es sind nicht viele. Ich fühle mich nicht bedrängt oder gefährdet durch sie. Vor über zweihundert Jahren, zur Zeit Casanovas, rollten hier Kutschen.

Ein Mädchen in einer Kutsche zu verführen, mag reizvoller gewesen sein als in einem langweiligen Auto mit Liegesitz.

Casanova war ein Spezialist im Verführen in einer Kutsche. Darüber handelt eine Geschichte, die ich gleich erzählen will, aber zunächst ein paar Gedanken zur Person dieses Meisters der Kunst der Verführung und des Lockens. Geboren wurde dieser kühne Bursche am 2. April 1725 in Venedig, der Stadt, die mich für ein paar Stunden in ihren Bann gezogen hatte. Casanova nannte sich noch Chevalier de Seingalt. Vielleicht hat er sich selbst geadelt. Er studierte Theologie und die Rechtswissenschaften, Studien, die ihn nicht viel interessiert haben dürften, denn in seinem Herzen liebte er das Reisen und wurde zum vornehmen Vagabunden. Aber er kehrte immer wieder nach Venedig zurück. Er muß ein großer Lästerer und heiterer Gesellschafter gewesen sein. Seiner leichten Zunge verdankt er es, daß man ihn 1755 in Venedig wegen Gottlosigkeit verurteilte und in den berüchtigten Bleikammern, zu denen eine Brücke mit dem furchterregenden Namen Seufzerbrücke führt, einkerkerte. Ich habe die Brücke gestern gesehen. Seufzerbrücke heißt die Brücke in ihrer grausamen Poesie wohl, weil alle die, die über diese als Gefangene mußten, wegen ihres Schicksals, das nun auf sie wartete, seufzten. Eine Flucht aus diesen quälenden und gut bewachten Bleikammern, in denen es im Winter saukalt und im Sommer entsetzlich heiß war, war so gut wie unmöglich. Casanova jedoch versuchte 1756 die Flucht, und sie gelang ihm. Er suchte das Weite, wahrscheinlich auf der von mir benutzten Straße, und erreichte Paris. Seinen Unterhalt verdiente er sich dort als Lotteriedirektor. Seine weiteren Reisen, die alle mit frivolen Abenteuern verbunden waren, führten ihn an die Höfe Friedrichs des Großen, Josephs II. und Katharina der Großen. Im Alter von sechzig Jahren dürfte er genug von einem rastlosen, vagabundierenden Leben gehabt haben, vielleicht hatte er genug von den Frauen, und wurde 1785 Bibliothekar des Grafen Waldstein in Dux in Böhmen. Dort starb Casanova auch, und zwar am 4. Juni 1798. Während seiner Zeit als Bibliothekar verfaßte er seine Memoiren, die von kulturhistorisch hohem Wert sind. Berühmt ist die Beschreibung seiner Flucht aus den Bleikammern.

Gerne gelesen wurden und werden die Geschichten Casanovas vor allem wegen seiner spannend und höchst reizvoll beschriebenen frivolen erotischen Abenteuer.

Hierher in den Umkreis von Venedig paßt gut aus seinen Memoiren die Sache mit dem Gewitter, der Kutsche und der Verführung. Es war im Mai 1742, der siebzehnjährige Casanova war zu einer Villa in Visinale gefahren. Aufregend war die Rückfahrt, die er in seiner „Geschichte meines Lebens" im Band 1 im 5. Kapitel unter der Überschrift „Ein hilfreiches Gewitter" so erzählt:

„Am Himmelfahrtstag machten wir alle der Signora Bergalli, die bei allen italienischen Dichtern berühmt war, einen Besuch. Als wir nach Pasiano zurückfahren mußten, wollte die hübsche Pächtersfrau in den viersitzigen Wagen steigen, in dem schon ihr Gatte mit ihrer Schwester Platz genommen hatte, während ich ganz allein in einer zweirädrigen Kalesche saß. Ich beschwerte mich vernehmlich über dieses Mißtrauen; die Gesellschaft hielt ihr vor, sie dürfe mir diesen Schimpf nicht antun. Daraufhin kam sie zu mir, und da ich dem Kutscher gesagt hatte, ich wolle auf dem kürzesten Weg fahren, trennte er sich von allen anderen Wagen und schlug den Weg durch den Wald von Cecchini ein. Der Himmel war klar, aber in weniger als einer halben Stunde zog eines jener typischen italienischen Gewitter auf, die eine halbe Stunde dauern, anscheinend Himmel und Erde erschüttern und dann spurlos verschwinden; der Himmel ist wieder klar, und die Luft hat sich abgekühlt, so daß sie gewöhnlich mehr Nutzen als Schaden bringen. ‚Ach, mein Gott!' sagte die Pächtersfrau. ‚Wir kommen in ein Gewitter.'

‚Ja, und obwohl die Kalesche ein Dach hat, wird der Regen leider Ihr Kleid verderben.' ‚Was kümmert mich das Kleid? Ich habe Angst vor dem Donner.' ‚Verstopfen Sie sich die Ohren.' ‚Und der Blitz?' ‚Kutscher, wir wollen uns irgendwo unterstellen.' ‚Häuser gibt es erst eine halbe Stunde von hier', antwortete er mir; ‚und in einer halben Stunde ist auch das Gewitter vorüber.'

Mit diesen Worten fährt er gemächlich seines Weges weiter, und schon folgt Blitz auf Blitz, der Donner grollt, und die arme Frau zittert. Der Regen setzt ein. Ich ziehe meinen Mantel aus, um uns beide damit zu schützen; da flammt der Himmel taghell auf, es blitzt, und hundert

Schritte vor uns schlägt es ein. Die Pferde bäumen sich, und meine arme Begleiterin zuckt krampfhaft zusammen. Sie wirft sich an meine Brust und umklammert mich ganz fest mit ihren Armen. Ich bücke mich nach dem Mantel, der auf den Boden gefallen war, und als ich ihn aufhebe, erwische ich zugleich ihre Röcke. Sie will sie gerade wieder herunterstreifen, da fährt erneut ein Blitz nieder, und vor Schrecken kann sie sich nicht rühren. Ich will den Mantel über sie breiten und ziehe sie näher zu mir heran, so daß sie buchstäblich und mit meiner Hilfe rittlings auf mich fällt. Da ihre Stellung nicht günstiger sein kann, verliere ich keine Zeit, sondern tue so, als greife ich nach meiner Uhr im Hosenbund, und nutze die Gelegenheit. Es wird ihr klar, daß sie, wenn sie mich nicht augenblicklich daran hindert, sich nicht mehr wehren kann. Sie macht eine Anstrengung; aber ich sage ihr, wenn sie sich nicht ohnmächtig stelle, werde sich der Kutscher umdrehen und alles sehen. Bei diesen Worten lasse ich sie mich beschimpfen, soviel sie will, halte sie im Rücken fest und trage den vollständigsten Sieg davon, den jemals ein gewandter Gladiator davongetragen hat. Der Platzregen und der Gegenwind waren so stark, daß sie nichts tun konnte, als mir erbittert vorzuhalten, ich bringe sie um ihre Ehre, denn der Kutscher müsse sie doch sehen. ‚Ich sehe ihn‘, erwiderte ich; ‚er denkt gar nicht daran, sich umzudrehen. Und wenn schon, der Mantel deckt uns beide vollkommen zu. Seien Sie gescheit und spielen Sie die Ohnmächtige, denn loslassen werde ich Sie bestimmt nicht.‘ Sie fügte sich und fragte nur, wie ich dem Blitz mit solcher Verruchtheit trotzen könne. Ich erwiderte, der Blitz sei mit mir im Bunde; sie war beinahe versucht, das zu glauben, und hatte fast keine Angst mehr. Als sie meine Ekstase sah und spürte, fragte sie mich, ob ich nun fertig sei. Ich lachte und sagte nein, denn ich wollte vor dem Ende des Unwetters ihr Einverständnis erreichen. ‚Sträuben Sie sich nicht, oder ich lasse den Mantel fallen!‘

‚Sie sind ein schrecklicher Mensch, Sie haben mich für den Rest meines Lebens unglücklich gemacht. Sind Sie jetzt zufrieden?‘ ‚Nein.‘ ‚Was wollen Sie noch?‘ ‚Eine Flut von Küssen.‘ ‚Ich Unglückliche! Also, da haben Sie, was Sie wollen.‘ ‚Sagen Sie, daß Sie mir verzeihen. Geben Sie zu, daß ich Ihnen Freude mache.‘ ‚Ja, Sie sehen es doch. Ich verzeihe Ihnen.' Dann trocknete ich sie ab, und als ich sie bat, mir denselben Gefallen zu tun, sah ich, daß sie lächelte. ‚Sagen Sie, daß Sie mich lieben', verlangte ich. ‚Nein, denn Sie sind ein gottloser Mensch, und die Hölle erwartet Sie.' Nachdem ich sie auf ihren Platz zurückgesetzt und das Unwetter sich verzogen hatte, versicherte ich ihr, der Kutscher habe sich nie umgedreht. Unter Scherzen über das Abenteuer und Handküssen sagte ich ihr, ich sei davon überzeugt, daß ich Sie von ihrer Gewitterangst geheilt hätte, daß sie aber niemandem das Geheimnis verraten werde, wem sie diese Heilung verdanke. Sie erwiderte, auf jeden Fall sei sie sicher, daß noch nie eine Frau durch ein solches Mittel geheilt worden sei. ‚Das muß im Lauf von tausend Jahren eine Million Male vorgekommen sein', sagte ich. ‚Ich gestehe Ihnen sogar, daß ich damit gerechnet hatte, als ich in die *Kalesche* stieg; denn mir schien es das einzige Mittel zu sein, in Ihren Besitz zu gelangen. Glauben Sie mir, auf der ganzen Welt gibt es keine einzige furchtsame Frau, die in Ihrer Lage zu widerstehen gewagt hätte.' ‚Das mag sein; aber in Zukunft werde ich nur noch mit meinem Mann fahren.' ‚Wie ungeschickt von Ihnen; denn Ihrem Mann wird es gar nicht einfallen, Sie zu trösten, wie ich es getan habe.' ‚Auch das ist wahr. Mit Ihnen gelangt man zu ungewöhnlichen Erkenntnissen; doch verlassen Sie sich darauf, daß ich nie wieder mit Ihnen zusammen reisen werde.' Unter anregenden Gesprächen langten wir noch vor allen anderen in Pasiano an. Kaum war sie ausgestiegen, lief sie in ihr Zimmer und schloß sich ein, während ich nach einem Scudo für den Kutscher suchte. Der lachte. ‚Worüber lachst Du?' ‚Das wissen Sie genau.' ‚Hier, nimm den Dukaten. Aber halte den Mund.'"

Casanova nützte also geschickt das Gewitter, das die Dame beeindruckt und sie ihm ausgeliefert hat, anscheinend nicht ganz gegen ihren Willen. Diese Geschichte paßt gut zu der alten Landstraße, auf der ich mich Padua nähere.

Es ist früher Nachmittag, als ich in Padua eintreffe, ich suche den Weg in das Zentrum der Stadt. Er ist nicht ganz einfach zu finden. Bei einem Denkmal eines Freiheitshelden frage ich einen jungen Burschen nach dem Zentrum und der alten Universität, zu der will ich zu allererst, zum heiligen Antonius werde ich später pilgern.

Für mich, der ich an der Universität studiert und nun die Gnade habe, dort zu lehren, ist die Universität zu Padua von einer besonderen Faszination. Der Bursche erklärt mir den Weg, gerade vor und dann etwas rechts, so ungefähr. Ich frage noch einmal, und nun stehe ich vor der alten Universität. Sie ist nach Bologna die zweitälteste Italiens, sie wurde 1222 gegründet. Zu ihr zogen die Studenten auch aus den deutschen Landen. Über die Geschichte der Universität werde ich in Bologna noch einiges zu sagen haben. Ich sperre mein Fahrrad ab und lehne es an den Eingang des alten Universitätsgebäudes, dessen Äußeres ein Produkt vielleicht des letzten Jahrhunderts ist, aber der Kern erinnert an das Mittelalter und seine Ausklänge. Besonders beeindrucken mich die Wappen der Studenten, die in der Eingangszone und in den daran anschließenden Wandelgängen, die um einen mit Blumen bestückten Hof sich anordnen, im oberen Teil der Wände und an den Plafonds liebevoll gemalt sind. Es sind stolze Wappen, viele stammen von Studenten aus Deutschland, darauf deutet wohl der Hinweis „ultra montes", also jenseits der Berge, der Alpen, hin. Bei einzelnen Wappen liest man zum Beispiel Nürnberg, Trier oder einen anderen deutschen Städtenamen. Damals waren die Studenten echte Herren, sie stellten sich den Aristokraten gleich und nahmen auch für sich das Recht, ein Wappen zu tragen. Allerdings war die Zahl der Studenten sehr gering, im Vergleich zu heute. Es ist unvorstellbar, wenn heute jeder der Tausenden Studenten einer Universität sich ein Wappen konstruiert und dieses irgendwo an eine Wand des Universitätsgebäudes malt. Aber damals im 13. und 14. Jahrhundert war dies noch möglich, zu einer Zeit, als Studenten noch zu Fuß durch die Lande zogen. Ihr Ruf war nicht immer ein guter. Padua dürfte als Universitätsort damals sehr beliebt gewesen sein, alleine die Wanderung dorthin hatte ihre Reize.

Aber auch heute noch hat Padua für Studenten eine besondere Faszination. Dies merke ich, als ich mein Rad entlang des Eingangs zur alten Universität schiebe. Ich höre lautes heiteres Rufen. Studenten und Studentinnen kommen gelaufen, es ist gegen Mittag.

Einige haben einen Kranz um. Ich werde nun Zeuge eines interessanten Schauspiels. Die bekränzten Burschen und Mädchen, so klärt mich ein dort wachender Polizist auf, wurden eben zum Doktor promoviert. Hier nun vor der alten Universität werden sie von ihren Freunden und Verwandten noch besonders gefeiert. Ich bin also in ein echtes Ritual geraten, durch das die jungen, zum Doktor erhobenen Leute ihren Abschied vom Studentenleben feiern. Umringt von Burschen und Mädchen steht ein solcher junger Doktor, er hat einen Kranz aus Laubblättern umgehängt, auf einer Art Podest. Zwei Mädchen umwickeln ihn mit Klebestreifen und ziehen ihn nach einer Zeit bis auf seine vornehme schwarze Unterhose aus. Währenddessen liest der Bursche von einem großen Papier, auf dem seine Freunde allerhand geschrieben und gezeichnet haben, ein Gedicht mit vielen Strophen. Ich verstehe ihn kaum, kann mir aber zusammenreimen, daß der Text sich auf das lockere Studentenleben des Geehrten bezieht. Gewürzt sind die Ausführungen mit kühnen erotischen Geschichten, die ebenso als Zeichnungen festgehalten sind. Die Zuhörer lachen, immer wieder fordern sie den Lesenden auf, aus einer Weinflasche, die vor ihm steht, zu trinken. Er setzt immer wieder an und wird immer heiterer. Endlich ist er mit dem Lesen fertig, die Umstehenden klatschen, unter ihnen wahrscheinlich die Eltern. Der Bursche steigt herunter von dem Podest. Er lacht fröhlich. Ich fotografiere ihn, er freut sich darüber und zeigt mir mit seinen Fingern das „V" für Sieg. Auch werde ich Zeuge, wie eine junge Doktorin, ebenso in dunkler Unterwäsche, ihre Geschichten vorliest. Eine wilde, hocherotische Zeichnung auf dem Papier, das sie in Händen hält, würzt ihre Ausführungen. Auch andere junge Leute werden gefeiert. Die Stimmung ist heiter. An der Außenmauer der alten Universität entdecke ich die großen Papiere mit Gedichten und Zeichnungen angeklebt, so daß alle lesen können, welche prächtigen und wilden Studentinnen und Studenten Doktoren wurden. Der Ernst des Lebens beginnt nun für sie. Ich hoffe für sie das Beste und freue mich, daß hier in Padua solche studentischen Rituale, die wahrscheinlich auf einer alten Tradition aufbauen, gepflegt werden.

Mir gefällt Padua, eine Stadt mit alter Kultur.

Immerhin ist Padua schon seit frühen Zeiten eines der wichtigsten kulturellen und wirtschaftlichen Zentren im Nordosten Italiens.

In römischer Zeit hieß Padua Padova. Vergil glaubte, Padova sei nach dem Fall Trojas vom Bruder des trojanischen Kögnis, Priamus, gegründet worden. Doch in Wirklichkeit war sie eine Siedlung aus vorrömischer Zeit.

Auch der 1545 angelegte botanische Garten gehört ebenso wie die Universität zu den ältesten der Welt. Ich freue mich, hier zu sein, und spüre die Seele Paduas und die einer alten studentischen Kultur. Von wunderbarer Einmaligkeit in der alten Universität ist das „Teatro Anatomico", der Seziersaal, eingerichtet 1594. Benutzt wurde er bis 1874. Hier konnten die auf den im Halbkreis wie in einem antiken Amphitheater sitzenden Studenten den Medizinprofessoren von oben beim Tranchieren der Leichen zuschauen. Man war sehr voraus hier in Padua. Die Studenten hatten die Chance, hier am Objekt zu lernen. Manche werden sie wohl genützt haben.

Eines berühmten Mannes, der Weltgeschichte geschrieben hat, will ich hier noch gedenken. Es ist der am 14. Februar 1564 in Pisa geborene wissenschaftliche Rebell Galileo Galilei. Er hatte in Pisa Philosophie und Mathematik studiert. Eine besondere Freude hatte er, wahrscheinlich seit seiner Kindheit, an allen möglichen Experimenten. Sein bekanntestes Experiment ist wohl jenes, mit dem er Fallgesetze untersuchte, wobei er vom Turm von Pisa irgendwelche Sachen fallen ließ. Es mag sein, daß Spaziergänger dabei in Mitleidenschaft gezogen wurden.

Wegen seiner Lust am Experimentieren gilt er auch als Begründer der modernen, auf Erfahrung und Experimenten beruhenden Physik.

1592 wurde er in Padua Professor, er blieb dies bis 1610. Er erfuhr, daß man im nahen Venedig ein Instrument benutzte, das man „occhiale" nannte, was soviel heißt wie Fernrohr, also ein Gerät, durch das man ferne Dinge nahe sehen konnte. Galileo nahm diese Erfindung dankbar an und entwickelte sie weiter. Heraus kam, was man später als das Galileische Teleskop bezeichnen sollte. Mit Hilfe dieses Teleskops konnte Galileo viele Entdeckungen machen: Meere und Berge auf dem

Mond, die Sonnenflecken, die Phasengestalten der Venus und unter anderem die vier Satelliten Jupiters, denen er zu Ehren der Medici von Florenz den Namen Mediceische Sterne verlieh. 1610 teilte er der Welt seine Entdeckungen mit. Von Padua zog sich Galileo nach Arcetri bei Florenz zurück. 1632 veröffentlichte er, den Theorien des Kopernikus folgend, sein Traktat über die Kugelform der Erde und deren Lauf um die Sonne. Damit brachte Galileo Unordnung in die damalige Zeit und stieß auf größten Widerstand. Besonders erzürnt war die Kirche, die Galileo zwang, sich und seine Schrift dem Sant Uffizio am 12. April des Jahres 1633 vorzustellen. Am 22. Juni desselben Jahres, nach langen Verhören und Drohungen, mußte Galileo, der bereits ein gebrochener Mann war, sein Werk widerrufen. Er tat dies, doch angeblich soll er gleich darauf leise zu sich „Und sie dreht sich doch!" gesagt haben. Er durfte zwar nach Arcetri zurückkehren, aber er war unter Hausarrest gestellt. Am 8. Januar 1642 starb er blind und gedemütigt.

Dieses wackeren Herrn gedenke ich hier, während ich von der alten Universität weg mein Fahrrad schiebe in der Hoffnung, ein bescheidenes Hotel zu finden. Ich frage einen freundlichen Herrn, mir ein solches zu nennen und zu zeigen. Dieser gütige Paduaner nimmt sich die Mühe, mit mir zu einigen Hotels, von denen er meint, sie seien für mich als vagabundierenden Radfahrer geeignet, zu wandern. Leider sind diese voll besetzt, vielleicht sind große Pilgergruppen eingekehrt. Wir marschieren durch das alte jüdische Viertel, mein Begleiter erklärt mir dazu einiges.

Schließlich verabschiedet er sich und erklärt mir den Weg zur Basilika des heiligen Antonius, dort gebe es ein großes Hotel. Ich finde es auch, es ist das größte und teuerste am Platz, der Piazza del Santo. Ich frage um ein Zimmer. Ein vornehmes wird mir angeboten. Ich nehme es, es ist zwar teuer, aber ich bin hier in der Nähe des Heiligen, zu dem aus aller Welt Pilger kommen. Ich ziehe mich um, das Radl darf ich in der Garage unterbringen, ich bekomme einen eigenen Garagenschlüssel.

Nun lasse ich mich in das Leben Paduas fallen. Jetzt suche ich die Basilika Sant Antonio auf. Sie ist das berühmteste Bauwerk Paduas und eine der bekanntesten Kirchen Italiens überhaupt. Sie ist 1232 gebaut worden. Die Bauweise der Kirche verrät den offensichtlich venezianischen Einfluß. Byzantinische Türme, eine geschmückte Fassade und zwei hohe, schmale Glockentürme verleihen dem Äußeren einen östlichen Charakter. In dieser Kirche sind also die Reliquien des heiligen Antonius. Dieser ist der Schutzpatron aller möglichen Leute und Lebewesen: der Armen und Sozialarbeiter, der Liebenden und der Ehe, der Frauen und Kinder, der Bäcker, Bergleute, Schweinehirten und Reisenden, der Pferde und Esel. Weil er der Schutzpatron all dieser Menschen und Tiere ist, kann er angerufen werden bei Unfruchtbarkeit, gegen teuflische Mächte, gegen Fieber, Pest und Viehkrankheiten; bei Schiffbruch und in Kriegsnöten; für Wiederauffinden verlorener Gegenstände, für gute Entbindung, gegen Altwerden und für eine gute Ernte.

Der heilige Anton ist also für alles da, das den Menschen berührt. Das freut mich.

Meine Mutter pflegte den Heiligen immer dann anzurufen, wenn sie etwas verloren hatte und dieses angestrengt suchte. Meist fand sie das Verlorene auch. Ob da der Heilige tatsächlich seine Finger im Spiel hatte, weiß ich nicht.

Mir gefällt an dem Heiligen, daß er auch Pferden und Eseln seinen Schutz anbietet.

Ich schätze ihn als Patron der Reisenden, also auch der Vagabunden. Er möge also meine Wege segnen. Vielleicht tut er es.

Am 13. Juni halten sich, wie man mir erzählt, besonders viele Gläubige aus aller Welt hier in Padua auf, um dem heiligen Antonius zu huldigen, denn dieser Tag ist sein Gedenktag. Er muß ein interessanter Herr gewesen sein, ein Wanderprediger. Ins Deutsche übersetzt heißt Antonius „der vorne Stehende". Geboren wurde Antonius um 1195 als Fernandez Martin de Bulhorn in Lissabon als Sohn einer begüterten Adelsfamilie.

Mit 16 Jahren wurde er, vielleicht aus Protest gegen die noble Welt seiner Eltern, Augustiner-Chorherr, er studierte in Lissabon und wurde später in Coimbra zum Priester geweiht. Besonders wichtig für sein Leben war die Bestattung der Gebeine der sogenannten fünf marokkanischen Märtyrer. Dies erschütterte ihn, und in ihm reifte sein Entschluß, sich den Franziskanern anzuschließen. Er tat dies 1220, er trat den Minderbrüdern des Ordens bei und nahm den Namen Antonius an.

1220 ging Antonius selbst nach Marokko, wurde aber durch Krankheit zur Heimkehr gezwungen, wobei ein Sturm ihn nach Sizilien verschlug. Für mich als Freund des Franz von Assisi ist es bemerkenswert, daß Antonius 1221 in Assisi am Generalkapitel seines Ordens teilnahm, dabei wurde seine Begabung als Redner entdeckt. Man beauftragte ihn 1222 bis 1224 in Rimini und Mailand mit dem Kampf gegen die Katharer, die Albigenser im Süden Frankreichs.

Dies ist mir allerdings wenig sympathisch, denn die Albigenser haben meine Hochachtung. Sie waren freie Leute, die sich nicht dem Zwang der katholischen Kirche beugen wollten.

Ansonsten dürfte er ein gütiger Redner gewesen sein, dessen franziskanische Armut ihm Glaubwürdigkeit verlieh. Und besonders bibelvertraut war er auch.

Die Legende berichtet von Antonius' ans Wunderbare grenzenden Begabung, sich fremden Völkern bei einem Konzil in Rom nur durch den Schwung seiner Rede verständlich zu machen. Zu den bekanntesten seiner Legenden gehört die Predigt am Ufer von Rimini: Die Einwohner wollten ihn nicht hören, aber die Fische versammelten sich und streckten ihre Köpfe aus dem Wasser; dieses Wunder habe fast die ganze Bevölkerung der Stadt bekehrt. Als jemand die Gegenwart Christi im Sakrament der Eucharistie bezweifelte, ließ Antonius einen Maulesel bringen, der drei Tage nichts zu Fressen bekommen hatte; das Tier fiel, ohne das gereichte Futter zu berühren, vor Antonius zu Boden, als der ihm mit der Hostie entgegentrat.

Franziskus ernannte Antonius zum Lektor der Theologie für die Minderen Brüder des Ordens an der Universität in Bologna. 1230 legte Antonius aber, entkräftet von den anstrengenden Reisen, seine Ämter nieder und lebte auf einem Nußbaum vom Landgut Camposampiero bei Padua. Seine Fastenpredigten in Padua 1231 hatten sensationellen Erfolg, keine Kirche war groß genug, er mußte ins Freie ausweichen.

Die ganze Region schien wie umgewandelt: Schulden wurden erlassen, zerstrittene Familien versöhnten sich, Diebe gaben das gestohlene Gut zurück, Dirnen kehrten ins ehrbare Leben zurück, unrechtmäßige und überhöhte Zinsen wurden den Schuldnern zurückerstattet.

Antonius starb 1231 bei den Klosterfrauen von Arcella bei Padua. Seine Gebeine wurden 1236 hierher in diese Kirche überführt. An seinem Grab ereigneten sich in der Folge so viele Wunder, daß Bonaventura meinte: „Suchst du Wundertaten, gehe zu Antonius!"

Bereits elf Monate nach seinem Tod sprach Gregor IX. nach dem bislang kürzesten Kanonisierungsprozeß der Kirchengeschichte Antonius heilig. 1946 wurde er von Papst Pius XII. zum Kirchenlehrer ernannt, obwohl er nur einige Predigtmanuskripte hinterließ. Antonius ist der meistverehrte Heilige in Italien, die Basilika in Padua eine der meistbesuchten Wallfahrtsstätten.

Großer Betrieb herrscht in der Basilika, die ich nun betrete. Schließlich sind alle Menschen irgendwann einmal verliebt, haben Ärger mit ihren Ehepartnern, haben mit Seuchen zu tun, lieben ihre Pferde und Esel, suchen irgendwann einmal etwas oder sind vagabundierend unterwegs. Auf alle Fälle kann es nicht schaden, den heiligen Antonius aufzusuchen, er hat viel zu tun, um all den Hilfesuchenden zu helfen, mehr als alle seine Kollegen unter den Heiligen. Eben wegen seines weiten Schutzangebotes ist Antonius der meistverehrte Heilige.

Auch für mich als vagabundierender Wissenschafter und jemand, der stets auf der Suche nach irgend etwas ist, zahlt es sich aus, die Basilika des heiligen Antonius aufzusuchen. Mir fällt ein, daß ich jemand bin, der dauernd etwas sucht, auf seinem Schreibtisch und in seinem Arbeitszimmer. Jeden Tag suche ich mindestens eine Stunde nach einem verlegten Buch, nach einem ausgeschnittenen Zeitungsartikel, nach einer Schere oder sonst etwas. Ich habe also allen Grund, den heiligen Antonius um sein Wohlwollen zu bitten. Am Eingangstor stehen zwei Herren in dunklem Anzug, mit weißem Hemd und Krawatte. Ihre Aufgabe ist es, darauf zu achten, daß Männer nicht mit kurzen Hosen, die die dürren oder dicken Wadeln zeigen, und Frauen nicht allzu offenherzig bekleidet die Kirche betreten.

Ich habe meine lange Hose an und besichtige unbeanstandet die prachtvolle Kirche. Im linken Teil ist der Sarkophag des heiligen Antonius. Viele Zettel von frommen Pilgern, die vielleicht um die Liebe eines hübschen Mädchens bitten, auf das Wohlwollen ihrer Ehefrau hoffen, als Schweinehirten keine Arbeit haben, sich auf eine Schiffahrt einlassen oder eben auf der Suche nach Verlorenem sind, stecken am Sarkophag des Heiligen. Die Pilger ziehen hintereinander an diesem vorbei, wobei sie jeweils ihre Hand auf diesen legen und kurz im Gebet verharren. Ich tue es genauso. Ich beobachte die Menschen hier. Im Mitteltrakt sitzen Gläubige, versunken in das Gebet, andere gehen langsam durch die Kirche, um die frommen Bilder zu bestaunen.

Ich lasse die Kirche auf mich einwirken und mache mich nach einer Zeit daran, Padua zu erleben. Vor der Basilika steht das berühmte Reiterstandbild des Erasmo da Nami, genannt der Gattamelata, geschaffen hat es Donatello. Gattamelata heißt soviel wie „gescheckte Katze" und ist ein Spitzname. Er wurde um 1370 geboren und starb 1443. Er war ein venezianischer Condottiere, ein Soldatenführer, der eine Zeit im Dienst der Päpste stand und dann die venezianischen Truppen im Kampf der Republik Venedig gegen Mailand anführte.

Er war und ist sehr populär. Sein Reiterstandbild ist angeblich die erste große Renaissancebronze in Italien. Die Republik Venedig hatte in ihm einen kühnen General.

Ich marschiere durch die Gassen wiederum zur Universität und weiter auf die große Piazza delle Erbe, einer von drei Marktplätzen. Hier steht ein großer mittelalterlicher Bau, der Palazzo della Ragione, erbaut im Jahre 1218, eines der majestätischsten Gebäude Europas zu jener Zeit. In den Laubengängen um diesen Platz pulsiert Leben, Pizzerias sind voll von Gästen, in Geschäften kann man guten Käse und gepflegte Weine, so den Prosecco, einen Wein aus Venetien, erwerben. Ich kaufe ein großes Stück Käse, eine Art Gorgonzola, und Weißbrot als Proviant für morgen. In einer Pizzeria lasse ich mir eine vegetarische Pizza und venezianischen Rotwein kredenzen. Ich genieße die Stunde inmitten von laut redenden, aber freundlichen Italienern. Es hat wieder zu regnen begonnen. In den Laubengängen drängen und schieben sich die Menschen. Junge Leute sitzen am Boden, einige haben Rucksäcke vor sich. Hübsche Mädchen scherzen mit lachenden Burschen. Eine Zigeunerin mit einem Hund steht in der Nähe eines größeren Geschäftes. Mir imponiert der Stolz der Dame. Ich parliere etwas mit ihr, sie lacht mich an. Ich gebe ihr etwas Geld. Sie freut sich darüber, und ihr Hund bellt freundlich.

Nicht nur der heilige Franz von Assisi hat mit Tieren zu tun, sondern auch der heilige Antonius, der mit dem Jesuskind, mit Fischen und dem Esel dargestellt wird. Der heilige Antonius ist also ein interessanter Herr, der, obwohl er zu den Ketzern nicht sehr freundlich war, höchstes Ansehen genießt. Er ist der Patron von vier Städten: von Padua, Lissabon, Paderborn und Hildesheim.

Liebenswürdig ist seine Fischpredigt, die Antonius von Padua als heiteren Patron zeigt. Sie sei hier in deutsch wiedergegeben:

Die Kirche findt ledig,
Er geht zu den Flüssen,
Und predigt den Fischen;
Sie schlagn mit den Schwänzen,
Im Sonnenschein glänzen.
Die Karpfen mit Rogen
Sind all hieher zogen,
Haben d' Mäuler aufrissen,
Sich Zuhörens beflissen:
Kein Predig niemalen
Den Karpfen so gfallen.
Spitzgoschete Hechte,
Die immerzu fechten,
Sind eilend herschwommen
Zu hören den Frommen:
Kein Predig niemalen
Den Hechten so gfallen.
Auch jene Phantasten
So immer beym Fasten,

Die Stockfisch ich meine
Zur Predig erscheinen.
Kein Predig niemalen
Den Stockfisch so gfallen.
Gut Aalen und Hausen
Die Vornehme schmausen,
Die selber sich bequemen,
Die Predig vernehmen:
Kein Predig niemalen
Den Aalen so gfallen.
Auch Krebsen, Schildkroten,
Sonst langsame Boten,
Steigen eilend vom Grund,
Zu hören diesen Mund:
Kein Predig niemalen
Den Krebsen so gfallen.
Fisch große, Fisch kleine,
Vornehm' und gemeine
Erheben die Köpfe
Wie verständige Geschöpfe:
Auf Gottes Begehren
Antonium anhören.
Die Predigt geendet,
Ein jedes sich wendet,
Die Hechte bleiben Diebe,
Die Aale viel lieben.
Die Predig hat gfallen,
Sie bleiben wie alle.
Die Krebs gehn zurücke,
Die Stockfisch bleiben dicke,
Die Karpfen viel fressen,
Die Predig vergessen.
Die Predig hat gfallen,
Sie bleiben wie alle.

Mir fällt ein, daß auch Wilhelm Busch heitere Verse dem Antonius von Padua gewidmet hat, fast ein bisserl lästerhaft und erotisch. Die Versgeschichte endet mit der Himmelfahrt des heiligen Antonius, der unbedingt sein Schwein, was ja sympathisch ist, mit in den Himmel nehmen will. Maria empfängt beide freundlich:

„‚Es kommt so manches Schaf herein,
warum nicht auch dieses Schwein.'
Da grunzte das Schwein, die Englein sangen,
So sind sie beide hineingegangen.“

Ich trinke noch ein Bier in einer kleinen Trattoria auf das Wohlsein von Casanova, von Galileo Galilei, der alten Studenten samt ihrer Universität und des heiligen Antonius, der auch über Vagabunden schützend seine Hände hält. Dann gehe ich ins Hotel. Es war ein spannender Tag heute in einer alten Stadt mit einer alten Universität, deren studentische Wappen mir gefallen.

6. NACH BOLOGNA –
DIE KULTUR DER PILGER, DIE ALTE
UNIVERSITÄT UND VAGANTEN

In dem noblen Zimmer des noblen Hotels habe ich nobel geschlafen. Der Blick aus dem Fenster geht auf den Platz vor der Basilika des heiligen Antonius. Es ist gegen 8 Uhr. Ich mache mich zurecht, und in der Dreß des vagabundierenden Radfahrers begebe ich mich zum Frühstück in ein an das Hotel angrenzendes Kaffeehaus, dessen Mahagonimobiliar Gemütlichkeit ausstrahlt. An einem kleinen Tisch am Fenster nehme ich Platz, bestelle Tee und ein Kipferl, in dem Marmelade zu vermuten ist. Ich trinke den Tee und beiße mit Genuß in das Kipferl, in dem tatsächlich Marmelade, und zwar Erdbeermarmelade, zu spüren ist. Ich tue dies alles ohne Hast, denn ich lasse noch einmal den prächtigen Platz vor der Basilika auf mich einwirken. Je mehr ich ihn betrachte, um so besser gefällt er mir. Gläubige sind unterwegs, kaufen bei den Andenkenstanderln fromme Dinge. Sogar eine Gruppe von Radfahrern, durchwegs ältere Herren in meinem Alter, in bunten Raddressen, in denen die Farbe Blau überwiegt, und in kurzen Hosen, langt ein. Die Räder werden an der Seite des Domes abgestellt. Die Herren gehen zum Tor der Basilika. Ich bin gespannt, ob einer der feinen Türsteher, die auf die Kleidungssitten zu achten haben, an den Radhosen, die die nackten Wadeln der wackeren Radfahrer den Blicken reizvoll freigeben, Anstoß nehmen. Zu meiner Verwunderung schauen sie dezent darüber hinweg, obwohl eine Tafel direkt am Dom die Pilger auf ordnungsgemäße Kleidung durch entsprechende internationale Symbole, wie eine durchgestrichene kurze Hose, aufmerksam macht. Die Radler können also leicht bekleidet zum Antonius, der als Schutzpatron der Reisenden wohl auch ein Schutzpatron der Radfahrer ist. Ich beschließe, noch einmal die Basilika aufzusuchen. Ich zahle im Kaffeehaus und im Hotel. Dann hole ich mein Fahrrad aus der Garage, wo es neben einem dicken Mercedes und anderen großen Autos an der Wand lehnt. Ich dürfte der einzige Gast dieses vornehmen Hotels sein, der mit dem Fahrrad vorgefahren kam. Ich schiebe mein Fahrrad zur Basilika, bei einem Andenkenstand kaufe ich ein paar blecherne Glücksbringer in Gestalt des heiligen Antonius. Ich plaziere mein Fahrrad an der Kirche und wage es, diese vor den gestrengen Augen der beiden krawattentragenden Türsteher zu betreten. Sie nehmen von meinem Aufzug in kurzer Hose keine Notiz. Noch einmal blicke ich zum Grabmal des heiligen Antonius, des Schutzpatrons auch der Vagabunden. Das Fahrrad mit dem Gepäck, obwohl es nicht abgesperrt war, ist noch da. Ich riskiere es öfter, das Fahrrad kurz alleine zu lassen, denn ein Dieb wird sich kaum die Arbeit antun, ein schwer bepacktes Fahrrad zu stehlen. Lediglich Ausweise und mein Geldtasche nehme ich mit. Bis jetzt ist mir mein Fahrrad noch nicht gestohlen worden. Vielleicht haben potentielle Diebe Sympathien für mich, den Radfahrer auf Touren. Oder sie denken, ein Vagabund auf dem Fahrrad hat nicht viel Vermögen, er plagt sich mit eigener Körperkraft durch die Welt und ist achtenswert, ihn zu bestehlen ist daher verwerflich.

Ich hoffe zumindest, daß Diebe so denken. Ich glaube, sie tun dies auch. Jedenfalls besitze ich noch mein mit mir vagabundierendes Fahrrad. Dem heiligen Antonius, dem Patron der Radfahrer, sei dafür gedankt.

Ich schaue noch zu einem der Andenkenläden und kaufe ein paar Ansichtskarten, die ich gleich schreibe und aufgebe. Eine geht an Herrn und Frau Piringer in Siebenbürgen, braven alten Landlern. Sie freuen sich über meine Grüße. Die andere Karte schreibe ich an eine alte Freundin von mir, Signe heißt sie. Ich habe sie vor kurzem wiedergetroffen, als sie das von mir betreute Wilderermuseum in Sankt Pankraz besucht hat. Ihr machte es Freude, am „Girtlers Wildererstammtisch" im Gasthof Steyrbruck des tüchtigen Willi Kerbl zu sitzen. Sie konnte nicht glauben, daß ich jetzt wissenschaftlicher Leiter eines Wilderermuseums bin, zumal ich in der ersten Zeit an der Universität, als ich noch Jus studiert habe, ein eher fauler Student war, den damals die juristischen Vorlesungen herzlich wenig begeistern konnten. Meine Prüfungen waren entsprechend. Erst später, als ich mich Kulturwissenschaften wie Völkerkunde und Urgeschichte zu widmen begann, erwachte ich zum eifrigen und weit interessierten Studenten. Dies dürfte meiner alten Freundin gefallen haben. Ihr sende ich beste Grüße vom heiligen Antonius, der auch kein guter Jusstudent gewesen wäre. Und vielleicht war er es, der mich vor der Beendigung des Jusstudiums beschützt hat.

Ich setze mich aufs Rad und schaue noch einmal auf den prachtvollen Bau der Basilika des heiligen Antonius. Es war schön, hier ein paar Stunden verbracht zu haben. Ich stelle mir vor, wie früher mehr oder weniger fromme Pilgersleute zum heiligen Antonius in Padua oder zu einem anderen Heiligen gezogen sind. Der Ruf der meisten dieser Pilger dürfte kein guter gewesen sein. Berühmt waren die Pilger zum heiligen Jakob nach Santiago de Compostella, unter ihnen gab es jedoch große Betrüger und Heuchler, die lediglich vortäuschten, Pilger zu sein, um bei frommen Leuten ohne große Schwierigkeiten betteln zu können.

Über diese Täuscher, die sich als fromme wandernde Gläubige ausgaben, aber tatsächlich bettelnde Vagabunden waren, wird schon im Mittelater berichtet.

Schließlich ist mit der Wallfahrt, dem Pilgern, eine alte Kultur verbunden. Pilgersleute gehörten zum Leben auf den mittelalterlichen Straßen, für sie baute man Pilgerhäuser und Pilgerhospize. Man wollte es den frommen Leuten leichtmachen, zu dem Bestimmungsort ihrer heiligmäßigen Wallfahrt zu gelangen. Auch heute tut man dies, und manche Gasthäuser profitieren davon, wie zum Beispiel jene, die am alten Pilgerweg von Wien nach Mariazell liegen. Ich weiß, daß da jedes Jahr brave Leute meist drei Tage unterwegs sind. Auch mein Freund Olaf Bockhorn, ein braver Professor der Volkskunde, wandert mit seinen Studentinnen und Studenten regelmäßig auf diesen heiligen Pfaden nach dem Mariengnadenort Mariazell. Auch bei ihm und seinen fröhlichen Begleitern habe ich den Verdacht, daß sie weniger aus religiösem Wandertrieb oder aus Brauchtumspflege im Stile von Pilgern marschieren, sondern aus Freude an den abendlichen Bieren, mit denen das tägliche Pilgern beschlossen wird. Ein ähnliches Verlangen hatten wohl auch die früheren Pilger. Auch mir geht es so. Ich genieße am Abend einige Schluck Bier.

Wenn man es geschickt einzurichten wußte, konnte man früher als Pilger gut leben.

Der erfahrene Pilger verfügte über ein breites Wissen, das ihm half, um als frommer Wallfahrer erkannt zu werden. Da Pilgerschaft ein angenehmes, oft fröhliches und trinkfreudiges Leben versprach, ergab es sich, daß vagabundierendes Volk bald jene Tricks und Strategien kannte, um als Pilger gesehen zu werden, die man verköstigen und bekleiden müsse.

Ein eigenes Gesetz, die „Lex peregrinorum", gewährte darüber hinaus den Pilgern Schutz und einige Vorteile. Dies wußten die Vagabunden des Mittelalters und mischten sich unter die nach Rom, Padua, Assisi, Santiago, Jerusalem oder sonstwohin wallenden Menschen. Sie wußten gewitzt an der christlichen Liebestätigkeit zu profitieren. Aber auch kriminelle Elemente waren auf diese Weise unterwegs. Ein gewisser Louis Carlen schreibt sogar, daß die Geschichte des Pilgerns zugleich eine Kriminalgeschichte ihrer Zeit sei. Und tatsächlich war auch wildes Volk pilgernd unterwegs, entweder, um als gesuchte Ganoven am Pilgerstab nicht erkannt zu werden, man denke hier an König Richard Löwenherz, oder, um sich als Pilger schnell und bequem dem Ziel der Schurkerei zu nähern.

Man mußte also vorsichtig sein gegenüber dem Pilger. Daher unterscheidet eine spanische Quelle um 1600 fünf Hauptgruppen sogenannter Pilger: 1. Pilger, die diesen Namen wirklich verdienen, 2. Landstreicher und Vagabunden, 3. Landarbeiter aus Südfrankreich, 4. französische Hausierer und 5. die Ketzer, zu denen auch Spione und Revolutionäre in Pilgerkleidung zu zählen sind.

Die falschen Pilger wußten sich trefflich zu verkleiden. So wird berichtet, daß elsässische Mitglieder der Bundschuhbewegung, die die Bauernkriege entfachte, um 1517 ihre revolutionären Absichten dadurch tarnten, daß sie an ihrem Hut Bilder der heiligen Odila und Unserer lieben Frau von Einsiedeln, die für die Elsässer ein beliebtes Wallfahrtsziel war, befestigten. Man mußte sich also vor den Gaunern als

Pilger hüten. Daher verpflichtete die Tiroler Landesordnung von 1532 den sogenannten „Jakobsbettlern", also jenen, die erzählten, sie würden nach Santiago wallen, nur bestimmte Straßen zu benützen. Wegen der falschen Pilger war der Ruf der Pilgersleute insgesamt denkbar schlecht. Darauf deutet eine Feststellung des Rates von Santiago de Compostella aus dem Jahre 1503 hin. Unter dem Deckmantel der Pilgerschaft würden sich Spitzbuben, Betrüger und Taugenichtse herumtreiben. Deshalb verbot der Rat den Pilgern, sich länger als drei Tage in der Stadt aufzuhalten, es sei denn, sie könnten nachweisen, sie würden in Handelsgeschäften oder in einer ähnlichen Tätigkeit in der Stadt sich aufhalten.

Blieb ein Pilger jedoch länger als drei Tage, so mußte er mit 30 Tagen Gefängnis rechnen. Wurde jemand als falscher Pilger entlarvt, so konnten die Strafen noch höher sein. Im Jahre 1569 wurde die Vorschrift erneuert. Neu ist, daß, wer länger als drei Tage ohne gerechten Grund in der Stadt sich aufhielt, für vier Stunden an den Pranger gestellt wurde. Daneben gab es aber auch Vorschriften, um den echten Pilgern zu helfen So erlaubte der Rat von Valladolid von 1523 solchen Pilgern ausdrücklich, auf dem Pilgerweg um Almosen zu bitten, sie durften jedoch weder nach rechts noch nach links mehr als vier Meilen von diesem abweichen. Der Text dieser Verordnung wurde in den Herbergen und Hospitälern und in der Kathedrale von Santiago angeschlagen. Man befürchtete also zu Recht, daß unter der Maske der herumziehenden Pilger sich tatsächlich lebensfrohe bettelnde Vagabunden befinden.

Schön wird dies im „Narrenschiff" des Sebastian Brant von 1494 deutlich. In einem speziellen Kapitel geht Brant unter der Überschrift „Von Bettlern" auch auf die falschen Pilger ein. Dabei bedient sich Brant einzelner Rotwelsch-Wörter, also Wörter der Gaunersprache, um zu zeigen, daß wir es hier mit Ganoven zu tun haben.

Um als Pilger erkannt zu werden, bedienten sich auch die Ganoven der Jakobsmuschel, dem Symbol der Jakobspilger von Santiago, die sie sich auf den Hut steckten.

Auszugsweise heißt es dazu im „Narrenschiff" (in den Klammern sind meine Übersetzungen festgehalten):

„… Da treiben sie [Bettler, Pilger usw.] ihr Bubenwerk.
Ihr Rotwelsch [!] sie im Terich [im Lande] haben,
Ernährn bequem sich von den Gaben;
Jeder Stabil [Brotsammler] ein Hornlütem [Zuhälterin] hat,
Die foppt [lügt], färbt [betrügt], ditzet [stellt sich krank]
          durch die Stadt,
Wie sie dem Predger [Bettler] Geld gewinne,
Der lugt, wo sei der Johann grimme [wo der Wein gut sei],
Und läuft durch alle Schächelboß [Wirtshäuser, boß = bais: Haus],
Wo Rübling junen [Würfel spielen] ist recht los;
Hat er besevelt [beschissen] hier und dort,
So schwänzt [macht sich davon] er sich dann wieder fort,
Veralchend [wandernd] über den Breithart [die Heide]
Stiehlt er die Breitfüß [Gänse] und Flughart [Hühner] …
… Bettler bescheißen jetzt alle Land …
Der geht auf Krücken im Tageslicht,
Wenn er alleine ist, braucht er sie nicht; …
Der belädt einen Esel schwer,
Als wenn er St. Jakobs Pilger [!] wär …"

Gemeinsam mit anderen Ganoven wird hier auch der falsche Pilger genannt.

Pilger erschienen also grundsätzlich als verdächtig. Manchmal wurden die bettelnden Pilger sogar zur Landplage. Darauf verweist der um 1510 in der Gegend von Nürnberg erschienene „Liber Vagatorum", das „Buch der Vagabunden", also der herumziehenden Gauner. In diesem werden unter anderen die sogenannten „Dutzern" genannt, die bettelnd durch die Gegend ziehen und erzählen, sie wären auf einer Pilgerfahrt, die sie einem Heiligen, zum Beispiel dem heiligen Antonius, gelobt hätten. Die als echte oder falsche Pilger herumziehenden Leute lebten von der Gutmütigkeit der Menschen an den Wegen.

Es gab in den orientalischen Kirchen sogar wahre Spezialisten, die ihr ganzes Leben als Pilger unterwegs waren. Noch um die Mitte des 19. Jahrhunderts zogen in Rußland Leute von einer Wallfahrtsstätte zur anderen, genossen christliche Mildtätigkeit und fristeten so ein einigermaßen angenehmes Leben.

Die Pilger gehörten zum Bild der Landstraßen, sie kannten die Tricks des Bettelns, hatten beste Kontake zu Huren aller Art und beherrschten das Rotwelsch, die alte Sprache der Gauner und Vagabunden. Es wundert daher nicht, wie ich schon einmal darauf hingewiesen habe, daß man in Wien zum kleinen Ganoven Pilger sagte, aus dem dann die übliche Bezeichnung „Pücher" wurde.

Gewisse Strategien der falschen Pilgerschaft werden bis heute weitergeführt. So wollten um 1992 ein paar Polen als Pilgersleute verkleidet, wobei einer von ihnen ein großes Kreuz trug, illegal über die Grenze nach Italien ziehen. Jedoch Grenzbeamte erkannten sie als falsche Pilger und schickten sie zurück.

Jene liebenswürdigen Menschen, die heute sich auf Pilgerschaft begeben, stehen also in der besten Tradition, in einer Tradition alten Vagabundentums.

Pilgern war also auch eine Art Überlebenskunst. Die Wanderung zu einem Heiligen konnte demnach zu einer höchst nahrhaften Angelegenheit werden.

Der betreffende Heilige ist lediglich ein Vorwand, um auf Wanderschaft gehen zu können. So geht es auch mir, der ich mich von zu Hause mit dem frommen Hinweis, auf Pilgerreise mit dem Fahrrad zu gehen, verabschiedete.

Nun bin ich auf einer solchen vagabundierenden Pilgertour und führe ein freies Leben. Langsam radle ich aus der Stadt des heiligen Antonius, ich frage noch ein paarmal nach der alten Landstraße. Ich finde sie auch. Je ein breiter Streifen an beiden Seiten der Straße, sie sind vielleicht Pannenstreifen, schützen den Radfahrer vor vorbeifahrenden Autos. Es sind hier nur wenige Autos unterwegs, die meisten benützen die nahe Autobahn. Ich radle eben dahin. Etwas westlich der Straße zeigt sich mir eine prachtvolle Landschaft mit abgerundeten Bergen, sie

sind vulkanischen Ursprungs, wie ich weiß. Es sind dies die sogenannten Colli Euganei, die Euganischen Hügel, die vom Monte Venda überragt werden. Hier in der venezianischen Ebene zwischen den Flüssen
Etsch und Brenta folgen aufeinander Weinberge und Kastanienwälder,
gemischt mit Eichen und Buchen. Inmitten dieser Natur siedelten die
Vorfahren der Italiener und erfreuten sich am warmen Wasser aus dem
Boden. Heute machen dort große Thermalzentren große Geschäfte.
Ich radle also am Rande der Colli Euganei dahin. Ich komme flott wei-
ter. Mir begegnen einige Radfahrer in sportlichen Raddressen, sie sind
schnell unterwegs. Sie nützten den heutigen schönen Tag, es ist Sonn-
tag. Ich komme durch kleinere Orte. Vorbei an Monselice. Nach
Stanghella überquere ich die Etsch, die Adige, wie der Fluß, der von
Südtirol über Verona zum Meer zieht, auf italienisch heißt. Ich finde
Gefallen an dieser Landschaft. Das Wetter ist heute angenehm, einige
Wolken am Himmel schützen vor heißer Sonne. Der Regen, den ich
gestern noch in Padua spürte, hat sich verflüchtigt. Ich lasse Rovigo
hinter mir, schnell rollt das Rad. Die Durchschnittsgeschwindigkeit
meiner Fahrt liegt bei 25 Kilometer. Für einen Rennfahrer ist dies wenig, für mich jedoch viel. Bei Pontelagoscuro nähere ich mich einem
breiten Fluß. Langsam radle ich auf die Brücke, die mich zum anderen
Ufer führt. Nach meiner Landkarte ist es der Po, ein prächtiger Strom,
über dem ich stehe. Legenden umgeben diesen Fluß. In der Poebene
spielt die Geschichte von Don Camillo und Peppone des seligen
Guareschi, und am Po lagerten wohl auch die Goten, bevor sie hin-
übersetzten, um Ravenna einzunehmen. Ich lehne mein Fahrrad ungefähr in der Mitte der Brücke an das Geländer und schaue in den Po. Ich
mache ein paar Aufnahmen, eine mit dem Fahrrad. Am Ufer des Flusses sitzen ein paar Fischer, ein Mann macht sich an einem Boot zu
schaffen. Ein Bild des Friedens bietet der Fluß, seine Überschwem-
mungen können aber furchtbar sein. So ein Fluß ist wie eine Frau, er
kann in Liebreiz sich zeigen, wie jetzt, aber er kann zur Katastrophe
werden. Ich radle im Hinterland des Podeltas.

Ein paar Kilometer noch, und ich bin im prächtigen Ferrara.

Die Lage Ferraras ist höchst interessant, wie ich merke, sie bildet

einen natürlichen Verkehrsknotenpunkt zwischen Adria und der Poebene, zwischen dem Raum von Bologna und Florenz und dem von
Oberitalien. Von der Geographie her, wie ich mir vorstellen kann, muß
hier viel gestritten worden sein, denn wer diesen Punkt hier zwischen
Po und seinem Nebenfluß Po di Volano beherrschen kann, kann auch
Oberitalien bis hin zum Apennin kontrollieren. Und die Gegend ist
hier fruchtbar.

Etrusker zog es hierher, dann auch Kelten und Römer, schließlich
auch die germanischen Langobarden, kühne Leute, die das Herzogtum
Ferrara schufen, das später allerdings unter die Kontrolle der katholischen Kirche geriet.

Ferrara wurde gerade wegen seiner aufregend zentralen Lage zu
einem fortwährenden Streitobjekt zwischen Kaiser und Kirche. Vor mir
sehe ich das die Stadt Ferrara dominierende und alles überragende
bräunlichrote Castell, es spricht von einer verwegenen Geschichte dieser Stadt beim Po.

Auf der Seite des Reiches und des Kaisers waren Leute, die sich die
Ghibellinen, und auf der Seite des Papstes solche, die sich Guelfen
nannten. Für mich ist es nicht immer klar, für wen die einzelne Gruppe
schließlich war. Jedenfalls die mächtigen Familien Ferraras schlossen
sich einer der beiden Parteien an, um zur Macht gelangen zu können.
Die Guelfen unterstützten endlich die Familie d'Este, die binnen
kurzem zur mächtigsten Familie der Stadt wurde. Mit Hilfe der Venezianer, die eine nicht ganz durchsichtige Rolle spielten, besiegte sie ihre
Gegner und übernahm bald ganz die Kontrolle über die Stadt, das war
um 1264. Über ein Jahrhundert lang wurde die Alleinherrschaft der
d'Este von inneren Streitigkeiten und Konflikten mit dem Papsttum gestört. 1385 wurde dann das Schloß durch Nicolo II. errichtet, und
Albert erhielt 1391 von Papst Bonifazius IX. das Privileg, eine Universität zu gründen. Damit ist eine Festigung der politischen Lage be-
zeugt, welche der Stadt Ferrara pulsierendes Leben und Ruhm ver-
schaffte. Die imponierenden Stadtmauern wurden errichtet, aber
dennoch fiel 1597 das ehedem langobardische Herzogtum an den Kir-
chenstaat. Bis dahin wurde Großes hier geschaffen. Es ist die Renais-

sance, die mich hier in ihren Bann schlägt, während ich mein Rad durch Ferrara lenke. Enge mittelalterliche Gassen und Kanäle, die zum großen Delta des Po führen, üben ihre Zauber aus. Ich schiebe mein Fahrrad über einen freien Platz durch das Tor in das Castell, lehne es an eine Wand und lasse die Geschichte dieses Bauwerkes auf mich wirken. In diesem lebte einmal eine echte Rebellin, die meine volle Sympathie genießt. Es war dies die Herzogin Renata, sie stammte aus Frankreich, wo sie 1511 geboren wurde, auch 1575 starb. Sie war die Tochter des französischen Königs Ludwig XII. und der Anna von Bretagne. 1528 heiratete sie Ercole, den Sohn des Herzogs Alfonso von Ferrara, und zog im selben Jahr in ihre neue Heimat. Durch ihre vorzügliche Ausbildung dazu besonders befähigt, widmete sie sich in Ferrara vor allem der Pflege von Kunst und Wissenschaft. Mehrere hervorragende Gelehrte waren am Hof in ihrem Auftrag tätig. Daneben nahm sie sich besonders ihrer französischen Landsleute an, die nach Ferrara gezogen waren, vielleicht wegen der schönen und großmütigen Herzogin. Unter denen, welchen sie Aufnahme gewährte, war 1536 auch der protestantische Religionsstifter Calvin. Mit ihrem Mann Ercole hatte sie wegen der Zuwanderer immer wieder Ärger, denn er vermutete nicht zu Unrecht in den Schutzbefohlenen seiner Frau Ketzer, also Protestanten. Die Ehe Renatas verlief also unharmonisch, vor allem wegen der gegensätzlichen Einstellung zu Glaubensfragen. In der Geschichtswissenschaft ist man sich nicht einig, ob diese kühne Dame eine liberale Katholikin oder eine geheime Protestantin war. Interessant ist jedenfalls, daß sie mit dem Protestanten Calvin Briefkontakt pflegte.

Nach dem Tod ihres Gatten am 3. Oktober 1559 übernahm Renata für kurze Zeit die Regentschaft, um sie dann an ihren Sohn Alfonso weiterzugeben. Im September 1560 kehrte sie nach Frankreich zurück. Dort änderte sich nach dem Tode von Franz II. am 5. Dezember 1560 die Situation für die Protestanten grundlegend. Nun konnte sie offen in ihrer Heimat als Beschützerin der Protestanten auftreten und sich für den Frieden zwischen den Konfessionen einsetzen. Während der folgenden Religionskriege und nach der Bartholomäusnacht 1572 rettete sie mehreren Glaubensgenossen das Leben. Die Dame hatte also höchste Sympathien für die verfolgten Protestanten. Tatsächlich war sie auch, als sie wieder in Frankreich war, eine echte Protestantin. Sie hatte also mit dem Katholizismus, dessen Intoleranz sie abstieß, gebrochen. Katharina von Medici versuchte noch, sie dazu zu bewegen, in den Schoß der katholischen Kirche zurückzukehren, doch sie hatte keinen Erfolg bei der kühnen und großmütigen Renata. Ich habe alle Achtung vor ihr, sie war eine Rebellin in einer Zeit, als es tödlich sein konnte, mit dem Protestantismus zu sympathisieren. Sicherlich hätte sie sich auch für die Landler, über die ich bereits vor vier Tagen einiges erzählt habe, eingesetzt und sich dabei den Unwillen Maria Theresias, einer feurigen Gegnerin der Protestanten, zugezogen. Ich werde auf das Wohlsein der Rebellin Renata heute abend in Bologna noch einen Wein trinken.

Ich verlasse das mächtige, Ferrara märchenhaft überragende Castell und suche die Straße nach Bologna. Noch einmal lasse ich die prachtvollen Renaissance- und Barockbauten auf mich einwirken. Bei einem Andenkenstand erwerbe ich ein paar Ansichtskarten. Ich frage einen Mann nach dem Weg aus der Stadt. Die Antwort ist eher unfreundlich, der Zeitgenosse hält mich für einen Vagabunden. Ich finde die alte Landstraße, sie verläuft parallel zur Autobahn. Es ist für mich, den Radfahrer, immer günstig, wenn eine Autobahn in der Nähe der Straße ist, die ich gerade benütze. So fahren wohl die meisten Autos auf der Autobahn und nur wenige auf der alten Straße.

Die Gegend ist bret: ereben, ich komme schnell vorwärts.

Die fünfzig Kilometer nach Bologna schaffe ich in etwas über zwei Stunden. Bald bin ich in Bologna, der alten Stadt mit einer der ältesten Universitäten der Welt überhaupt. Ich fahre gemütlich in die Stadt ein, einige große Hotels lasse ich hinter mir. Ich will mir in der Stadtmitte ein Zimmer nehmen, um so einen direkten Kontakt zu dieser alten Welt Bolognas zu bekommen. Es ist eine reinliche Stadt, Wohlstand spricht aus ihr.

Ich nähere mich dem Kern dieser prächtigen Stadt mit ihren alten rotbraunen Häusern. Ich sehe eine Stadt der Türme und Arkaden, ich bin in der Hauptstadt der Region Emilia Romagna. Gelesen habe ich in einem klugen Buch, daß die Attraktionen der Stadt sich im Zentrum befinden und angenehm zu erkunden sind. Irgendwie spüre ich den Grundriß der alten Römerstadt, denn wie ein Kreuz schneiden sich die beiden Hauptachsen, die eine gebildet durch die Via Ugo Bassi und die Via Rizzoli und die andere durch die Via D'Azeglio und die Via Indipendenza. Im Schnittpunkt dieser Achsen stand einmal das römische Forum, das damals den Mittelpunkt der römischen Stadt bildete. Heute ist es die Piazza Maggiore, ein prächtiger Platz, über den ich im Schritt radle, um ihn spüren zu können. Jedoch bald steige ich ab, denn hier ist Fußgängerzone, und manchmal ist sie höchst sinnvoll, auch für Radfahrer. Hier pulsiert nach wie vor das Herz Bolognas. Der lebenspendende Brunnen des Neptun, des Gottes des unendlichen Wassers, des Meeres, steht inmitten prachtvoller Bauten aus dem Mittelalter. Diese umrahmen den Platz und begeistern mich. Auf der westlichen Seite erstreckt sich der Palazzo Communale, so heißt hier das Rathaus. Ein wuchtiger Uhrturm ziert es, und über dem Eingangsportal ist eine Bronzestatue zu erkennen. Ich schaue mir diese näher an, es zahlt sich aus, dies zu tun, denn die Statue zeigt den Papst Gregor XIII. Dieser Papst ist hier in Bologna 1502 geboren worden, darauf sind die Menschen der Stadt, durch deren Zentrum ich gerade mein Fahrrad schiebe, stolz. Seine weltgeschichtliche Bedeutsamkeit liegt darin, daß er den neuen, den Gregorianischen Kalender eingeführt hat. Allerdings war er ein harter Bekämpfer der Hugenotten, jener Protestanten, die 1572 in Frankreich in der Nacht zum 24. August, in der berüchtigten Bartholomäusnacht, hingeschlachtet wurden. Angeordnet hatte dies Katharina von Medici, die Mutter des französischen Königs. Dieser wilden Frau, die die Unterstützung des Papstes Gregor hatte, bin ich bereits in Ferrara begegnet, sie war die Gegenspielerin der mir höchst sympathischen Rebellin Renata.

Also auch hier muß ich an Zeiten der Religionskämpfe denken. Seit Kärnten, als ich über die Landler nachdachte, bewegen mich regelmäßig Erinnerungen an Spezialisten, die Menschen anderer Religionszugehörigkeit verdammen und verfolgen. Seitlich vom Rathaus erhebt sich die Basilika San Petronio. Sie hätte größer werden sollen als der

Petersdom. Aber aus dieser Idee wurde dann doch nichts, wie ich feststellen kann. Einiges erscheint noch unvollendet an dieser Basilika.

Ich schiebe mein Rad unter den Arkaden, in einer Seitengasse nicht
weit vom Hauptplatz entdecke ich ein kleines Hotel. Ich frage dort
nach einem Zimmer. Man hat eines, allzu viele Fremde dürften sich
nicht hier in Bologna aufhalten. Für den Touristen, der sich erholen
und nicht bloß eine alte Kultur auf sich einwirken lassen will, bietet Bologna wenig, denn hier findet er keine Sandstrände mit blauem Meer.
Für mich ist dies angenehm. Bologna hat sich einen Charme erhalten,
der auf mich, den vagabundierenden Radfahrer wirkt. Im Hotel weist
man mir ein geräumiges Zimmer mit weißem Mobiliar im ersten Stock
zu. Der freundliche Portier, der mir als Radfahrer, im Gegensatz zu seinen Kollegen in anderen Städten, mit besonderer Hochachtung begegnet, gibt mir einen Plan und zeigt mir auf diesem, wie die alte Universität, die ich unbedingt sehen will, leichten Fußes zu erreichen ist. Sie
liegt in der Nähe, das macht mir Freude. Das Fahrrad wird von dem
noblen Portier, der es fast liebevoll mit drei Fingern, so als ob er es
bestmöglich schonen wolle, anfaßt, in einen Nebenraum hinter der
Küche eingestellt. Dort sei es sicher, ich könne mich beruhigt den
Freuden des späten Nachmittages und des Abends hingeben. Ich
werde dies auch tun, meine ich. Nach einem Duschritual, bei dem ich
das warme Wasser lange über mich rinnen lasse, werfe ich mich in
meine Ausgehkleidung, nehme mein Geld, meine Papiere und mein
Notizheft und beginne mit meiner Wanderung durch einen Teil Bolognas. Einiges habe ich schon gesehen. Jetzt gilt es, sich der Universität
zu nähern.

Hier in Bologna lebt Geschichte. Und die Geschichte dieser Stadt
geht weit zurück. Gegründet wurde sie von den Etruskern, die sie „Felsina" nannten. Dann kamen die Heere der Gallier, also die der Kelten,
sie nannten diese Stadt am Nordrand des Apeninns „Bonina", aus dem
sich schließlich Bologna entwickelte. Mich faszinieren hier die im gesamten Straßennetz konstruierten Arkaden zur Überdachung der
Bürgersteige. Die auf einer Gesamtlänge von 40 km gebauten Bogen-
reihen ermöglichen einen Stadtrundgang von einem historischen

Prunkgebäude zum anderen bei jedem beliebigen Wetter, ohne daß ständig die Schirme geöffnet werden müssen. In diesen Arkaden spaziere ich jetzt und suche den Weg zur Universität. Auf diesem Weg dorthin stoße ich auf zwei hohe Türme, die auch Namen haben. Der eine heißt „Asinelli" und der andere „Garisenda", sie wurden um 1100 erbaut. Auch sie gelten als Symbole Bolognas, in dessen Geschichte, wie ich weiß, Türme stets einen wichtigen Platz einnahmen. Früher soll es sehr viele von ihnen gegeben haben, jedoch Kriege und andere Einbrüche haben sie bis auf die beiden Helden aus Stein, auf dessen Spitzen ich von unten ehrfürchtig aufschaue, dezimiert.

Es ist Zeit, daß ich mich der Universität widme. Erst dann will ich Pizza und Wein genießen. Auf diese freue ich mich. Meinen ärgsten Durst und Hunger habe ich mit Wasser und ein paar Brocken Brot gestillt.

Bald stehe ich hier in Bologna vor der ältesten Universität zumindest Mitteleuropas, manche meinen sogar, sie wäre die älteste der Welt.

Es ist an der Zeit, etwas über die Geschichte der Universität zu erzählen. Ich habe dies bereits in Padua, als ich vor der dortigen Universität stand, angekündigt. Es ist interessant, daß die ersten europäischen Universitäten, wie eben die von Bologna und auch die von Paris, in ihren Ideen auf die arabischen Universitäten zurückgehen. Es waren arabische Gelehrte, die die Schriften des Aristoteles nach Europa gebracht hatten. Geprägt war die klassische islamische wissenschaftliche Kultur durch Toleranz und Gelehrsamkeit. Die frühen, auf arabischer Gelehrsamkeit aufbauenden Universitäten genossen großes Ansehen.

Um zu ihnen zu gelangen, mußten die Studenten weite Märsche auf sich nehmen. Wer sich bilden wollte, der war gezwungen, seine Heimat zu verlassen. Dies taten zunächst die arabischen Studenten, dann die Studenten von Padua, Paris und Bologna und schließlich die von Prag, Wien und den anderen deutschen Universitäten.

Diese herumziehenden Studenten hatten allerdings keinen besonders guten Ruf, wie ich noch zeigen werde.

Offiziell wurde die Universität von Bologna 1087 gegründet, also ungefähr 280 Jahre vor der Universität zu Wien, die immerhin 1365 eingerichtet wurde und somit die älteste im heutigen deutschsprachigen Raum ist. Älter als Wien nördlich der Alpen ist nur die berühmte Prager Universität von 1348.

Ich sehe die alten Magistri und Discipuli, die Lehrer und Schüler, vor mir. Ein höchst bunter Haufen waren diese Leute, die stolz von sich meinten, an der Brust der Weisheit gelegen zu sein. Aus diesem Grund sahen sie sich über allen anderen Menschen, Bürgern und Bauern, stehend. Sie führten sich auch so auf. Da es damals nur wenige Studenten an den Universitäten gab, höchstens 500 oder 600 an einer Universität, hatten sie keine große Schwierigkeiten, ihre Einmaligkeit hervorzukehren.

Die Universität zu Bologna wurde von verschiedenen Fürsten und ihren Familien geleitet, bis sie im 16. Jahrhundert unter Kontrolle des Vatikans geriet. Dennoch gelang es ihr, eine gewisse Selbständigkeit zu bewahren, da sie weiterhin ihre Körperschaften beibehielt und sogar einen eigenen Botschafter beim Heiligen Vater bestellt hatte.

Bei dieser über neunhundert Jahre alten Universität, deren Gebäude aus dem 14. Jahrhundert und aus der Zeit der Renaissance stammen, stehe ich und sehe die Franziskaner und Dominikaner vor mir, deren Einfluß auf die Universität groß war. Aber ich spüre auch die große Bibliothek, ohne die das Leben der Lehrenden und Schüler nicht vorstellbar ist. Gegen die heutige Massenuniversität war das damalige Studium eine sehr private Angelegenheit, die aber den großen Nachteil hatte, daß die Studenten sich der Kontrolle ihrer Magistri und Doctores nicht so ohne weiteres entziehen konnten. Sie durften es sich damals auch kaum erlauben, einer Vorlesung unentschuldigt fernzubleiben. Wie eine Vorlesung damals ausgesehen hat, darüber geben uns alte Bilder Auskunft. Eines dieser Bilder aus dem 15. Jahrhundert aus der sogenannten Bible Historiale zeigt den Lehrenden, also den Magister, auf einem erhobenen Stuhl, dem Lehrstuhl, der er damals im wahrsten Sinne des Wortes auch war. Er ist gerade dabei, aus einem Buch etwas vorzulesen, zu seinen Füßen sitzt eine Handvoll Studenten, von denen sich ein paar langweilen dürften.

Die Sprache an der Universität war Latein, die Sprache der Gelehrten, der Beamten und anderer nobler Herren. Es war die Lingua franca des Mittelalters, die an den Universitäten von Lissabon und Salamanca genauso gesprochen wurde wie in Bologna, Wien und Krakau. In Ungarn wurden noch im vergangenen Jahrhundert Promotionen auf lateinisch abgehalten, und an der Universität Wien hatte bis vor einigen Jahrzehnten der Student noch das Recht, seine Dissertation in lateinischer Sprache abzufassen.

Noch etwas war typisch für die Universität des Mittelalters: Die Lehrveranstaltungen waren echte Vorlesungen, denn bis zur Erfindung des Buchdrucks und lange danach lasen die Lehrenden, die Magistri, den Studenten vor, was sie zu lernen hatten. Bücher hatten die Studenten noch keine, oder ihnen fehlte das Geld, solche zu erwerben. Sie mußten sich also etwas vorlesen lassen. Heute haben es die Damen und Herren Studenten im Vergleich zu früher um vieles besser, eine Unmenge von Büchern steht ihnen zur Verfügung. Den Professoren damals war es sogar bei Strafe verboten, schneller zu sprechen, als die Studenten mitschreiben konnten.

Gelehrt wurden die Artes liberales, die Freien Künste, sie waren im späten Altertum die eines freien Mannes würdigen Kenntnisse, im Unterschied zu den handwerklichen Erwerbskünsten; sie sind die Vorstufen der Philosophie. Es gab sieben solcher freien Künste, sie teilten sich in drei und in vier Fächer: Die drei waren: die Grammatik, diese bezog sich auf Latein, die Dialektik, das ist die Logik, und die Rhetorik, bestand in der Kunst der Rede und des Briefschreibens. Ein solches Grundstudium an der Artistenfakultät wurde mit dem Titel Baccalaureus abgeschlossen. Und der so Geehrte war der Baccalaureatus. In diesem Wort steckt der „laureus", das ist der Lorbeer. Der englische „bachelor" leitet sich davon ab, genauso wie der französische „bachelier".

Das Studium der übrigen vier Künste – die Arithmetik, die Geometrie, die Astronomie, zu der auch die Astrologie gehörte, und die Musik – brachte schließlich den Titel des „Magister artium (liberalium)". Der Master of Arts oder der Master of Science in den englischsprachigen Ländern entspricht diesem Magister. Allerdings mit dem Magister des Mittelalters war auch die Lehrberechtigung an der Artistenfakultät verbunden. Heute ist dies freilich anders.

Damals, auch in Bologna wird es so gewesen sein, verließ etwa ein Viertel bis ein Drittel aller Immatrikulierten die Universität als Baccalaureus, kaum 20 Prozent als Magistri. Die übrigen 50 Prozent verließen ohne Abschluß die Universität, sie blieben gewöhnliche Scholares, die zum Teil wandernd durch die Lande zogen und einen nicht immer guten Ruf genossen.

Neben der erwähnten Artistenfakultät gab es noch drei Fakultäten: die Theologie, die Jurisprudenz und die Medizin. Diese Studien wurden mit dem Doktorat oder dem Lizentiat abgeschlossen.

Der Titel Doktor war gleichbedeutend mit dem heute für den Lehrenden üblichen Titel Professor. Den gab es zwar schon im 13. Jahrhundert in Neapel, aber üblich wurde er erst im 16. Jahrhundert.

In der mittelalterlichen Universität hieß der lehrende Wissenschaftler „Doctor". Dieser stolze Titel war gleichwertig dem Adelsprädikat. Der Magistertitel verlor schließlich an Attraktivität. Und im 19. Jahrhundert verliehen die Universitäten im deutschen Kulturraum nur noch den Doktortitel. Erst in den letzten Jahrzehnten wurde der Magistertitel wiederentdeckt. Ähnlich ergeht es dem Titel des Baccalaureus, er soll den Studienabbruch nach dem Grundstudium versüßen.

Die obengenannte Fächereinteilung war aber nicht immer so exakt. So hatten die meisten italienischen Universitäten überhaupt keine theologischen Fakultäten, in Bologna gibt es erst seit 1360 eine solche. Mit der Medizin war es ähnlich. In Bologna war sie zunächst mit den Artisten zusammengefaßt.

Interessant ist, daß damals bereits die Dauer der Lehrstunde, wie sie heute üblich ist, 45 Minuten betrug, etwas, das höchst angenehm für Lehrende und Studenten ist.

Diese 45 Minuten ergaben sich aus dem Dreistundenrhythmus der klösterlichen Tageseinteilung: durch Halbierung oder Viertelung der Einheiten von 180 Minuten.

Um sechs Uhr früh gingen damals die Vorlesungen an. Von 12 Uhr bis 15 Uhr genoß man die Mittagspause, dann am Nachmittag waren die „repetitiones", die Wiederholungen des Vorlesungsstoffes, und die „disputationes", die Streitgespräche, angesetzt.

Nach dem Abendessen konnten noch „lectiones" abgehalten werden, meist in den Wohnräumen der Magister und Scholaren. Man
nannte dieses Zusammentreffen der der Universität zugehörigen Personen das „Kollegium", aus dem sich schließlich unser Ausdruck „Kollege" ableitet.

Als die Universitäten noch keine eigenen Gebäude hatten, fanden
die Vorlesungen und Übungen in kleinen Räumen statt, aber oft auch
in Wirtshäusern, Kirchen oder Klöstern, gelegentlich in den Bursen,
den Wohnhäusern der Studenten. Ebenso gab es Vorlesungen unter
freiem Himmel in Höfen oder auf den Gassen und Plätzen. Die Scholaren mußten dabei in der Regel vor dem Magister auf dem Boden
sitzen, was sie offensichtlich zur Demut gegenüber der Weisheit der
Wissenschaft und des Lehrers anregen sollte. In Bologna wurden im 12.
Jahrhundert Disputationen auf der Piazza San Stefano gehalten. Die
Studenten saßen dabei, so kann man annehmen, im Freien, vor den
Augen der Vorbeispazierenden, und erfreuten sich an der Buntheit des
Platzes. Zur damaligen Zeit fanden die Herren Lehrenden nichts dabei, sogar in den Wirtshäusern ihre Schützlinge zu lehren. Heute ist
dies weniger selbstverständlich. Als ich vor einigen Jahren an der Universität Eichstätt eine Gastprofessur hatte, wollte ich einmal mit Studenten in einem gemütlichen Gasthaus eine Lehrveranstaltung durch-
führen. Dies wurde mir allerdings vom Dekan verboten.

Er äußerte sich eher abfällig über meine Art des Lehrens. Vielleicht
hätte ich ihm damals auf die mittelalterlichen Magistri in Bologna aufmerksam machen sollen.

Der Kontakt zwischen Magister und Schüler war ein sehr persönli-
cher, daher waren die Prüfungen selbstverständlich mündlich, auch die
Promotion zum Doktor. Die Kandidaten zahlten für die Prüfungen und
überreichten daneben noch beträchtliche Geschenke, wie Handschuhe,
Barette und Bücher. Es gab für die fertigen Doktoren sogar regelrechte
Umzüge durch den Universitätsort, an denen die kirchlichen und
städtischen Würdenträger teilnahmen. Und schlußendlich wurde ein
Doktorschmaus abgehalten, dieser war ein richtiges Gelage, das sich
mehrere Tage hinziehen konnte. Eine Graduierung war also an der

mittelaterlichen Universität eine teure Angelegenheit, vor allem in den oberen Semestern. Zahlreiche Scholaren konnten daher auch aus diesem Grund keinen höheren Grad erwerben.

Das Leben an der alten Universität, wie der von Bologna, muß heiter gewesen sein und nicht immer voll des Ernstes, bedenkt man, daß die Studenten insgesamt sehr jung waren. Auch die Lehrer waren junge Burschen. Bereits mit 21 Jahren konnte man als Magister zur Lehre berufen sein.

Wesentlich war, daß an der Universität die soziale Herkunft keine Rolle spielte, es gab keine Vorrechte der Geburt. Und außerdem konnte jeder, auch ein Student, zum Rektor oder Dekan gewählt werden.

Eine ähnliche Ablehnung irgendwelcher Vorrechte fanden sich auch in den neuen religiösen Orden seit dem 13. Jahrhundert, den Bettelorden, wie den Franziskanern und den Dominikanern, in die von Anfang an Adelige, Kaufmanns-, Handwerker- und Bauernsöhne ohne Unterschied eintraten.

Die meisten Studenten waren bürgerlicher oder bäuerlicher Herkunft und eher selten aus dem Adel.

Die Universität bot sozialen Aufstieg, darauf bezieht sich Papst Pius II. im Stiftungsbrief für die Baseler Universität von 1459. In diesem heißt es, daß das Studium der Wissenschaften den niedrig Geborenen emporzubringen und zu adeln vermöge. So war Nikolaus von Kues der Sohn eines Moselschiffers und -fischers aus Bernkastel: Er studierte in Heidelberg die Rechte, in Köln Theologie, nahm als Sekretär eines Kardinals am Baseler Konzil teil, brachte es selbst bis zum Kardinal und Bischof von Brixen, damit zum Reichsfürsten.

Die Universität war also höchst interessant für den jungen Burschen aus bäuerlichem oder bürgerlichem Stand. Er hatte größte Chancen, hohes Ansehen als Rechtsgelehrter oder Theologe zu erwerben.

Finanziert wurde die mittelalterliche Universität durch Einschreibegebühren der Studenten, durch deren Lehr- und Prüfungsgelder sowie durch diverse Stiftungen und Schenkungen. Die Magistri, wenn sie selbst kein Vermögen oder Pfründe hatten, waren auf die Zahlungen der Studenten angewiesen. Damals klagte zum Beispiel der Magister Odofredo, ein angesehener Rechtsgelehrter in Bologna in der Mitte des 13. Jahrhunderts, die Scholaren seien schlechte Zahler, sie wollten zwar alle lernen, aber niemand wolle zahlen. Heute scheint es noch ärger zu sein, denn die Studenten wollen gar nichts zahlen.

Da die Universität hohe Attraktivität besaß, zahlten die Studenten in früheren Zeiten ohne Gemurre ihre Gebühren. Allerdings gab es für mittellose Studenten Stipendien für Wohnung und Verpflegung. Sogar Kredite gab es für Scholaren. In Bologna hatten vier ausgewählte Kaufleute oder Bankiers die Lizenz, Sonderkredite für Scholaren zu vergeben.

Die Studenten damals waren, wie später auch, ständig ohne Geld und hatten nicht immer Lust, sich dem Lernen hinzugeben. Und viele von ihnen zogen von einer Universität zur anderen, schrieben Gedichte, ließen sich gerne einladen, waren weitherzig und priesen die freie Liebe.

Die Artisten waren wegen ihrer Armut allgemein nicht sehr geschätzt: weil sie weniger als Ärzte und Advokaten verdienten. Die Philosophen wurden mitunter für schäbige Professoren gehalten. Und ihre Schüler galten als die undiszipliniertesten von allen. Man sah in ihnen ein Volk von Schreiern mit wenig Geld, das die Wirtshäuser bevölkert und an den Straßenkreuzungen mit Würfeln spiele.

Den Absolventen der Artistenfakultät, deren Künste als brotlos gesehen wurden, standen die Juristen und die Mediziner gegenüber. Sie waren höher angesehen, da ihre Einkünfte oft beträchtlich waren. Auf diesem Gebiet hat sich bis heute nicht viel geändert. Auch heute genießen arbeitslose Soziologen, Völkerkundler und anderes Volk im allgemeinen keinen besonderen Ruf .

Ein großes Problem war für die damaligen Studenten, auch darin hat sich nicht viel geändert, das Wohnen in der Universitätsstadt, das war nicht immer billig. Die Universitäten gingen zwar gegen den Mietwucher vor, aber viel dürfte dies nicht geholfen haben. Es kam in Bologna sogar zu Schlägereien zwischen Scholaren, um zu Wohnungen zu kommen.

Als 1176 ein päpstlicher Legat nach Bologna kam, wurde er mit solchen Problemen konfrontiert. Damals boten die Reichen unter den Studenten den Hauswirten höhere Preise, die armen Scholaren wurden dadurch oft wieder aus ihren Wohnungen verdrängt, und zwar mitten im Studienjahr. Der Legat hatte Einsehen und bedrohte ein derartiges Vorgehen gegen die ärmeren Scholaren sogar mit Exkommunikation.

Aber es gab nicht nur private Quartiere für einzelne Stundenten, sondern auch Gemeinschaftsunterkünfte. Vor allem drei Typen:

Das Hospiz(ium), darunter verstand man eine Herberge, die von Studenten gemeinschaftlich gemietet und verwaltet wurde – sie entspricht etwa der modernen Wohngemeinschaft.

Die Burse, diese war eine Art Internat mit Unterkunft und Verpflegung für 20 bis 30 Studenten. Für diese mußten die Studenten einen wöchentlichen Beitrag zahlen. Das Wort Burse leitet sich daher von diesem zu bringenden Geld ab, denn in Burse steckt das griechische Wort „byrsa", was soviel heißt wie Geld oder Geldtasche. Es ist bemerkenswert, daß der deutsche Ausdruck „Bursch" von der Burse stammt – der Bursch ist also jemand, der in einer Burse wohnt.

Das Leben in der Burse war für die Studenten nicht immer leicht, denn strenge Hausregeln schränkten ihre Lebenslust empfindlich ein.

Das dritte Studentenquartier war das Kollegium. Dieses war ein klosterähnliches Internat, meist eine Stiftung für Scholaren gleicher Landsmannschaft.

Die Regeln waren in all diesen Unterkünften streng. Waffentragen, Lärmen und das Mitbringen weiblicher Personen war in den Bursen und Kollegien durch die Satzungen verboten. In den Kollegien war es besonders den Magistern untersagt, bei Tage oder Nacht zu lärmen und zu singen, mit den Scholaren Gelage zu halten, nach Torschluß ein- und aus zu gehen und mit dem weiblichen Küchenpersonal unziemlichen Verkehr zu pflegen, Karten und Würfel zu spielen, mit einem Stein oder Becher nach den Scholaren zu werfen und ähnliches.

Hier in Bologna, wo ich meine Gedanken in ferne Zeiten schweifen lasse, wird mir der Name „Universität" im alten Sinn so richtig bewußt. Ursprünglich wurde damit die „universitas magistrorum et scholarium"

oder „studentium" – also die Gemeinschaft der Lehrer und Schüler –
der Professoren und Studenten bezeichnet.

Wichtig für die alte Universität, genauso wie für die neue, ist die
Selbstverwaltung.

Einige Ausdrücke aus dieser leben heute noch. So hieß der Univer-
sitäts-Hausmeister Bedellus oder Bidellus. Er hatte die Polizeigewalt
inne, stellte Urkunden aus, kümmerte sich um Bücher und tat sonst
noch allerhand. Aus dem Bedellus entwickelte sich unser heutiger „Pe-
dell", der ebenso Amtsfunktionen an der Universität hat. Es gab damals
schon die „Facultas", das „Examen", die „Matricula", das „Diploma",
den „Magister", den „Doktor" und andere schöne Bezeichnungen, die
auch im heutigen Sprachgebrauch an der Universität von Bedeutung
sind.

Über allen an der Universität Wirkenden stand der Rektor, eine Art
Bürgermeister. Sein Rang war ein fürstlicher. Heute noch spricht man
ihn mit „Magnifizenz" an.

Bei der Wahl des Rektors, der auch ein Scholar sein konnte, spielte die
nationale Herkunft keine Rolle: Marsilius von Padua wurde zum Beispiel
Rektor der Pariser Universität. Und in Bologna mußte sogar, spätestens
seit 1265, alle fünf Jahre ein Mitglied der deutschen Nation Rektor werden. Auch die Magister waren verschiedenster Herkunft: In Paris lehr-
ten gleicherweise Italiener, Engländer, Deutsche wie Franzosen.

Dem Rektor zur Seite stand als Rechtsberater der Notarius. Neben
diesem gab es die Petiarii, die, so war es in Bologna, die Aufgabe hatten, die Korrektheit der abgeschriebenen Textkopien zu überprüfen.

Die bunte Welt der Universität, wie sie heute noch lebt, hat hier in
Bologna ihren Ursprung, das imponiert mir. Ähnlich wie in Padua sind
auch im Hof des alten Universitätsgebäudes von Bolgna, im Palazzo
dell'Archiginnasio mit den charakteristischen Laubengängen, Tausende
Wappen von Studenten, Magistri und Rektoren zu sehen. Sehenswert
ist der Anatomiesaal im ersten Stock, der vollständig mit Holz verkleidet ist. Der Palazzo beinhaltet heute die wichtigste italienische Bibliothek mit über 700.000 Bänden. Die einstige Aula der Künstler ist heute
Lesesaal.

Die Universitäten Bologna und Paris waren die ersten Modelle dieser Zusammenschlüsse von Lehrern und Studenten, sie waren Vorbilder für alle weiteren Universitäten der Welt.

Ich bin mir dessen bewußt, daher habe ich mir etwas über Gebühr Zeit gelassen mit der Welt der alten Universität, die ihren Zauber an die neuen Universitäten weitergegeben hat. Ich denke, während ich in Bologna flaniere, an die früheren vagabundierenden Scholaren, die viele Länder kennengelernt haben und deren Ruf oft sehr schlecht war. Darauf deuten die berühmte „Carmina Burana" hin. Diese „Carmina Burana" sind eine Liedersammlung aus dem 12. und 13. Jahrhundert. Aufgefunden wurden sie 1803 im bayerischen Kloster Benediktbeuren, nach dem sie auch benannt sind. Die Lieder dieser einmaligen „Carmina Burana" stammen vor allem von fahrenden Studenten und arbeitslosen Magistri, die wunderschöne Lieder hinterlassen haben.

Von den wirklich fleißigen Studenten und ihrem Leben wissen wir nur wenig, jedoch von den bummelnden und ein heiter-wüstes Leben führenden herumziehenden Studenten ist uns einiges bekannt, denn sie haben Dichter hervorgebracht, die in bunten Liedern ihr buntes Leben beschrieben haben. Zu diesen Vaganten gehört übrigens auch François Villon, Magister der Sorbonne, der durch seine Zuhälter- und Ganovenlieder weltberühmt wurde. Die meisten Lieder der Vaganten sind dem 12. und 13. Jahrhundert zuzuordnen, sie entstammen einer Zeit, in der Bildung und Wissenschaft keine Grenzen kannten. Es gab keine nationalen Grenzen, eine Weltkultur bahnte sich an. In Bologna studierte man die Rechte, in Salerno Medizin und in Paris die Theologie.

Und das deutsche Kaisertum unter Friedrich I. Barbarossa (1152–1190) zeigte erneut Macht und einen noch nie dagewesenen Glanz. Sein Sohn Heinrich VI. (gest. 1197) trug die Königskronen von Deutschland, Italien, Burgund und die des Normannenreiches in Unteritalien und Sizilien. Armenien und Zypern leisteten ihm den Lehenseid. Der Kaiser von Byzanz, der Kalif von Cordoba, die arabischen Fürsten von Tunis und Tripolis waren bereit, ihm Tribut zu zahlen. Und ein Kreuzzug sollte ihm die Herrschaft über das Heilige Land sichern.

Die abendländische Kultur besaß einen unglaublichen Schatz, der

den Magistri und Scholaren ein weites Feld des Geistes eröffnete: nämlich eine Sprache, die überall in Gebrauch war. Es war dies das Latein,
genauer das Mittellatein. Die meisten Lieder der Vaganten sind in diesem Latein verfaßt, zu einem Teil allerdings vermischt mit Mittelhoch-
deutsch. Sie künden von dem weiten Geist, der damals die Universitäten bestimmte. Zwei Strophen aus der „Carmina Burana" seien zitiert,
sie verweisen auf das wilde Leben der damaligen vagabundierenden
Studenten. Die eine bezieht sich auf das Trinken:

Bachus lenis, leniens	(Bachus macht die Sorgen lind,
curas et dolore	lindert auch die Schmerzen
confert iocum, gaudia	führt zu Lachen, Fröhlichkeit
risus et amores …	und zum Lieben, Scherzen …)

Oder:

De vagorum ordine …	(Der Vaganten Ordensrecht …
quorum vita nobilis	wie der Adel leben sie …)

Und in einem Liebeslied wird kühn dies gesungen – es bedarf wohl keiner Übersetzung:

Er warf mir uf das hemdelin
corpore detecta
er rannte mir in das purgelin
corpore erecta …

Ich wandere von der Universität zurück. Es herrscht reges Leben auf
den Plätzen, so auf der Piazza Maggiore. Die Szenerie auf dem großen
Platz, der von beeindruckenden Arkadenpalästen umgeben ist, zieht
jeden Besucher in den Bann. Mit einer Länge von 115 Metern und
einer Breite von 60 Metern gehört er zu den größten Plätzen in Italien.
Leicht kann man sich vorstellen, wie hier einst Ritterturniere und
Volksfeste veranstaltet wurden.

Ich marschiere zu einer Pizzeria, einige Tische stehen im Freien, sie sind voll besetzt. Dennoch kann ich einen kleinen Tisch für mich erobern. Ich beobachte die Besucher, unter ihnen sind einige Deutsche, die mit Genuß Tortellini, die hier in Bologna besonders gut schmecken sollen, mit Genuß verzehren. Sie sprechen über den Reiz Bolognas und machen ein paar Scherze auf italienisch mit einem Herrn Kellner.

Ein anderer Kellner preist die Lasagne an, eine wahre Königin unter den Speisen.

Ich bestelle für mich bei einem freundlich lächelnden und leicht sich wiegenden Kellner eine vegetarische Pizza und guten roten Wein. Ich muß nicht lange warten, und ein Prachtstück von Pizza wird an meinen Tisch balanciert. Ein junges Paar bittet mich, an meinem Tisch Platz nehmen zu dürfen. Ich gestatte es großzügig und rücke mein Notizheft, das den beiden im Weg sein könnte, zur Seite. Während ich esse, überdenke ich die alte universitäre Tradition der Stadt mit ihren heiter trinkenden Studenten und mit ihren Magistri, die sich an Geschenken ihrer Zöglinge erfreuten. Wahrscheinlich waren sie sogar bestechlich.

Die Pizza schmeckt hervorragend. In Bologna weiß man gut zu essen. Mir fällt ein, daß eine berühmte Sauce, die man den Spaghetti beimengt, „Bolognese-Sauce" nennt.

Ich trinke dem jungen Paar, das auch einen Rotwein serviert bekam, zu. Die beiden heben ihr Glas und lächeln. Ich erzähle, daß ich mit dem Fahrrad unterwegs bin und mir Bologna gefällt. Die beiden, die aus Bologna stammen, wie ich merke, nicken, aber ihr Augenausdruck ist etwas ungläubig. Ich zahle dann, und mit einem freundlichen Gruß, einem „Arrivederci", gehe ich. Mein Hotel liegt in der Nähe, ich bin gleich dort. Der Portier übergibt mir mit einer Verneigung den Zimmerschlüssel. Dann bin ich alleine in meinem geräumigen Zimmer. Ich lese noch etwas und trinke dazu eine kleine Flasche roten Wein von den Hügeln um Bologna. Ich erhebe mein Glas zur Erinnerung an die alten Pilger, die wunderbare Tricks des Überlebens beherrschten, an die Rebellin von Ferrara, die wilden Studenten von Bologna und ihre Magistri.

7. ÜBER DEN APENNIN —
DIE KOBERIN AM PASS UND EIN
WIRT ALS KUMPAN

Der Schlaf war tief. Ich wache in meinem noblen Zimmer in dem Hotel in der Nähe der Universität auf. Es ist schon gegen 8 Uhr vormittags, es kommt nur wenig Licht durch das Fenster, da dieses vom ersten Stock auf eine enge mittelalterliche Gasse hinaussieht. Bei den Häusern dominiert das satte Rot der Ziegelsteine, das die Strahlen der Sonne nicht von sich wirft, sondern in sich aufnimmt. Es ist ein angenehmes Licht, das sich im Zimmer ausbreitet. Ich packe meine Sachen, werfe mich in mein Radgewand und marschiere zum Frühstück im Parterre gleich hinter der Rezeption. Nur wenige Leute sitzen an den hellen Tischen, zwischen denen sich ein langes weißes Klavier dehnt. Ich nehme mir, wie fast jeden Tag, etwas vom Müsli, das am Buffet mit anderen Nahrungsmitteln aufgereiht ist. Dazu ein Tee, in den ein Löffel Milch und einer mit Honig kommt, und noch eine Semmel mit italienischem Käse, der etwas nach den Ziegen des Apennin, wie ich sie mir vorstelle, riecht.

Ich zahle beim freundlichen Herrn Portier, der mein Fahrrad bereits geholt und an den Portiertisch gelehnt hat. Ich binde meine Satteltaschen auf mein edles Stahlroß und verabschiede mich vom Portier mit Handschlag. Aber bevor ich gehe, frage ich ihn noch: „Über den Apennin will ich heute, welche der beiden Routen, die von Bologna über die Berge führen, soll ich nehmen, welche würden Sie mir empfehlen?" Der Herr an der Rezeption fühlt sich ob meiner Frage geehrt und ist froh, mir, dem Radfahrer, etwas erklären zu dürfen: „Als Mann mit einer Bicicletta sollten Sie die flache Strecke wählen, die über Castiglione nach Prato, außerdem ist die Landstraße angenehm zu fahren, denn es gibt auch eine Autobahn dort, und die meisten Autos fahren auf dieser." Ich nicke andächtig, er fährt fort: „Die andere Straße über den Apennin führt über zwei Pässe, beide sind über 900 Meter Seehöhe. Von der rate ich eher ab, da Sie mit dem Fahrrad unterwegs sind, obwohl die Landschaft sehr schön ist." Ich schaue auf die Straßenkarte. Mich reizt der schwierigere, aber schönere Weg, der über den Passo della Raticosa führt, der immerhin auf 963 Meter ansteigt. Und das heißt etwas, denn Bologna liegt ein paar Meter über dem Meeresniveau. Also beinahe 1000 Meter Seehöhe sind zu überwinden. Wenn in Oberösterreich ein Paß bei 1000 Metern liegt, wie zum Beispiel der Pyhrnpaß, so ist dieser im Vergleich zum Passo della Raticosa ein eher niedriger Paß, denn er beginnt erst bei ungefähr 650 Metern Seehöhe sich nach oben zu schrauben. Mich reizt der Passo della Raticosa, sage dies aber nicht dem Herrn Portier. Ich verabschiede mich dankbar und schiebe das Fahrrad, der Portier öffnet mir die Eingangstüre, hinaus auf die enge Straße. Er ruft mir noch ein fröhliches „Arrivederci" und ein „buon viaggio" nach. Noch einmal marschiere ich, das Fahrrad an der Seite, hin zur Hauptstraße. Noch einmal genieße ich die prachtvollen Arkadengänge Bolognas. Ich besteige mein Fahrrad und folge den Straßenschildern, die nach Firenze zeigen. Es sind schon viele Autos in den Straßen Bolognas unterwegs, es ist gegen neun Uhr. Einige Radfahrer sehe ich, allerdings gibt es hier keine Radwege, so benützen auch sie die normalen Straßen. Mir fällt angenehm auf, daß die Radler hier sich nicht um das Rot der Ampeln kümmern, sie fahren über die Kreuzungen, wann immer sie es für richtig empfinden. Sie sind geschickt dabei. Ich schließe mich ihrer Art des freibeuterischen Fahrens an und bringe so eine Reihe von Kreuzungen ungehindert hinter mich, während die Autofahrer eher diszipliniert zu sein scheinen und auf das Grün der Ampel warten. Ich bemerke auch keine Auseinandersetzung zwischen Radfahrern und Autofahrern. Letztere dürften die kühnen Rechtsbrüche der ersteren akzeptieren. Anders ist dies in Wien. Hier gibt es üble Autofahrer, die sich furchtbar aufregen können, wenn ein Radfahrer bei Rot über die leere Kreuzung fährt, während sie noch auf das Grün warten. Einfügen möchte ich, daß ich nur dann für ein anarchistisches Fahren auf dem Fahrrad bin, wenn ich dadurch selbst kaum gefährdet bin und niemand zu Schaden kommt. Die italienische Polizei dürfte großzügiger als die wienerische sein. Mir ist es schon einige Male in Wien passiert, daß ich, weil ich bei Rot über eine von Autos freie Kreuzung radelte, von Polizeiwägen verfolgt wurde und einiges an Strafe zu zahlen hatte. Ich verstand und verstehe eine solche Bestrafung nicht, da ich ja ohnehin niemanden behindert hatte. Entsprechende Argumente gegenüber Polizisten fruchteten nichts, ich mußte zahlen.

Hier in Bologna dürfte man gescheiter sein und läßt die Radler in Ruhe, auch wenn sie bei Rot die Kreuzung erobern, wie ich es jetzt ebenso tue. Jedenfalls haben die Radler von Bologna meine Sympathie. Ich finde die Straße nach Pianoro entlang der Savena. Ich lasse Bologna hinter mir, eine schöne hügelige Landschaft, die am Horizont allmählich höher wird, öffnet sich mir. Ich befinde mich im Anstieg zu meinen ersten Pässen des Apennins. Dieser durchzieht die ganze Halbinsel, er beginnt in Fortsetzung der Seealpen als Ligurischer Apennin und zieht mit wachsender Breite als Toskanischer oder Etruskischer Apennin nach Südosten zur Adria, er wird dann zum Umbrischen Apennin , und schließlich setzt er sich in den Abruzzen fort. Ich freue mich auf den Apennin, er übt auf mich eine besondere Faszination aus, er wird mich auf meinem Weg nach Assisi eine Zeit begleiten.

Langsam steigt die Straße an. Ich komme durch kleine Nester mit schönen Gärten. In Pianoro teilen sich Straße und Fluß. Jetzt beginnen sanfte Steigungen. Ich durcheile Livergnano, und auf Serpentinen gelange ich nach Loiano, ein freundliches Städtchen. Links der Straße zieht eine Hügelkette. Der Tag ist prachtvoll, am blauen Himmel stehen ein paar dünne Wolken, die gutes Wetter versprechen. Am Horizont dehnen sich grüne Hügel, vor ihnen ebensolche. Grün in allen Farben lebt hier, von einem leicht gelben Grün über ein etwas schrilles Grün bis hin zu einem saftigen dunklen Grün scheinen alle Grünschattierungen sich dem Auge zu unterwerfen. Mein Auge weidet sich an dem Grün, während ich an Landhäusern vorbei, um schattige Kurven und in der Nähe fruchtbarer Gärten radle.

Das Grün breitet Ruhe aus. Und ich spüre diese. Die Sonne ist jetzt am Vormittag bereits kräftig. Ich schiebe auf meinen Kopf mein blaues Radkapperl. Es schützt bestens vor der Hitze und gibt mir das Gefühl eines verwegenen Radfahrers. Stetig geht es bergauf. Einmal halte ich an, ein Garten und eine Wiese, die etwas unterhalb der Bergstraße sich ausbreiten, erregen meine Aufmersamkeit. Bei dem Garten handelt es sich um einen Bauerngarten, wie er bei uns nur mehr selten angelegt wird. Bohnen, Kraut, hochwachsendes Gemüse und andere grüne Schätze helfen der bäuerlichen Familie in ihrem Speiseplan. Auch die Wiese vor dem Hintergrund grüner Bergmatten hat etwas Zauberhaftes an sich. Sogar eine Ziege entdecke ich im Schatten eines der Obstbäume, die die Wiese auflockern. Ich dürfte mich bereits auf siebenhundert Meter Seehöhe befinden. Ich fotografiere das Idyll und bewege mich weiter im Sattel meines Fahrrades. Kleine Dörfer schmiegen sich an die dunklen Wälder, die jetzt zunehmen. Sacht zieht es zum Passo della Raticosa. Ich befinde mich auf einer Art Hochplateau. Ich raste, trinke von dem mitgenommenen Mineralwasser. Ein Bursch und ein Mädchen auf Fahrrädern mühen sich herauf und steigen unweit von mir von ihren bepackten Drahteseln, sogenannten Trekkingbikes. Ich höre an ihrer Sprache, daß sie aus Deutschland kommen. Ich grüße höflich. Die beiden antworten etwas schüchtern. Ich verwickle sie in ein Gespräch. Ich erzähle von meiner Tour. Der Bursch erwähnt, daß er in Deutschland Sozialarbeiter sei, auch seine Freundin sei Sozialarbeiterin. Nun würden sie für zwei Wochen hier in der Nähe Urlaub machen. Mit dem Zug seien sie nach Italien gekommen, die Fahrräder haben sie mitgenommen, und nun wollen sie die Gegend des Apennins radelnd kennenlernen. Ich lobe mir diese Art des Urlaubmachens, weg vom Auto, mit Zug und Fahrrad neue Räume erobern, das ist Leben. Ganz im Stile der echten alten Pilger, die auch aus eigener Kraft über die Berge stiegen und sich an diesen erfreuten. Als Autofahrer bekommt man nicht jene Beziehung zu Wäldern, Wiesen, bunten Landschaften und Dörfern, die der Radfahrer hat. Auch die Luft an einsamen Straßen schmeckt anders vom Fahrrad aus als im stickigen Auto.

Ich wünsche den beiden das Beste, noch schöne Tage, dann radle ich weiter, es geht nun bergab, aber bald, ich durchstreife kleine Bergnester, steigt die Straße wieder an. Es ist warm, der frühe Nachmittag schickt seine Grüße. Im Winter soll es hier kalt sein, auch Schnee liegt hier, manchmal viel, wie ich hörte, auch Schifahren könne man hier auf

800 und 900 Meter Seehöhe. Dem Auge tut das viele Grün des Apennin gut. Die Vegetation ist üppig, aus ihr ragen in den höheren Lagen Edelkastanien, Eichen, aber auch Buchen und Nadelhölzer.

Mein Blick schweift über die grünen Hügel, und der graugrüne Horizont verschwindet im milchigen Blau des Himmels. Wieder steigt die Straße leicht an, wieder nähere ich mich einem Paß, dem Passo della Futa, der zweite Paß heute, er ist etwas niedriger als der Passo della Raticosa, den ich schon überwunden habe.

Ein großes Rasthaus erwartet mich am Passo della Futa. Ich lehne mein Rad gleich bei der Türe an die Wand des gastlichen Hauses, in das ich spaziere und das mich an die alten großen Schutzhütten der Alpen erinnert. Einige Motorradfahrer, Burschen und Mädchen, sind hier. Sie sehen in ihren Lederdressen aus wie kühne Krieger, auch die Damen. Sie sind heiter, trinken etwas an der Theke der Gaststube, sie lachen und freuen sich am schönen Tag. Ich bitte höflich um ein Mineralwasser, das mir eine glutäugige Kellnerin serviert. Das Wasser zischt in mir hinunter. Es war doch ein etwas mühsamer Weg her vom tiefen Bologna. Draußen vor dem Rasthaus bitte ich einen Motorradfahrer, mich zu fotografieren. Ich stelle mich mit dem Fahrrad vor der gelblich verwaschenen Wand des Gasthauses am Paß in Pose. Der Mann lächelt, vielleicht wundert er sich, daß ich hier mit dem Fahrrad unterwegs bin, denn tatsächlich bin ich der einzige Radler hier. Der Übermacht der Motorradfahrer habe ich nichts entgegenzusetzen. Hoffentlich wird das Foto etwas, mit dem ich später einmal beweisen kann, auf dem Passo della Futa gewesen zu sein.

Der eigentümlich kühne Name des Passes erinnert mich an die alten Vaganten und die Wiener Gaunersprache, das Rotwelsch, über das ich bereits geforscht habe. Und zwar bezeichnen Leute in Wien, die mit Prostitution irgendwie zu tun haben, sei es als Zuhälter, Dirne oder Kunde, den Wirt des Hotels, in dem die Damen absteigen, als Koberer und die Wirtin als Koberin. Ich konnte mir nicht erklären, von woher die Wörter Koberer und Koberin stammen. Erst als ich einen Satz las, der an der Außenwand eines Gasthauses – vielleicht war es ein Bordell – im versunkenen Pompeji geschrieben stand, war für mich das Rätsel gelöst. Dieser lateinische Satz lautet „Futui coponam". In feinem Deutsch ausgedrückt heißt dies: „Ich habe die Wirtin verführt", und in einer drastisch ehrlichen Sprache (man verzeihe mir meine Verwegenheit): „Ich habe die Wirtin gevögelt." Und ich bin mir auch sicher, daß durch herumziehende Studenten, die Vaganten, die ein lockeres Latein sprachen, das Wörter „coponus" und „copona" in die Sprache der Wiener Gauner einbrachten, wo diese zu Koberer und Koberin wurden. Also auch im alten Pompeji, das im Jahre 79 nach Christus in Vulkanasche versank, gab es heitere Wirtinnen, die ihre Gäste erfreuen konnten. Jedenfalls dürfte ein Gast dieses pompejanischen Gasthauses sich einiges darauf eingebildet haben, sich mit der Wirtin desselben vergnügt zu haben. Also an dieses „futui coponam" muß ich hier am Passo della Futa denken – ich bitte um Verständnis dafür.

Ich packe den Fotoapparat ein und besteige mein Fahrrad. Noch einmal schaue ich auf das freundliche Haus hier am Paß und auf die in ihren Ledergewändern wie archaische Krieger aussehenden Motorradfahrer.

Ich weiß, nun bin ich in der Toskana, eine stolze Region mit einer alten Geschichte, zu der Etrusker, Römer und germanische Völker, die hier durchzogen, gehören. Hier am Scheitel des Apennins dürfte viel gekämpft worden sein. Auch im letzten Krieg, in diesem besonders hart, blieben Tote auf diesen Höhen, unter ihnen Deutsche und Österreicher. Ich radle an einem kleinen Soldatenfriedhof, einem „Cimitero Tedesco-Guerra", vorbei, deutsche Namen erinnern an Leid und unnötigen Tod. Junge Burschen liegen hier oben unter der Erde des Apennins fern der Heimat, betrauert von ihren Eltern, Geschwistern und Freunden. An sie alle sei kurz gedacht, von mir, dem Radfahrer, der sich in der Tradition der alten friedliebenden Vaganten sieht.

Ich steige fest in die Pedale und lasse es dann laufen. Mein edles Fahrrad zieht schnell in die Kurven durch eine grüne Berglandschaft.

Ich bin in der Toskana und genieße die Abfahrt vorbei an dunklen Wäldern und sich öffnenden grünen Feldern.

Auch hier denke ich an Casanova, nicht bloß wegen des wilden Namens des Passes. Irgendwo las ich, daß Casanova auch durch diese Ge-

gend in einer Kutsche fuhr. Dazu paßt ein kleine Anekdote aus dem 9.
Band, 5. Kapitel seiner Biographie „Geschichte meines Lebens". Als
Casanova einmal mit einer einsitzigen Kutsche unterwegs war, wurde
er von einem Herrn gebeten, ihn und seine Tochter mitzunehmen.
Casanova hatte nichts dagegen und schrieb darüber etwas, das für die
Geschichte der weiblichen Unterwäsche nicht uninteressant ist:

„Ich stieg in meinen Einsitzer, Adele setzte sich zwischen meine
Beine, [ihr Vater] Moreau kletterte hinten auf, [mein Diener] Clair-
mont bestieg sein Pferd und so fuhren wir ab. Es war neun Uhr. Adele
saß anfänglich sehr steif; ich forderte sie auf, sich bequemer zu setzen,
und sie tat es. Sie irritierte mich nur, weil ich sah, wie unbehaglich ihr
Platz war; sie konnte sich mit dem Rücken nur an mich anlehnen, und
ich fand, ich dürfe sie zu dieser Ungezwungenheit nicht ermutigen, die
allzu leicht Folgen haben konnte. Ich unterhielt mich mit ihr ohne jeden Hintergedanken bis wir während des Pferdewechsels natürlicher
Bedürfnisse halber ausstiegen.

Dann kletterte Adele nach mir in den Wagen, und ich reichte ihr die
Hand, um ihr über die große Stufe heraufzuhelfen, denn diese Wagen
haben keine Trittbretter. So war Adele gezwungen, genau vor meinen
Augen die Röcke zu raffen und das Bein sehr hoch zu heben; dabei er-
blickte ich schwarze Kniehosen an Stelle ihrer weißen Schenkel. Dieser Anblick mißfiel mir; ich sagte zu ihrem Vater, der ihr von rückwärts
half: ‚Monsieur Moreau, Adele trägt ja schwarze Hosen.' Sie errötete,
und ihr Vater erwiderte lachend, glücklicherweise habe sie nur ihre Hosen sehen lassen. Diese Antwort gefiel mir; aber die Sache an sich ärgerte mich, denn den Einfall, Hosen anzuziehen, kann man bei einem
Mädchen nur als sehr ungebührlich bezeichnen, falls es nicht ein Pferd
besteigen muß; und selbst dann verzichtet ein bürgerliches Mädchen
auf Hosen und begnügt sich damit, ihre Röcke richtig zu ordnen. Ich
glaubte, in Adeles Hosen eine beleidigende Absicht, eine schützende
Vorkehrung zu entdecken. Ihre Sorge war zwar verständlich, aber sie
hätte sie sich keinesfalls machen dürfen. Dieser Gedanke verdarb mir
die Laune, und ich sprach eine Zeit nichts."

Es kam zwar in der Kutsche zu keinem erotischen Angriff Casanovas, aber später dann in einem Hotel. Vielleicht hatte die Dame bis dahin auf die abschreckende Wirkung ihres Beinkleides verzichtet. Ich kann mir auch vorstellen, daß den alten Kutschenfahrern diese Gegend gefallen hat. Ich blicke rundum in eine Landschaft, die mich an ein antikes Gemälde erinnert.

Sanfte Hügel und Weinberge erfreuen mein Auge. Durch kleine Dörfer, denen man noch das Mittelalter anmerkt, an alten Eichen vorbei, es ist schon tiefer Nachmittag, radle ich hinein nach San Piero, so lautet nach meiner Straßenkarte dieses liebliche Nest der Toskana, das mich eben aufnimmt. Gerade weiter führt die Straße nach Florenz, dorthin will ich noch nicht. Ich will weg von den Hauptstraßen, eine angenehme und wenig befahrene Straße, eine alte Landstraße, scheint nach der Stadt Borgo über Stia und Poppi nach Arezzo zu führen, wie ich meiner Karte entnehme.

Für mich, den radelnden Vagabunden der Wissenschaft, sind die alten Landstraßen höchst erfreulich, denn diese führen durch die Dörfer und an Menschen vorbei. Irgendwo unterwegs werde ich mir ein Nachtlager suchen müssen. Noch ist es hell, und die Sonne brütet vom Himmel. Mein Kapperl behütet freundlich Schädel samt Hirn. Ich frage in San Piero einen alten Herrn, der gemütlich am Straßenrande schlendert, vom Fahrrad aus, ohne von diesem zu steigen, ob die Straße, auf der ich mich gerade bewege, nach Borgo führe. Der Herr lächelt freundlich und nickt. Aber irgendwie merke ich ihm an, daß ich ihm ziemlich gleichgültig bin, er will seine Ruhe haben. Ich traue ihm nicht recht. Dennoch radle ich noch ungefähr zweihundert Meter geradeaus weiter. Ein Mann in Radrenndreß begegnet mir auf seiner schnellen und teuren Bicicletta. Ich deute ihm an, daß ich dringend Hilfe brauche. Er stoppt sofort, ebenso wie ich. Während er sich an die mit Schweiß bedeckte Stirn fährt, frage ich mit aller Freundlichkeit, wie ich nach Borgo und dann nach Stia käme. Der Mann lächelt, und heiter macht er mich darauf aufmerksam, daß ich, wenn ich so weiterfahre, in Florenz landen würde. Ich hätte schon vor dem Städtchen abbiegen müssen. Er bietet sich mir als Führer an, ich solle ihm folgen. Ich hefte

mich an sein Hinterrad, und bald weist er mich an, nach rechts abzubiegen, er werde geradeaus radeln. Er bleibt stehen und beobachtet
sorgsam, daß ich, denn ganz klar ist die Straßenführung nicht, mich am
rechten Wege befinde. Nach ungefähr hundert Metern drehe ich mich
um, der noble Radler nickt mir zu, ich habe die richtige Straße er-
wischt. Ich winke freundlich, ein Lächeln sehe ich an ihm. Dann trete
ich in die Pedale und lasse es laufen.

Ich überlege, und dies ist bemerkenswert, daß in der italienischen
Sprache das Fahrrad weiblichen Geschlechtes ist, während es bei uns
dem sächlichen zugeordnet wird. Um wieviel poesievoller ist doch das
Italienische, denn irgendwie pflegt man zu seinem Fahrrad, mit dem
man Freud und Leid auf der Straße teilt, ein ähnlich inniges Verhältnis
wie zu einer hübschen und liebenswürdigen Dame. Das Fahrrad ist also
mehr als eine Sache, es ist manchmal wie ein betörende Frau, der man
sich auf Tod und Verderben anvertraut und für die man bereit ist,
Mühen auf sich zu nehmen, man kann aber mit beiden auch seinen
Ärger haben.

Es geht nun eben dahin, schnell drehen sich die Räder, und ich genieße die freundliche grüne Landschaft. Ich komme nach Dicomano,
ein kleines Städtchen.

Jetzt am Spätnachmittag herrscht reges Leben hier, ich suche meinen Weg. Wo er abzweigt, liegt ein Kaffeehaus. Vor diesem sitzen in
Strohsesseln einige Herren, in ihren Gläsern auf den Tischen glänzt
Rotwein, die Arbeit scheint getan zu sein, sie genießen den späten
Nachmittag. Ich bleibe bei ihnen stehen, sie hören auf in ihrem Gespräch und schauen neugierig auf mich, den Radfahrer. Ich grüße sie
und frage ergeben nach dem Weg und wie lange ich mit dem Fahrrad
noch bis Arezzo brauchen würde. Die Herrn Weintrinker blicken sich
gegenseitig an, dann lachen sie, ihnen scheint es unglaublich, daß ich
eine so weite Strecke mit dem Fahrrad fahren wolle. Ich erzähle ihnen,
daß ich bereits aus Österreich im Sattel meines edlen Drahtrosses hierhergekommen wäre und nun weiterwolle. Sie blicken erstaunt. Ob sie
mir glauben, kann ich ihren Blicken nicht entnehmen. Jedenfalls be-
stätigen sie durch Kopfnicken, daß ich hier weiterradeln soll. Ein paar

Kilometer noch und in einem kleinen Weiler, gleich nach einem Geschäft, einer Bäckerei, wie ich dem Hausschild entnehmen kann, zweigt eine echte alte Landstraße ab, sie ist schmäler als die, auf der ich gekommen bin. Ich pausiere, studiere meine Karte und frage einen Herrn, ob er diese Straße nach Arezzo, die nun in die Berge führt, empfehle. Er wackelt nachdenklich mit dem Kopf. Ich könne auch über Pontassieve radeln, die Straße dorthin wäre eben, allerdings wäre diese Straße sehr befahren. Die Straße, die ich nun fahren wolle, sei steil und führe über einen Paß, aber sie ist schön und ruhig. Ich danke für die gütige Ausführung, grüße und nehme die Straße über den Paß. Langsam steigt die Straße an, noch bereitet es keine Mühe, in die Pedale zu treten. Ich komme in ein kleines Nest mit dem Namen Fornace, inzwischen ist es Abend geworden, der Zeiger meiner russischen Taschenuhr zeigt auf halb sieben Uhr. Ich bin etwas hungrig. Bei einem Geschäft, vor dem allerhand Obst und Gemüse in Holzkistchen angeboten werden, bleibe ich stehen. Mein Fahrrad lehne ich an einen dicken Baum und betrete grüßend das Geschäft. Es wird gerade jemand bedient. Vor mir steht eine hübsche reife Dame, die sich neugierig umsieht. Eine Ehepaar bedient hier. Die Dame und ich werden gleichzeitig nach unseren Wünschen gefragt. Ich nehme zwei Bananen und ein halbes Kilo Weintrauben. Ich brauche Stärkung, das spüre ich. Man blickt neugierig auf mein Radkleidung, auf mein rotblaues Leiberl. Offensichtlich wundert man sich, daß hier ein Radfahrer auf Tour unterwegs ist, noch dazu kein Italiener.

Ich erzähle von meiner Radtour, von meiner Fahrt über den Apennin und von Österreich, dem Ausgangspunkt meiner Radreise. Eigentlich hätte ich heute noch bis Arezzo wollen, aber das wird sich nicht mehr ausgehen. Wahrscheinlich werde ich in Stia, den Ort kenne ich von der Landkarte, mir ein Quartier nehmen, hoffentlich bekomme ich dort auch eines. Die Dame blickt mit Bewunderung auf mich, so glaube ich, und meint, um nach Stia zu gelangen, müsse ich noch über einen Paß. Ich bin etwas erstaunt, denn mit einem solchen habe ich nicht mehr gerechnet. Auf meiner Straßenkarte, die etwas ungenau ist, ist ein Paß nur undeutlich eingezeichnet. Ich habe ihn übersehen, aber jetzt

1 Bei Stia

weiß ich von seiner Existenz. Ich muß mich beeilen, denn die Dämmerung beginnt. Ich erwähne noch, daß mir die Gegend hier gefällt, denn
sie liegt abseits der großen Touristenorte. Und außerdem sind die
Frauen hier schön. Die rundliche Verkäuferin und die reife Dame
neben mir lächeln. Ich bedanke mich für die netten Minuten hier im
Geschäft, aber ich möchte noch weiter. Ich gehe, „Arrivederci". Alle
drei rufen mir mit warmen Worten nach: „Buon viaggio." Ich beiße in
die eine Banane, nehme mein Fahrrad vom Baum und setze mich
schwungvoll auf dieses. Ich winke der Dame und lenke das Rad zur
Straße. Ich fahre aus dem Ort, die Straße steigt an, ich spüre die Müdigkeit des Tages, immerhin bin ich schon über sieben Stunden unterwegs. Die Wälder werden dichter und dunkler, so habe ich mir den
Apennin vorgestellt: Wälder, Pässe und grüne Berge. Nur wenige Häuser wachen am Straßenrand, die Gegend wird einsamer. Der Tag dunkelt. Nur Wald und Straße nehme ich wahr. Beinahe automatisch trete
ich in die Pedale und hoffe, bald auf dem Paß, dessen Namen und See-

höhe ich nicht kenne, zu sein. Kurve um Kurve bringe ich hinter mich und mein Fahrrad. Die ersten Sterne künden vom Beginn der Nacht. Der Wald wird unheimlich wie im Märchen. Doch dann öffnet er sich und gestattet mir, in die Ferne zu blicken, über eine große dunkle Waldlandschaft, und fernab in der Tiefe sehe ich Lichter blinken. Ich bin am Paß, er ist bei 1000 Meter Seehöhe, also höher als die beiden Pässe, die ich heute schon bezwungen habe. Ich raste kurz. Irgendwo steht eine Tafel mit dem Namen des Passes, ich kann ihn aber nicht lesen, da es schon sehr dunkel ist. Und eine Taschenlampe, die mir zu einer Erweiterung meines Wissens über Paßnamen verholfen hätte, habe ich nicht bei mir. Ich bin etwas ausgelaugt, ich trinke aus meiner Wasserflasche, dann hebe ich mich wieder in den Sattel meines Freundes, des Fahrrades, und lasse ihm den freien Lauf des Bergabfahrens. Ich fahre ohne Licht, denn die elektrische Lampe, die an den Lenker des Fahrrades zu stecken ist, funktioniert nicht, obwohl die Batterien noch neu sind. Irgend etwas am Kontakt dürfte nicht in Ordnung sein, aber ich sehe noch genug. Ich habe meine Windjacke übergezogen, denn die Luft wird schon kühl hier im Apennin. Kurve um Kurve gewinne ich zurück. Bald wird die Straße flacher, und ich sehe die Lichter von Stia, einem kleinen Städchen im Apennin. Ich rolle durch den Ort und frage einen jüngeren Herrn, ob er mir einen Gasthof empfehlen könne. Er erklärt mir, wo ein solcher zu finden ist. Ich kurve in ein steiles, abschüssiges Gäßchen, reges Leben herrscht hier noch, Kinder machen einen Lärm, und ältere Männer sitzen vor einem Kaffehaus. Einen kurzen Blick widmen sie mir. Ein Stück fahre ich noch bergauf, dann befinde ich mich in einer Art Fußgängerzone. Ich schiebe das Fahrrad zu einem Haus, das als Gasthaus zu erkennen ist. Ich lehne das Rad an die Wand und betrete die gastliche Stätte, von der ich hoffe, daß hier ein freies Zimmer auf mich wartet, doch im Haus ist es ruhig. Bei einem aus gedunkeltem Holz verfertigten Tisch steht ein junger Mann, der mich fragend ansieht. Ich grüße und frage nach einem Zimmer. Der Mann lächelt, währenddessen ist auch ein älterer Herr erschienen, er dürfte der Vater des Lächlers sein. Er hat gehört, was ich gesprochen habe. Er schüttelt den Kopf und erklärt mir mit traurigem Blick, dieses

Gasthaus würde keine Zimmer mehr vermieten, denn eigentlich habe man das Gewerbe bereits aufgegeben. Ich sehe mich bereits im Straßengraben oder an einer ähnlichen Stelle übernachten. Ich versuche den beiden klarzumachen, daß ich heute von Bologna hierher geradelt und daher sehr müde sei. Die beiden bekommen Mitleid mit mir. Der jüngere Mann greift zum Telefon und spricht mit jemandem etwas, das ich nicht verstehe. Dann erzählt er mir, in einem kleinen Hotel, fünf Kilometer von hier, könne ich ein Zimmer für eine Nacht mieten. Ich müsse aber wieder ein Stück zurückfahren. Das Hotel befindet sich an einer Straße, die vor Stia in die Berge abzweige. Ich bin müde, aber noch besteht die Hoffnung, einigermaßen angenehm zu übernachten. Ich bedanke mich herzlich bei den beiden mit Handschlag und radle auf dem Weg, den ich gekommen bin, zuerst bergab, dann steil die Gasse hinauf und nach links. Ich ärgere mich, nun wieder bergauf fahren zu müssen. Etwas enttäuscht bin ich, denn ich hatte gedacht, gleich ein Zimmer hier in Stia zu finden. Ich denke an eine Radtour vor ein paar Jahren, als ich über den Passo dell'Aprica in der Lombardei, der das Ogilotal mit dem Veltlin verbindet, radelte, müde nach Edolo kam, dort kein freies Zimmer mehr fand und im Freien auf einem Campingplatz übernachtete. Die Leiter des Campingplatzes hatten mir damals lediglich eine Decke und eine Art Campingbett für eine Nacht geborgt, um im Gras doch einigermaßen schlafen zu können. Obwohl ich mir mein gesamtes Gewand, wie Pullover, Windjacke und lange Hose, anzog, fror ich entsetzlich. In der Mitte der Nacht, aus den Zelten hörte ich Schnarchtöne, besuchte mich ein freundlicher Igel. Dieser Besuch war das einzig Erfreuliche, als ich im Gras übernachtete. An dieses ungemütliche Quartier in den Bergen um Edolo erinnere mich jetzt und hoffe, einem solchen nun zu entgehen. Ich zweige in die von dem freundlichen Herrn im alten Hotel angegebene Straße ab, sie führt in die Berge nach Campigna. Vielleicht werde ich wieder nicht aufgenommen, leichte Verzweiflung erfaßt mich, den vagabundierenden Radfahrer, der ich nichts anderes will als ein gutes Bett und etwas zu essen. Als ich so über mein Schicksal nachdenke, begegnet mir ein Auto. Dieses bleibt vor mir stehen. Ein freundlicher Herr öffnet die Tür und

fragt mich, ob ich der Radfahrer sei, der ein Zimmer suche. Ich antworte freudig mit „Si". Er meint, er sei der Hotelier, den man wegen
mir angerufen habe, ich solle seinem Auto folgen, er werde vorausfah-
ren, damit ich auch sicher zu seinem Hotel käme. Ich bin hocherfreut
und angetan von der Güte dieses Herrn, der mir entgegengefahren ist.
So etwas ist mir noch nie passiert. Nach ungefähr drei Kilometern fährt
der Herr Hotelier mit seinem Auto auf einen unter dem Straßenniveau
gelegenen, mit einer alten Mauer umgebenen Platz vor einem alten,
nobel wirkenden länglichen, spärlich beleuchteten Haus. Das Dorf, zu
dem das Gasthaus gehört, heißt, wie ich erfahre, Papiano di Stia. Der
Mann, er ist um die Fünfzig, parkt das Auto, ich steige vom Rad und
gehe ihm ein paar Schritte entgegen. Wir geben uns die Hand und
schauen uns in die Augen, auf die das Licht einer kleinen Lampe fällt.
Ich darf mein Fahrrad in eine Art Schuppen, einem Raum, in dem
Werkzeug und andere Sachen herumliegen, stellen. Hier sei es sicher,
deutet mir mein Gastgeber an. Ich hänge mir die Radtasche um und
folge meinem abendlichen Freund hinauf in die Eingangshalle des
Hotels, die auf dem Niveau der Straße liegt. Mit stolzen Armbewegun-
gen weist er mich auf einzelne alte Gegenstände hin, die das Entree zieren. Wir betreten ein großes und hohes Zimmer, in dem drei Betten
weit auseinander stehen. Auch Dusche und Toilette sind hier. Prachtvoll ist der Plafond, der eine antike Szene zeigt. Ich nicke zufrieden und
erkläre dem Menschenfreund, daß ich von der langen Fahrt, immerhin
bin ich heute von Bologna weggeradelt, hungrig sei, und ob ich, wenn
ich mich umgezogen habe, noch etwas zu essen haben könne. Er meint
zwar, es sei schon sehr spät, schon nach 22 Uhr, zu dieser Zeit würde
für gewöhnlich nichts mehr ausgeschenkt, er wolle aber eine Ausnahme
machen und mir etwas kredenzen. Das freut mein Herz. Der Hotelier
entfernt sich, ich entledige mich meiner Radkleidung und gehe zur
Waschmuschel. Sie ist hell erleuchtet. Da erblicke ich etwas, das mir
unglaublich erscheint. Mitten in der Waschmuschel sehe ich eine
kleine, blau und grün schillernde Eidechse. Da sich diese nicht rührt,
glaube ich zunächst, daß diese gar keine echte Eidechse ist, sondern ein
Bild einer solchen, welches jemand mit viel Kunstsinn und Akribie in

die Waschmuschel gemalt hat. Ich denke, dies sei eine nette Idee, die Besucher des Hotels würden sich an solchen kleinen Aufmerksamkeiten erfreuen. Ich zweifle jedoch und beginne, dieses Tier zu beobachten. Nach einigen Minuten löst sich für einen kurzen Augenblick die Starre der Eidechse, sie wendet den Kopf. Also die Malerei lebt. Damit ich mich waschen kann, entferne ich sorgsam diese liebliche Echse und befördere sie ins Freie. Möge sie noch ein weiteres schönes Leben haben. Nach diesem Erlebnis, das mich erstaunt hat, wasche ich mich und ziehe mich um. In langer dunkler Hose und blauem Polohemd begebe ich mich in den Gastraum der „Residenza Turistica Alberghiera Antica Etruria", so ist der vollständige Name des etwas altmodisch wirkenden freundlichen Gasthauses, das man auch mit einiger Großzügigkeit als Hotel bezeichnen kann. Ich setze mich an einen Tisch. Gleich darauf erscheint der Meister. Mit sich bringt er eine Flasche Rotwein, ein Stück Käse und Weißbrot. Er legt sie auf den Tisch, dazu gibt er zwei Messer, eines für ihn, eines für mich, und setzt sich zu mir. Er schenkt mir ein Glas Wein ein und schneidet mir ein Eck vom Käse herunter. Er tut dies auch für sich. Vom Brot breche ich mir selbst ein Stück ab. Dann erhebt er das Glas Wein auf mein Wohlsein. Ich erhebe meines und sage wie die alten Römer: „Gaudeas." Er lächelt, und wir beide machen je einen großen Schluck aus unseren Gläsern. Der Wein rinnt wohlig durch meine Kehle. Ich beiße in Käse und Brot. Der italienische Käse schmeckt hervorragend, mir, dem müden und hungrigen Radfahrer. Ich esse und trinke, ich fühle mich wohl. Der Wirt erzählt mir, er komme aus Sardinien. Mir ist er sympathisch, dieser Sarde, der jetzt zu später Stunde mit mir noch Käse, Brot und trefflichen Wein teilt. Er ist ein echter Kumpan, im wahrsten Sinne des Wortes, denn im Wort Kumpan stecken die Wörter „cum" für „mit" und „panis" für „Brot". Der Kumpan ist also jemand, mit dem ich ein Brot esse. Und wir beide teilen uns das Brot, also sind wir Kumpanen. Schön so!

Er freut sich, meint er, daß ich bei ihm zugekehrt und ein Österreicher sei. Er erzählt mir, er kenne einen Österreicher, der angeblich gute Sachen mache, Hans heiße er. Als ich ihn bitte, eine Karte an meine Frau zu unterschreiben, schreibt er: „Vivat Hans, forza!" Dazu setzt er seinen Namen: Andamello. Meine Frau wird schauen, ich werde ihr erklären müssen, was dieser Hans auf der Karte macht.

Ich leere das Glas mit dem köstlichen etrurischen Rotwein und denke an Leute wie Casanova und die alten Vaganten. Der Wirt scheint ein Freund der alten Etrusker zu sein. Darauf mag der Name der Alberghiera „Antica Etruria" hindeuten, genauso wie die in der Empfangshalle ausgestellten archäologischen, echten oder unechten, Fundstücke, Figuren von Menschen und Tieren, die wohl aus der Zeit der Etrusker stammen oder stammen könnten. Ich erwähne dem Wirt gegenüber, daß die Etrusker interessante Leute gewesen seien. Er lacht und sagt irgend etwas, das ich nicht ganz verstehe. Er deutet dabei auf seine Leber. Nun verstehe ich, er meint die Leberbeschau der Etrusker, nämlich ihre Art, die Zukunft vorherzusagen. Ich versuche dem guten Wirt nicht ohne Stolz klarzumachen, daß meine werte Tochter Heidrun eine ganze Diplomarbeit darüber geschrieben habe. Bei ihrer Diplomprüfung nahm sie zum Erstaunen der prüfenden Professoren sogar eine echte Schafsleber mit. Eine solche Schafsleber wurde bei den Etruskern von speziellen Leuten, den sogenannten Haruspices, vor größeren Aktivitäten, wie zum Beispiel einem Kriegszug, nach bestimmten Prinzipien betrachtet, ob es sich überhaupt auszahle, in den Krieg zu ziehen oder sonst etwas zu tun.

Diese Haruspices, die beruflichen Leberbeschauer, waren gerissene Leute, ähnlich wie heute jene Spezialisten, die gut davon leben, daß sie durch Handlesen oder durch Blick in die Sterne Gutgläubigen die Zukunft deuten. Es gibt aus späterer Zeit das Scherzwort: Immer wenn ein Haruspex einen anderen getroffen habe, hätten sie sich gegenseitig angelächelt, weil sie von ihrer beider Durchtriebenheit wußten. Gewisse moderne Wissenschafter dürften sich in der Tradition dieser Haruspices befinden. Jedenfalls hat die Leberbeschau auf die Römer einen derartigen Eindruck gemacht, daß sie sie von den Etruskern, wie andere Sachen auch, übernahmen. Aber darüber morgen mehr.

Ich spreche noch ein paar Worte der Bewunderung vor den Etruskern, bevor ich mich von dem gastlichen Herrn verabschiede, ihm für Käse und Wein danke. Er bittet mich, noch einen Moment zu warten.

Er verschwindet und erscheint mit einer Weinflasche und zwei Gläsern. Er füllt diese mit dem rot funkelnden Wein. Wir stoßen mit den Gläsern an. Ich lasse die alten Etrusker leben. Müde gehe ich in mein Zimmer. Schlaftrunken lege ich mich nieder und schlafe fest.

8. NACH ASSISI – IM LAND DER ETRUSKER, GIOVANNI BERNARDONE

Ich erwache in dem großen Zimmer meiner Herberge. Mein erster Blick fällt auf das antik anmutende Gemälde am Plafond, es zeigt irgendwelche herumschwirrende römische oder gar etruskische Göttinnen, umgeben von Blumen und Hirschen oder anderem Getier. Das Gemälde dürfte wie das ganze Haus aus der Zeit um 1900 stammen, es deutet wohl darauf hin, daß dieses Hotel, diese Alberghiera, einmal eine Nobelabsteige war. Das Zimmer, das mich für ein paar Stunden beherbergt, ist groß, es hat drei mächtige Fenster, deren Holzläden vor der Sonne schützen sollen. So auch jetzt, jedoch durch die Fugen der Läden kämpft sich in feinen Strahlen die Morgensonne und hüllt den Raum in dämmrig frohes Licht. Ich öffne die Läden und lasse die Grelle der Sonne herein. Die Göttinnen auf dem Plafond blicken nun frech und lebenslustig auf mich. Die Fenster gehen auf die Straße, nur wenige Autos sind zu hören, es ist gegen acht Uhr. Drei Betten stehen in dem feinen Zimmer, das einmal bessere Zeiten gesehen haben mag. Vielleicht war es für eine ganze Familie gedacht, vielleicht für eine aus Florenz oder Rom, die hier im Apennin in früheren Jahren die Sommertage verbracht haben mag. Papiano, wie dieses Dorf am Fuße waldiger Berge heißt, dürfte einmal eine attraktive Sommerfrische gewesen sein. Darauf verweist der großzügige, heute altmodisch wirkende Bau des Hotels. Ich wasche mich und packe meine Radtasche. Im Raddreß setze ich mich in das vornehm wirkende, an elegante Jahre erinnernde Speisezimmer. Nun sehe ich, daß noch zwei Ehepaare hier im Hotel wohnen, wahrscheinlich sind es Pensionisten, die sich hier für einige Tage oder mehrere Wochen einquartiert haben. Sie trinken Kaffee und essen Brötchen. Mir bringt der Maestro – der Herr Hoteldirektor hat tatsächlich etwas von einem Dirigenten an sich – einen Tee und Weißbrot, dazu Käse. Er setzt sich zu mir. Ich drücke meine Hochachtung bezüglich der etruskischen Figuren aus, die hier hinter Glas zu sehen sind. Seine Augen leuchten, und er erzählt in einfachem Italienisch, das ich etwas verstehe und das ich hier in Deutsch wiedergeben will: „Ich komme zwar aus Sardinien, aber mir gefällt es hier, und ich liebe die Etrusker. Auch hier lebten sie vor zweieinhalbtausend Jahren. Hier in der Nähe, nicht weit von dem Paß, über den Sie geradelt sind, entspringt der Arno, er durchfließt die Toskana, und an ihm liegt Florenz." Erst jetzt wird mir bewußt, daß ich am Ursprung des berühmten Flusses Arno, der Lebensader der Toskana, bin. Auf der Karte sehe ich, daß er bis in die Nähe von Arezzo nach Süden und dann wieder nach Norden, nach Pontassieve und Florenz fließt. Ich werde ihm also noch einigemal begegnen. Eine Zeit werde ich ihn heute begleiten, die Landstraße führt, wenn ich der Karte folge, direkt in seiner Nähe. Mich freut dies. Ich werde den Arno bewußt im Auge halten.

Ich beende mein Frühstück, stehe auf und bedanke mich bei dem freundlichen sardinischen Hotelier. Ich zahle, hole meine Radtasche aus dem prächtigen Zimmer und stelle diese vor das Tor des Hotels. Mein Gastgeber begleitet mich in den tief gelegenen Schuppen. Das Fahrrad ist noch hier. Ich schiebe es über den Parkplatz hinauf zur Straße und schnalle die Radtasche auf dieses. Der Herr Hotelier schaut mir zu, aus seinen Augen spricht neugierige Hochachtung. Ich äußere den Wunsch, noch etwas Reiseproviant zu kaufen. Er zeigt mir ein nahes, über der Straße gelegenes kleines Geschäft, einen Krämerladen, wie ich ihn als Kind noch erlebt habe. Er geht mit mir zu diesem Laden und betritt ihn mit mir. Hier gibt es Bananen, Äpfel, Käse, Zeitungen, Wurst und viele andere Dinge, die die Menschen hier in dem Dorf des Apennins brauchen. Zwischen all diesen Schätzen sitzt eine Dame. Gnädig schaut sie auf mich. Zwei Bananen, ein Brot und etwas Käse kaufe ich ein. Der Herr vom Hotel macht ein paar höfliche Scherze. Dann verabschiede ich mich. Beide wünschen mir „buon viaggio", und dann radle ich winkend los. Es waren schöne Stunden, die ich in diesem Nest und in diesem lieblichen Hotel, das, wie jeder alte Herr und jede alte Dame, einmal schönere Zeiten gesehen haben mag, verbringen durfte.

Es geht leicht bergab, ich lasse Stia, den kleinen Fremdenverkehrsort, hinter mir. Ich sehe den Arno, bald bin ich in Poppi und fahre in

Bibbiena ein. Hier herrscht reges Leben, hier sind Touristen unterwegs, die wie in allen anderen Touristenorten auch, wie zum Beispiel in Bad Gastein oder in Kitzbühel, den halben Tag damit verbringen, daß sie von Geschäft zu Geschäft ziehen und irgendwelche Andenken, wie Kuhglocken oder Gläser mit dem Ortswappen, und Ansichtskarten erwerben.

Ich halte mein Fahrrad an, schiebe es ein Stück, mische mich unter die Leute.

Es sind wohl nur Italiener hier, für Deutsche, Engländer und anderes Volk ist diese Gegend im Auslauf des Apennins wohl wenig spannend, erst das mittelalterliche Arezzo dürfte sie interessieren. Mir gefällt Bibbiena und die Landschaft, in die das Städtchen eingebettet ist. Ich erwerbe in einem Laden einen Film, dies ist höchste Zeit, denn in den letzten Tagen habe ich meine mitgeführten Filme mit dem in Murau vor ein paar Tagen gekauften Fotoapparat bereits verschossen. Ich bin ein sehr sparsamer Fotograf und nehme mir immer wieder vor, nur das Wichtigste und Schönste auf Film zu bannen, um nicht zuviel unnötiges Bildmaterial daheim herumliegen zu haben. Ich leide nämlich unter dem vielen Papier und den vielen Bildern, sie erdrücken mich. Aber trotz dieses Vorsatzes passiert es mir aber doch, auch unnötiges Zeug und ewig gleiche Landschaften zu fotografieren.

Ich lege den Film in den Apparat, schieße ein Foto von der lieblichen Stadt. Weiter geht es in Richtung Arezzo. Die Hügel werden niedriger, große Felder und Pinien, Zypressen, Buschen mit Akazien und Oleander, dazwischen noble Villen, erfreuen mein Auge.

Die Straße entfernt sich etwas vom Arno, nähert sich ihm wieder vor Arezzo und überquert ihn. In einem Bogen wendet sich der Arno nun nach Norden. Das Gebiet, durch das ich radle, gehört zum alten Siedlungsgebiet der Etrusker. Zwischen Arno und Tiber war das zentrale Gebiet dieses geheimnisvollen Volkes. Von den antiken Schriftstellern wissen wir nicht allzuviel. Ein großer Teil der etruskischen Geschichte entzieht sich unserer Kenntnis. Die Überlieferung behauptet, es habe im Norden des Apennins während des 6. und 5. Jahrhunderts zwölf etruskische Städte gegeben, erwähnt werden aber nur fünf. Zu ihnen gehören Felsina, also Bologna, 540 vor Christus gegründet, von dort bin ich gestern weggeradelt, und Mantua, dessen Name sich wahrscheinlich vom etruskischen Unterweltsgott Mantus ableitet.

Die Forschung ist den Etruskern schon lange auf den Spuren. Immer wieder gibt es neue Erkenntnisse.

Der Name Etrusker ist lateinischen Ursprungs. Die Griechen nannten sie Tyrrhenoi oder Tyrsenoi. Im Thyrrhenischen Meer lebt diese Benennung weiter.

Eine alte Theorie besagt, daß diese hochbegabten Leute aus Kleinasien eingewandert sind. Doch diese Überlegung ist problematisch. Ich selbst weiß von Professor Pittioni, dem großen Urgeschichtler, dessen Vorlesungen ich vor vielen Jahren besucht habe, daß die Etrusker wahrscheinlich die Urbevölkerung der Apenninhalbinsel sind. Danach seien sie keine Indogermanen, denn diese sind erst später eingewandert und treten als Italiker in den Blickpunkt der Geschichte. Die Etrusker waren also schon vor den Indogermanen da und wurden von diesen überlagert. Das Lateinische ist eine indogermanische Sprache, die allerdings einige etruskische Wörter enthält, wie zum Beispiel das „fenestra" für Fenster oder „widowa" für Witwe. Dies weiß ich aus einem Vortrag, den ich vor Jahren von dem berühmten Etruskologen Pfiffig in Wien gehört habe. Dieser gescheite Mann meinte übrigens, daß wir die etruskische Sprache nicht vollständig kennen, sondern die Worte, die wir kennen, sind uns aus den Inschriften in ihren großartigen Begräbnisstätten erhalten. Wir wissen also nur etwas von der Friedhofssprache dieser Leute. Die Etrusker sind also ein äußerst geheimnisvolles Volk, das mich schon immer fasziniert hat. Jetzt beim Radeln in Richtung Arezzo gehen mir die Etrusker wieder nahe. Sie hatten einen eigenen Umgang mit dem Tod, der typisch für manche bäuerliche Kultur zu sein scheint. Und die Etrusker waren ein Bauernvolk.

Viele ihrer Grabkammern gleichen eher noblen Hotelzimmern als Erinnerungsstätten für Tote. Solche gibt es nicht weit von Arezzo im Tal des Flusses Chiana, der in den Arno mündet. Er kommt von Süden. Ich werde in den nächsten Stunden an ihm entlang in Richtung Trasimenischer See radeln. Es ist eine fruchtbare Ebene, die sich mir da eröffnen wird. Hier lebten ab dem 6. Jahrhundert vor Christus wohlhabende etruskische Bauern, wahrscheinlich gab es reiche Gutsbesitzer unter ihnen. Von solchen dürften die extravaganten monumentalen Gräber mit falschem Gewölbe und Tumulus stammen. Der Hauptort war damals Chiusi, von dem die Besiedlung des Chianatales ausging. Eine spannende Kultur, die hier entstand. Es gab viele Gelehrte, Privatarchäologen und Dichter, die versucht haben, diese alte Kultur in ihrer Seele zu deuten. Auch der englische Schriftsteller D. H. Lawrence gehörte zu ihnen. In seinen poesievollen Reiseerinnerungen um 1920 beschreibt er die Wesensmerkmale der Etrusker sehr einfühlsam und wahrscheinlich auch richtig. Lawrence ahnte, daß die gesamte Kultur der Etrusker dem Leben geweiht war. Nach ihren Vorstellungen ging das Leben im Tode einfach weiter. Daher sieht man an den Wänden der Gräber Etrusker auf schönen Pferden fröhlich in die Welt des Todes reiten. Sie müssen ein heiteres Leben geführt haben. Lawrence schließt messerscharf, daß die „Lenden" Mittelpunkt ihres Lebens waren und nicht das Gehirn.

Dies zeigt sich bei ihren Festen, die gerade, wenn es um den „Abschied" ging, orgiastisch waren. Die Frau spielte, so meine ich in aller Bescheidenheit, als Spenderin der Liebe und des Lebens eine ganz große Rolle. So war bei den Gastmählern der Etrusker, wie wir aus ihren Bildern und Skulpturen wissen, stets die Frau dabei, Männer und Frauen tafelten also gemeinsam – im Gegensatz zu den Römern. Und weil die schönen Frauen der Etrusker einen heiteren und leichten Umgang mit Männern hatten, galten sie bei den Römern als lasterhaft. Lawrence stellt dazu bissig fest: „Wir wissen das, weil es ihre Feinde und Vernichter, die Römer, behauptet hatten." Die Römer behaupteten tatsächlich, die Frauen der Etrusker seien zwar sehr schön, aber leicht zu haben gewesen. Viel Zeit brachten sie damit auf, ihren Körper zu pflegen, und fanden nichts dabei, sich vor Männern und Frauen nackt zu zeigen. Dies berichtete der griechische Historiker Theopompos. Auch ihre Hunde dürften die Etrusker sehr geliebt haben, denn man fand in Grabstätten auch eigene Schlafstellen für die Hunde. Die Heiterkeit und Unbekümmertheit der Etrusker steckt noch heute in den Italienern. Ich spüre sie, als ich durch Arezzo radle, eine Stadt etruskischen Ursprungs mit gotischen Kirchen, sie ist die Geburtsstadt des hochberühmten Dichtes Petrarca. Plötzlich merke ich, daß im Hinterreifen meines Fahrades keine Luft mehr ist. Ich habe also einen Patschen. Ich bin unglücklich, ich bin schon auf der Straße in das Val di Chiana, das Chianatal. Ich suche mir einen Platz, an dem ich den Reifen wechseln kann. Nach ungefähr hundert Metern freudlosen Schiebens des Rades in der heißen Mittagssonne, gelange ich zu einem Standl, wie man bei uns in Wien zu einer Imbißstätte oder einer Würstelbude im Freien sagen würde. Diese gastliche Stätte ist eine Art Anhänger, die mit einem Auto verschoben werden kann. Er ist an der Längsseite aufgeklappt, so daß sich vorne eine Theke bildet und im Hintergrund die anzubietenden Köstlichkeiten aufbereitet liegen, die ein Meister verwaltet. Im Vordergrund dieser Würstelbude, die aber nicht nur Würstel anbietet oder vielleicht sogar ganz andere Dinge, stehen einige Tische mit Sesseln, durch Sonnenschirme geschützt vor der Sonne. An den Tischen lungern einige Herren, private Chauffeure, Arbeiter und Lastwagenfahrer, die hier Station machen, etwas trinken und eine Kleinigkeit aus dem Angebot im Anhänger zu sich nehmen. Ein paar Meter weiter befindet sich ein Parkplatz für diese Kunden. Der Chef der Bude scherzt mit den die Ruhe des Mittags genießenden Männern. Sie lachen, und als ich mit dem Fahrrad bei ihnen halte, wenden sie mir ihre freundliche Aufmerksamkeit zu. Einer sieht, daß keine Luft im hinteren Reifen ist, und lächelt mir zu. Ich grüße und mache ihm und seinen Kollegen klar, daß ich mit dem Rad von Österreich unterwegs bin und jetzt eben Probleme habe. Als sie von der langen Tour mit dem Rad hören, nicken ein paar voll der Hochachtung mit dem Kopf. Ich stelle das Rad mit dem Sattel und mit dem Lenker nach unten, damit ich das Hinterrad besser ausbauen und den Schlauch besser wechseln kann. Wenn ich richtig verstehe, was der freundliche Italiener sagt, so ist er bereit, mir zu helfen. Ich nicke, und er versucht zumindest, das Fahrrad ruhig zu halten. Nach ungefähr 20 Minuten ist das Fahrrad wieder fahrbereit. Der Wirt freut sich, als ich um ein Stück weißes Brot mit italienischem Käse bitte, dazu erwerbe ich zwei

2 Bei Arezzo – Lastwagenfahrer, die bei der Reparatur des Schlauches helfen

Flaschen Mineralwasser. Die eine leere ich auf einen Zug, denn mein Durst ist gewaltig, die andere zwicke ich in die Halterung am vorderen Rahmen des Fahrrades. Ich werde aus ihr unterwegs trinken. Die Männer lächeln mir freundlich zu. Ich bedanke mich für die gütige Aufnahme, rufe ein „Arrivederci". Sie antworten mit „buon viaggio". Ich radle los. Ich denke an die alten Etrusker, ihre Heiterkeit und ihr lockeres Leben. Irgendwie steckt auch in diesen Herren etwas von diesen Eigenschaften. Es ist heiß. Die Straße, die ich benütze, ist viel befahren, aber ich fühle mich nicht unsicher. Ich fahre nicht direkt am Chianafluß, jedoch am Rande des nach ihm benannten Tales. Flache Stücke wechseln sich mit leichten Hügeln ab. Pinien und Zypressen zieren die Wege. Der heiße Himmel ist blau. Kleine Dörfer schimmern an den Straßen. Ich komme nach Cortona, das sich wahrscheinlich vom etruskischen „Curtun" ableitet.

Bekannt sind in der Nähe drei große Gräber der Etrusker. Ich nähere mich dem Trasimenischen See, ich habe Schwierigkeiten, einen idealen Weg zu finden, denn hier läuft eine Autobahn, die Autos aufnimmt, aber keine Radfahrer. Bei Borghetto am See erwische ich eine Landstraße, ich verlasse Etrurien und bin nun in Umbrien. Hier stoße ich auf Radfahrer, seit zwei Tagen die ersten, jedoch sind dies keine Italiener, die sich auf Fahrräder geschwungen haben, sondern Holländer, wie ich merke. Hier am See campiert eine ganze Gruppe dieser Leute. Mit einem jungen Paar spreche ich. Sie sind per Flugzeug nach Florenz gekommen und von dort mit einem Autobus hierher, im Gepäck hatten sie ihre Fahrräder, mit denen sie nun hier am See Ausflüge machen. Sie können mir bei meiner Suche nach dem Weg helfen. Auf einer schmalen Straße, unweit der Autobahn, radle ich durch eine schöne Landschaft, auf kleine Hügel geht es, vorbei an prächtigen Landhäusern mit zarten Bäumen davor, der Grasboden ist trocken, man merkt, daß die letzten Tage heiß waren und es nicht geregnet hat. Zwischen dunklen Bäumen, darunter wohl auch Kastanien und Mandelbäume, gleißt der Trasimenische See, ein fantastischer See, an dem auch Etrusker lebten, zumindest bis in das 5. und den Beginn des 4. Jahrhunderts vor Christus, als die Römer sie besiegten und sie dem Untergang weihten. Aber irgendwie blieb die etruskische Seele hier, ich spüre sie.

Auch für die Geschichte der den Etruskern folgenden Römer ist dieser Trasimenische See von großer Bedeutung, so kam es 217 zur großen Schlacht, in der die Römer von dem Karthager Hannibal im 2. Punischen Krieg besiegt wurden. Damit dann doch die Karthager besiegt werden konnten, lieferte im Jahre 205 die Stadt Arezzo, die damals ein Mittelpunkt der metallverarbeitenden Industrie war, dem römischen Feldherrn Scipio die nötigen Waffen: 3000 Schilder, 3000 Helme, 50.000 Wurfspieße, Schwerter, lange Lanzen, Äxte, Hacken, Sicheln und andere Werkzeuge.

Ich komme in das Städtchen Passignano, es liegt direkt am Trasimenischen See. Hier herrscht buntes Leben, viele Sommergäste verbringen hier schöne Tage. Ich suche ein Fahrradgeschäft, um einen neuen Schlauch für das Fahrrad zu kaufen, da mein einziger Reserveschlauch, den ich mithatte, bei Arezzo aufgebraucht wurde, als ich den Patschen hatte. Und das Klebzeug, mit dem ich den kaputten Schlauch richten könnte, ist eingetrocknet, also nicht einsetzbar. Ich suche ein Geschäft, in dem ich sowohl einen Radschlauch als auch etwas zum Kleben kaufen kann. Das ist nicht einfach. Ich finde keines, obwohl Passignano ansonsten nicht unterentwickelt erscheint. Ich entdecke ein kleines Reparaturgeschäft, direkt an der Hauptstraße.

Durch ein blaues Tor mit Glasfenstern blicke ich in ein malerisches Durcheinander von allerhand technischem Zeug. Mopeds und Fahrräder können hier sich der Obsorge eines Meisters unterziehen. Diesen finde ich aber nicht gleich. Irgendwann taucht er von irgendwo aus dem Dunkeln des Geschäftes auf. Der Mann ist um die 55. Als er mich mit meinem bepackten Fahrrad sieht, mich, ein radelnder Vagabund, faßt er Sympathien für mich und lächelt mich freundlich an. Ich erzähle ihm, so gut es mit meinem eigenartigen Italienisch geht, von meinem Patschen und bitte um einen neuen Schlauch und Klebezeug. Wohl hat er etwas zum Kleben, aber das braucht er selbst. Zwei alte Schläuche jedoch, die bereits geklebt sind, kann ich haben. Ich bin froh über diese und bezahle sie. Der freundliche Herr klebt schließlich auch noch meinen ruinierten Schlauch. Ich verpacke diese drei Schläuche gut und bin froh über sie, besser als nichts, denke ich mir. Ich bleibe noch etwas und tratsche mit meinem Gönner. Ein paar Kunden kommen zwar, aber dennoch erzählt er mir, daß er ein großartiger Radrennfahrer war und es heute auch noch ist. Er bringt mir Bilder, die ihn in kühner Radkleidung mit blauem Helm zeigen. Mit vollem Stolz erwähnt er, daß er Weltmeister von all jenen Radrennfahrern ist, die über 50 Jahre alt sind. Regelmäßig würde es Rennen geben, in denen derartige alte Kracher sich wilde Kämpfe auf der Straße liefern. Der Mann ist eine Art Amateurweltmeister. Ich verneige mich in Hochachtung. Er fragt mich, ob ich St. Johann kenne, es müsse in Tirol liegen. Ich bejahe, und er erzählt mir, daß er dort an einem Senioren-Radrennen teilgenommen habe. Jetzt erinnere ich mich, daß ich vor einigen Jahren dort geradelt bin, ich wollte nach Innsbruck. Als ich in Richtung St. Johann fuhr, kamen mir viele ältere Herren auf Rennrädern eher schnell entgegen.

3 Der Seniorenweltmeister der Amateurradfahrer am Trasimenischen See

Ich grüßte sie jeweils, doch keiner erwiderte meinen Gruß, was mich damals sehr verärgerte. Wie ich dann in St. Johann eine Pause einlegte, merkte ich an den Transparenten, auf denen etwas von einem „Senioren-Rennen" oder ähnlichem stand, daß ich in ein Radrennen eingetaucht war, ohne dies zu wissen. Die mir begegnenden Radler waren also keine Vergnügungsradler, wie ich einer bin, sondern echte Rennfahrer. Jetzt verstand ich, warum die radelnden älteren Herren meinen freundlichen Gruß einfach ignorierten. Gerade das fällt mir hier am Trasimenischen See bei dem liebenswürdigen Radmechaniker und Amateurweltmeister wieder ein. Dieser verschwindet in seinem Geschäft und kommt mit einer blauen Radkappe wieder. Die wolle er mir zur Erinnerung schenken. Auf der Kappe steht in oranger Schrift am Schirm „Pedale Magionese" und am vorderen Drittel groß „ALESSIO". Für diese Firma würde er als Rennfahrer starten. Ein sehr großes

Bild, ein Poster, zeigt ihn mit einer solchen Kappe auf seinem Rennrad. Ich gratuliere ihm zu seinem Sportgeist. Er freut sich. Vielleicht hat auch er etwas von einem Etrusker an sich, möglich wäre es. Seine heitere und großzügige Art erinnert an die Vorfahren hier am See. Er nimmt mir mein Kapperl vom Kopf und setzt mir dieses von Alessio an seine Stelle. So soll ich weiterradeln, meint er. Ich verspreche es ihm. Ich bedanke mich und radle weiter. Am Ende des Städchens, es ist schon gegen 5 Uhr nachmittags, lege ich bei einem Eissalon eine Rast ein. Ich kaufe mir bei einer hübschen Eisverkäuferin eine große Portion Eis. Schon lange habe ich keines mehr gegessen, aber jetzt an diesem heißen Tag ist der Gusto nach einem Himbeereis oder einem anderen Fruchteis groß. Mit Genuß rutscht das süße Etwas die Kehle hinunter. Ich danke und radle weiter, hinaus aus dem Ort am See in Richtung Perugia. Weit ist es nicht mehr bis dorthin.

Auch Perugia geht auf die alten Etrusker zurück. Die berühmteste Stadt der Etrusker in dieser Gegend ist jedoch Chiusi, nur ein paar Kilometer südlich des Trasimenischen See. Dorthin werde ich allerdings nicht hinradeln. Der alte Name der Stadt könnte Clevsin gewesen sein, man ist sich darüber aber nicht im klaren. Wunderbar sind die Gräber hier, die bereits bei den Römern wegen des schönen Gold- und Bronzeschmucks ausgeraubt wurden. Also bevor Archäologen sich darangemacht haben, die Grabkammern zu leeren, freilich für die Museen, waren schon andere Spezialisten am Werk. Aus dem Ende des 7. und dem Beginn des 6. Jahrhunderts stammen Kammergräber, in denen Vasen und Gefäße aus Griechenland gefunden wurden. Ab dem 6. Jahrhundert waren in Chiusi große Künstler am Werk, die prächtige Statuen zu gießen vermochten. Besonders spannend sind die gemalten Bilder in den Gräbern. Man sieht sportliche Wettkämpfe, Gelage und Tanzszenen. Die Etrusker zeigten auch im Tode heitere Gelassenheit, sie wollten sich nicht einfach mit der dem Menschen gegebenen Grenze abfinden. Sie durchbrachen sie, wenn sie zum Beispiel zeigten, wie man mit Rössern in die andere Welt zog, wobei sich diese andere Welt durch nichts von jener Welt unterscheidet, aus der man kommt und in der man trefflich gelebt hat. Wenn man die Städte sieht, in denen einstens Etrusker lebten oder die von Etruskern mitbegründet wurden, so kann man verstehen, daß man diese Orte liebt und nicht weg will von ihnen. Und wenn man dennoch weg muß, dann zumindest in eine Welt, in der es genauso aussieht. Der Tod als echte Fortsetzung des Lebens, das schwebte den noblen Etruskern mit ihren schönen Frauen vor.

Ich radle einen Hügel hinauf, die von Büschen und jungen Bäumen umrahmte Straße deutet auf ein alte Geschichte. Hier mögen sie gezogen sein, die Etrusker und dann die Römer. Und plötzlich, ich bin am Hügel oben, sehe ich auf Perugia, auf eine Stadt, die, wie andere Städte der Etrusker auch, über dem Tal liegt und dem Vagabunden von weitem zuruft, hierher müsse er ziehen, hier erwarte ihn Schönheit und Leben. Und Perugia ist eine schöne Stadt, sie ist befestigt, ähnlich wie Arezzo und andere etruskische Gründungen. In der etruskischen Umwallung erinnert heute noch der „Arco Etrusco", also das „etruskische Tor", an die Zeit vor 310 vor Christi Geburt, als Perugia unter römische Herrschaft kam.

Die Römer dürften in ihrem Umgang mit den Etruskern nicht zimperlich gewesen sein. Nach und nach haben sie sich das Etruskische Reich unterworfen. Begonnen haben sie mit ihren wenig menschenfreundlichen Aktivitäten im 5. Jahrhundert.

Damit ging eine alte Kultur zugrunde, eine Kultur, die Handelsbeziehungen in die gesamte damalige Welt unterhielt. Davon zeugen Keramiken und Mythen aus Griechenland, aber auch Bernstein aus dem Norden. Geblieben sind von den Etruskern ihre herrlichen Gräber, die Tumuli, steinerne Kammergräber in Form von Hügeln. Diese vermitteln Aufschluß über Städtebau, aber vor allem geben sie uns eine Vorstellung von der Raumgestaltung der Häuser mit Sesseln und Truhen sowie mit allerhand Gegenständen an den Wänden. Eine besondere Hochachtung brachten die Etrusker ihren Königen entgegen. Berühmt war der von Clusium, Porsenna hieß er. Und Rom wurde während seiner etruskischen Periode von der Dynastie der Tarquinier beherrscht. Zu den Insignien der Königsherrschaft gehörten, wie der Geschichtsschreiber Dionys von Halikarnassos berichtete, eine goldene

Krone, ein Elfenbeinsessel, ein mit einem Adler gekröntes Zepter, ein bestickter Purpurmantel, wie ihn auch die Könige von Lydien und Persien trugen. Ein weiteres Zeichen der Herrschergewalt waren die Liktoren, die mit ihren Rutenbündeln, den „fasces", den Zug des Königs eröffneten. Das Rutenbündel mit dem Beil in der Mitte ist seit den Anfängen der etruskischen Geschichte belegt. Die römischen Magistrate haben es als Zeichen der Macht von den Etruskern übernommen. Der einzige Unterschied besteht darin, daß die etruskischen Rutenbündel in der Mitte eine Doppelaxt haben, die römischen eine einfache. Die Rutenbündel tauchen immer wieder auf in Italien. Sie gehören zur Geschichte der Halbinsel, die ohne die Etrusker wahrscheinlich nicht diesen Zauber hat, der mir als radelnder Vagabund Sympathien entlockt.

Ich fahre bergab, komme auf eine Schnellstraße und damit in einen Wirbel, da ich mir nicht klar bin, wie ich in das Zentrum Perugias gelange. Ich frage einen Afrikaner, der mit seinem Auto kurz stoppt, um andere Autos vorbeifahren zu lassen. Der Mann blickt mich heiter an und erklärt mir bereitwillig, daß ich irgendwann nach links abbiegen müsse. Zwischen ein paar Lastwägen ziehe ich ein Stück dahin, doch dann folge ich dem Wegweiser nach Perugia. Die Straße steigt an, sie schraubt sich hinauf, entlang der Befestigung, und biegt sich. Hier ist ein kleiner Platz mit Bänken vor ein paar Bäumen, die während des Sonnentages segensreich Schatten spenden mögen. Jetzt ist es schon gegen 19 Uhr, ich war lange unterwegs vom Apennin, ich will noch nach Assisi, dem Zielpunkt der Tour, von dem weg ich wieder nach Norden radeln werde. Ich lehne mein Rad an einen der Bäume und blicke gegen Süden. Jetzt sehe ich am gegenüberliegenden Hügel, keine zwanzig Kilometer Luftlinie entfernt, wie eine Krippe am Bergeshang Assisi liegen. Wunderhübsch ist dieses Städtchen des heiligen Franz eingepaßt in die grünen Hügel der umbrischen Berge.

Ich bitte einen Herrn, mich bei den Bäumen mit dem Fahrrad und vor dem Hintergrund des lieblichen Assisi zu fotografieren. Er tut dies lächelnd. Ich besteige das Rad und ziehe weiter die Straße in das Zentrum Perugias. Vor dem großen Stadttor sehe ich ein Auto mit Wiener Nummer. Ich halte kurz an, grüße die beiden Aussteigenden, eine

4 Perugia

Dame und einen Herrn, und erzähle, daß ich von Österreich mit dem
Rad hierhergefahren bin. Beide nicken freundlich, ich höre noch ein
paar höfliche Worte und erwidere diese. Irgendwie habe ich das Gefühl,
die beiden noblen Autofahrer sehen in mir eher einen wenig begüterten Vagabundierenden als einen der üblichen Feriengäste in Italien,
denn diese sind mit Auto oder Autobus, vielleicht auch mit dem Zug
unterwegs. Ich radle durch das Stadttor, bestaune das Standbild des
wackeren Garibaldi, des Kämpfers gegen Unterdrückung und für Italiens Einheit, und gelange, noch immer geht es bergauf, wohl auf den
höchsten Punkt Perugias, einen Platz mit Parkanlage, mächtigen Häusern und der Kathedrale. In einem vornehmen Imbißladen kaufe ich
mir eine große Flasche Mineralwasser und eine Kleinigkeit zu essen.
Das Wasser tut mir gut, denn der Tag war heiß. Perugia liegt erhaben
und gut befestigt über dem Tibertal, in das ich begeistert blicke. Feindliche Krieger, von ihnen gibt es genug in der Geschichte Perugias, werden es schwer gehabt haben, diese Stadt am Hügel einzunehmen. Zu
den Kriegern, die sich 1202 daranmachten, Perugia einzunehmen,

gehörte auch der junge Franziskus, einige Jahre bevor er ein heilig-
mäßiges Leben begann. Bis dahin führte Franziskus ein fröhliches und
sorgloses Leben, er wollte Ritter werden, also Adeliger, wie andere Burschen aus dem noblen Bürgertums in Assisi auch. Dazu war es notwendig, gut ausgerüstet an einem Krieg teilzunehmen. Dieser Krieg hat
übrigens eine interessante Wurzel. Bereits 1173 war Assisi im Auftrag
Kaiser Friedrichs I. erobert worden. Die Grundherrschaft sollte eingeführt werden. Städtische Bürger sollten zu Untertanen gemacht werden, die regelmäßige Abgaben an die „boni homines", also an den Adel,
zu zahlen haben.

Diesen „boni homines" standen die „homines populi", die Bürger
der Stadt, gegenüber. Letztere ließen sich diese Abhängigkeit nicht gefallen und begannen eine Rebellion gegen erstere, gegen die „boni homines". Diese flohen darauf nach Perugia. In der Nähe von Perugia
kam es zur Schlacht, in der die „boni homines" siegten. Franz und seine
Kommilitonen gehörten zu den Besiegten. Franz geriet in Gefangenschaft der Leute von Perugia. Über ein Jahr wird er in Perugia festgehalten. Er wird krank. Nach seiner Rückkehr und Gesundung nimmt
er an dem nächsten Kriegszug teil. Sein Vater, Pietro Bernardone, ein
begüterter Kaufmann, unterstützte seinen Sohn und rüstete ihn mit
allem Notwendigen aus. Hoch zu Roß verabschiedete sich Franz von
seinen Freunden und seiner Familie, um sich dem berühmten Heerführer Walter von Brienne auf dessen Feldzug durch Apulien anzuschließen. Drei Tage später ist er wieder zurück in Assisi. Er ist verändert, er ist nicht mehr der alte. Ein Traumerlebnis hatte ihn zur
Umkehr bewogen. „Wenn du hoch hinaus willst", hörte er eine Stimme
zu sich sprechen, „warum läufst du dann einem kleinen Fürsten nach,
statt in den Dienst des großen Königs zu treten?" Franz glaubt die
Stimme des höchsten Gottes vernommen zu haben. Für den jungen
Mann beginnt eine Zeit des Suchens. Er flieht in die Einsamkeit, ver-
kriecht sich in Wäldern und Höhlen. Seine gewohnte Welt steht auf
dem Kopf. Statt Krieg will er nun Frieden. Statt Adelstiteln nachzu-
jagen, gibt er sich mit Bettlern ab. Hier, wo ich gerade radle, unweit von
Perugia, hat also der heilige Franz als junger Bursche mit ungefähr 21

Jahren gekämpft. Hier ist der Ausgang zu seinem heiligmäßigen Leben zu suchen. Dazu benötigte er deprimierende Erlebnisse, die fand er in der Krankheit und dann in dem Kriesgzug nach Süditalien. Er hat eingesehen, daß Krieg und eitles Getue, wie das der Adeligen, nicht im Sinne Gottes sein kann. Eigentlich hat er recht, der gute Heilige, denke ich mir und trete in die Pedale.

Ich suche nun die Straße nach Assisi. Ein gütiger Herr erklärt sie mir. Ich lasse es bergab laufen, in der Hoffnung, auf dem richtigen Weg zu sein, doch bald wird mir durch eine Tafel klargemacht, wenn ich jetzt so weiterfahre, bin ich auf der Autostrada in Richtung Rom. Und auf dieser ist das Radfahren verboten. Im Moment bin ich etwas verzweifelt, weil ich nicht mehr zurückfahren will, doch dann finde ich einen Weg in das Tal des Tiber, des neben dem Arno zweiten wichtigen Flusses der Etrusker. Der Tiber verbindet Perugia mit Rom, der Weltstadt, die sich gegenüber den Etruskern übel verhielt. Auf einer gemütlichen kleinen Landstraße fahre ich gegen Süden, vor mir liegt Assisi. An Landhäusern vorbei gelange ich nach einigen Irrfahrten nach Bastia. Ich komme in ein Gewirr von Gassen, zu einem großen Platz. Hier sitzen Männer vor einem Kaffeehaus, sie tratschen und genießen den Abend, allmählich wird es dunkel. Ich frage nach dem Weg. Auf einer Nebenstraße geht es leicht bergauf, ich komme an einem kleinen Nest mit uralten Mauern, vor denen Zypressen und Pinien wachsen, vorbei. Jahrmarktstimmung herrscht hier, Lampions leuchten, und junge Leute wandern lachend in den Ort. Sie hoffen wohl auf einen bunten Abend mit Musik, Tanz und heimlichen Freuden. Irgendwie gelange ich über eine Bahnübersetzung und befinde ich mich auf der direkten Straße in die Stadt des heiligen Franz, des Freundes der Tiere, aber somit auch, das ist meine Idee, des Freundes des Fahrrades, des edlen Drahtesels. Der Himmel über mir ist mit Sternen übersät, die Nacht kündigt sich an. Irgendwo liegt hier, so ersehe ich es aus meiner Karte, der 1290 Meter hohe Monte Subasio. Die Lichter des vor mir erhöht und erhaben liegenden Assisi erinnern mich tatsächlich an eine große Krippe. Assisi wird auch häufig mit einer Krippe verglichen. Wenn ich mich nicht irre, war der heilige Franz der erste, der eine kleine Weihnachtskrippe als Gegenstand der Anbetung gebastelt hat. Die Straße steigt an, und nach zwei langgezogenen Kurven stehe ich auf dem großen Platz unweit der Kathedrale von Assisi. Hier regiert Leben, Autobusse bremsen, Autos haben Schwierigkeiten beim Einparken, weiter hinauf in die bergige Stadt dürfen nur Privilegierte fahren, und vor einem großen Hotel stehen Leute mit Koffern und Taschen, sie hat wohl ein Autobus ausgespuckt. Auch ich frage in diesem Hotel nach einem Zimmer, doch man schüttelt den Kopf. Ich muß weitersuchen. Ich schiebe das Fahrrad ein steiles Gäßchen hinauf, hier entdecke ich das Hotel „Giotto", benannt nach dem großen Maler, der in der Kathedrale Schönes hinterlassen hat. Der Hotelportier ist zunächst wortkarg, als er mich im Raddreß sieht, doch nach einigen auf meine Person gerichteten vorsichtigen Blicken wird er etwas freundlicher und weist mir ein Zimmer im ersten Stock des wohl aus der Zeit nach der Wende zum 20. Jahrhundert erbauten Hauses zu. Das Fahrrad darf ich in der Garage zu den Autos der Gäste stellen. Das Zimmer ist von eleganter Einfachheit. Ich dusche und ziehe mich um. Mit Tasche, Fotoapparat, Papier und Bleistift mache ich mich auf den Weg, die Stadt zu erforschen und zu fühlen, wo der heilige Franz groß geworden ist und zum Rebellen wurde. Ich marschiere die Gassen und Gäßchen immer höher. Alles scheint hier aus Stein zu sein. Am Boden liegen Steinplatten, durch deren Fugen wackere Pflänzchen nimmermüde sich zwängen, auf der Suche zur Sonne, zum Himmel, dort, wo jetzt der heilige Franz ist und von wo er vielleicht auf mich selig herunterblickt und sich denkt, daß das Vagabundieren eine angenehme Sache ist. Auch er, der heilige Franz, war so etwas wie ein Vagabund – dies meine ich in aller Höflichkeit und Ehrerbietung –, denn er war weit unterwegs, wie ich noch erwähnen will.

Ein wackerer und nobler Herr war der Franz, er würde sich, falls er heute leben würde, wahrscheinlich weigern, in ein Auto einzusteigen. Mir ist er sympathisch, der heilige Franz. Und ich denke nach über ihn, während ich über kleine und große Plätze, an Kirchen und Kirchleins vorbei zu einer Pizzeria marschiere. An den Tischen sitzen einige Deutsche, wie ich vernehme, die sich laut lachend unterhalten. Der Ofen, aus dem die Pizzen kommen, dominiert appetitlich den vorderen Bereich der gastlichen Stätte. Nicht weit vom Ofen, getrennt durch eine Art Steinmauer, nehme ich an einem einsamen Tisch Platz. Hier habe ich meine Ruhe. Eigentlich liebe ich die Einsamkeit, frei nach dem Spruch: „Wer einsam ist, der hat es gut, weil niemand da, der ihm was tut." Ich zücke meinen Bleistift und beginne meine Notizen über den heutigen Tag zu machen. Dazwischen trinke ich einige kräftige Züge aus dem Glas mit dem herrlichen Bier, dem isotonischen Getränk. Es tut mir gut. Bald bringt mir die Wirtin eine prächtige vegetarische Pizza mit Paradeisern, wie man in Österreich die Tomaten nennt. Um wieviel schöner ist doch Paradeiser als Tomate. Paradeiser erinnert an das Paradies, vielleicht kommt er ursprünglich wirklich von dort. Der heilige Franz hat Paradeiser noch nicht gekannt, da sie erst nach der Entdeckung Amerikas aus Übersee bei uns eingeführt worden ist. Auch wenn Franz den Paradeiser noch nicht gekannt hat, so liebte er doch das Paradies. Aber zu diesem zu gelangen ist eine beschwerliche Sache. Franz wußte das.

Geboren wurde Franz zu einer Zeit, als in der Kirche einiges los war, als man hart gegen Ketzer losging, also gegen Leute, die vom angeblich richtigen Glauben abgewichen sind, und als mächtige Päpste zu den Kreuzzügen aufriefen. Zur selben Zeit entstand in den Städten ein selbstbewußtes Bürgertum. Vor diesem Hintergrund wurden auch die ersten Universitäten gegründet, wie die von Bologna und Padua, über die ich schon erzählt habe. Jedoch nicht nur die Freiheit war dem Bürgertum wichtig, sondern auch die Freude an einem noblen Leben, aber dazu benötigte man Geld. Der Handel blühte, und die Kaufleute machten gute Geschäfte. In ein solches städtisches Leben, das sich nicht wesentlich von dem des Adels unterschied, wurde Franziskus 1181 als Giovanni Bernardone geboren. Er war Sohn eines wohlhabenden Kaufmannes und seiner französischen Ehefrau. Das Elternhaus kann bis heute besichtigt werden, auch ich schlenderte an ihm vorbei. Als Jüngling bekam Giovanni den Rufnamen Francesco wegen seiner von der Mutter geerbten Vorliebe für die französische Sprache und für ritterlich-höfisches Leben. Wörtlich übersetzt heißt Francesco nichts anderes als „der Franke" oder besser: „das Französchen". Unter diesem Spitznamen wurde er schließlich zum Heiligen.

Die Läuterung, die Franz in den beiden Kriegszügen, von denen ich schon erzählt habe, erfahren hat, dürfte seinen Vater, den vornehmen Kaufmann, nicht erfreut haben, denn er hätte in Franz gerne jemand gesehen, der seine Geschäfte weiter führt. Franz jedoch stellte sich auf die eigenen Füße und lebte nun sein Ideal der Armut, das ihm als wunderbares Gegenstück zu dem oberflächlichen Leben der Eltern und überhaupt zu einem selbstherrlichen Bürgertum erschien. Ich stelle mir hier vor, wie Franz als Bettler vor den angesehenen Leuten hier in Assisi auftrat und wie diese es nicht fassen konnten, daß der Sohn eines hochangesehenen Kaufmannes plötzlich in der Kleidung der Armut sich zeigte. Man dürfte verwundert und manche sogar erschreckt gewesen sein. Franz war ein echter jugendlicher Rebell, wie ich ihn mir vorstelle, der, ähnlich wie bei uns die Burschen und Mädchen der letzten sechziger und siebziger Jahre, auf ein langweiliges Bürgertum pfiff und hinaus in die Natur strebte. Die Natur mit Tier und Pflanze besang er und erfreute sich an ihr. Etwas erinnert diese Einstellung des heiligen Franz an die Flower-power-Bewegung der Generation um 1970, die eigentlich genug vom Politisieren hatte, in dem gerade Spezialisten des Jahres 1968, die immer wieder Marx und Hegel zitierten, sich verstrickt hatten. Der Franz war ein großer Wanderer, er zog bis ins Heilige Land und weiter. Große Umherzieher waren auch meine Freunde und Freundinnen am Beginn der siebziger Jahre. Ich war damals in Indien, um eine Forschung an einem Stamm durchzuführen. In Bombay traf ich auf Amerikaner, Österreicher und Deutsche, unter ihnen gab es einige, die in tibetanischer Mönchskleidung unterwegs waren. Diese erinnerten mich besonders an den heiligen Franz, dem ebenso eine einfache Kutte genügte.

Ich sehe den guten Franz, wie er vor diesen steinernen Häusern nobler Bürger um Gaben bettelt. Es mag auch einen Aufruhr und ein Getratsche wegen des Franz gegeben haben.

Nicht mehr der Ruhm fasziniert ihn, sondern die Demut. Das Leben der von den guten Bürgern Mißachteten, der Armen und Aussätzigen, interessierte ihn. Also diejenigen hatten es ihm angetan, die ein abwertendes Zeichen, ein Stigma, wie Armut oder Aussatz, zu tragen hatten, wahrscheinlich auch aus Protest heraus. In seinem Testament, auf das ich noch eingehen werde, erzählt er die Geschichte mit dem Aussätzigen, den er sogar küßt, obwohl dies ihm widerlich war und er Abscheu empfunden hat. Beeindruckt hat ihn das Erlebnis in der Kirche San Damiano. Dort sprach angeblich Christus zu ihm vom Kreuz herab: „Wenn du nicht weißt, was du tun sollst – du siehst doch: mein Haus ist halb zerfallen. Mach dich nützlich und baue es wieder auf!" Franz zögert nicht lange und legt Hand an. Sein Vater Bernardone meint dazu: „Mein Sohn ist verrückt geworden." Um die Kirche restaurieren und Bettler verköstigen zu können, beginnt Franz das väterliche Vermögen zu verschleudern. Dem Vater wird dies zu blöd, und er will ihn gerichtlich enterben. Der Fall wird vor dem Bischof von Assisi verhandelt. Dies ärgert den guten Franz, und er macht etwas Rebellisches. Um seinen Vater, Bischof und gute Bürger zu entsetzen, entkleidet sich Franz auf öffentlichem Platz, er wirft seinem Vater die Sachen vor die Füße und erklärt: „Weder Geld noch Kleider will ich von dir. Von jetzt an kenne ich nur noch einen Vater, den im Himmel!" Franz hat sich damit von seinem alten Leben und dem der Eltern losgesagt. Die Bürgerschaft von Assisi ist schockiert. Franz aber läßt sich nicht beirren, setzt seinen Weg fort und renoviert baufällige Kapellen und Kirchen. Das Geld dazu und das für sein Leben erbettelt er in den Straßen der Stadt, durch die ich eben spaziert bin. Bei einem Gottesdienst im Jahre 1208 hört Franz die Worte der Heiligen Schrift, wie Jesus seine Jünger je zu zweit aussendet, damit sie in allen Dörfern der Umgebung den Anbruch des Gottesreiches verkünden. Franz fühlt sich angesprochen und will dies genauso tun. Erste Gefährten schließen sich ihm an, sie sind tief beeindruckt von dem, was Franz tut. Die kleine Schar lebte in strenger, frei gewählter Armut. Wenn sich neue Fragen stellten, zogen die Brüder die Heilige Schrift zu Rate. Sie empfanden, daß der Geist Gottes sie leitete und führte. Als ihre Gruppe auf zwölf Mitglieder herangewachsen war, dachte Franz daran, eine Regel für die Gruppe niederzulegen, um nicht als vagabundierende Bettler oder ähnliches angesehen zu werden. Franz machte sich nun mit seinen Brüdern auf nach Rom, um vom Papst Innozenz III., dem damals mächtigsten Mann Europas, die Zustimmung zu erhalten. In dem berühmten Film „Bruder Sonne und Schwester Mond" von Franco Zefirelli wird diese Szene prächtig geschildert. Man sieht Franziskus mit seinen Brüdern, alle in einfacher Kutte, müde von der Reise, eher wie Vagabunden aussehend als wie brave fromme Leute, vor dem Papst, der umgeben ist von seinen Kardinälen. Sie alle sitzen dort in ihren protzigen Gewändern und mit teuren Ringen an den Fingern. Die Kardinäle sind entsetzt über die eher lumpig aussehenden jungen Burschen. Sie fragen Franziskus, was er wolle. Er erzählt nun vom einfachen Leben und fügt heiter hinzu: „Macht es wie die Vögel, die ernten und säen nicht." Er will damit sagen, daß Gott für die Seinen sorgt. Die Kardinäle zeigen sich verärgert über diese Worte, sie sehen sie als Beleidigung des Papstes. Doch dieser sagt zunächst nichts. Die Kardinäle fragen ihn, warum er sich die Frechheiten des Franziskus gefallen lasse. Nun antwortet der Papst nachdenklich, daß das, was Franziskus nun deklamiert habe, das Evangelium sei. Die Kardinäle verstummen beschämt, und der Papst bestätigt nun die neue Lebensform von Franz und seinen Brüdern. In Windeseile sprach sich herum, daß die Gemeinschaft des Franz die erforderliche kirchliche Anerkennung erhalten habe. Der Zulauf war beträchtlich.

Ich habe meine Pizza gegessen, mein Bier getrunken und an die Geschichte des heiligen Franz gedacht. Hier, wo ich sitze, einige Gassen über der Kathedrale, in einem alten steinernen Haus, in dem heute die Pizzeria eingerichtet ist, ist mir der heilige Franz sehr nahe. Er muß ein kühner Bursche gewesen sein, der sich belustigt hat über das Bürgertum der Stadt und es auch verunsichern wollte. Wahrscheinlich hat er mit den Seinen herzlich gelacht, wenn man ihnen Worte des Spottes nachrief.

Aber nicht nur Männer aus guten Häusern zog es zu ihm, sondern auch noble Frauen. Die erste war eine gewisse Klara, sie stammte aus adeligem Hause. Ihr folgten wenig später deren Schwester Agnes, die Mutter Ortulana und andere Frauen nach. Die „Schwestern" des heiligen Franz bildeten eine eigene Gruppe und fanden bei der Kirche San Damiano Unterkunft. Sie bezeichneten sich als „Arme Frauen von Assisi". Ein neuer Orden war entstanden. Die Brüder sahen es als ihre Hauptaufgabe an, überall die Erneuerung zu predigen. In der ersten Zeit waren sie ständig unterwegs. Ihren Lebensunterhalt verdienten sie sich als Gelegenheitsarbeiter. Als die Gemeinschaft immer zahlreicher wurde, gründete man jedoch feste Niederlassungen. Einmal im Jahr versammelten sich alle Brüder in Portiunkula bei Assisi, um ihr Kapitel abzuhalten.

Meinen letzten Schluck Bier erhebe ich zur guten Erinnerung an den heiligen Franz und die freundliche Klara. Vielleicht war sie sogar verliebt in den Franz, ich könnte es mir vorstellen, schließlich war er ein kühner Herr, der sich nicht um die Meinung der Bürger von Assisi gekümmert hat. Ich mache mir noch einige Notizen über den heutigen Tag in mein Büchlein, zahle die Zeche, bedanke mich für die freundliche Bewirtung, stehe auf, grüße die Wirtin und grüße auch zum Tisch der Deutschen hinüber. Vielleicht sitzt unter ihnen einer, der aus Franken stammt und Franz heißt. Und vielleicht weiß er nicht, daß der heilige Franziskus auf Giovanni Bernardone getauft worden ist und daß der Name Franziskus so etwas wie ein Spitzname war und „der Franke" bedeutet.

Ich spaziere noch einmal durch die Gassen bis weit hinauf und dann zurück zur Piazza del Commune. Hier herrscht Leben, einige junge Leute singen, andere vergnügen sich bei Eis und Coca-Cola, und wieder andere lassen schweigend alles auf sich einwirken. Viele von den Menschen hier sind wohl aus fernen Gegenden gekommen, um dem heiligen Franz zu huldigen. Diese Piazza del Commune war zur Zeit der Römer ein Forum, ein Platz für Markt und Politik. Hier steht auch die Kirche Santa Maria Sopra Minerva, die aus einem Tempel der Minerva von mehr oder weniger frommen Katholiken geschaffen wurde. Ich schlendere durch dieses liebliche mittelalterliche Städtchen in den umbrischen Bergen. Immerhin liegt Assisi auf 424 Meter Seehöhe. Es ist an der Zeit, es ist schon gegen 23 Uhr, mich in das Hotel zu begeben und im Schlaf mir Kraft für den morgigen Radtag zu holen.

Das Hotel ist etwas altmodisch, aber es hat etwas Nobles an sich. Nehme an, daß in diesem die vornehmeren Pilger Quartier bezogen haben. Der Portier nickt freundlich, als ich mir meinen Zimmerschlüssel hole. Ich schaue noch kurz in die gegenüberliegende Garage, ob mein Fahrrad nicht in die Hände von Dieben gefallen ist. Es steht noch friedlich dort, neben den vornehmen Autos der anderen Gäste. Ich gehe zu Bett, lese noch etwas, gedenke des Burschen von Assisi, der es zum Heiligen gebracht hat und der Franke hieß. Ich schlafe tief.

9. NACH SIENA — ALTES PILGERTUM, DER SONNENGESANG DES HEILIGEN FRANZ, PFERDERENNEN AUF DEM IL CAMPO

Ich bin schon um 7 Uhr auf. Ich werde erst gegen Mittag wegradeln. Die Stunden bis dahin werde ich vagabundierend und pilgernd mich durch Assisi bewegen.

Ich will mich noch näher mit Assisi als Wallfahrtsort und den Pilgern beschäftigen, aber auch dem heiligen Franz möchte ich ein paar Gedanken widmen.

Als Pilgerort hat Assisi wohl eine lange Bedeutung. Im Mittelalter bestimmte der Papst den Rang der Wallfahrtsorte. An erster Stelle standen wohl Rom, Jerusalem und Compostella. Aber auch Assisi war und ist ein reizvoller, darüber hinaus liebenswürdiger Wallfahrtsort. Aus den Wallfahrten nach Jerusalem haben sich übrigens die Kreuzzüge entwickelt. Die Kreuzzüge waren eigentlich nichts anderes als Wallfahrten mit kriegerischen Eroberungsabsichten.

Als Eroberer fühle ich mich nicht hier in Assisi, sondern als vagabundierender Radfahrer, der versucht, mit offenen Augen das Leben um sich wahrzunehmen.

In langer Hose und Hemd, also nicht im Habitus des Radfahrers, begebe ich mich zum Frühstück. Lediglich meine Schuhe sind Sportschuhe, die ich auch beim Radeln verwende. Damit ich nicht zuviel Gewicht mitführen muß, verzichtete ich auf die Mitnahme eines zweiten Paars Schuhe. Ein Paar muß genügen, dachte ich mir durchaus im Sinne des heiligen Franz, der auch mit leichtem Gepäck unterwegs war und manchmal im Sinne des Matthäusevangeliums – Kapitel 10, Vers 10 – sogar ohne Schuhe. Nach dem Frühstück marschiere ich zur großen Basilika, die dem heiligen Franz geweiht ist. In den Gassen, die zu dem großen Platz vor der Basilika führen, herrscht bereits reger Betrieb. Ein Andenkengeschäft reiht sich an das andere. Und in allen sind bereits mehr oder weniger fromme Pilger, die entweder Bildchen mit dem hei-

5 In Assisi – der Dom

ligen Franz und der heiligen Klara, fromme Kerzen, Ansichtskarten
oder Anhäger mit dem Bild des Heiligen für sich oder ihre Lieben erwerben. Es ist ein gutes Geschäft, hier derartige Sachen feilzubieten.
Ich war schon in manchen Wallfahrtsorten, aber hier in Assisi dürfte auf
dem Gebiet des Geschäftes sich Großes tun. Es ist möglich, daß in
Lourdes oder in Fatima man mit der Frömmigkeit braver Pilger noch
mehr Geld verdient, aber ich kann mir nicht vorstellen, daß an anderem Ort es noch geschäftiger zugeht. Alle, die hierherkommen, versprechen sich nicht nur Segen durch den Besuch des Grabes des heiligen Franz, sondern auch durch den Kauf von heiligen Bildchen und
ähnlichem. Auch ich kaufe derartige Dinge ein, um sie meiner Verwandtschaft als segensreiche Mitbringsel bei meiner Heimkunft über-
reichen zu können. Irgendwie erinnern mich diese heiligen Sachen an
heidnische Amulette. Sicherlich ist der Unterschied zwischen dem kleinen Metallstück, auf welchem das melancholisch wirkende Anlitz des
Franz dargestellt ist, und einer kleinen indischen Göttinnenstatue aus

Keramik, die in einem Hindutempel verkauft wird, ein nur geringer. Von beiden erhoffen sich die Träger Heil und Segen. Das Wallfahren hat eine alte Tradition, die auf heidnische Zeiten zurückgeht. In der antiken Welt gab es eine Unzahl von Heiligtümern, heilige Haine, heilige Quellen und wundertätige Tempel, zu denen zu wandern bzw. zu wallfahren höchst lohnend für die damaligen frommen Leute war. Lohnend war dies insofern, genauso wie heute, da man den Gottheiten oder Gott sich näher als sonst fühlte. Und außerdem war man unter Menschen. In Wallfahrtsorten war und ist immer etwas los, denn hier gibt es viel zu sehen, viel Heilbringendes zu erwerben, und man ist unter Menschen.

Das war schon in der Antike so. Die damals besuchten Tempel waren in gewisser Weise wohl die Vorläufer der heutigen Museen, denn manche enthielten Kunstsammlungen und Bibliotheken. In den Tempeln fand man auch Naturseltenheiten, historische Merkwürdigkeiten und Reliquien aus der Zeit der Heroen. In einem Tempel in Sparta zeigte man den Besuchern angeblich ein Ei der Leda. Ich weiß von zwei Eiern der Leda, aus denen interessante Leute kamen, aber mir ist nicht bekannt, daß Leda noch ein Ei zur Welt gebracht hat, aus dem niemand entschlüpfte, das eben ein Ei blieb. Leda, die Frau des Spartanerkönigs, war nämlich vom Göttervater Zeus, der sich ihr in Gestalt eines Schwans näherte, geschwängert worden. Darauf gebar Leda zwei Eier. Aus dem einen entsprangen die beiden Dioskuren, und aus dem anderen schlüpfte die kleine Helena. Die beiden Dioskuren, Kastor und Pollux, zeichneten sich durch allerhand Heldentaten aus, Kastor als Rossebändiger und Pollux als Faustkämpfer. Sie befreiten die von Theseus geraubte Helena, und sie wurden als ritterliche Helfer insbesondere der Seefahrer verehrt. Auch ihnen widmete man Kultstätten, zu denen man wallfahren konnte. In Lindos auf Rhodos wurde den staunenden Reisenden eine Schale aus Bernstein gezeigt, die ein Abguß des Busens der Helena war. In Cheronea konnte man das Szepter des Zeus, welches der Götterschmied Hephaistos gefertigt hatte, und in einem Apollontempel zu Sikyon konnte man dessen Schwert und Schild bewundern. Der Mantel des Odysseus und das Gewebe der Penelope waren ebenso in einem Tempel zur Schau gestellt wie ein Klumpen jenes Lehmes, aus dem Prometheus den Menschen gebildet hat, in einem Tempel zu Phokis. Bei Besuch dieser Stätten erhoffte man sich wohl Heil und Segen. Ebenso wie hier bei dem Besuch der Kirche des heiligen Franz. Auch hier gibt es Reliquien, die an den den guten Franz und seine Klara erinnern.

Der Wallfahrtsort von Assisi steht also in der besten Tradition. Bei Wallfahrten ist es möglich, sicherlich auch hier in Assisi, daß Damen und Herren sich näherkommen. Es wird auch von Kindern berichtet, die aus solchen bei Wallfahrten eingegangenen Beziehungen entstanden sind. Eine solche bei einer Wallfahrt entstandene Liaison schildert Wilhelm Busch in seiner Geschichte von der „frommen Helene". Diese Helene ist kinderlos und wird daher von ihrem Herrn Gemahl mit dem Vetter Franz, einem geistlichen Herrn, auf die Wallfahrt geschickt, um Kindersegen zu erbitten. Und tatsächlich kommt Helene in gesegnete Umstände und bringt zwei Buben zur Welt, die nicht ihrem Mann, sondern dem Vetter Franz ähnlich schauen. Wallfahren ist also nicht nur eine bloß fromme Sache, mitunter, oder sehr oft, auch eine höchst vergnügliche. Dies merke ich auch hier in Assisi, wohin massenhaft Pilger und Pilgerinnen, manche in Begleitung eines geistlichen Herrn, eintreffen. Einen besonders fröhlichen Eindruck machen die geistlichen Herren, die ich auf dem Platz vor der Kathedrale des heiligen Franz sehe. Die meisten sind umgeben von heiteren Damen, unter ihnen auch Klosterschwestern. Ein paar Pfarrer aus Österreich und Bayern sind unter diesen frommen Helden, dies entnehme ich ihrer mir angenehm und heimelig klingenden Sprache. Wie ich so über den Platz wandere und die vielen Menschen sehe, die zur Kirche strömen oder in Gruppen beisammenstehen und dabei heiteren Gemütes sind, verstehe ich, daß Religiosität und Spektakel eine Einheit bilden können. So geht es am Land an den sogenannten Kirchtagen, also den Tagen, an denen die Kirchen ihre Gründung feiern, hoch her. Es gibt da den Gottesdienst, aber auch Geschäfte werden gemacht, und Stätten der Belustigung, wie Schießbuden, Ringelspiele und Zuckerwatteverkäufer, locken. Bei den einzelnen Verkaufsständen kann man Waren jeder Art kaufen, angefangen von Kleidung bis hin zu Mittelchen, die angeblich gegen irgendwelche Krankheiten helfen. Es verbinden sich also zu kirchlichen Zeiten und an frommen Orten, genauso wie hier in Assisi, Frömmigkeit, Geschäft und Unterhaltung. Am Namenstag des heiligen Franz, es ist der 4. Oktober, soll es große Festivitäten mit Umzügen und Lustbarkeiten geben, wie überhaupt die Italiener es lieben, fromme Feste mit großem Überschwang zu feiern.

Wallfahrtsorte sind daher von großer Anziehungskraft, denn sie bieten eine dauernde, institutionalisierte Möglichkeit der Zerstreuung an, nicht bloß auf fromme Weise.

Bereits in der Antike waren Wallfahrtsorte Orte des Vergnügens und auch der sportlichen Wettkämpfe, die zu Ehren eines Gottes veranstaltet wurden. So haben sich die Olympischen Spiele aus einer Wallfahrt entwickelt.

Auch im Mittelalter war die Wallfahrt nicht bloß eine gottgefällige Angelegenheit, sie ersetzte die Vergnügungsreise von heute. Es war die beste und einfachste Möglichkeit, fremde Länder und fremde Leute kennenzulernen. Und außerdem reist man mit anderen Pilgern sicherer vor Wegelagerern und Strauchdieben. Jedenfalls war es gut, wenn man vor jeder Reise sich in den Schutz eines Heiligen begab. Besonders wirksam soll die Fürbitte des heiligen Martin gewesen sein.

Dennoch gab es Probleme bei den Pilgerreisen. Manchmal hatten die Pilger unter Fremdenfeindlichkeit zu leiden. So wird berichtet, daß in Lourdes die Bürger unter bestimmten Umständen das Recht hatten, dem Fremden, der sich ohne Erlaubnis in der Stadt aufhielt, eine Scheibe Fleisch aus dem Leib zu schneiden.

Jedoch in den meisten Wallfahrtsorten, zumindest heute ist es so, werden die Pilger mit offenen Armen und dankbar aufgenommen, denn sie bringen gutes Geld. So auch hier in Assisi. Hier ist der Wirbel groß, in den Gassen und auf den Plätzen vor den Kirchen. Den ganzen Tag bis in die Nacht, wie ich gestern erlebt habe, fluten Junge und Alte bergauf, bergab, essen, trinken und manchmal singen sie auch.

Ich halte mich etwas vor der aus dem 13. Jahrhundert stammenden Basilika des heiligen Franz auf und beobachte die geistlichen Herren mit den sie umschwärmenden Damen. Ich betrete den Kirchenraum.

6 Der heilige Franz

An das große Erdbeben, das vor ein paar Jahren hier gewütet hat, erinnert nicht mehr viel. Baulich ist alles in Ordnung, an der Restaurie-
rung einiger Gemälde wird noch gearbeitet. Berühmt sind hier die
wundervollen Fresken über das Leben des heiligen Franziskus des
Malers Giotto. Auf einem der Bilder sieht man den gütigen Franz, einen Rebellen seiner Zeit, den Vögeln predigen. Dieses Bild ist ein
schöner Hinweis auf die Liebe, die Franz auch den Tieren entgegen-
brachte.

In der Krypta befindet sich der Steinsarg des 1226 verstorbenen heiligen Franz. Obwohl noch früher Vormittag ist, wälzen sich Gruppen
von frommen Pilgern die Stiegen hinunter und machen ihre Verbeu-
gung vor den in Stein verborgenen Überresten des liebenswürdigen
heiligen Franziskus und äußern im stillen ihre Wünsche an ihn. Auch

ich paradiere hier vorbei. Franziskus war nicht nur ein Freund der Menschen, sondern auch einer der Tiere. Das ist mir höchst sympathisch, gerade in der heutigen Zeit, in der Tiere gedemütigt und gemartert werden. Durch Europa fahren die Lastwägen mit lebenden jammernden Rindern und Schweinen. Gnadenlos ist der Mensch. Würde er heute leben, der heilige Franz, er wäre ein großer Gegner der Tiertransporte und der Massentierhaltung.

Ich marschiere durch die Kirche, von dort in einen gotischen Kreuzgang, an diesem liegt ein großer Raum, in den Gläubige wandern, ich schließe mich an. Hier eröffnet sich ein Blick auf lange Tische, auf denen allerhand heilige Sachen, Tausende an der Zahl, angeboten und gekauft werden. Ein besonderer Renner sind die kleinen Anhängsel mit dem Bild des heiligen Franz aus dem Fresko des Giotto. Ich kaufe mir gleich ein paar Stück, für mich, einige Freunde und meine Enkelkinder. Ich zahle gerne dafür. Ein Bildchen gebe ich in meine Geldtasche, möge der heilige Franz ein paar gütige Blicke auf den die Natur achtenden Radfahrer und Vegetarier werfen.

Ich schaue mir noch etwas die Kirche an. Vornehm aussehende Kirchendiener achten darauf, daß nicht fotografiert werde, die Kirche will selbst durch den Verkauf von Ansichtskarten verdienen, und daß der Gottesdienst nicht gestört werde. Ich verlasse die Kirche, es hat mir gefallen hier beim heiligen Franz, der ein großzügiger Herr war, vor allem gegenüber jenen Leuten, mit denen es der gute Bürger nicht gut meint. Jedenfalls waren dem Heiligen und Tierfreund Vagabunden lieber als Leute, die sich als gute Staatsdiener fühlen.

Ich besuche noch die gotische Kirche Santa Chiara, in deren Krypta die heilige Klara auf den Jüngsten Tag wartet. Sie, die adelige Freundin, vielleicht sogar Geliebte des heiligen Franz, der als junger Krieger selbst in den Adelsstand wollte, war eine passable Dame, die andere faszinieren konnte und über Poesie verfügte. Sie besaß mit Franziskus die Fähigkeit des Mitleidens und der Liebe zu den Armen sowie den Wunsch, selbst in Armut und in Bescheidenheit zu leben.

Ich marschiere in mein Hotel, ziehe mich um. Im Raddreß erscheine ich bei der Rezeption. Ich zahle und bedanke mich höflich für die freundliche Aufnahme. Ich hole mein Fahrrad aus der Garage. Gottlob, es hat die Nacht gut überstanden.

Die Packtasche befestige ich am Gepäckträger hinter dem Sattel. Mein Kapperl, das mich vor der Sonne schützen soll, drücke ich auf meinen Kopf und setze meine Sonnenbrillen auf. Ich radle bergab zum großen Platz mit den vielen Autos und Autobussen. Ich blicke noch einmal zur Basilika des heiligen Franz, und dann kurve ich den Berg hinunter. Es ist gegen Mittag. Durch eine Allee, Zypressen und Kastanienbäume umgeben mich, gelange ich zur Basilika San Maria degli Angeli. In das Innere dieser Kirche will ich, denn diese ist einmalig in ihrer Art, sie ist um eine andere Kirche, besser gesagt: um ein Kirchlein gebaut. Dieses Kirchlein hat der heilige Franz am Beginn seines rebellenhaften Lebens selbst renoviert. Über den Renovierungseifer dieses Mannes habe ich oben schon etwas erzählt. Dieses in der Basilika stehende Kirchlein, das der gütige Franz geliebt und in dem er wichtige Besprechungen mit seinen Brüdern über das Gemeinschaftsleben geführt hat, besitzt den freundlichen Namen Portiuncula. Ich lenke mein Fahrrad auf den Platz davor, zwei Polizisten stehen hier, die mich keines Blickes für würdig befinden. Autobusse parken in der Nähe, aus der sich Pilger ergießen, die zur Basilika eilen. Die Basilika San Maria degli Angeli gehört zum Besuchsprogramm der Tour, zwar nicht zur Tour de France, sondern zur Tour des Franziskus. Auch hier will man sich Segen holen. Ich lehne mein Fahrrad an eine der Säulen, die am Aufgang zur Kirche stehen, und starte einen Blitzbesuch, ein längerer ist mir aus Angst um mein Fahrrad nicht möglich. Ich verbeuge mich vor der bescheidenen Portiuncula, die in einem großen Gegensatz zum Prunk der Basilika sich befindet. Es ist merkwürdig, daß man in Assisi und hier in San Maria degli Angeli des Franziskus, der das Los der Armut freiwillig auf sich genommen hat, mit ungeheuer teurem Aufwand und prunkvoll gedenkt. Sicherlich wundert sich Christus auch über das Leben, das die Päpste geführt haben. Aber so ist der Mensch. Wenn er etwas verehrt, so macht er dies gründlich und zahlt ordentlich dafür.

Ich zwänge mich durch die braven Pilger aus der Basilika. Das Fahrrad ist noch hier.

Ich setze mich in seinen Sattel und lenke es durch Bastia. Aus meiner Karte werde ich nicht klug, welche Straße ich benützen soll, um in den Norden des Trasimenischen Sees zu gelangen. Am Abend möchte ich in Siena sein. Ich frage vorsichtig nach dem richtigen Weg. Zwei holländische Radfahrerinnen, auch hier sind sie zu finden, schließen sich mir für eine kurze Zeit an, auch sie wollen durch Bastia, ein freundliches umbrisches Städtchen. Ich scherze mit den beiden über die edle Art der Fortbewegung als Radfahrer. Ihnen gefällt, daß ich aus Österreich die ganze Strecke mit dem Fahrrad gefahren bin. Ich nicke geehrt.

Irgendwie gelingt es uns, dabei müssen wir auf einer stark befahrenen Straße über einen Viadukt, unter uns die Gleise der Bahn, Bastia hinter uns zu lassen. Die beiden radelnden Damen werfen mir noch einen Gruß zu, sie nehmen einen anderen Weg, dann bin ich wieder alleine. Ich bin nun auf einer Nebenstraße, die Richtung stimmt, ich werde versuchen, an Perugia vorbei den für die Tour nach Siena idealen Weg zu finden. Noch sehe ich keine Probleme.

Es waren schöne, einprägsame Stunden in Assisi. Auch die Pizza war gut, und das Bier gestern abend mundete mir, dem vagabundierenden Radfahrer, der sich in der Sonnenhitze durch Umbrien nach Assisi bewegt hat. Der heilige Franz hat seine Faszination, auch für Nichtkatholiken.

Um ihn ganz zu verstehen, ist es vielleicht spannend, sein Testament zu betrachten. Dieses Testament ist eine Art Rückblick auf sein Leben und beschreibt, was dem Franz wichtig war. Außerdem ist das Testament ein leidenschaftlicher Protest des Franziskus gegen die Verfälschung seiner Ideale durch die päpstliche Kurie.

Franz war eine Ruheloser, ein Wandernder, der seine Heimat überall dort sah, wo Menschen in Armut leben. Das wahre Leben ist für Franz eine einzige Pilgerschaft. Daher schreibt er in seinem Testament, daß die Brüder genauso wie Fremde und Pilger in den Häusern wohnen sollen, in die sie zukehren. Sie sollen unter dem Himmel nichts besitzen wollen außer die heilige Armut. Dazu gehört die Achtung vor den von den braven Bürgern Ausgestoßenen. Franz erzählt, welche Überwindung es ihm selbst gekostet hat, diese Menschen zu respektieren, so wie er in der Nähe von Assisi einen Aussätzigen traf – kurz habe ich dies schon erwähnt. Gerade weil er eine Abneigung gegenüber diesem empfand, ging er zu dem Mann, gab ihm ein Geldstück und küßte ihm die Hand. Und nachdem er von diesem den Friedenskuß empfangen hatte, setzte er den Weg fort. Von da an begann er mehr und mehr, sich selbst zurückzusetzen, bis er durch die Gnade Gottes, wie er schreibt, den Sieg über sich selbst vollkommen erreichte. Ein paar Tage nach diesem Erlebnis mit dem Aussätzigen ging er zum Aussätzigenheim. Dort rief er alle zusammen, küßte jedem die Hand und gab ihm ein Almosen. Was ihm früher widerlich gewesen war, nämlich Aussätzige zu sehen und zu berühren, hatte sich geradezu in Lust verwandelt. Früher ekelte ihm vor dem Anblick Aussätziger, und er vermied, sich ihren Unterkünften zu nähern. Nun hatte sich die Einstellung des heiligen Franz grundsätzlich geändert. Menschenliebe diktierte ab nun sein Handeln.

Er demonstrierte dem satten städtischen Bürgertum, daß Arme und Aussätzige geachtet werden sollen. Und er ermahnte seine Brüder, keinen Menschen zu verurteilen und sich zu bemühen, der Demut und der Armut unseres Herrn Jesus Christus nachzueifern.

Vor diesem Hintergrund ist auch zu verstehen, daß Franziskus den Frieden predigt, denn erst im Frieden ist es möglich, daß Menschen sich gegenseitig achten und lieben. Zu dieser Lobpreisung des Friedens hat sicherlich die Teilnahme des Franz an Kriegshandlungen beigetragen.

Für mich als Freund des Vagabundierens ist spannend und auch ergötzlich zu wissen, daß Franz ein echter Wanderprediger war. Zu diesem predigenden Vagabundieren sah sich Franz durch das Matthäusevangelium gerechtfertigt, denn dort steht im 10. Kapitel ab Vers 5, daß Jesus seine Apostel auffordert, zu den Menschen zu gehen und ihnen zu verkünden, was er, Jesus, ihnen gesagt hat. Weiter heißt es, allerdings kann ich als Radfahrer, auch wenn ich predigend unterwegs wäre, dem nicht ganz zustimmen, denn ich brauche meine Reisetasche: „Verschafft euch weder Gold noch Silber ..., auch keine Reisetasche." Schön sind jedoch die Worte im Vers 14: „Und wenn man euch nicht aufnimmt und auf eure Worte nicht hört, so verlaßt jenes Haus oder jene Stadt und schüttelt den Staub von euren Füßen." Auch an das, was beim Evangelisten Markus, Kapitel 6, Vers 7, steht, hielt sich der heilige Franz. Dort heißt es, daß Jesus die Apostel zu sich, wie schon einmal gesagt, rief und sie paarweise aussendete. Genauso tat es der heilige Franz und schickte je zwei seiner Brüder zu den Menschen. Mit möglichst wenig Gepäck waren sie unterwegs, und oft werden sie sich den Staub von ihren Füßen geschüttelt haben. Auch mir geht es oft nicht anders, wenn ich zu Leuten komme, die mit mir wenig Freude haben: Ich geh' und schüttle den Staub von meinen Füßen.

Besonders weit war der gute Franz unterwegs.

Gegen Ende des Jahres 1212 machte sich Franziskus auf den Weg ins Heilige Land, erlitt jedoch Schiffbruch und sah sich zur Rückreise gezwungen.

Als Wanderprediger kam Franz 1212 nach Dalmatien. Von 1213 bis 1215 war er in Südfrankreich und Spanien unterwegs. Er wurde als „poverello", der Arme, weithin bekannt und sehr verehrt. Durch seine „süße Rede" beeindruckte er die Menschen und wurde auch „Troubadour Gottes" genannt.

Seine Predigten bei seiner religiösen Vagabondage und sein vorbildlicher Lebenswandel regten schon zu seinen Lebzeiten zur Gründung zahlreiche Klöster auch nördlich der Alpen an.

Bei weiteren Reisen im Rahmen des 5. Kreuzzuges gelang es ihm zwar 1219, in Ägypten zu predigen, jedoch nicht, den Sultan el Malik el Kamil zu bekehren. Franziskus bot den muslimischen Priestern die Feuerprobe an: Er sei bereit, durch ein Feuer zu schreiten, um zu beweisen, welcher Glaube der richtige sei. Der Sultan jedoch wagte diese Entscheidung nicht. Von dort zog Franziskus weiter ins Heilige Land, wo er bis 1220 blieb.

Nach seiner Rückkehr fand er die Ordensbrüder in Uneinigkeit vor und trat von der Leitung des Ordens zurück. Die nächsten Jahre verbrachte er mit der Planung eines neuen Ordens – des späteren „Dritten Ordens", der „Tertiare" der Franziskaner: ein Orden für Menschen, die in der Welt nach Ordensregeln leben wollen. 1223 bestätigte Papst Honorius III. die endgültigen Regeln des Franziskanerordens.

Oft wird von der sanftmütigen Demut des Franziskus allen Menschen und auch der armen Kreatur gegenüber berichtet – alle waren ihm Schwestern und Brüder, auch Sonne, Mond und Tod, wie es sein „Sonnengesang" ausdrückt und wie es die verschiedenen Legenden von der „Vogelpredigt" zeigen, die vom Maler Giotto in einem Fresko gefühlvoll dargestellt wird.

In den letzten Jahren seines eher kurzen Lebens war Franz kränklich, und er hatte Ärger mit Brüdern, die mit dem Armutsideal, wie er es verlangte, nicht einverstanden waren. Unter diesen Aufmüpfigen war auch ein gewisser Elias von Cortona. In die Nähe von Cortona komme ich heute noch. Vielleicht mache ich mir dort ein paar Gedanken zu diesem Elias. Franz dürfte genug vom Ordensleben und von Leuten von der Art des Elias gehabt haben. Jedenfalls sehnte er sich nach Einsamkeit und zog sich in die Alverner Berge unweit von Arezzo zurück. Wahrscheinlich bin ich in der Nähe von dort geradelt. 1223 führte Franz in den Bergen, und zwar in Greccio, die berühmte gewordene Krippenfeier durch, und am 17. September 1224 erhielt er in ekstatischer Verzückung die Wundmale Christi. Am gleichen Tag diktierte er seinen Lobgesang auf Gott, die „Laudes creatoris".

Seitdem trug Franziskus, vom Leidenserlebnis Christi durchdrungen, die Wundmale an Händen, Füßen und an der Seite, aber er verheimlichte sie, so daß sie erst bei seinem Tod erkannt wurden; dies war die erste bezeugte Stigmatisierung der Kirchengeschichte.

Die Entbehrungen und die Erschöpfung beeinträchtigten zunehmend seine Gesundheit, schließlich drohte Franziskus auch zu erblinden. Zur Behandlung kam er nach Siena, wohin ich heute noch will, doch er lehnte weitere medizinische Hilfe ab, diktierte sein Testament und ließ sich unter großem Geleit nach Portiuncula zurücktragen. Dort starb er 1226 auf bloßem Boden liegend und nackt, um auch im Sterben Jesus ähnlich zu sein, umgeben von seinen Ordensbrüdern, mit denen er gemeinsam und in froher Erwartung des „Bruder Tod" das Abendmahl gefeiert hatte. Seine Brüder bestatten ihn in Assisi. Die Heiligsprechung des Franziskus erfolgte schon im Jahr 1228 durch Papst Gregor IX. 1939 wurde Franziskus zum Patron Italiens ernannt, 1980 erklärte ihn Papst Johannes Paul II. zum Schutzpatron der Ökologen.

Außerdem ist er der Schutzpatron der Armen, Lahmen, Blinden, Strafgefangenen und Schiffbrüchigen; der Weber, Tuchhändler, Schneider, Kaufleute, Flachshändler, Tapetenhändler, Sozialarbeiter; der Sozialarbeit und des Umweltschutzes; gegen Kopfweh und Pest.

Er hat also viel zu tun, ähnlich wie der heilige Antonius von Padua, bei dem ich vor ein paar Tagen war. Mit Antonius verbindet ihn, daß auch er zu Tieren sprach, Antonius sprach zu den Fischen und Franz zu den Vögeln.

Auf Bildern wird der heilige Franz oft mit den Wundmalen Jesu und mit Tieren wie Wolf, Lamm, Fischen und Vögeln dargestellt.

Franziskus hat Großes bewirkt. Davon zeugen die drei auf ihn zurückgehenden Orden: die Franziskaner, die 1209 ihr Gründungsdatum haben, die Clarissinnen, die 1212 durch die heilige Klara begeistert wurden, und schließlich 1221 die Tertiaren. Verbunden mit dem heiligen Franz sind ebenso die Minoriten, die Kapuziner, die Kapuzinerinnen und andere edle Leute.

Während ich erhitzt von der Sonne in die Pedale trete und mich an der Landschaft mit ihren Zypressen, Pinien und Gärten erfreue, denke ich an den berühmten Sonnengesang des heiligen Franz, den er im Oktober 1224 verfaßt hat. Dem Andenken an den guten Franziskus, den Freund der Menschen und Tiere, sei er hier wiedergegeben.

Dieser Gesang von Bruder Sonne – Cantico di fratre Sole – gehört zu den ersten wichtigen Schöpfungen der italienischen Sprache, er ist aufgeschrieben in jener umbrischen Volkssprache, in der Franziskus wohl die meisten seiner Schriften diktiert hat, ehe sie von schulmäßig gebildeteren Brüdern ins Lateinische übertragen wurden. Den Sonnengesang in seiner Originalsprache laut zu lesen oder zu hören, vermittelt auch dem ungewohnten Ohr etwas von seiner Klangfülle und Lautmalerei.

Die älteste Abschrift des Sonnengesangs ist in einer Pergament-Handschrift erhalten. Diese befindet sich heute wieder im Sacro Convento in Assisi.

Und so klingt er, der „Sonnengesang" des Franz in der alten Sprache:

„Altissimu onnipotente bon signore,
tue so le laude, la gloria e l'onore et onne benedictione.
Ad te solo, altissimo, se konfano,
et nullu homo ene dignu te mentovare.
Laudato si, mi signore, cun tucte le tue creature,
spetialmente messor lo frate sole,
lo qual' è iorno, et allumini noi per loi.
Et ellu è bellu e radiante con grande splendore,
de te, altissimo, porta significatione.
Laudato si, mi signore, per sora luna e le stelle,
in celu l'ai formate clarite et pretiose et belle
Laudato si, mi signore, per frate vento,
et per aere et nubilo et sereno et onne tempo,
per lo quale a le tue creature dai sustentamento.
Laudato si, mi signore, per sor aqua,
la quale e malta utile et humile et pretiosa et casta
Laudato si, mi signore, per frate focu,
per lo quale enn' allumini la nocte,
ed ello e bello et iocundo et robustoso et forte
Laudato si, mi signore, per sora nostra matre terra,
la quale ne sustenta et governa,
et produce diversi fructi con coloriti flori et herba.
Laudato si, mi signore, per quelli ke perdonano
per lo tuo amore, et sostengo infirmitate et tribulatione.
Beati quelli ke 'I sosterrano in pace,
ka da te, altissimo, sirano incoronati.
Laudato si, mi signore, per sora nostra morte corporale,
da la quale nullu homo vivente po' skappare.
Guai a quelli, ke morrano ne le peccata mortali:
beati quelli ke trovarà ne le tue sanctissime voluntati,
ka la morte secunda nol farrà male.
Laudate et benedicete mi signore,
et rengratiate et serviateli cun grande humilitate."

Und ins Deutsche übersetzt heißt dies – wenn ich singen könnte, würde
ich die folgenden Zeilen in Gesang umsetzen:
„Höchster, allmächtiger, guter Herr,
dein ist das Lob, die Herrlichkeit und Ehre und jeglicher Segen.
Dir allein, Höchster, gebühren sie,
und kein Mensch ist würdig, dich zu nennen.
Gelobt seist du, mein Herr,
mit allen deinen Geschöpfen,
besonders dem Herrn Bruder Sonne,
der uns den Tag schenkt und durch den du uns leuchtest.
Und schön ist er und strahlend mit großem Glanz:
von dir, Höchster, ein Sinnbild.
Gelobt seist du,
mein Herr, für Schwester Mond und die Sterne,
am Himmel hast du sie geformt,
klar und kostbar und schön.
Gelobt seist du,
mein Herr, für Bruder Wind,
für Luft und Wolken, heiteres und jegliches Wetter,
durch das du deine Geschöpfe am Leben erhältst.
Gelobt seist du,
mein Herr, für Schwester Wasser,
sehr nützlich ist sie und demütig und kostbar und keusch.
Gelobt seist du,
mein Herr, für Bruder Feuer,
durch den du die Nacht erhellst.
Und schön ist er und fröhlich und kraftvoll und stark.
Gelobt seist du,
mein Herr, für unsere Schwester Mutter Erde,
die uns erhält und lenkt und vielfältige Früchte hervorbringt,
mit bunten Blumen und Kräutern.
Gelobt seist du,
mein Herr, für jene, die verzeihen um deiner Liebe willen
und Krankheit ertragen und Not.

Selig, die ausharren in Frieden,
denn du, Höchster, wirst sie einst krönen.
Gelobt seist du,
mein Herr, für unseren Bruder, den leiblichen Tod;
kein lebender Mensch kann ihm entrinnen.
Wehe jenen, die in tödlicher Sünde sterben.
Selig, die er finden wird in deinem heiligsten Willen,
denn der zweite Tod wird ihnen kein Leid antun.
Lobet und preiset
meinen Herrn
und dankt und dient ihm mit großer Demut."

Es ist ein wunderschönes Lob der Schöpfung, das hier der heilige Franz formuliert.

Er besingt die Erde mit ihren Geschöpfen, mit ihren bunten Blumen und Kräutern.

Gerade heute ist der heilige Rebell von Assisi aktuell wie nie zuvor, in einer Zeit, in der die Menschen auf die Natur in unglaublicher Brutalität einwirken, in der Schadstoffe in die Luft gewirbelt, der Boden verseucht und Tiere nicht mehr als Lebewesen und als Geschöpfe Gottes gesehen werden. Bevor ich mich auf diese Radtour begab, traf ich in Wien in der Nähe des Naturhistorischen Museums Herrn Professor Lötsch, den großen österreichischen Umweltschützer. Ich erzählte ihm von meiner Idee, mit dem Fahrrad nach Assisi zum heiligen Franz zu fahren. Er war darüber erstaunt, denn offensichtlich erschien ich ihm als zu alt für ein solches Abenteuer. Ich beharrte aber auf meiner Idee. Nun meinte der gute Mann, der heilige Franz würde ihn besonders interessieren, er werde sich einmal näher mit ihm beschäftigen, vielleicht könne er ihm bei seinen Umweltaktivitäten helfen. Ich nickte dazu und versprach, ihm nach der Tour von meinen Eindrücken in Assisi und vom heiligen Franz zu erzählen. Ich werde ihm vieles zu erzählen haben, vor allem werde ich ihm, falls er ihn noch nicht kennt, vom Sonnengesang des Franziskus berichten, den ich auf meiner Fahrt nach Siena für mich deklamiert habe.

Mich wundert es nicht, daß der heilige Franz in Italien hoch verehrt wird. Sein Gedenktag ist der 4. Oktober. Ich werde heuer an diesem Tag seiner gedenken. Für mich ist er neben dem Anton von Padua ebenso ein Patron der Radfahrer. Daher sei ihm am Abend ein Schluck Bier gewidmet.

Ich muß weiter. In der Höhe von Perugia habe ich die Orientierung über die Straßen verloren.

Ich radle auf einer Nebenstraße, kein Schild weist mich darauf hin, wo es weitergeht, für mich, den Radfahrer, der die Autostradas nicht benutzen darf. Als Autofahrer ist es nicht schwer, sich hier zu orientieren, denn überall gibt es irgendwelche Hinweise auf die Straßen für das Auto, jedoch keinen für den Fern-Radfahrer. Meine Landkarte hilft mir nicht weiter. Ich fahre nach Gefühl, ich will zu einer gewöhnlichen Landstraße, die ungefähr nördlich des Trasimenischen See verläuft und auf der ich irgendwie nach Siena gelange. Mein Gefühl sagt mir, daß die Richtung stimmt. An Gärten und Wiesen, die unter der Hitze leiden, vorbei, komme ich zu einem Platz, an dem eine kleine Fabrik liegt. Ich beschließe, mich hier nach dem Weg zu erkundigen. Ich grüße laut, aber keine Antwort schallt zurück. Ich betrete die Büroräume, aber niemand ist da. Ich bin in ein Geisterhaus geraten. Wahrscheinlich sitzen die hier Angestellten, der Tag ist heiß, irgendwo bei einem Wein und lassen es sich gutgehen. Ich durchschreite einige Zimmer, doch ich stoße auf kein menschliches Wesen. Ich denke mir, ich könnte, wäre ich ein Dieb, hier alles ausräumen und eine große Beute machen. Ich trete wieder vor das Haus, hinter dem sich eine Fabrikhalle anzuschließen scheint. Eben will ich das Fahrrad besteigen, da sehe ich einen Herrn mit Krawatte, der mich vorsichtig beäugt. Ich hoffe, er hält mich für keinen Einbrecher. Ich grüße und frage in meinem eigentümlichen Italienisch nach dem Weg zu einer Landstraße, die am Trasimenischen See vorbei verläuft. Der gute Mann schüttelt den Kopf und will mir klarmachen, daß ich ziemlich verkehrt bin und daß ich im Süden des Trasimenischen Sees mich befinde und nicht im Norden. Zuerst will ich ihm nicht glauben. Doch dann bin ich über meinen Irrtum verärgert und denke, daß es doch nicht immer gut ist, sich auf sein Gefühl zu verlassen. Der Herr mit Krawatte zeigt mir nun eine Straße, die von hier abzweigt und auf der ich, wenn ich Glück habe, zu einer Straße gelange, die in meinem Sinn ist. Ich bin froh über diese Auskunft und darüber, daß der Mann in mir einen radfahrenden Vagabunden sieht, der in lauterer Absicht unterwegs ist. Ich erzähle ihm noch kurz, wie gut es mir in Assisi gefallen habe und ich froh sei, hier im schönen Umbrien zu radeln. Ich überquere eine Eisenbahnbrücke und halte mich zunächst rechts, wie mir empfohlen wurde, jedoch bei der nächsten Abzweigung, ich befinde mich noch immer auf Nebenstraßen, komme ich wieder in Schwierigkeiten. Ich halte mich wieder an mein Gefühl, und wieder irre ich. Nach ein paar Kilometern möchte ich jemanden nach der für mich richtigen Straße fragen, doch kein Mensch marschiert an der Straße, der mir Auskunft geben könne. Hier und da fährt ein Auto vorbei. Meine einzige Chance sehe ich darin, einen Autofahrer aufzuhalten. Ich winke einem, und tatsächlich, was ich nicht für möglich gehalten habe, bremst dieser und bleibt stehen. Ich bitte höflich, aber auch etwas verzweifelt, um Auskunft bezüglich der Straße in Richtung Siena. Auch dieser Herr, er ist schon etwas älter, schüttelt den Kopf und lächelt mitleidig. Er versucht nun, mir auf meiner Straßenkarte, die ich ihm zeige, den Weg zu erklären. Nun verstehe ich meinen Irrtum. Ich bin einfach zu weit nach Süden geradelt. Schuld daran war wohl meine Vorstellung, ich wäre in der Nähe von Perugia. Doch dem ist nicht so, wie ich nun merke. Ich bin voll der Dankbarkeit gegenüber diesem Herrn und verneige mich höflich. Ich radle nun bergauf, an einem kleinen Wäldchen mit Pinien, auch Mandelbäume entdecke ich, und Zypressen vorbei, nähere ich mich einer Stadt, ich merke dies daran, daß der Verkehr immer mehr zunimmt, aber noch läßt es sich angenehm auf dem Fahrrad reisen. Es ist Magione, durch das ich radeln muß. Der Verkehr schwillt an. Einige Industriebetriebe an der Straße künden von der Geschäftigkeit der Bürger. Ich komme in die Nähe der Autostrada und erwische nun endlich die Landstraße, auf der ich hierher geradelt kam. Mir fällt schon seit einiger Zeit auf, daß hier südlich des Apennins kaum Radfahrer unterwegs sind. Hier dürfte Radfahren noch nicht jene Bedeutung haben, das es bei uns hat. Radfahren wird hier wohl noch mit den armen Leuten in Verbindung gebracht, die sich kein Auto leisten können. Prestige bringt das Radfahren hier wahrscheinlich nicht. Während ich so sinniere, begegnet mir in schnellem Tempo ein bulliger Radfahrer in buntem Raddreß und auf einem Rennrad. Ich will ihn grüßen, doch der Mann ist schon vorbei. Der schnelle Herr erinnert mich an den Amateurradweltmeister, den ich in Passignano kennengelernt habe. Wahrscheinlich war er es auch. Die Landstraße, auf der ich radle, verläuft parallel zu der Autostrada. Bald bin ich wieder am See.

In Passignano lenke ich mein Fahrrad direkt an das Ufer zu einem mit Bäumen bewachsenen Platz direkt an einer Schiffsanlegestelle. Von hier aus kann man mit großen Ausflugsschiffen hinüber zum anderen Ufer des Trasimenischen Sees gelangen. Immerhin ist dieser See, der Lago Trasimeno, der auch Lago di Perugia genannt wird, da er direkt nordwestlich von Perugia liegt, der größte See Italiens. Er liegt bei 259 Meter über dem Meere und ist 128 Quadratkilometer groß. Ich blicke auf den See, das andere Ufer ist kaum auszunehmen, es verschwindet am Horizont. Ich bitte einen Herrn, mich mit dem Fahrrad vor dem See zu fotografieren. Ich stelle mich in Position, halte mein Fahrrad und blicke kühn in die Bäume. Mit diesem Foto werde ich wohl dokumentieren können, daß ich an jenem See war, an dem das römische Heer unter der Führung des Flaminius im Zweiten Punischen Krieg 217 vor Christus von dem Karthager Hannibal vernichtend geschlagen wurde. Bei der Herfahrt habe ich schon einige Gedanken dazu verschwendet. Denen sei angefügt, daß Hannibal, obwohl er dann noch bei Cannae 216 über die Römer siegte, es nicht gelang, seine Herrschaft zu festigen. Letztlich siegten die Römer unter Scipio dem Älteren bei Zama im Jahre 202 über Hannibal und vertrieben die Karthager aus Spanien und Sizilien, das bis dahin lange Zeit karthagisch war. Ich habe jedenfalls alle Hochachtung vor Hannibal und seinem Zug mit den Elefanten über die Alpen im Jahre 218. Das war ein wildes Unternehmen und in seiner Art einmalig. Mir ist nicht bekannt, daß jemand anderer etwas Ähnliches einmal unternommen hätte. Lediglich von Kaiser Maximilian weiß ich, daß er einen Elefanten – einen und nicht mehr – von irgendwo aus dem Süden nach Österreich, also ebenso über die

7 Am Trasimenischen See

Alpen wie Hannibals Elefanten, bringen ließ. Davon künden heute noch die Namen von Gasthäusern, die am Weg, den der Elefant nahm, sich befanden und die es für werbewirksam fanden, sich nach diesem Elefanten zu benennen. So gibt es zum Beispiel in Salzburg ein Gasthaus „Zum Elefanten".

Ich bin hier am See also auf historischem Boden, über den auch Hannibal mit seinen Elefanten gezogen sein mag. Ich durchradle nun Passignano, am Fahrradgeschäft des Amateurradweltmeisters der Senioren vorbei. Ich schaue kurz nach ihm, doch er ist nicht hier. Er wird der Herr gewesen sein, der mir entgegengespurtet ist. Einige Kilometer nach Passignano erblicke ich am Rande der Straße auf einem schottrigen Platz, der als Parkplatz dienen mag, ein steinernes Haus, vor dem zwei Sonnenschirme aufgespannt sind und zwei Tische mit Sesseln zur Rast einladen. In einem der Sessel sitzt ein behäbiger Herr und trinkt in aller Gelassenheit Wein aus einem Glas. Ich bremse und halte mein Fahrrad an, ich nicke dem Weintrinker zu, doch dieser ant-

wortet kaum. Der Wein beschäftigt ihn mehr als ich, der staubige Radfahrer. Ich habe Durst und etwas Hunger. Die Sonne brütet noch
herab, es ist gegen 4 Uhr nachmittags. Ich betrete das Haus, in dem
eine freundliche, schon leicht verblühte Dame hinter einem Ver-
kaufspult steht und mit zwei älteren Herren ein heiteres Gespräch zu
führen scheint, denn ab und zu, mich beachtet sie zunächst nicht, lacht
sie aus vollem Hals. Offensichtlich dürfte die Verkäuferin, die wahrscheinlich um die Fünfzig ist, sich an den Scherzen der beiden reifen,
Wein trinkenden und Weißbrot essenden Casanovas erfreuen. In ihr, so
dünkt es mir, fließt noch etwas von dem Blut der alten Etruskerinnen,
deren Freizügigkeit die alten Römer entsetzt hat. Ich grüße laut und
höflich, jetzt wendet die Dame sich mir zu. Ich bitte um ein Glas Wein,
ein Mineralwasser und ein Brot mit Käse. Sie gibt mir die Getränke
und belegt sorgsam das Brot mit ein paar Scheiben Käse aus Umbrien.
Ich danke, zahle und balanciere das Gekaufte zu einem der beiden
Tische. Hier mache ich es mir im Schatten gemütlich, ich setze mich
auf einen Sessel, strecke die Füße von mir, blicke auf den Trasimenischen See und genieße Wein mit Wasser. Ich denke mir: Das ist Leben!
Der Wein schmeckt nach drei Stunden Radfahrt, die mich auf Irrwege
führte, in der mir aber auch noch der Wanderprediger Franziskus nahe
war. Zur Erinnerung an den Rebellen Franz erhebe ich mein Glas. Ich
döse etwas vor mich hin, doch dann zieht es mich hinaus auf die Straße
und in das Etruskerland hinein.

Die Landstraße führt weiter am Trasimenischen See entlang. Ich
kenne die Straße schon, auf dieser kam ich nach Assisi angeradelt.
Pinien und Zypressen erfreuen mein Auge, und die Weingärten schimmern in der Sonne, eine gute Ernte süßen Weins ist zu erwarten. Doch
am Himmel ziehen Wolken auf, die sich in der nächsten halben Stunde
verdichten. Eine Gewitterstimmung macht sich breit. Gewitter haben
für mich am Fahrrad etwas Unheimliches, Gefahr geht von ihnen aus,
ein Blitz des Göttervaters Zeus kann Verderben bringen. Wenn ein Gewitter naht, fahre ich für gewöhnlich so, daß ich schnell irgendwo un-
terstehen und mich vor der Gewalt des Himmels schützen kann. Ich
halte also nach Häusern Umschau, die mir Geborgenheit anbieten mö-

8 Zwischen Umbrien und der Toskana

gen, vor allem vor den Blitzen. Ich fahre am freien Land, die Häuser
stehen eher weit auseinander, aber doch so, daß sie schnell erreichbar
sind. Wichtig ist, daß der Hauseigentümer nichts dagegen hat, wenn
ich mich unter sein Dach oder Vordach rette. Am besten sind wohl
Wirtshäuser, in diesen kann man das Gewitter bei Bier oder Tee gemütlich abwarten. Und außerdem birgt ein Gewitter, das vor den eigenen
Augen sich abrollt und Blitze entläßt, auch den Reiz einen grausamen
Schönheit, die unglaublich faszinierend sein kann, aber nur dann, wenn
man von einem sicheren Ort aus das Gewitter beobachtet, am besten
von einem gemütlichen Zimmer aus hinter einem geschlossenen Fenster. Erst so ist die Pracht der gewittrigen Dunkelheit und der Blitze zu
genießen. Der Himmel verdunkelt sich, bald könnte es zur Entladung
der aufgestauten Elektrizität über mir kommen. Nach ein paar Kilometern, noch immer donnert es nicht, biege ich vor Borghetto nach
Terontola ab. Ein Schild mit der Aufschrift „Toscana" macht mich darauf aufmerksam, daß ich Umbrien verlasse. Hier beginnt also wieder

die Toskana mit all ihren Geheimnissen und Schönheiten. Ich mache eine kurze Pause und fotografiere das Schild.

Der direkte Weg nach Siena ist die Autostrada, die mich seit langem begleitet, aber die kann ich nicht nehmen, es gibt auch keine Landstraße neben dieser. Ich muß einen Umweg wählen, um nach Sinalunga zu gelangen. Von dort führt dann eine Straße, die auch ich als Radfahrer benützen kann, wie ich aus der Karte entnehme, in geradem Wege nach Siena. Die für Radfahrer feindliche Autostrada endet kurz vor Sinalunga und geht in eine normale Landstraße über. Aber zunächst mache ich halt auf einem Parkplatz, auf den ich mich vor dem zunehmenden Abendverkehr rette. Es ist schon nach 17 Uhr, und bis nach Siena sind es noch bei 50 Kilometer, die möchte ich in drei Stunden schaffen. Ich wäre dann gegen 20 Uhr in Siena, wenn alles gut geht. Eine Dame im vorgerückten Alter, die mit einer Einkaufstasche unterwegs ist, erklärt mir, am besten wäre es, noch in Richtung Cortona zu fahren und dort oder knapp davor auf eine ruhige Landstraße, auf der ich dann nach Foiana und Sinalunga komme, einzubiegen. Ich danke und radle los. Mechanisch trete ich in die Pedale, ich kenne die Straße schon. Es teilen zwar viele Autos mit mir die Straße, aber sie lassen mich in Ruhe. Ich habe das Gefühl, sie achten den in einem bunten Leiberl fahrenden und vagabundierenden Radfahrer.

Ich sehe Cortona vor mir. Cortona ist ein mit alten Mauern umgebenes Städtchen, das bis auf die Etrusker zurückgeht und deren mittelalterlicher Charakter sich bis heute erhalten hat. Es liegt erhaben da über dem Val di Chiana, dem Chianatal, das ich bereits bei meiner Hinfahrt nach Assisi beachtet habe. Cortona war eine der zwölf geheimnisumwitterten Städte des etruskischen Bundes. In Cortona starb im Jahre 1253, dies ist für mich als Sympathisant des vagabundierenden Wanderpredigers von Assisi sehr wichtig, ein Freund des heiligen Franziskus. Geboren wurde dieser Elias von Cortona, wie man ihn heute nennt, um 1180 wahrscheinlich in Assisi. Zunächst war er dort Matratzenverfertiger und Schulmeister. Er studierte dann in Bologna und wurde Jurist. 1215 schloß er sich Franz von Assisi an und ging in dessen Auftrag und im Sinne des Matthäusevangeliums, darüber habe ich schon erzählt, 1217 mit den ersten Brüdern nach Syrien, um dort eine Ordensprovinz zu gründen. Man kann sich heute kaum vorstellen, was diese Wanderer im Herrn auf sich nehmen mußten, es muß abenteuerlich gewesen sein. Ich meine überhaupt, daß die Franziskaner, die Brüder des Franz, echte Abenteurer und Vagabunden waren. 1220 kehrte Elias mit Franz aus dem Orient nach Italien zurück und wurde 1221 dessen Generalvikar. Ich habe erzählt, daß Franz sich in den letzten Lebensjahren in die Einsamkeit bei Arezzo zurückgezogen hat. Er tat dies, weil es damals bereits im Bund seiner Brüder zu Streitereien hinsichtlich des Armutsideals gekommen ist. Einige der Brüder, die sich da offensichtlich sehr fortschrittlich vorkamen, dachten wohl, das wahre Glück eines heiligen Menschen hängt nicht unbedingt damit zusammen, daß er ein armseliges Leben führt. Der heilige Franz wollte bei Streitereien zu diesem Thema nicht mehr mittun und meinte wohl, ich denke ähnlich in solchen Situationen: „Laßt mich in Ruh, ich geh'!" Bruder Elias gehörte zu den Aufmüpfigen, die die ursprüngliche Strenge zu mildern suchten. Unterstützt wurde er dabei von Kardinal Ugolino, dem späteren Papst Gregor IX. Die Gegner des Elias waren die „Spirituales" oder „Zelatores", also jene, die an der alten Strenge, wie sie der heilige Franz wollte, festhielten. Ab 1232 wirkte Elias als „minister generalis" erfolgreich für die Ausbreitung des Franziskanerordens und war als kluger Finanzmann um die Hebung der Einkünfte des Ordens eifrig bemüht. Er förderte die gelehrten Studien und erwarb wichtige päpstliche Privilegien. Rücksichtslos ging er allerdings gegen seine Gegner vor, so auch gegen Cäsarius von Speyer, den er selbst für den Orden gewonnen hatte. Dieser Cäsarius hatte sich 1217 an einem Kreuzzug ins Heilige Land beteiligt und war mit einer Gruppe von Franziskanern nach Deutschland geschickt worden, wo sie Niederlassungen der Franziskaner in Augsburg und anderen Orten gründeten. Cäsarius wurde der erste Provinzial des Ordens in Deutschland. Wieder zurück in Italien, geriet er in Streit mit Elias, der ihn wegen Unbotmäßigkeit einkerkern ließ. Bei einem vermeintlichen Fluchtversuch wurde er von dem ihn bewachenden Bruder erschlagen. Eine traurige Sache, die meines Erachtens in krassem Widerspruch zu den ursprünglichen Ideen des heiligen Franz stand. Vielleicht deswegen kam auch Elias selbst in Schwierigkeiten mit seinen Brüdern, jedenfalls wurde er auf dem Pfingstkapitel des Ordens 1239 mit Zustimmung des Papstes, seines bisherigen Gönners, abgesetzt. Elias schloß sich nun, vielleicht um den Papst zu ärgern, mit einem Teil seiner Anhänger dem Kaiser Friedrich II. an, mit dem der Papst seine Probleme hatte. Der Kaiser schickte seinen neuen Anhänger Elias als Gesandten nach Konstantinopel. Der darüber erboste Papst verhängte darauf 1240 und 1244 über ihn den Kirchenbann. Seine letzten Jahre verlebte Elias zuerst in Assisi und schließlich in Cortona, in der Stadt, die ich von meinem Fahrrad aus bewundern kann. Mit dem Papsttum und dem Orden hatte Elias bis zum Schluß keine Verbindung mehr. Er dürfte ein stolzer Herr gewesen sein, der eher mit dem römischen Kaiser, der ein Deutscher war, sympathisierte als mit dem Papst. Elias starb allerdings in Frieden mit der Kirche, da er kurz vor seinem Tod Widerruf geleistet und die Absolution erhalten hatte.

Ich verneige mich im Geiste vor diesem Elias von Cortona, auch er war ein echter Vagabund, der sogar zwischen Kulturen, wie zwischen der italienischen und der byzantinischen, und zwischen Machtbereichen, wie dem des Papstes und dem des Kaisers, wanderte.

Ich biege nun von der Hauptstraße, die nach Arezzo führt, und radle in Richtung Foiano. Ich durchquere die weite Ebene des Chianatals der Breite nach, von Osten nach Westen. Weite Getreidefelder säumen meinen Weg, ich komme wieder in die Nähe der Autostrada. Ich hoffe, irgendwie ohne Umwege auf einer Landstraße nach Sinalunga zu gelangen, doch die Sache ist schwierig. Ich frage daher bei einem Haus an der Straße einen Herrn, der gerade dabei ist, seinen Garten zu gießen. Er erklärt mir, ich müsse ein Stück zurück und nach links eine Straße bergauf. Ich drehe um, ich bin etwas verzweifelt, weil es mir unklar ist, wo ich eigentlich radeln solle.

Leute sitzen vor ihren Landhäusern und genießen den Abend. Manche schauen mir verwundert nach, mir, dem Radfahrer mit den Radtaschen. Hier geht die Ebene über in ein sanftes Hügelland mit großen Gärten und rötlichen Bauernhäusern, wie sie für die Toskana typisch sind. Der kleine Umweg, den ich nun fahre, ist höchst reizvoll, aber ich bin froh, wie ich nach Foiano komme, von hier sind es noch ein paar Kilometer bis nach Sinalunga, und von dort führt die Straße, die auch ich als Radfahrer benützen darf, direkt nach Siena. Es sind etwas bei vierzig Kilometer, die ich noch vor mir habe. Diese will ich heute noch radeln, in zwei Stunden könnte ich diese gemütlich geschafft haben. Ich freue mich auf Siena, eine Stadt mit einem wunderschönen Platz, von dem ich schon viel gehört habe. Foiano liegt auf einem Hügel. Bei einem Kaffeehaus, vor dem Männer in Korbsesseln sitzen, tratschen und trinken, bleibe ich stehen. Ich grüße freundlich. Man bestaunt mein bepacktes Rad. Einer deutet mir, er wolle wissen, von wo ich komme. Ich erzähle etwas von Austria, meiner Herkunft und dem heiligen Vagabunden Franz von Assisi. Ich betrete das Innere des Kaffeehauses. Der Wirt hinter der Theke lacht mich an. Ich kaufe eine große Flasche Mineralwasser und beginne gleich, einige kräftige Züge aus dieser zu tun. Ich bin durstig, ich brauche für die nächsten beiden Stunden noch Kraft. Ein Schokoladekuchen in einer Glasvitrine lacht mich an. Ich lasse mir ein Stück geben. Er schmeckt und tut mir gut. Ich zahle und grüße die Herren. Dann radle ich, wie man mir geraten hat, eine Straße bergab, ein Straßenschild zeigt mir den Weg nach Sinalunga. Ich trete in die Pedale und ziehe flüssig dahin. Nichts hält mich, nur wenige Autos fahren hier. Unter der Autobahn durch, noch bin ich auf einer Landstraße. Gartenartig angelegte Weinberge und Olivenhaine, die sich sanft die Hänge hinaufschmiegen, dazwischen verstreut gelegene Landhäuser, haben ihren Zauber am beginnenden Abend. Vor mir liegt erhaben Sinalunga. Im Mittelater hieß es auch Asinalonga. Vielleicht steckt das lateinische Wort „asinus" für „Esel" im Namen dieser Stadt. Und vielleicht gab es viele Esel hier, ich meine solche aus dem Tierreich. Es ist eine alte Stadt mit schönen Kirchen.

Knapp vor Sinalunga lenke ich in die Hauptstraße ein, die nach Siena zieht. Auf dieser, die zwischen Hügeln angelegt ist und in Wellen verläuft, will ich nun geradewegs ohne Pause radeln, bis ich bei meinem Ziel Siena bin. Ich konzentriere mich auf das Radeln. Gleichmäßig bewege ich meine Beine. Mein Hirn konzentriert sich auf die Straße, die viel zu erzählen hat. Soldaten, römische, etruskische, keltische, germanische, deutsche, amerikanische und andere, mögen hier kriegerischen Schrittes gezogen sein, ebenso gab es fromme Leute, wie der heilige Franz, und auch weniger fromme Leute, wie manche Päpste, die hier, wo ich gerade radle, unterwegs waren. Die heutige Straße dürfte im Verlauf identisch sein mit der alten, wie sie vielleicht von den Römern angelegt wurde. Ich steige in die Pedale, dazwischen trinke ich etwas aus meiner Mineralwasserflasche, ohne abzusteigen. Die Dämmerung geht allmählich in Dunkelheit über. Das elektrische rot blinkende Licht, das rückwärts am Rad angebracht ist, schützt mich vor den mich überholenden Autos, es gibt ihnen schon lange, bevor sie bei mir sind, kund, daß da ein Radfahrer die Straße entlangzieht und man Obacht zu geben habe. Ich fühle mich auch ziemlich sicher. Das automatische Blinklicht hängt nicht an einem Dynamo, einen solchen besitzt das Fahrrad nicht, sondern es funktioniert durch Batterien. Ebenso wie die vordere Lampe mit ihrem weißen, hellen Licht, die am Lenker steckt. Dieses Licht blinkt allerdings nicht. Das Unangenehme dieses Lichtes ist, daß die Batterien für dieses nicht von langer Dauer sind, im Gegensatz zu dem rückwärtigen Licht, das durch das Blinken, wie ich glaube, beinahe unbegrenzbar funktioniert. Aber noch brennt die Lampe und macht mich für die entgegenkommenden Autofahrer sichtbar, doch ungefähr 15 Kilometer vor Siena versagt das Licht, es hört auf, schützende Strahlen nach vorne zu werfen. Nach der Straßenverkehrsordnung, in Italien dürfte es ebenso sein, müßte ich nun vom Fahrrad steigen und dieses am äußersten Rande der Straße schieben oder überhaupt mich von der Straße wegbegeben. Ich müßte dann irgendwo im Gebüsch nächtigen, denn, wie ich sehe, ist weit und breit keine Ortschaft. Ich beschließe, entgegen den Vorschriften und auch gegen die Vernunft, weiterzuradeln, denn ich will ja noch nach Siena. Am Rande der Straße sind kleine Schilder angebracht, auf denen die Kilometer bis nach Siena zu lesen sind. Bald sind es nur noch 10 Kilometer, wie ich mühsam lesen kann, die ich zu bewältigen habe. In einer halben Stunde könnte ich in der Stadt sein. Die Straße ist gut ausgebaut, dies verleitet zum Rasen, allerdings nicht mich, sondern die Autofahrer. Mir kommen einige Autos entgegen, ihre Scheinwerfer blenden mich. Ich kann den Fahrern nicht verübeln, daß sie nicht abblenden, denn offiziell gibt es mich für sie nicht. Meine Existenz als Radfahrer ist von der Beleuchtung abhängig, und eine solche habe ich vorne nicht mehr. Nur rückwärts blinkt es brav. Was von dort kommt, nimmt mich auch wahr.

Meine Vorsicht gilt dem, was vor mir geschieht. Ich konzentriere mich auf die mir begegnenden Lichter. Je zwei sind einem Auto zuzuordnen. Bewegen sich zwei Lichter direkt auf mich zu, so ist größte Achtsamkeit geboten, um zu überleben. Eine Kolonne von Autos rollt mir von einer Erhebung entgegen. Ich fasse die Lichter ins Auge. Plötzlich reißt ein Auto aus der Reihe, es setzt zum Überholen an, die zwei Lichter kommen bedrohlich auf mich zu. In der allerletzten Sekunde, bald wäre ich ein Opfer des Verkehrs geworden, kann ich mein Fahrrad von der Straße weg über den Rand in die Wiese hinauslenken. Und knapp fährt das Auto an mir vorbei. Um Haaresbreite bin ich dem sicheren Tod entgangen. Geschockt stehe ich bei meinem Fahrrad. Ich hatte Glück gehabt. Ein solches braucht man im Leben. Hat man ein solches nicht, so kann einem alles mögliche passieren. Aber auf sein Glück soll man sich nicht verlassen, das kann schiefgehen. Ich radle mit noch mehr Besonnenheit weiter, genau habe ich die Autos im Visier. So gelange ich knapp vor Siena. Die Einfahrt in die Stadt ist, wie woanders auch, sehr kompliziert. Nach einem Hügel zweigt eine kleine Straße ab. Ich überlege, ob ich diese fahren soll. Lieber wäre es mir, denn diese Straße ist im Gegensatz zur Hauptstraße beleuchtet und wenig befahren. Ich zweige aber nicht ab, ich folge einer inneren Stimme und radle geradeaus weiter. Das ist auch gut so. Die Straße ist nun beleuchtet, dies bedeutet, im Gebiet einer geschlossenen Ortschaft zu sein. Für die mir begegnenden Autofahrer bin ich nun sichtbar und daher existent. Nach einer großen Kurve, mehrere Straßen kommen hier zusammen, nähere ich mich einem Straßenschild, auf dem das Wort „Siena" zu lesen ist. Erleichterung erfaßt mich und auch Dankbarkeit für das Glück, nicht unter die Räder eines Autos gekommen zu sein, dessen Fahrer mich und mein Fahrrad wegen der mangelnden Beleuchtung nicht sehen konnte.

Leicht steigt die Straße in die Stadt an. Nach einigen hundert Metern werde ich auf Polizisten aufmerksam, die neben ihren Autos schwer bewaffnet stehen. In bedrohlicher Weise halten sie ihre Maschinengewehre vor sich. Ich erschrecke und befürchte, sie würden mich aufhalten, weil ich vorne kein Licht habe. Ich bleibe bei einem der bewaffneten Ordnungshüter stehen. Ich tue dies auch aus Sicherheitsgründen, um nicht für einen gefährlichen Terroristen gehalten zu werden. Mein Gewissen ist rein. Ich blicke den Scharfschützen freundlich an, doch dieser deutet mir mit finsterem Blick und einer Bewegung mit dem Maschinengewehr an, daß ich mich von hier schleunig wegzubewegen habe, man warte auf Leute größeren Kalibers als auf mich. Ich nicke und bin froh, nicht wegen des fehlenden Lichtes belangt worden zu sein. Ich ziehe eine und noch eine Kurve bergauf, langsam nähere ich mich dem Kern der Stadt, die auf drei Hügeln erbaut worden ist. Ich fahre entlang der prächtigen mittelalterlichen Stadtmauer mit ihren Zinnen und Wappen, ein Sinnbild für ein stolzes, wehrhaftes Bürgertum. Siena, diese prächtige Stadt der Toskana, hieß in sehr frühen Zeiten Sena Julia, hat viel, wie ich merke, von ihrer mittelalterlichen Architektur bewahrt. Große Geschäfte machte man hier mit dem Handel von Wein und Marmor aus der Umgebung. Einen Wein aus der Gegend will ich heute noch trinken. Bereits im 12. Jahrhundert wurde Siena eine unabhängige Republik. Und 1240, also schon sehr früh, über hundert Jahre vor Wien, wurde hier eine Universität mit einer medizinischen und juristischen Fakultät gegründet. Siena hat Geschichte und einen besonderen Zauber.

Es ist bei 21 Uhr, ich habe es geschafft, heute doch noch nach Siena zu gelangen. Doch zuerst begebe ich mich auf die Suche nach einem Hotel, das mir müden und vagabundierenden Radfahrer eine Unterkunft gewährt. Während des Radelns sehe ich kein Hotel. Ich frage einen Herrn aus Siena nach einem solchen. Er weist mich eine Straße bergab, hier gebe es gleich zwei Hotels, die wären noch dazu billig. Ich finde die beiden und frage höflich, um die Damen an der Rezeption nicht durch meinen Anblick zu verschrecken, ob ein Zimmer in ihrem Hause frei sei. Mein Aussehen ist wohl wild, ich bin verschwitzt, im zerknitterten Radleiberl und mit kurzer schwarzer Hose angetan. Leider werde ich abgewiesen. Es dürfte tatsächlich alles besetzt sein, denn es sind viele Urlauber hier, da in den nächsten Tagen, und zwar am 16. August auf der Piazza del Campo das berühmte Pferderennen „Palio delle Contrade" stattfinden wird. Ich begebe mich auf weitere Suche. Ich radle wieder bergauf. Auf einem großen Platz mit Bäumen, von dem aus einige Autobusse abzufahren scheinen, wie ich den Schildern und den Wartehäusern entnehme, befindet sich ein stattliches nobles Hotel. Ich lehne mein Fahrrad an dieses, betrete trutzig die Hotelhalle und gehe zum Portier, einem Herrn, der mich so anblickt, als würde er es als Beleidigung des Hotels ansehen, daß gerade ich es aufsuche. Am liebsten würde er mich wohl durch den Lieferanteneingang kommen sehen. Ich grüße höflich und frage nach einem Zimmer, wobei ich sofort erwähne, ich könne auch mit Kreditkarten zahlen. Nun wird der Herr Portier etwas freundlicher, ja, ein Zimmer wäre frei. Ich könne es haben, ich solle ihm aber umgehend meinen Paß bringen. Ich gehe zum Rad und hole aus der Radtasche meinen Ausweis, aus dem hervorgeht, daß ich an der Universität Wien tätig bin. Der Portier schaut neugierig in diesen und hat nun plötzlich Achtung vor mir. Ich frage, wo ich mein Fahrrad unterstellen könne. Ich solle es in die Halle bringen, meint er unterwürfig. Das tue ich auch. Die Radtasche gebe ich herunter. Der Portier ruft einen Hausdiener zu sich. Dieser muß nun mein Fahrrad versorgen. Er bewerkstelligt dies, wie es sich für einen Diener nobler Leute gehört. Er faßt das Fahrrad wie ein kostbares Kunststück an und schiebt es, vorne mit drei Fingern haltend und hinten mit vier, aus der Halle in einen Gang und in ein kleines Abstellzimmer. In diesem kleinen Zimmer könne das Fahrrad bleiben, hier wäre es unter guter Beobachtung, meint der Portier, der immer zuvorkommender wird, offensichtlich hält er mich nach dem Blick in meinen Ausweis für einen verrückten Professor, der derartige Narreteien wie das Vagabundieren mit dem Fahrrad gerne auf sich nimmt und dem es egal ist, wie er von seiner Umwelt eingestuft wird.

Ich beziehe mein Zimmer im vierten Stock. Ich dusche mich, kleide mich um. In langer schwarzer Hose und dunklem Polohemd samt kleiner Tasche, in der sich Notizheft, Kugelschreiber, Fotoapparat und Brieftasche befinden, wandere ich aus dem Hotel und lasse mich in das abendliche Treiben von Siena fallen. Irgendwo will ich etwas essen. Hunger macht sich nach dieser wilden Radfahrt bemerkbar. Durch ein paar Gassen und an Kirchen vorbei gelange ich zur „Piazza del Campo". Ein Platz, von dem ich schon viel gehört habe. Es zahlt sich aus, denke ich, als ich durch Torbögen gehe und auf diesen blicke, nach Siena geradelt zu sein. Der Anblick ist großartig. „Il Campo", wie man ihn kurz nennt, ist sicherlich einer der schönsten Plätze Italiens und wahrscheinlich der ganzen Welt. Bereits 1347 erhielt er sein heutiges Gesicht. Er ist muschelförmig angelegt und paßt sich so in idealer Weise in die Senke der drei Hügel an, auf denen Siena erbaut wurde.

Der Brunnen am Platz heißt Fonte Gaia, das ist die „fröhliche Quelle". Er trägt seinen Namen, weil man sich Anfang des 15. Jahrhunderts so sehr freute, daß das Wasser nach einem 25 km langen Weg über ein Aquädukt hier hervorsprudelte.

Hier herrscht Leben, nicht nur am Tag, sondern auch jetzt noch am späten Abend. Rundum zeigt sich hier eine einzigartige Kulisse von mittelalterlichen Palästen, die heute Restaurants und Cafés beherbergen. Sie sind im Halbrund um den Platz angeordnet. Vor ihnen finden die berühmten Pferderennen statt. Die Zuschauer bei diesen Spektakeln stehen auf stufenartig angeordneten Holztribünen, die unmittelbar an die Paläste anschließen. Zwischen diesen Tribünen und davor sind Sessel und Tische, die zu den dahinter liegenden Restaurants gehören, aufgestellt. Während der Pferderennen, über die ich noch erzählen werde, sind die gastlichen Lokale geschlossen oder verbarrikadiert, und ein Stück vor den Tribünen sind hölzerne Zäune angebracht, die die vielen eng aneinandergedrängten Zuschauer vom Geschehen abhalten. Daran schließt sich die zehn oder fünfzehn Meter breite Rennbahn. Dann folgen wieder Zäune, die die Rennbahn gegenüber dem inneren Platz, dem Zentrum, abgrenzen. Auch dort stehen, während die Reiter um ihr Glück rittern, Zuschauer.

Dieser innere Platz hat seine besondere Schönheit, er ist mit roten Ziegeln gepflastert, die wie Fischgräten angeordnet sind. Diese ein-

9 „Il Campo" in Siena

heitliche Röte wird durch Streifen, die wie Strahlen zusammenfließen, gegliedert. Das Auge erfreut sich an dieser feinen Symmetrie.

Vor den Palästen mit ihren Restaurants stehen viele Tische und Sessel. Hier sitzen noch zur späten Stunde Italiener und Leute aus ganz Europa und genießen den milden Abend. Ich setze mich in einen Sessel der erste Reihe und bestelle ein Glas Wein und eine Pizza. Der Kellner erkennt in mir gleich den Ausländer und macht ein paar Scherze in dem Sinn, daß nichts mehr serviert werden könne, denn es sei ja schon spät. Ich blicke ihn flehentlich an und erkläre, daß ich mit dem Fahrrad hier angekommen sei und gerne ein Glas guten Wein trinken und eine vegetarische Pizza essen wolle. Dazu hätte ich gerne ein Flasche Mineralwasser, denn ich bin durstig. Er nickt, vielleicht glaubt er mir, jedenfalls bringt er mir bald das Gewünschte. Ich lange ordentlich zu, ich habe Hunger von der heutigen Fahrt und schlürfe abwechselnd Wein und Mineralwasser. Die Szenerie, die ich beobachten kann, ist berauschend, denn vor allem junge Leute spazieren auf dem Campo, setzen sich einfach auf den Boden oder zum Brunnen, sie scherzen, lachen, und manche singen sogar. Auch Straßenmusikanten mischen sich darunter und hoffen auf ein paar Lire. Der Platz, Il Campo, ist hell erleuchtet, und man merkt, daß mit ihm eine alte Geschichte verbunden ist. Bereits 1297 gibt es genaue Bauvorschriften, um die Harmonie des Platzes zu erhalten. Die damalige Stadtregierung erkannte also genau, daß die Schönheit eines solchen Platzes bewahrt werden müsse. Dafür sei ihr gedankt. Ich trinke an meinem Wein und denke an die weisen Herren der Regierung von Siena. Alle Gebäude sind hier aufeinander abgestimmt.

An der tiefstgelegenen Stelle des Platzes, gegenüber der Mitte des Halbrunds mit seinem Brunnen, herrscht der Pallazzo Pubblico, also der Palast, der die Stadtregierung beherbergt. Er wurde zwischen 1297 bis 1342 errichtet und ist erst 1680 endgültig fertiggestellt worden. Diese Seite des Platzes mit dem Regierungspalast schließt das Halbrund des Platzes gerade ab. In gewisser Weise ähnelt der Platz daher einer Jakobsmuschel, die nach unten gerade abgeschnitten ist. In diesem Palast findet sich das Museo Civico mit mittelalterlichen Kunstwerken. Außerdem kann man im Inneren des Palazzo Pubblico zum 102 m hohen, 1378 erbauten Torre de Mangia hinaufgehen. Dieser alles überragende Turm steht als Symbol für die Freiheit der Stadt. Bis zur letzten Plattform führen 226 Treppenstufen.

Die Schönheit dieses Platzes hat Siena einem Ausschuß zu verdanken, der gnadenlos durchgriff. Als etwa ein Gebäude 40 cm aus der Bautenfront der Piazza del Campo herausragte, wurde es einfach abgerissen.

Seit 1260, als ein Sieg über Florenz gefeiert wurde, werden hier am Campo Feste veranstaltet. Siena ist die Stadt des „Palio delle Contrade", eines Pferderennens, das auch heute noch zweimal jährlich, nämlich am 2. Juli und am 16. August, abgehalten wird. Das Rennen auf ungesattelten Pferden wurde erstmals 1283 erwähnt, es geht möglicherweise auf eine Militärübung der Römer zurück. Bei diesem Rennen sind zehn Bezirke Sienas durch je einen Jockey vertreten. Es gibt allerdings in Siena siebzehn Bezirke, die Contradas, aber nur zehn dürfen antreten, wahrscheinlich, weil sonst der Wirbel beim Rennen zu groß ist.

Am Vorabend des Rennens, bei dem dem Sieger das Palio der Stadt, das Seidenbanner, winkt, gibt es in jedem einzelnen Viertel ein festliches Abendessen. In den Straßen stehen überall lange Tische und Reihen von Bänken mit Lichtern und Körben voller Speisen und Wein.

Außerdem werden die Pferde, die am Rennen teilnehmen, wenige Stunden vor dem Rennen in der Kapelle der einzelnen Stadtviertel von einem Priester gesegnet.

Nach einem alten Aberglauben gewinnt dasjenige Pferd, das beim Segen seinen Darminhalt entleert.

Obgleich das Wettrennen auf den ungesattelten Pferden höchstens 90 Sekunden dauert, ist es von komplizierten Zeremonien umrahmt, die schon vier Tage vorher beginnen. Zwischen 17 und 19 Uhr am Tag des Rennens findet ein festlicher historischer Umzug statt, der Corteo Storico, in Kostümen aus dem Siena des 15. Jahrhunderts. Den Kopf des Zuges bilden die Steuereintreiber, es folgen der Träger des städtischen Wappens und die Musiker, dann die Bannerträger, also die Träger der Fahnen mit den Wappentieren der verschiedenen Contradas. Jede Contrada, also jedes Stadtviertel, hat ihr eigenes Wappentier, zum Beispiel eine Giraffe, eine Schildkröte oder eine Schnecke. Jedes Stadtviertel ist außerdem durch Pagen und einen Herzog, den Duce, vertreten. Und ganz zum Schluß kommt der reichverzierte, von stattlichen Maremma-Bullen gezogene Kriegswagen, der das Banner der Stadtverwaltung – den „Palio" – trägt, den der Sieger erhält.

Einige Wochen danach, im September, findet ein abendlicher Festschmaus der Sieger unter freiem Himmel statt, der bis tief in die Nacht dauert – das glückliche Siegerpferd ist auch mit von der Partie.

Bei dem Rennen ist es erlaubt, die anderen Jockeys durch Peitschenhiebe zu behindern und aus dem Sattel zu werfen.

Pferde und Reiter bekommen also Peitschenhiebe zu spüren, denn auch das Pferd darf geschlagen werden. Das zieht die Pferde in Mitleidenschaft, und daher setzen sich Tierschützer gegen das Rennen ein.

Nachdem schon der WWF und Brigitte Bardot erfolglos wegen vermeintlicher Tierquälerei gegen das Pferderennen gestritten hatten, sorgte 1991 der Filmregisseur Federico Fellini für einen Eklat. Nachdem ihm – wie jedem anderen Filmteam auch – Aufnahmen vom Rathausturm herab aus Sicherheitsgründen verwehrt wurden, erklärte der Maestro in einer Pressemitteilung die Bürger der Stadt und insbesondere den Bürgermeister für verrückt. Letzterer konterte mit einer Verleumdungsklage – und schnitt sich damit ins eigene Fleisch, denn der hochkarätige Regisseur wollte die Aufnahmen lediglich als Teil eines Werbefilms über die Toskana verwenden.

Während ich meine Pizza esse, bewundere ich im Geist die Buntheit, mit der Umzüge und Rennen hier gestaltet werden. Besonders faszinieren mich als Kultursoziologen diese Contradas, die Vierteln der Stadt, die bei den Rennen sich durch Reiter der Öffentlichkeit präsentieren können. Diese Contradas haben, wie ich erfahre, ein ausgeprägtes Gemeinschaftsgefühl, nicht nur hinsichtlich des Rennens. Jede Contrada besitzt ihre eigene Kirche, ihr eigenes Museum und seit 20 Jahren sogar ihren eigenen Brunnen. Sie erfüllt nicht nur die Funktionen eines Freizeitclubs, sondern kümmert sich auch um Altenhilfe oder um die Organisation eines Kindergartens. Die Mitgliedschaft in einer Contrada wurde früher durch Geburt erworben. Seit jedoch die Frauenklinik im Gebiet der Contrada della Selva ihren Betrieb aufgenommen hat und Hausgeburten die Ausnahme bilden, gilt auch das Elternhaus des neugeborenen Sieneser Kindes als Argument für die Mitgliedschaft.

Der „Underdog" unter den Contradas war lange die Contrada del Oca, Oca heißt die Gans, vom Stadtteil Fontebranda. Sie hatte die Farben der Nationalflagge in ihrem Banner und wurde daher unter Mussolini stark gefördert. Ähnlich ging es der Contrada dell'Aquila, die mit ihrem Habsburger Doppeladler sich bei den Habsburgern beliebt machen wollte, was die anderen Contradas als kriecherisch quittierten. Jede Contrada besitzt ihr eigenes Museum, in dem Erinnerungsstücke, Trophäen, Uniformen und vieles mehr ausgestellt sind.

Ich trinke noch meinen Wein, zur Erinnerung an die heiligen Vagabunden Franz, von dem der schöne Sonnengesang stammt, und Elias, dem Rebellen im Orden der Franziskaner. Franz hatte zum Schluß genug von seinen Ordensbrüdern und zog sich in die Wälder zurück. Auch er war einmal hier in Siena, ebenso wie Elias, der zunächst ein Freund des Franz war, aber kein Freund des Armutsideals. Elias wurde immerhin Kanzler des hochberühmten Kaisers Friedrich II., über den der Papst sich ärgerte, weil er nicht das tat, was die Kirche von ihm verlangte. Einen Schluck Wein erhebe ich auf das Wohl von Siena, dieser Stadt mit den edlen Stadtvierteln, den Contradas, die hier am großen Platz von Siena sich beim Pferderennen der Welt zeigen, die aber auch ihre Mitglieder nicht im Stich lassen.

Ich winke dem Kellner, zahle und mache mich auf den Weg zum Hotel. Ich blicke noch einmal auf den Campo, morgen möchte ich wieder hierherkommen, und wandere durch kleine Gassen. Ich bin müde. Der Schlaf wird mir guttun. Ich bin froh, heil mit dem Fahrrad hier angekommen zu sein.

10. NACH FLORENZ –
KATHARINA VON SIENA, DIE GHIBELLINEN
UND DANTE

Es dürfte gegen acht Uhr sein, als ich aufwache und aus dem langweiligen Fenster des langweiligen Hotelzimmers hinaus auf das schöne mittelalterliche Siena blicke. Einige Stunden möchte ich noch durch diese Stadt wandern und auf dem Il Campo einen Tee trinken. Der Himmel verspricht einen schönen Tag, keine Wolke steht am Himmel, hoffentlich wird es nicht zu heiß.

Ich ziehe meine Ausgehkleidung, also nicht den Raddreß, an. In diesen werde ich erst gegen Mittag schlüpfen, wenn ich mich auf die Reise nach Florenz begebe.

Ich suche das für diese Art von Hotels typische Frühstückszimmer auf, es gleicht eher einer Massenausspeisung. Urlauber aus den USA, Japan und Deutschland überwiegen hier. Eine ganze Reisegesellschaft schwirrt in den Saal. Es sind Leute aus Bayern, wie ich ihrem Dialekt entnehme, die laut Platz nehmen. Ein Mann meint, er brauche dringend eine Maß Bier, wobei er Maß wie Moaß ausspricht.

Ich setze mich in die Nähe dieser freundlichen Mitteleuropäer, esse mein Müsli und trinke dazu einen Tee, den mir eine freundliche Dame kredenzt. Ich scherze mit ihr, sie nimmt sich kurz Zeit für mich. Ich sage ihr heiter in meinem fragmentarischen Italienisch, daß mir Siena sehr gefalle, schöne Signorinas gebe es hier, ich habe gestern viele von ihnen auf der Piazza del Campo gesehen, und ich bedaure, heute mit dem Fahrrad wieder weiter zu müssen. Ich füge hinzu, daß ich aus Wien und mit dem Fahrrad aus Österreich hierher angereist sei. Sie lacht und antwortet mir zu meiner großen Überraschung in einem schönen Deutsch: „Es ist nicht zu glauben, daß Sie mit dem Fahrrad es bis hierher geschafft haben. Ich gratuliere. Es freut mich, daß es Ihnen hier gefällt. Ich war drei Jahre in Deutschland, in Göttingen. Jetzt bin ich wieder hier. Die Deutschen sind oft langweilig, die Italiener sind mir lieber. Auch die Wiener haben ihren Charme." Ich nicke dankbar. Sie fährt fort: „Ich selbst passe gut zu Siena, denn ich heiße Katharina. Haben Sie schon Geschichten gehört von der heiligen Katharina? Sie ist auch die Stadtpatronin von Siena" Ich antworte: „Etwas weiß ich, aber nicht viel." Sie wieder: „Es zahlt sich aus, sich mit der Geschichte dieser kühnen Dame länger zu beschäftigen, denn sie hat einiges in der Weltgeschichte durcheinandergebracht. Sie war eine große Kritikerin der heuchlerischen Priester und Päpste. Auf die Männer dürfte sie nicht gut zu sprechen gewesen sein. Sie hatte nicht viel am Hut mit Männern, wie man in Deutschland sagt. Sie hat vielleicht etwas recht, aber es gibt auch freundliche Männer, vor allem hier in Siena genauso wie in Wien." Letzteres sagt sie lächelnd. Ich fühle mich geschmeichelt, danke für die liebenswürdigen Worte und verspreche, mich heute noch genauer über die Katharina von Siena zu informieren. Ich rufe ihr noch nach: „Zu Mittag werde ich mehr wissen über die Katharina, ich danke für den Tip.".

Sie lacht und bringt einem der Herren aus Bayern einen Kaffee.

Ich trinke meinen Tee und hole noch aus meinem Zimmer ein Bücherl über die Geschichte Sienas, das ich gestern in einem Andenkengeschäft erworben habe. Ich vergewissere mich, daß über Katharina einiges in diesem zu lesen ist. Es ist so, sogar ziemlich viel. Dann mache ich mich aufs neue auf den Weg zum „Il Campo", den ich heute bei Tageslicht sehen möchte. Bei Nacht habe ich ihn gestern erlebt, als ich einiges über die klassischen Pferderennen, bei denen der Sieger das Palio, das Seidenbanner der Stadt, überreicht erhält, erfahren habe.

Wieder marschiere ich durch kleine Gassen und über freundliche Plätze, überall herrscht ein Gedränge an Menschen. Ich verstehe, daß Leute von fernen Ländern hierher reisen, um die mittelalterliche Schönheit Sienas zu genießen. Der schönste Ort Sienas ist für mich der „Campo", der Platz mit dem ziegelfarbenen Boden und den vielen Kaffeehäusern in seinem Halbrund. Ich betrete den Platz, schon jetzt gegen neun Uhr am Vormittag ist ein Großteil der Sessel an den Tischen der Cafés und Restaurants besetzt. Ich finde einen freien Sessel an einem freien Tisch. Leider ist kein Sonnenschirm in der Nähe. Ich setze mein blaues Kapperl auf, um vor der Sonne geschützt zu sein, und bestelle bei einem freundlichen Herrn einen Tee. Er bringt ihn mir, ich lasse meinen Blick über die Pracht dieses für mich einmaligen Platzes bis hin zum Palazzo de Populo mit dem stolzen Glockenturm schweifen. Ich bin beeindruckt, zumal ich weiß, daß seit dem Mittelalter sich dieser Platz in seiner klassischen Form erhalten hat. Vor fünfhundert Jahren hat es hier nicht anders ausgesehen als jetzt. Mich reizt der Gedanke, daß ein Bürger aus Siena, der im 14. Jahrhundert hierher geschlendert kam, genau dasselbe sah, was ich jetzt sehe.

Ich mache einen genüßlichen Schluck von meinem Tee und beginne über die heilige Katharina von Siena zu lesen und nachzudenken. Ihr Name heißt die „Reine". Er leitet sich – das sage ich, der ich 6 Jahre lang Altgriechisch lernen mußte – von katarrein ab, das eigentlich soviel bedeutet wie „herabfließen" und in einem weiteren Sinn erst „reinigen". Die Worte Katarrh im Sinn von Schnupfen und Ketzer, die sich ja als die Reinen sahen, stammen davon ab. Eine „Reine" wollte die Katharina von Siena ihr Leben lang bleiben, und ich glaube, sie blieb es auch.

Katharina, auf italienisch Caterina, Benincasa, so war ihr Familienname, wurde im Jahre 1347 als 24. Kind einer armen Färberfamilie in Siena geboren. Gestorben ist sie schon 1380 in Rom. Sehr alt ist sie also nicht geworden, sie wurde nur 33 Jahre alt, aber in diesen Jahren hat sie Weltgeschichte geschrieben, und sie hatte Visionen, wie ich gleich erzählen werde. Mir imponiert die Dame. Zur Zeit ihrer Geburt war ein politisches Durcheinander. Machtkämpfe und Familienfehden bestimmten das öffentliche Leben, der Adel unterdrückte das Volk, und der Papst residierte in Avignon, er war in die Abhängigkeit französischer Herrscher geraten. Die Menschen damals waren verunsichert, vor allem weil der Papst, der als das Haupt der Christenheit galt und eigentlich nach Rom gehörte, gar nicht in Italien, sondern im französischen Ausland war. Katharina dürfte schon als Kind diese Unzufriedenheit unter den Menschen gefühlt haben, jedenfalls hatte sie mit sechs Jahren ihre erste Vision mitten auf der Straße. Bereits mit sieben Jahren lebte sie asketisch und legte das Gelübde der Jungfräulichkeit ab.

Im Alter von zwölf Jahren sollte sie heiraten, weigerte sich aber, was ihr die Eltern übelnahmen.

Mit 18 Jahren trat Caterina gegen den Willen ihrer Eltern in den Dritten Orden der Dominikaner in Siena ein. Sie lebte in asketischer Strenge und arbeitete hingebungsvoll für Arme und Kranke in Siena, bei der Pflege von Pestkranken steckte sie sich an. Einem frierenden Bettler gab sie eines Tages ihren Mantel. Jemand kritisierte sie deswegen, er meinte, daß es unschicklich sei, ohne Mantel auf die Straße zu gehen. Dem antwortete sie: „Ich will mich lieber ohne Mantel als ohne Liebe finden lassen."

Sehr verärgert war Caterina, also die „Reine", als sie sah, welch heiteres Leben die Priester damals führten. Sie lebten gut und hatten Freundinnen. Sie rief aus: „Was Christus am Kreuz erwarb, wird mit Huren vergeudet!" Ihr Abscheu gegenüber gewissen Geistlichen war so groß, daß sie den „Herren der Kirche im Namen Gottes den Tod wünschte".

Caterina war eine große Briefschreiberin, gerade in spirituellen Fragen, wodurch sie zu einigen Bewunderern kam. Sie war so heilig, daß sogar die Wundmale Christi an ihrem Körper erschienen, allerdings ließ sie bis zu ihrem Tode diese niemanden sehen. Zu einer Person der Weltpolitik wurde sie, als sie 1376 nach Avignon reiste, um beim Papst Gregor XI. um Fürsprache für die im Krieg mit dem Papsttum befindlichen Florentiner einzulegen. Zwar hatte sie damit keinen Erfolg, aber sie konnte immerhin den Papst dazu bewegen, nach Rom zurückzukehren.

Caterina war darob erfreut und zog wiederum nach Siena, um dort sich der Meditation zu widmen und sich um die Hilfsbedürftigen zu kümmern. 1378 trat sie wieder in der Weltpolitik auf den Plan, als man zu streiten begann, wer denn der rechtmäßige Papst sei. Das Abendländische Schisma, also eine Kirchenspaltung, drohte. Caterina unterstützte nun Papst Urban VI. und fuhr auf seinen Wunsch hin nach Rom, um für die Einheit der Kirche zu arbeiten.

Caterina war eine Frau mit vielen Seiten. Sie liebte das Gebet, die Innerlichkeit und die mystische Versenkung. Aber andererseits betätigte sie sich vehement als Politikerin, sowohl in kirchlichen Dingen und auch wenn es galt, Menschen in ihrem Leiden zu helfen. Und schließlich bemühte sie sich um Frieden zwischen dem Papst und jenen Männern aus Florenz, die die Partei des römischen Kaisers, der ein Deutscher war, vertraten. Zu diesen Aufmüpfigen gehörte übrigens auch der Dichter Dante, über den ich in Florenz nachdenken werde.

Die letzten Jahre ihres Lebens ernährte Caterina sich äußerst sparsam, indem sie nur heilige Hostien zu sich nahm. Ihr Leichnam liegt bis heute unversehrt in der Kirche Santa Maria sopra Minerva zu Rom. Wegen ihrer Aktivitäten in Sachen Kirchenpolitik gilt Caterina in Italien als „die größte Frau der Kirchengeschichte". Erhalten sind 381 ihrer Briefe als Zeugnisse mystischer Theologie.

1461 wird sie durch Papst Pius II. heiliggesprochen, und 1970 wird sie zur Kirchenlehrerin ernannt. Katharina hat es also weit gebracht, immerhin wurde sie zur Patronin Italiens, denke ich mir in ihrer Geburtstadt Siena, während ich am schönsten Punkt dieser Stadt, dem Campo, sitze und meinen Tee schlürfe.

Katharina, oder Caterina, ist schließlich auch die Patronin der Sterbenden, aber auch der Wäscherinnen, und sie hilft bei entsprechender Anrufung gegen Feuer, gegen Kopfschmerzen und Pest. Um nicht länger in der Sonne zu sitzen und um mich nicht der Gefahr des Kopfschmerzes auszusetzen, zahle ich meinen Tee und marschiere weg vom Campo, dem prachtvollen Platz von Siena, den es schon gab, als Katharina hier geboren wurde.

Katharina war eine interessante Dame, die wohl „mit Männern nichts auf dem Hut hatte", wie die freundliche italienische Hotelbedienstete, die eine Zeit in Göttingen gearbeitet hat, meinte, die aber eine große Liebende war. Ihre Liebe konzentrierte sich auf Jesus. In einem ihrer Briefe schrieb sie nämlich: „Er war mein Bräutigam und ich war seine Braut, möge er mich küssen mit seinen Lippen." Oft sei sie in eine tiefe Trance verfallen, heißt es. Um aus einer solchen in die Wirklichkeit zurückgeholt zu werden, mußte sie mit Nadelstichen behandelt werden. Ihr Wohnhaus kann man übrigens in Siena besichtigen. Ich war nicht in diesem, aber ich ging vorbei und gedachte der heiligen züchtigen Dame mit ihrer Distanz zu Männern, von denen sie allerdings den Papst ausnahm.

Mir fällt ein, es gibt noch eine zweite Person hier in Siena, die es zur Heiligmäßigkeit gebracht hat. Diese ist der heilige Bernhardin, der als „Apostel Italiens" gilt. Er lebte gleich anschließend an Caterina von 1380 bis 1444. Genauso wie Franz von Assisi, der sein Vorbild war, stammt er aus reichem Haus. Auch er verteilte sein großes Vermögen an die Armen und trat dem Orden der Franziskaner bei. Berühmt wurde er bald in ganz Italien wegen seiner großen Beredsamkeit. Seine gescheite Devise war, die ich mir vielleicht zu Herzen nehme: „Erstens klar sprechen, zweitens kurz sprechen, drittens schön sprechen!" Allerdings dürfte er sich an diesen Leitspruch nicht gehalten haben, denn es wird berichtet, daß er überall und oft bis zu fünf Stunden predigte. Seinen Zuhörern dürfte dies gefallen haben, denn die gingen angeblich in die Tausende. In gewisser Weise gleicht Bernhardin jenen Leuten, die anderen raten, wenig zu sprechen, damit sie selbst lange zu Wort kommen können. Um seinen Namen ranken sich zahllose Legenden. So soll eines Tages ein Kunstmaler, der Spielkarten malte, zu ihm gekommen sein und sich bitter beklagt haben, daß Bernhardin immer gegen das Kartenspielen predige. Der gute Mann fürchtete um sein Geschäft, er müsse verhungern, wenn das so weitergehe. Daraufhin riet ihm Bernhardin, in Zukunft Jesusbilder zu malen. Der verzweifelte Maler folgte diesem Rat und malte hinfort derartig fromme Bilder und konnte gut davon leben.

Auch Bernhardin hat meine Sympathien. Auf das Wohlsein der beiden Stadtheiligen von Siena, der Katharina und dem Bernhardin, werde ich heute am Abend ein Glas Wein leeren. Ich hoffe, ich vergesse in Florenz nicht darauf.

Ich wandere durch die engen Gassen Sienas, hier blickt mich noch das Mittelalter an. Es ist höchst angenehm, daß im Zentrum Sienas keine Autos fahren dürfen. Es tut gut, eine Zeit einmal keines dieser Erzeugnisse der Neuzeit zu sehen.

Siena war und ist eine wohlhabende Stadt, dies merkt man. Seinen wirtschaftlichen und politischen Aufstieg im Mittelalter verdankt Siena dem Bank- und Handelsgeschäft sowie einem florierenden Handwerk. Siena hat eine spannende Geschichte, die wesentlich durch die Rivalität mit Florenz geprägt ist.

Die festen Stadtmauern, die gesamte Stadtanlage und viele Bauten erinnern noch an die stolze, kämpferische Tradition der alten Stadtrepublik, aber ansonsten ist es hier ruhig geworden.

Nicht uninteressant ist, daß der Sage nach Siena seinen Ursprung einem Sohn des Remus, also des Mannes, der mit Romulus Rom gegründet haben soll, verdankt. An diese Geschichte erinnert das Stadtwappen von Siena, in dem die Wölfin mit ihren säugenden Kleinen, das alte Symbol der Stadt Rom, dargestellt wird.

Tatsächlich jedoch, wie Historiker belegen können, fällt die Gründung Sienas in die etruskische Zeit, also um die Zeit von 300 vor Christus. Etruskisches Blut dürfte in den Adern der Bürger von Siena lange geflossen sein. Wie ich schon erzählt habe, verstanden sich Etrusker und Römer nicht. Und die Etrusker hatten guten Grund, wie wir schon wissen, sich über die Römer und ihre Arroganz zu ärgern. Tacitus erzählt, daß ein römischer Senator, der nach Siena gereist war, von den Einwohnern Sienas verprügelt wurde. Ich kann das verstehen.

Um die Unabhängigkeit kämpften die Leute aus Siena weiter im 12. Jahrhundert in der Auseinandersetzung mit dem Bischof von Volterra. Damals, genau im Jahre 1137, eroberten sie die bedeutenden Silberminen von Montieri und schufen sich damit die Grundlage ihrer Macht. Siena wurde nun Münzprägestelle und zentrale Anlaufstätte für Geldgeschäfte aller Art. Die Stadt wurde damit reich und stark. Das verärgerte allerdings die eifersüchtigen Florentiner, denn Siena war nun ebenfalls eine unabhängige Stadtrepublik geworden. Allerdings war es treu dem Kaiser, während es Florenz mit dem Papst hielt, mit dem es auch seine gesamten Geldgeschäfte abwickelte. Dieser fundamentale Gegensatz, der die ober- und mittelitalienische Geschichte bis ins Hochmittelalter bestimmte, brachte erbarmungslose Kämpfe zwischen den beiden Republiken mit sich.

Der 4. September 1260 ging in die Stadtgeschichte ein und erfreute die Leute aus Siena besonders. An diesem Tag brachten in den Bergen die Sieneser dem kriegerischen Heer aus Florenz eine vernichtende Niederlage bei – es war ein ungeheurer Triumph. Tausende gefangener Florentiner wurden im Freudentaumel durch Siena getrieben. Damals stieg das Selbstbewußtsein der Sieneser ins Unermeßliche. Dieses zeigte sich übrigens in der Idee dieser stolzen Städter, ihren Dom so zu bauen, daß er der gößte Kirchenbau der Christenheit werde. Doch diese Idee konnte man nicht verwirklichen. Es blieb beim Planen.

Die Stadt muß in ihrem Reichtum förmlich erstickt sein; den Abglanz davon sieht man noch heute auf Schritt und Tritt. Doch 1348 brach die Pest in der Stadt aus. Die furchtbare Seuche, die in den schlechten hygienischen Verhältnissen der damaligen Städte einen guten Nährboden fand, raffte zwei Drittel der Bevölkerung Sienas hinweg. Von diesem schweren Schlag erholte sich die Stadt nie mehr ganz. Die Feinde der Stadt nutzten die Schwäche sofort aus, allen voran Kaiser Karl IV., dem die unabhängigen Stadtrepubliken in Italien schon lange ein Dorn im Auge waren. 1355 schürte er einen Volksaufstand in Siena, danach kam die Stadt nicht mehr zur Ruhe. Kämpfe der mächtigen Adelsgeschlechter untereinander, Kämpfe gegen die umliegenden Städte und Kämpfe gegen den Kaiser wechselten einander ab.

Der Schlußakt folgt 1555; Kaiser Karl V., der mächtige katholische Herrscher des „Heiligen Römischen Reiches Deutscher Nation", zieht gegen die Stadt, Cosimo de Medici von Florenz ist mit dabei. Nach einjähriger Belagerung fällt Siena, die kaiserlichen Truppen marschieren ein – das ist das Ende der freien Stadt. Cosimo I. erhält von Karl die ganze Toskana als Herrschaftsgebiet. Siena ist mit einverleibt, gemeinsam mit Florenz. Die Menschen in Siena dürfte diese Gemeinsamkeit mit Florenz geärgert und geradezu als Beleidigung aufgefaßt haben. Immerhin wanderten über 700 sienesische Familien – mehr als die Hälfte der Bevölkerung – nach Montalcino aus.

Als nach dem Tod des letzten Medici 1737 die Habsburger die Macht übernahmen, verlor Florenz an Gewicht. Siena nutzte die Situation für einen wirtschaftlichen Aufschwung.

1865 war Siena die erste Stadt Italiens, die per Volksentscheid dem neuen Königreich Italien beitrat.

Die Geschichte Sienas ist also höchst ruhmvoll und spannend. Sie lebt hier, und die Häuser erzählen von ihr. Wenn man aufmerksam geht, kann man ihre Geheimnisse hören.

Ich wandere durch diese stolze freie Stadt und gelange zum Dom, mit dessen Bau 1229 begonnen wurde. Er ist in vielen Jahrhunderten gebaut worden und besteht aus unvollständigen Seitenschiffen, da den ehrgeizigen Plänen der Erbauer leider die Pest in die Quere kam und man mangels Arbeitskräften darauf verzichten mußte, die Seitenschiffe 30 m breit und 50 m lang weiterzubauen. Damit schwand auch die Hoffnung, den größten Dom der Christenheit zu bauen. Grauer und weiße Marmor, wie er typisch für die Kirchen der Toskana ist, dominieren in der Schönheit des Domes.

Ich betrete das imponierende Langhaus des Domes, über den ein Kunsthistoriker Bedeutendes erzählen könnte. Auch in diesem Dom, genauso wie in Padua, werden Heiligen kleine Geschenke oder Erinnerungsstücke gebracht. So fällt mir am Platz eines Heiligen neben Kerzen ein Motorradhelm auf, offensichtlich ein Geschenk verbunden mit der Bitte um weiteren Schutz beim Motorradfahren.

Ich glaube, ich habe genug gesehen von Siena und seinem Dom. Ich verlasse den Dom, es ist Zeit, mit dem Fahrrad weiterzufahren. Ich marschiere zum Hotel. Ich verirre mich einmal im Gewirr der alten Gassen, doch irgendwie gelange ich doch zum Hotel. Ich eile in mein Zimmer, ziehe mich um. Mit der Radtasche erscheine ich im Foyer des Hotels. Ich zahle bei der Rezeption. Einer der dort weilenden Herren hat in mir den Radfahrer erkannt, der gestern mit dem Fahrrad hier ankam. Auch er bemüht sich um Vornehmheit, als er mir mein Fahrrad aus dem Abstellzimmer holt. Das Fahrrad hat keinen Schaden genommen, es hat die Nacht bestens, so wie auch ich, verbracht. Ich bedanke mich. Ich bepacke das Fahrrad und verabschiede mich. Ich suche die Straße nach Florenz. Ich radle bergab, von der Festung zu Tal. Ich denke, die Richtung stimmt. Unten zweigen sich die Straßen. Ich bin verunsichert, ich weiß nicht, welche ich benützen soll. Die Straßenschilder geben mir nur eine unklare Auskunft über den Weg nach Florenz. Ich bilde mir ein, geradeaus fahren zu müssen. Ich frage einen

Herrn, der dort bei einer Tankstelle sich zu schaffen macht, wie ich am besten und auf schönste Weise nach Florenz komme. Er erklärt mir, ich müsse ein Stück zurückfahren. Also wieder bergauf, dazu habe ich keine Lust. Ich kann nicht glauben, was er sagt. Aber ich bedanke mich trotzdem. Ich betrete ein kleines Geschäft, einen Krämerladen. Mehrere Leute stehen hier. Ich frage auch hier, wie ich mit dem Fahrrad nach Florenz komme. Auch hier wird mir versichert, ich müsse umkehren und mich dann rechts halten. Hier dürfe ich auf keinen Fall weiterfahren, denn da käme ich auf die Autostrada nach Florenz, und auf dieser habe ich als Radfahrer nichts zu suchen.

Mir bleibt nichts anderes übrig, als mich dieser Auskunft zu fügen. Ich versuche zwar noch, einem der Herren in dem Laden einzureden, daß der eigentliche Weg nicht bergauf gehen könne. Der Herr lächelt nachsichtig und schüttelt den Kopf. Ich gebe dem Herrn die Hand und gehe zum Fahrrad. Ich radle los, bergauf. Bald habe ich die Steigung hinter mir, die Straße mündet in eine gemütliche Landstraße. Sie führt neben der Mauer eines Gutshauses vorbei, schattige Bäume stehen an der Straße und laden zur Rast ein. Dazu habe ich jetzt keine Zeit mehr, es ist ungefähr zwei Uhr am Nachmittag. Nur wenige Autos fahren hier, denn in der Nähe bietet eine Autostrada, die direkt nach Florenz führt, ihre Dienste an. Es ist immer angenehm für einen Radfahrer, wenn er eine Landstraße in unmittelbarer Nähe einer Autobahn oder einer Austrada benützt. So tue ich es auch bei uns in Österreich. Auf der Bundesstraße 1 zwischen Linz und Wien läßt sich herrlich radeln, denn die Autobahn ist nicht weit und zieht den Verkehr an sich. Ebenso ist diese alte Landstraße zwischen Siena und Florenz prachtvoll mit dem Rad zu befahren. Ich blicke in ein schönes Stück der Toskana mit ihren vielen Hügeln. Über einige dieser werde ich nun radeln. Die Schönheit der Landschaft erfaßt mich. Ich radle an weiten Feldern vorbei, dazwischen breiten sich gepflegte Bauernhäuser mit ihren Höfen und schattigen Bäumen. Kleine Gruppen von Pinienbäumen zieren den Rain der Felder. Es ist wohl einer der schönsten Teile der Toskana, durch die ich mein Fahrrad lenke. Bewaldete Berge, die beinahe 900 Meter Seehöhe erreichen, stehen hier. Auch über kleine Pässe zieht die Straße. Mein

10 In der Toskana

Auge erfreut sich an einer fruchtbaren Landwirtschaft, die unter der
heißen Sonne zu stöhnen scheint. Zwischen Wäldern und Weinbergen
liegt hier ein alte Kulturlandschaft, die den schönen Namen Chianti
trägt. Chianti klingt für mich wie heitere Trunkenheit, Freundschaft,
frohes Beisammensein, Lust am Augenblick und freudiges Genießen.
Während ich über die Magie des Wortes Chianti nachdenke und in die
Pedale trete, wieder radle ich eine leichte Steigung bergan, erblicke ich
am höchsten Punkt der Straße und vor Weingärten inmitten schattiger
Bäume eine Osteria. Ich nütze die Gelegenheit, halte an, lehne mein
Rad an einen Baum und bewundere die Osteria, ein freundliches Wein-
lokal, irgendwie erinnert sie mich an unsere Heurigen bei Wien. Vor
dieser stehen Tische, an denen Leute sitzen und Wein trinken. Ich
grüße laut und betrete die gastliche Stätte. Ich will nur kurz bleiben, daher nehme ich im Inneren der Osteria Platz, nicht weit von der Theke.
Der Wirt erwidert den Gruß auf deutsch. Ich frage, warum er deutsch
könne. Er erzählt: „Ich war ein paar Jahre in Köln, dort hat mein Bruder ein Eisgeschäft. Ich habe dort gut verdient, aber ich bin gerne wie-

der hierher zurück in die Toskana. Hier gefällt es mir. Hier kenne ich die Menschen, und mit Wein habe ich immer gerne zu tun gehabt. Und wie kommen Sie hierher?" Ich nicke, der Mann ist mir sympathisch, und antworte ihm: „Ich bin von Österreich mit dem Fahrrad hierher gefahren. Ich bin froh, in der Toskana zu sein. Mir gefällt die Toskana. Ich würde auch gerne eine Zeit hier wohnen. Es ist wunderschön hier. Mit dem Fahrrad erlebt man alles noch intensiver. Die würzige Luft hier, die Bäume und die Weingärten auf den Hügeln sind zauberhaft. Besonders gefällt mir, daß ich hier in Chianti bin, wie diese schöne Gegend heißt. Der Chiantiwein hat einen herrlichen Ruf. Ich bitte um ein Glas Chiantiwein. Ich trinke zwar während des Tages für gewöhnlich keinen Alkohol, aber jetzt ist es für mich geradezu eine Pflicht, einen solchen zu trinken."

Ich fühle mich hier wohl. Mit meiner Radkleidung, dem blauroten Leiberl und der schwarzen kurzen Hose, passe ich gut in den Rahmen, den die Osteria anbietet. In gewisser Weise fühle ich mich als Nachfahre der alten Wanderburschen und Vagabunden, die den Zauber der Landstraße genossen und wohl gerne Wein tranken. Auch Fuhrleute mit ihren Pferden mögen hier an der Spitze des Hügels Rast gemacht und Chiantiwein getrunken haben. Heute sind es Leute, die abseits der Autostrada sich an der Landschaft erfreuen, und eben Radfahrer, wie ich einer bin. Der Wirt bringt das Glas mit dem feurig schimmernden Chiantiwein. Ich erhebe es auf das Wohlsein des freundlichen Wirtes und seiner beiden hübschen Kellnerinnen, die mich zu bewundern scheinen, weil ich mit dem Fahrrad von Österreich es bis hierher geschafft habe. Die eine von den beiden, sie hat dunkle hübsche Augen, schüttelt ungläubig, aber doch voll Respekt ihren Kopf. Ich erwähne noch, daß ich Großvater und mit sieben Enkeln gesegnet bin. Die Bewunderung für meine Ausdauer als Radfahrer wird immer größer. Ich lasse mir noch ein Stück von der Torte, die in einer Glasvitrine an der Seite der Theke mein Interesse erweckt hat, kredenzen. Auch um ein zweites Glas Chiantiwein bitte ich. Ich esse und trinke mit Genuß. Der Wirt will noch wissen, wohin ich nun reisen werde. Ich erzähle etwas von Florenz und Ravenna. Ich zahle und danke für die schöne halbe

Stunde an diesem schönen Ort. Ich grüße Wirt und Kellnerinnen herzlich. Mit einem heiteren und freundlichen Lächeln verabschiede ich mich. Die beiden Damen, meine Bewunderinnen, lachen zurück und winken, während ich mich in den Sattel setze und losradle. Ich spüre etwas den Wein, ich fahre beschwingt in jene Gegend, nach der dieser gute Wein benannt ist.

Hier in der Gegend von Chianti müssen sich jene kämpferischen Auseinandersetzungen zwischen Florentinern und Sienesen abgespielt haben, bei denen es um die Treue zum Papst oder zum römischen Kaiser, der ein Deutscher war, ging. Darüber habe ich schon erzählt, und darauf werde ich in Florenz, wenn ich den großen Dante treffen werde, freilich nur im Geiste, weitere Gedanken spinnen. Ich fahre hinein in die Landschaft von Chianti. Es geht nun bergab, dann ein großes Stück bergauf, entlang von Weinbergen und Olivenhainen. Die Natur bietet hier großzügig jene Produkte der Erde an, die schon den Etruskern das Leben hier als angenehm erscheinen ließen.

Auch Pferdewiesen und Gemüsegärten sehe ich und fahre an ihnen vorbei. Hin zu Pinien- und Zedernwäldern. Goldgelber Ginster und saftiger Weißdorn duften und machen die Landschaft bunter. Ich radle entlang eines Waldes, ich sehe Kastanienbäume und Pinien, auf einem Hügel raste ich und blicke in die gewellte grüne und gelbe Landschaft. Ein Auto parkt dort. Ein Mann und eine Frau stehen neben diesem und studieren eine Karte. Jetzt merke ich, daß das Auto eine Wiener Nummer ziert. Darüber freue ich mich und spreche die beiden an. Ich schwärme ihnen von der Schönheit der Toskana vor, die ich als Radfahrer besonders intensiv erlebe. Auch die beiden lieben die Toskana und wollen sie auf Landstraßen kennenlernen. Ich wünsche ihnen viel Glück dazu. Auch sie wünschen mir solches, sie rufen mir noch nach: „Passen Sie gut auf sich auf, auf daß Sie gut heimkommen. Vielleicht sehen wir uns in Wien wieder!"

Ich komme durch Dörfer, deren Türme und ziegelfarbene Häuser einen eigenartigen Zauber auf mich ausüben. Neben noblen Bauernhöfen fallen mir Landsitze auf, die wohl einmal adeligen Familien aus Florenz oder Siena gehört haben mögen und die an brave Urlauber aus

Deutschland oder Österreich vermietet sein mögen. Die Vorläufer dieser Urlauber waren wohl die Goten und die Langobarden, die den langen Weg in die Toskana auf sich nahmen, um sich hier ein angenehmes Leben zu gestalten, wie zum Beispiel König Theoderich, der nach Ravenna zog – über ihn werde ich, wenn ich mit dem Rad dort angelangt sein werde, einiges Spannendes zu erzählen haben. Heute ist ein anderer Typ von Eroberer hier, nämlich jene Leute aus dem Norden, die für ein paar Wochen in ein solch ländliches Haus, das sehr großzügig ausgestattet sein dürfte, gegen gutes Geld einziehen. Mein nobler Sohn jedenfalls verbrachte mit seiner Familie schon einmal Ferienwochen auf diese Weise in der Toskana. Es ist möglich, daß der Herr Sohn, ein fleißiger Autofahrer, überrascht ist über meine Art der Fortbewegung durch die Toskana. Ich werde ihm eine Karte schreiben. Vielleicht kommt auch er einmal auf die Idee, mit dem Fahrrad zu reisen und zu pilgern, anstatt sich unter die rasenden Autofahrer auf den Autobahnen oder Autostradas zu gesellen. Große Getreidefelder und Weingärten durchziehen die Gegend bis hin nach Florenz, dem ich mich langsam nähere. Ich komme an Grieve, einer alten Stadt der Toskana, vorbei. Es ist eine fruchtbare Gegend, die den Boden für Kulturen schuf und die magisch germanische Stämme anzog.

Irgendwo, ich glaube in einem Prospekt, jedoch nicht in einer Radfahrerzeitschrift, las ich einmal: „Chianti ist eine Region, die einem den Atem raubt." Ich bin mir sicher, daß diese Worte von keinem Radfahrer stammen, sondern von einem Autofahrer, den die schöne Landschaft freudig schockt. Dem Radfahrer nimmt es hier nicht den Atem, auch wenn es manchmal bergauf geht. Vielmehr atmet er in dieser prachtvollen Landschaft Chianti auf der alten Landstraße freier. Die Straße war dereinst ein alter Pilgerweg, schlängelt sich weiter durch Weinberge, Olivenhaine und kleine Eichenwälder, in denen es wohl Trüffeln und Pilze aller Art geben mag. An Pilzgerichten, wie ich vernommen habe, soll die Küche der Toskana reich sein.

Chianti kommt mir vor wie ein großer Garten aus Wäldern, Weinbergen, Landhäusern, an denen rote Blumen blühen, mit verblichenen Ziegeln und Steinmauern, römischen Kirchen und Bauernhäusern,

manche erinnern mich an kleine Schlösser und Burgen. Auf die kriegs-
mäßigen Streitigkeiten zwischen den verfeindeten Städten weisen wohl
die burgähnlichen Siedlungen und jene Ortsnamen hin, in denen das
Wort Castell für Befestigung enthalten ist, wie zum Beispiel in Castel-
fiorentino oder in Castellina in Chianti, an dem ich vorbeigeradelt bin.

Chianti ist ein Land des Weins und des Öls, in dem Etrusker, Römer
und Germanen sich einmal wohl gefühlt haben.

Ich komme in einen Vorort von Florenz. Ich frage einen Herrn, wie
ich auf den besten Weg in das Zentrum von Florenz gelange. Der Herr,
ein freundlicher Italiener um die Dreißig, freut sich, mir, einem Radfahrer, etwas erklären zu dürfen. Mit dirigentenähnlichen Handbewegungen deutet er mir die Richtung zum Arno, dem Fluß, an dessen
Ursprung ich vor ein paar Tagen war und den ich nun wiedersehen
werde. Und dann müsse ich über eine Brücke.

Ich folge einer Hauptstraße, und bald bin ich am Arno, dessen Fluß-
geist ich freundlich grüße. Der Arno, der Fluß der Etrusker, der vom
Monte Falterona kommt, zu dessen Füßen ich bei einem freundlichen
Herrn zu Gast war, und an dessen Ufer ich viele Kilometer bis nach
Arezzo entlangfuhr, ist mir zum Freund geworden. Der Verkehr nimmt
zu, ich fahre um ein Rondeau und biege nach rechts ab, überquere eine
Brücke und radle geradeaus. Die Richtung muß stimmen, so habe ich
es im Gefühl. Und tatsächlich bin ich bald auf jenem Platz, einer der
berühmtesten Italiens, der Piazza della Signoria mit der Kopie des David. Auf diesem Platz herrscht Leben, Menschen aller Nationalitäten
treiben sich hier herum. Ein Polizeiauto parkt in der Nähe des David.
Gelangweilt betrachten die beiden Ordnungshüter den Wirbel. Einige
Restaurants laden ein, vor ihnen kann man im Freien sitzen und trinken. Ich hebe mir diesen Genuß für später auf. Ich werde wieder hierher zurückkommen, doch zunächst suche ich mir ein Zimmer. Hier im
Zentrum sind die Preise in den Hotels wohl zu hoch. Ich werde es in
der Nähe des Bahnhofs versuchen. Ich lasse mir den Weg zeigen. An
der berühmten Basilika vorbei und entlang einer Straße mit Eisge-
schäften, Trattorias und Andenkenläden gelange ich zum Bahnhof. In
einer Seitengasse nach diesem entdecke ich ein kleines Hotel. Ich frage

in diesem höflich nach einem freien Zimmer. Der intellektuelle Portier, der gleichzeitig auch der Eigentümer des eher altertümlich aussehenden Hotels ist, nickt und weist mir ein Zimmer im ersten Stock zu. Es ist ein kleines Zimmer mit Blick auf einen Hinterhof.

Ich dusche mich, und in meiner Ausgehkleidung samt Tasche mit Notizheft beginne ich meine Wanderung. Ich tratsche noch mit dem noblen Herrn Portier über österreichische Politiker, über meine Radtour, über den vagabundierenden heiligen Franz und die Schönheiten von Florenz. Seine Schwester, die in einem breiten Sessel neben der Rezeption sitzt und uns zugehört hat, lacht freundlich, als ich ihr sage, sie wäre eine schöne Frau und passe gut zum schönen Florenz. Die Dame ist in meinem Alter, sie ist kühn geschminkt und dürfte tatsächlich einmal eine Schönheit gewesen sein. Sie lächelt und meint freundlich in einem etwas holprigen, aber charmanten Deutsch: „Ich war eine Zeit in München, auch Wien kenne ich. Wien ist eine schöne Stadt, aber Florenz ist auch schön. Und wenn Sie in Florenz sind, dürfen Sie nicht auf unseren großen Dante Alighieri vergessen." Ich nicke und antworte: „Mich freut, daß Sie mich auf Ihren Landsmann Dante besonderes aufmerksam machen, obwohl er aus Florenz verbannt worden ist." „Das ist schade", erwidert die Dame, „auch wenn er Schwierigkeiten bei uns hier hatte, so hatte er doch in unserem Italienisch oder in unserem Dialekt seine berühmte „Divina Commedia" geschrieben. Und deswegen wurde unser Italienisch zur Hauptsprache in Italien. Sie sehen, wir können zu Recht stolz sein auf Dante. Also vergessen Sie nicht auf Dante!" Ich nicke und erkläre in der Hoffnung, Ansehen bei der Dame zu gewinnen: „Sie werden es mir nicht glauben, aber Dante war mir immer ein Freund, er war mir immer nahe, denn in meinem Studierzimmer in Wien, in meiner Bibliothek direkt bei meinem Schreibtisch und sofort greifbar, stehen vier Bücher, die ich für mich als höchst lehrreich sehe, das sind ‚Don Quijote' von Cervantes, ‚Simplicius Simplicissimus' von Grimmelshausen, ‚Ein Spaziergang nach Syrakus' von Seume und die ‚Divina Commedia' von Dante. Alle vier Bücher haben etwas mit Wanderungen und Vagabondage zu tun, auch die ‚Divina Commedia', in der Dante, wie ich glaube, eine Bergbesteigung beschreibt, von der Hölle zum Himmel." Die Dame ist erstaunt, ihr Erstaunen wächst, als ich ihr sage, daß mir als Radfahrer Dante besonders sympathisch ist, schließlich war Dante jemand, der immer auf dem Weg war. Ich zitiere daher zum noch größeren Erstaunen der Dame folgende Zeilen, in denen Straße und Weg erwähnt werden, noch dazu auf italienisch:

„Nel mezzo del camin di nostra vita
Mi ritrovai per una selva oscura.
Che la diricta via era smarrita."

Auf Deutsch heißt dies:

„Inmitten auf der Straße unsres Lebens
Fand ich mich wieder wie im dunkeln Walde
Und suchte den rechten Weg vergebens".

Wohlwollend lächelt mich die Dame an. Ich grüße sie und ihren Bruder und mache mich auf den Weg. Die Worte Dantes von dem Weg, den er vergebens sucht, in den zitierten Zeilen regen mich zum Denken an. Mit diesen Worten übrigens beginnt Dante Alighieri, der am 13. Mai 1265 hier in Florenz geboren wurde und der als Verbannter am 14. September 1321 in Ravenna starb, seine „Divina Commedia". Aus diesen Zeilen, wie ich sie verstehe, spricht die Philosophie des echten Vagabunden, der nie genau weiß, wohin sein Weg eigentlich führt. Mir geht es bei dieser Radtour ähnlich, denn ich bin ohne Plan unterwegs, ich wollte nur nach Assisi, die Wege, die ich nehmen werde, finde ich erst im Augenblick. Auch Irrwege gibt es, aber die muß man mit Gelassenheit akzeptieren, und man muß versuchen, neue zu finden, auf denen man besser radeln kann, wie es mir bei Perugia passierte, als ich mich verirrte. Auch Dante war sich lange nicht sicher, ob der Weg, den er ging, in die Irre führe. Darum suchte er in der „Divina Commedia" den Weg auf den Berg, einen geistigen Weg, auf dem er von der Tiefe der Hölle über die Klippen der Läuterung zum Himmel wandert.

Das italienische „mezzo" in der obigen Verszeile heißt aber auch die Hälfte. Demnach könnte man meinen, Dante habe in der Hälfte seines Lebens, also im Alter von ungefähr dreißig Jahren und um ungefähr 1300, seinen Weg geändert – zu dieser Überlegung kommen große Kenner der Biographie Dantes. Der Weg, den Dante als politisch denkender Mensch seiner Zeit, damals ging es um Papst und Kaiser, wanderte, ist spannend, wie ich zeigen werde, denn Weltgeschichte flackert kurz auf. Wie in Siena stoße ich hier in Florenz wieder auf die Guelfen und die Ghibellinen. Zwischen diesen beiden wanderte unser Dante, bis er schließlich die Sache der kaisertreuen Ghibellinen vertrat und deswegen nach Ravenna verbannt wurde. Dantes Lebensvagabondage ist erst vor dem Hintergrund der Geschichte von Florenz, das lateinisch Florentia hieß, zu verstehen. Bis ins 11. Jahrhundert hatte diese in der Antike gegründete Stadt am Arno kaum eine Bedeutung, sie war aber eine Republik. Eine Republik insofern, als die Stadt durch einen aus Adligen und weisen Männern bestehenden Rat im Namen des Volkes verwaltet wurde.

In dieser Stadt wurde also Dante Alighieri als Sohn einer Familie aus dem niedrigen Adel geboren. Seine Mutter starb noch in seiner Kindheit, sein Vater, als Dante 18 Jahre alt war. 1274 lernt er Beatrice kennen und lieben. Er verehrte sie gleich einer Göttin. Er war ihr verfallen, derart, daß er sie in sein Epos „La vita nuova" (Das neue Leben) und später in sein Meisterwerk „La divina commedia" (Die Göttliche Komödie) einbaute. Beatrice war die Tochter des florentinischen Adligen Portinari und starb im Jahr 1290 im Alter von nur 24 Jahren. Die Liebe wird eine unglückliche gewesen sein. Dante war, wie es scheint, ein Mann mit großer Bildung, der vielleicht sogar in Bologna studiert hat, immerhin hielt er sich um 1285 dort auf. Die Politik seiner Heimatstadt dürfte Dante fasziniert haben, vielleicht ergötzten ihn die Streitigkeiten zwischen papstfreundlichen Guelfen und kaisertreuen Ghibellinen. Immerhin beteiligte er sich aktiv am öffentlichen Geschehen. Zunächst war er auf der Seite der Guelfen mit ihrer Sympathie für den Papst. Er hatte einige lokale Ämter inne. 1300 wurde er auf eine diplomatische Mission nach San Gimignano geschickt. Im selben Jahr wählte man ihn zu einem der sechs Priori oder Magistrate von Florenz. Dieses Amt bekleidete er nur zwei Monate lang. Nicht nur zwischen Guelfen und Ghibellinen wurde gestritten, sondern auch innerhalb der Guelfen. Bei diesen gab es zwei Gruppen, die einen nannten sich die „Schwarzen", sie sahen im Papst einen Verbündeten gegen die Macht des Kaisers, und die anderen, die „Weißen", sie wollten sowohl von Papst und Kaiser unabhängig sein. Damit Frieden in Florenz herrsche, schickte man auch auf Initiative von Dante einfach die Führer dieser beiden Gruppen ins Exil.

Der damalige Papst, Bonifatius VIII. hieß er, setzte jedoch alles in Bewegung, daß seine Sympathisanten, also die Führer der „Schwarzen", wieder nach Florenz zurückkehren konnten. Sie kamen zurück, ergriffen die Macht und verbannten 1302 Dante, der Florenz unabhängig vom Papst sehen wollte, für zwei Jahre aus der Stadt, gleichzeitig legten sie ihm eine hohe Strafe auf. Da er nicht in der Lage war, zu zahlen, wurde er, für den Fall, daß er jemals nach Florenz zurückkehren sollte, zum Tode verurteilt.

Nun durchzog er fast 20 Jahre lang Italien. In dieser Zeit entstanden die meisten seiner Werke.

Dante verbrachte die Jahre des Exils teils in Verona und teils in anderen norditalienischen Städten. Um 1310 ging er nach Paris, wo er sich philosophischen Studien widmete. Dante lief schlußendlich gänzlich zu den Kaiserlichen, also zu den Ghibellinen, über, deren Anliegen er zu seinem eigenen machte in der Hoffnung auf eine Vereinigung Europas unter der Herrschaft eines aufgeklärten Kaisers.

Diese politische Hoffnung Dantes, eines frühen Vertreters eines vereinigten Europas, verfestigte sich durch die Ankunft Heinrichs VII. in Italien im Jahre 1310. Heinrich plante, Italien sowohl faktisch als auch formal unter seine Herrschaft zu bringen. Dante schrieb nun verschiedene italienische Fürsten und politische Führer an und forderte sie auf, den Kaiser willkommen zu heißen und seine Oberhoheit anzuerkennen. Dies wäre die Voraussetzung dafür, daß die miteinander sich bekriegenden italienischen Städte ihren Streit beenden, denn sie wären dann unter einer gemeinsamen Herrschaft, nämlich unter der des Kaisers.

Als Kaiser Heinrich VII. jedoch 1313 in Siena starb, konnten Dantes Hoffnungen nicht verwirklicht werden. Aber in seiner in lateinischer Sprache abgefaßten Schrift „De monarchia" schwärmt Dante von der großen Bedeutsamkeit des Heiligen Römischen Reiches und von der völligen Trennung des Staates von der Kirche.

Obwohl 1316 die Stadt Florenz Dante wissen ließ, er könne zurückkehren, blieb Dante in Ravenna. Dante war mit den Bedingungen, die man ihm stellte, nicht einverstanden, denn diese unterschieden sich nicht wesentlich von denen, die für begnadigte Kriminelle galten. Und als Krimineller wollte er nicht gesehen werden, da sein ganzes Verbrechen darin bestand, dem römischen Kaiser seine Verehrung entgegengebracht zu haben. Dante lebte also weiterhin im Exil und verbrachte die letzten Jahre seines Lebens in Ravenna, wo er am 14. September 1321 starb.

Im Exil entwickelte sich das Talent Dantes zu wahrer Größe. So verfaßte er um 1305 ein Werk in lateinischer Sprache mit dem Titel „De vulgari eloquentia", auf deutsch: „Über die Volkssprache". In diesem versucht Dante, den Gebrauch und die Vorzüge der italienischen Sprache zu loben und sie als Literatursprache zu verteidigen.

Einen Überblick über das Wissen seiner Zeit will Dante in seinem Werk „Il convivio", was soviel heißt wie „Das Gastmahl", geben, doch es blieb unvollendet.

Und schließlich verfaßte er in Ravenna sein Hauptwerk „Divina Commedia".

Aber darüber will ich auf meiner Fahrt nach Ravenna erzählen.

Ich spaziere von meinem Hotel die Hauptstraße, die zum Teil Fußgängerzone ist, hinauf bis zum Dom. Um diesen bummle ich. Ich denke an den großen Dante in aller Ehrerbietung. Ich umkreise den Dom, irgendwo muß eine Tafel sein, die an die Verbrennung des Girolamo Savonarola erinnert. Ich bilde mir ein, diese in den Boden eingelassene Tafel ist direkt am Dom, aber ich finde sie nicht. Ich glaube, sie dort gesehen zu haben, als ich in den fünfziger Jahren hier war. Damals befand ich mich mit Schulkollegen der Klosterschule zu Kremsmünster, in der ich acht Jahre mehr oder weniger leidend verbringen mußte, unter der Leitung von Pater Albert auf einer Wallfahrt nach Rom. Wir waren mit dem Zug unterwegs und hatten in Florenz unsere erste Station. Der gute Pater Albert führte uns damals durch diese prachtvolle Stadt und zeigte uns alle möglichen Sehenswürdigkeiten und Museen. Er zeigte uns auch die Tafel, die an die Verbrennung des Savonarola erinnern soll. Diese Tafel beeindruckte mich. Ich glaube fest, sie ist vor dem Dom angebracht. Ich will sie jetzt wiedersehen, aber ich finde sie nicht. Ich wandere noch einmal um den Dom, aber ohne Ergebnis. Bei unserem Besuch damals in Florenz interessierten uns übrigens die Kunstschätze weniger als der Chianti, den wir in großen Zügen so zu uns nahmen, daß es der Pater Albert nicht sah. Ich erinnere mich auch an Szenen der Betrunkenheit.

Vielleicht habe ich damals in einem noch benebelten Zustand die Tafel des Savonarola gesehen. Jedenfalls jetzt ist sie nicht zu finden, trotz meiner Wanderungen um den Dom. Vielleicht habe ich mich getäuscht. Aber immerhin ist mir dieser Girolamo Savonarola im Gedächtnis geblieben. Er war Dominikanerpater des Klosters San Marco, lebte und wirkte am Hof der Medici hier in Florenz. Er geriet in Schwierigkeiten mit ihnen, da er lange den Luxus am Hofe des Medici Lorenzo bekämpft hatte. Nach der Vertreibung der Medici von 1494 bis 1498 versuchte er, in Florenz eine theokratisch gefärbte Demokratie einzuführen, also eine Demokratie, die auf Gott hin ausgerichtet ist. Gleichzeitig bemühte er sich, das leichtlebige Florenz zu einer hochanständigen und sittlich braven Stadt umzuwandeln. Er wandte sich gegen den Sittenverfall am päpstlichen Hof, an dem es tatsächlich lustig zugegangen sein muß. Papst Alexander VI. regte diese Kühnheit Savonarolas gewaltig auf, er bannte ihn daher. Savonarola schimpfte weiter, und schließlich stellte sich das Volk, das heiter leben wollte und das offensichtlich die Bußpredigten Savonarolas satt hatte, gegen ihn. 1498 wurde er von einer wütenden Menge gefangengenommen, zum Tode verurteilt und verbrannt.

Heute sind friedlichere Leute da am Dom, die niemanden verbrennen wollen. Mädchen und Burschen sitzen an den Stufen dieses prachtvollen Florenzer Domes, sie scherzen, schreiben Ansichtskarten und genießen den warmen Abend, es dürfte gegen 20 Uhr sein. Dieser Dom, genannt Santa Maria del Fiore, ist von großer Schönheit, sein Äußeres ist mit rotem, grünem und weißem Marmor verziert. Seine riesige achteckige Kuppel überragt die Türme und Kirchen von Florenz.

Der Bau wurde 1296 vom florentinischen Baumeister Arnolfo di Cambio begonnen. Seine Nachfolger führten die Arbeiten nach einem modifizierten Plan weiter. 1420 bis 1461 krönte Filippo Brunelleschi den Dom mit der betörenden Kuppel.

Die Fassade wurde erst im späten 19. Jahrhundert vollendet und ist im Stil dem Rest des Bauwerkes angepaßt. Der Dom hat seine Anziehungskraft, allerdings ist meine Begeisterung dadurch gemindert, daß ich die Tafel des Savonarola nicht finde. Neben dem Dom steht der Campanile, um den ich herumschleiche, ein knapp 85 Meter hoher Glockenturm aus dem 14. Jahrhundert. Er gehört angeblich zu den schönsten Glockentürmen Italiens. Gegenüber dem Dom befindet sich das achteckige Baptisterium San Giovanni, das überwiegend auf das 11. bis 15. Jahrhundert zurückgeht. Ich wandere um diesen Bau, der dem heiligen Johannes dem Täufer, dem Stadtpatron von Florenz, geweiht ist. Mir fallen die vergoldeten Bronzeportale auf, deren berühmtestes das von Michelangelo als „Porta del Paradiso", also das Paradiestor, bezeichnet ist. Geschaffen hat dieses der Florentiner Goldschmied Lorenzo Ghiberti, der sein Leben angeblich zum Großteil in der Werkstatt verbracht hat, zwischen 1425 und 1452. Mir fallen zwar die Tore auf, nicht aber eine Tafel zum Andenken an Savonarola. Ich gebe es langsam auf, diese zu suchen. Vielleicht ist es ein Trugbild aus meiner Schulzeit, daß mir gerade dieser wilde Prediger Savonarola so im Gedächtnis haftenblieb. Die Museen, die ich damals auch besuchte, hatten auf mich nicht diesen Eindruck gemacht wie die Erinnerungstafel an die Verbrennung dieses Herrn. Es mag sein, daß ich damals Savonarola mit einem meiner geistlichen Lehrer verglichen habe, der uns wild zu beschimpfen pflegte, wenn wir zuwenig Frömmigkeit zeigten. Die Verbrennung werde ich ihm wohl nicht gewünscht haben.

Ich marschiere weiter durch ein paar Gassen, ich folge dem Gewoge der Menschen, und gelange bald zum Ziel meiner Wanderung, zur

Piazza della Signoria, hier will ich in einem der Restaurants zu Abend essen. Zu dieser Zeit am Abend sind viele Leute unterwegs, aus allen Nationen kommen sie, ein Sprachgewirr herrscht, und auch Gaukler treten auf. Mir behagt die Stimmung. Eine besondere Anziehungskraft auf dieser Piazza hat der aus dem 16. Jahrhundert stammende Fontana del Nettuno, der Neptunsbrunnen, mit seinen Flußallegorien, Faunen und Nymphen, zwischen denen der gewaltige Gott des Meeres, Neptun, wild in die Gegend schaut. Zu seinen Füßen sitzt eine schöne nackte Frau, die so tut, als ob sie gerade aufstehen würde. In Auftrag gegeben hat diesen Brunnen Cosimo I. de Medici, von dem wir schon gehört haben, von dem ich aber noch etwas erzählen werde. Nicht weit von diesem Brunnen kündet eine Reiterstatue vom Ruhm dieses Mannes, der sich offensichtlich einige Male verewigen ließ. Ich lasse meinen Blick hier am Brunnen schweifen, da entdecke ich eine beschriebene Marmorplatte. Ich gehe zu dieser, um zu lesen, was auf ihr steht. Noch denke ich mir nichts dabei, doch auf einmal durchzieht mich eine freudige Überraschung, denn ich lese, daß an dieser Stelle der Scheiterhaufen stand, auf dem am 23. Mai 1498 Girolamo Savonarola verbrannt worden ist. Endlich habe ich diese Tafel gefunden, die zu finden ich schon aufgegeben hatte. Hier also war es vor über vierzig Jahren, wo ich auf diesen kühnen Prediger Savonarola aufmerksam wurde. In meiner Erinnerung hatte ich allerdings eine Bronzetafel, tatsächlich jedoch ist es eine aus Marmor. Dennoch kann ich nun beruhigt auf ein Bier gehen.

Es ist eine schöne Piazza, diese Piazza della Signoria, allerdings ist sie mit einer Vorgeschichte verknüpft, mit der der große Dante sicherlich keine Freude gehabt hätte, denn hier, wo der Platz sich ausdehnt, standen einstens die Häuser der angesehensten florentinischen Familien, die die Partei des römischen Kaisers, der ein Deutscher war, vertraten und die man als Ghibellinen bezeichnete. Auch Dante gehörte zu ihnen. Die Anhänger des Papstes, wie ich schon erzählt habe, siegten, Dante wurde verbannt, und die Häuser der Ghibellinen wurden im 14. Jahrhundert abgerissen. Und über den Fundamenten ihrer Häuser wurde dieser schöne Platz errichtet, dessen Geschichte also eine düstere ist. Es dürfte eine alte Taktik sein, sie zeigt sich heute noch im Nahen

Osten, die Häuser der Feinde dem Erdboden gleichzumachen. Und dort, wo einstens ghibellinische Familien wohnten, spazieren heute die Besucher von Florenz. Dies gibt zu denken.

Beherrscht wird die Piazza durch den majestätischen Palazzo Vecchio, auch genannt „Palazzo della Signoria". Ein massives Bauwerk, das von einem 94 Meter hohen Glockenturm überragt wird. Der zwischen 1299 und 1314 erbaute Palast wurde 1550 Sitz des Stadtrates. Später, von 1865 bis 1871, traf sich hier die Abgeordnetenkammer des Königreiches Italien. Ab 1872 hält der Stadtrat hier seine Sitzungen ab. Riesige Säle im Stil der späten Renaissance geschmückt soll der Palazzo, der um diese Abendstunde geschlossen hat und den ich daher nicht besichtigen kann, beherbergen. Ich wende mich nun spazierend der neben dem wie eine Festung wirkenden Palast befindenden Loggia dell' Orcagna aus dem späten 14. Jahrhundert, man nennt sie auch Loggia dei Lanzi. Sie ist ein überdachtes, jedoch an den Seiten offenes Gebäude. Einige Statuen, darunter der bronzene Perseus, 1554 fertiggestellt, aus der Hand des Benvenuto Cellini und der Raub der Sabinerinnen, an dem Giambologna von 1579 bis 1583 arbeitete, sind hier ausgestellt. Ich verneige mich in Hochachtung vor der großen Kunst hier, auch verneige ich mich vor der Kopie des David von Michelangelo, die vor dem Eingang um Palazzo Vecchio steht. Michelangelo wird hier hoch verehrt, denn immerhin stammt er aus einem kleinen Dorf bei Florenz. In Hochachtung denke auch ich an diesen wunderbaren Künstler und suche nach einem Restaurant hier am Platz. Durst und Hunger sind gewaltig. Mehrere Restaurants laden auf der dem Palazzo gegenüberliegenden Seite zum Besuch ein. Die Tische und Sessel vor diesen Stätten der Gastlichkeit sind voll besetzt. Italiener und Fremde genießen den lauen Abend bei Bier und guter Pizza. Ich kann einen freien Sessel an einem freien Tisch entdecken und will an diesem Platz nehmen, doch der noble Herr Kellner zeigt mir unverhohlen an, daß ich hier nichts verloren habe. Er dürfte mich ob meines Äußeren für einen weniger feinen Herrn halten. Da ich jedoch keine Anstalten mache, mich zu verziehen, deutet er auf einen einsamen, abseits stehenden kleinen Tisch mit einem Sessel. Da ich keine andere Wahl und

Durst habe, begebe ich mich zu diesem Plätzchen. Ich setze mich nieder und habe eine Zeit auf den Herrn Kellner zu warten, denn er ignoriert mich wie jemanden, der von unwürdiger Herkunft ist. Daß ich kein Italiener bin, hat er ohnehin sofort erfaßt. Inzwischen schreibe ich in mein Notizheft die Ereignisse des Tages und lese in einem meiner mitgeführten Bücher etwas über die Geschichte der Stadt, und diese ist spannend. In Siena habe ich bereits auf die Rivalität von Siena und Florenz hingewiesen, aber auch auf die der Guelfen und Ghibellinen. Daß die Guelfen, die Anhänger des Papstes, die Macht in Florenz hatten und die Ghibellinen degradiert waren, zeigt sich bei der Benennung von zwei Straßen. So heißt eine große Straße, die von der Nähe des Bahnhofes in das Innere der Stadt führt, die Via Guelfa und eine kleine Gasse nicht weit von hier die Via Ghibellina.

Man serviert mir endlich Bier und Pizza. Ich trinke einen großen Schluck auf Dante und die Ghibellinen. Und dann schneide ich mir ein Stück aus der Pizza. Am Nebentisch sitzen junge Spanier, sie reden laut und verlangen unwirsch vom Kellner etwas zu trinken. Mir fällt auf, zu diesen jungen Leuten, die auch nicht den Eindruck der Wohlhabenheit machen, ist der Herr Kellner freundlich. Ich denke mir, vielleicht befürchtet der arrogante Bursche einen Wirbel mit den Burschen, denn diese sehen nicht so aus, als ließen sie sich Unfreundlichkeiten gefallen.

Auch egal, ich trinke einen zweiten Schluck Bier.

Florenz ist stets eine reiche Stadt gewesen. Der Handel florierte schon im Mittelalter, später kam eine frühe Industrie, vor allem die Wolltuchherstellung, und das Bankwesen hinzu. Gerade die Banken verhalfen vielen Florentinern später zu großem Wohlstand.

Kaufleute und Handwerker schlossen sich zu Zünften zusammen, was der Stadt Frieden und gute Einnahmen brachte. Die Tuchmacherzunft, die reichste von allen, beschäftigte Anfang des 14. Jahrhunderts ungefähr 30 000 Arbeiter und besaß rund 200 Läden. Kaufleute und Bankiers wirkten segensreich und schufen prachtvolle Bauten. 1406 nahm Florenz das flußabwärts am Arno gelegene Pisa in Besitz und gewann so den lang begehrten Zugang zum Meer. Die Bedingungen für eine Stadt des Reichtums und der edlen Leute war somit gegeben.

Allerdings im Verlauf des 15. Jahrhunderts entstanden große Spannungen zwischen den reichen Schichten und den Arbeitern, die sich ausgebeutet fühlten. Der Konflikt erreichte 1433 seinen Höhepunkt, als die aristokratische Partei Cosimo de Medici, einen reichen Handelsbankier und Anführer der Volkspartei, verbannte. Er kehrte jedoch schon 1434 zurück, verbündete sich sehr schlau mit den ärmeren Schichten und bestimmte von nun an die Politik der Republik, obwohl er offiziell privater Staatsbürger blieb.

Ab nun beherrschten die Medici, unterbrochen von kurzen Perioden des Exils, während der nächsten drei Jahrhunderte das Geschick der Stadt. Die Nachfolger Cosimos waren sein Sohn Piero und sein Enkel Lorenzo de Medici.

Dieser dürfte ein gerissener Bursche gewesen sein, der nicht sehr daran interessiert war, von der republikanischen Regierung kontrolliert zu werden. Er erreichte durch seine kühnen innenpolitischen und außenpolitischen Schachzüge, daß die Bedeutung der Regierung ihm gegenüber abnahm und Florenz der führende Stadtstaat in Italien schlechthin wurde.

Zu dieser Zeit gelang es – und dies ist höchst achtenswert –, die florentinische Goldmünze, den Florin, in ganz Europa zum Währungsstandard des Handels aufzuwerten.

Weniger tüchtig als Lorenzo war sein Nachfolger Piero, der die Dummheit beging, König Karl VIII. von Frankreich, der 1494 in Italien einmarschiert war, demütigende Konzessionen zu machen. Offensichtlich versprach er für sich und seine Familie irgendwelche Vorteile. Das stolze Volk von Florenz war darüber verärgert und vertrieb Piero und seine Familie aus der Stadt.

1512 eroberten die Medici zwar mit Hilfe eines spanischen Heeres ihre Macht wieder zurück, sie wurden 1527 aber erneut vertrieben, sicherlich fürchteten die Menschen von Florenz zu Recht, daß die Medici die alten Ideale der Stadtrepublik verraten.

Aber die Medici waren beharrlich und kamen 1531 wieder an die Macht. 1555, wie ich schon bei Siena erwähnt habe, überließ Karl V. den Medici die gesamte Toskana als Herrschaftsgebiet. 1569 verlieh der

Papst dem Familienoberhaupt der Medici, dies war Cosimo I., den Titel Großherzog der Toskana. Damit waren die Medici nicht mehr Republikaner, als die sie sich am Beginn ihrer Karriere ausgegeben haben, sondern Angehörige des Hochadels, allerdings von Papstes Gnaden. Sie befanden sich damit in der besten Tradition der alten Guelfen des 13. und 14. Jahrhunderts, die sich als die Verbündeten des Papstes sahen. Allerdings haben die Medici sehr schlau zwischen Kaiser und Papst herummanövriert, sie verstanden sich mit beiden. Vielleicht hatte der in Florenz 1469 geborene Macchiavelli in seinem Buch „Il Principe" auch die Medici im Auge, als er schrieb, daß ein Führer, ein Fürst, der Italien einigen wolle, dies mit allen Mitteln der Treulosigkeit und Grausamkeit tun solle. Wie man sich aufführe, um zur Macht zu gelangen, ist grundsätzlich unwesentlich, wichtig ist, daß das Ziel erreicht wird.

Die Medici regierten in der Toskana, bis ihre Linie 1737 ausstarb. Ihre Nachfolger waren Angehörige des kaiserlichen österreichischen Hauses von Habsburg-Lothringen. Großherzog Ferdinand III. wurde 1799 von den Franzosen von seinem Thron vertrieben, erlangte jedoch 1814 die Macht zurück. Sein Nachfolger, Leopold II., der 1849 vertrieben wurde, kehrte mit österreichischen Truppen zurück, wurde aber 1859 während des italienischen Unabhängigkeitskampfes endgültig entthront. Florenz war nun frei von den Habsburgern und wurde unter König Viktor Emmanuel II. von 1865 bis 1871 Hauptstadt Italiens.

Einfügen möchte ich hier eine kleine Geschichte, die mit den Habsburgern der Toskana-Linie zusammenhängt. Ich gehe regelmäßig, wenn ich in Spital am Pyhrn bin, dem Ort, in dem meine Eltern Landärzte waren und in dem ich mit meiner Familie deren Haus während der Ferien bewohne, mit einem früheren Bauern- und Holzknecht, Erwin Degelsegger heißt er, spazieren. Dabei begleiten uns sein Hund Akim und mein Hund, ein Dackel, Dr. Waldi. Einmal sprachen wir über das Fensterln, wie es früher üblich war. Die Burschen schlichen sich zum Fenster der Mädchen und hofften, von diesen eingelassen zu werden. Erwin war ein Spezialist auf diesem Gebiet. Er erzählte mir, daß er mit dem Roß zum Fenster der „Menscherkammer" geritten ist, wie man das Fenster der Kammer am Bauernhof nannte, in der die

Mägde schliefen. Damals bezeichnete man bei den Bauern das Mädchen als „das Mensch", eine nicht unbedingt abwertende Bezeichnung. Ich fragte ihn, warum er mit dem Roß geritten ist, denn es war bei den Bauern nicht üblich, zu reiten, man bediente sich eher der Kutsche. Erwin meinte nun, er sei geritten genauso wie sein Großvater. Er habe die Lust am Reiten von diesem vererbt bekommen. Ich fragte ihn nun, wer denn dieser Großvater ist. Darauf erzählte er mir, daß seine Mutter ein uneheliches Kind seiner Großmutter gewesen sei. Er wollte nun den Namen und den Beruf seines Großvaters, von dem man ihm nichts erzählt hatte, herausfinden. Bei seinen Nachforschungen erfuhr er, daß seine Großmutter als Dienstbote in einem Jagdschloß der Habsburger in der Nähe des Fuschlsees gearbeitet habe. Dorthin hatten sich Habsburger, die in der Toskana regiert haben, nach ihrem Hinauswurf aus Florenz zurückgezogen.

Der Sohn des letzten aktiven Großherzogs Leopold II., ein gewisser Ferdinand, der sich noch kühn als Großherzog der Toskana, obwohl er es nicht mehr war, bezeichnete, residierte dort. Und dieser Ferdinand, formell hieß er angeblich noch Ferdinand IV., verführte die gute Großmutter des Erwin Degelsegger, die damals sicherlich ein hübsches Mädchen war. Und aus dieser Liaison entstand die Mutter des Erwin, meines Freundes und Mitwanderers. Erwin ist also über seine Mutter und Großmutter ein direkter Nachkomme der Habsburger. Er sagt auch immer stolz, auf der einen Seite sei er mit halb Spital am Pyhrn, also mit den Bauern dort, und auf der anderen Seite mit der halben Welt verwandt. Mit diesem Sproß aus edlem Geblüt bin ich also befreundet. Ihn verbindet einiges mit Florenz und der Toskana. Erwähnen möchte ich hier, daß ich nur zu zwei Personen „kaiserliche Hoheit" sage, die eine ist dieser Knecht und die andere der Urenkel Kaiser Franz Josephs, der Eigentümer der Kaiservilla in Bad Ischl. Dorthin war ich vor ein paar Jahren mit dem Fahrrad gefahren. In einem Gasthaus in Ischl, in das mich mein Freund Haidinger eingeladen hatte und das inzwischen ein Raub der Flammen wurde, lernte ich einen Herrn kennen, der mich nach einigen von mir getrunkenen Bieren einlud, in seinem Haus zu nächtigen. Dieses „Haus" stellte sich als die Kaiservilla heraus, und dieser freundliche Herr, der ein Herz für mich als Radfahrer hatte, entpuppte sich als Magister Markus von Habsburg, dem ich hier meine Dankbarkeit für seine Freundlichkeit ausdrücken will. Auch auf sein Wohl werde ich ein Bier trinken.

Florenz hat also etwas zu bieten, eine bunte Geschichte, zu der sogar der erwähnte alte Knecht gehört, und eine ganze Welt der Kunst, die in den Museen, die ich allerdings nicht aufsuche, zu bestaunen ist. Florenz ist einer der prächtigsten Orte der Welt.

Ich trinke mein Bier und erfreue mich an der Pizza, die mir schmeckt, obwohl der Kellner zu mir eher unfreundlich war. Ich zahle, ein Trinkgeld gebe ich nicht, der Herr hat sich keines verdient. Dann bummle ich über die Piazza, auf der einmal Häuser der Ghibellinen gestanden sein sollen. Von dort wandere ich in Richtung Dom, hier ist alles Fußgängerzone und voll von Menschen, die auf Gehsteigen und inmitten der Straßen unterwegs sind, sich heiter unterhalten und sich gerne ablenken lassen.

In allen Straßen um den Dom ist etwas los. Ein großes Geschäft machen die Eisverkäufer, aber auch die Gaukler, die entweder mit der Geige etwas vortragen, jonglieren oder mit Puppen spielen. In einer breiten Straße, weit war ich noch nicht von der Piazza della Signoria gekommen, fällt mir ein Spaßmacher auf, der wie Charlie Chaplin gekleidet ist, mit Zylinder, zu großen Schuhen, weißem Hemd, schwarzem Anzug und auf dem Kopf den runden Hut. In der Hand hält er den berühmten Spazierstock. Dieser Herr schaut nicht nur so aus wie dieser amerikanische Komiker mit dem ernsten Gesicht, sondern er gibt sich auch so. Er watschelt, läßt den Spazierstock rotieren und schaut fragend auf die Vorbeigehenden. Ich bleibe stehen und beobachte den Straßenkünstler. Mich interessiert, wie er sich Raum in diesem Gewoge der in den Abend hineinbummelnden Menschen schafft. Und tatsächlich zu meinem Erstaunen, er schafft es. Er hat einen Koffer bei sich. Diesen stellt er in die Mitte der Straße, öffnet ihn und nimmt allerhand Sachen heraus, so ein paar Tücher und Zeug, das ich nicht erkennen kann. Im Mund hat er ein Pfeiferl, das er immer dann betätigt, um auf sich aufmerksam zu machen. Vom Koffer entfernt er sich ungefähr 40 Meter, er bleibt stehen, legt ein paar Tücher aus, um den Rand einer Fläche, die für ihn Bühne sein wird, zu markieren. Die Spaziergänger respektieren das und gehen am Rand der Straße weiter oder bleiben dort stehen. Unser Freund marschiert wieder zum Koffer, er tut dies alles langsam. Immer mehr Leute machen halt und beobachten die Aktionen des Gauklers, sie tun dies mehr aus Neugierde, denn sie wollen wissen, mir geht es ähnlich, was der Bursche vorhat. Dieser spricht kein Wort, sondern pfeift nur. Wenn jemand seine Bühne, also den vom ihm abgegrenzten Bereich der Straße betritt, pfeift er schrill, so daß der oder die Betreffende sofort flüchtet. Während des Pfeifens schaut er tief in die Augen desjenigen, von dem er etwas will. So holt er pfeifend und deutend zwei Personen, ein Mädchen und einen Burschen, zu sich auf seine Bühne. Nun macht er seine Späße mit ihnen, wobei er sein Gesicht nicht verzieht. Nur die Pfeife ertönt, der Spazierstock macht Schleifen durch die Luft, und mit den etwas zu großen Schuhen watschelt die Charlie-Chaplin-Kopie herum von einem Ende der Bühne bis zum anderen. Die Umherstehenden lachen, und die beiden Leute, die in der Mitte der Straße stehen, wissen nicht, was mit ihnen geschieht. Endlich setzt er jedem der beiden einen Hut auf und macht ein paar Kunststücke. Als ich weggehen will, läuft er mir pfeifend nach und schaut mich durchdringend an. Mir bleibt nichts anderes übrig, als weiterhin stehenzubleiben. Die Leute lachen, als sie meine Reaktionen sehen. Er macht noch ein paar Scherze, dann schickt er seine beiden Mitspieler zurück an den Rand der Straße. Er nimmt seinen Hut vom Kopf, geht entlang der Menschenreihe und schaut jeden geradezu giftig an, während er ihm den Hut hinhält. Jeder gibt gerne ein paar Geldscheine, immerhin hat er die Leute eine Zeit unterhalten, hat ihren Spaziergang angenehm unterbrochen und hat etwas Zauber in den Abend gebracht. Lächelnd gehen die Zuschauer weiter, auch ich. Ich marschiere zum Hotel, nehme noch teil am Wirbel der den Abend genießenden Spaziergänger und lasse an meinen inneren Augen die Geschichte der Ghibellinen und Medici vorüberziehen, aber ich denke auch an den Gaukler, der Passanten zum Stehenbleiben bringen konnte und ihnen Geld abknüpfte, ein gescheiter Bursche, der Menschen in den Bann zu ziehen vermag, auch wenn nicht allzuviel hinter seiner Vorstellung lag.

Ein großer Spezialist in der Selbstdarstellung war, dies fällt mir gerade ein, über ihn las ich vorher in meinem Buch, der Florentiner Dichter Petrarca. Er gehört zu Florenz wie Dante und die Ghibellinen. Genauso wie Dante trug Petrarca dazu bei, daß der Florentiner Dialekt zur nationalen italienischen Sprache wurde. Mir ist er sympathisch wegen einer prachtvollen Beschreibung der Besteigung des Mont Ventoux bei Avignon. Ich habe darüber einmal geschrieben. Der berühmte Verfasser von Studentenliedern Viktor Scheffel übersetzte diesen Bericht ins Deutsche und veröffentlichte ihn in einem seiner Werke.

Es zahlt sich aus, kurz des Dichters Francesco Petrarca zu gedenken. Er wurde am 20. Juli 1304 in Arezzo geboren, also dort, wo der heilige Franz seine letzten Lebensjahre verbracht hat. Vielleicht hat ihn sein Vater nach diesem Heiligen benannt. Gestorben ist Petrarca am 19. Juli 1374 in Argua bei Padua.

Er war der Sohn des florentinischen Notars Pietro, der aus politischen Gründen 1302 gemeinsam mit Dante aus Florenz verbannt worden war, auch er dürfte ein Anhänger der kaisertreuen Ghibellinen gewesen sein. Petrarcas eigentlicher Name war also Pieto, aus dem sich über Petracco – eine Koseform des Familiennamens Pietro – Petrarca entwickelt hat. Seine ersten Jahre verbrachte er mit seiner Mutter alleine in Florenz.

1310 folgte er seinem Vater nach Pisa und später nach Avignon, wo er, nachdem er in Grammatik, Rhetorik und Dialektik unterrichtet worden war, zunächst Rechtswissenschaften studierte. Diese Studien setzte er in Bologna und Montpellier fort, wechselte später sein Studienfach und beschäftigte sich mit römischen Dichtern und Literatur. Der Aufenthalt in Montpellier bot ihm einen Einblick in die Kunst der Troubadoure, die sein späteres Schaffen prägen sollten. 1326 kehrte Petrarca nach Avignon zurück. Sein Vater war inzwischen verstorben. Hier begegnete er am 6. April 1327 der Frau, die sein ganzes weiteres Leben bestimmte, nämlich Laura de Sade, die Gattin des Hugo de Sade. Ihr widmete er sein berühmtes Werk, den „Canzoniere", eine

Gedichtsammlung, in der er seine unerfüllte Liebe zu ihr besingt. Laura stirbt am 6. April 1348 an der Pest und läßt den Dichter einsam zurück. 1337 zog sich Petrarca nach Vaucluse, nicht weit von Avignon, zurück, um in Abgeschiedenheit seiner Arbeit nachzugehen. Er unternahm allerdings zahlreiche Reisen nach Deutschland, Belgien und Italien, wo er auch seinen späteren Schüler Boccaccio sowie Cola di Rienzo kennenlernte. Sein Ruhm als Dichter wurde so groß, daß man die altrömische Tradition der Krönung des Poeta Laureatus wiedereinführte, um Petrarca am 28. April 1341 in Rom öffentlich zu ehren. Die letzten Lebensjahre verbrachte er in diplomatischer Tätigkeit. Von 1353 an lebte Petrarca acht Jahre lang in Mailand bei den Visconti, als deren Gesandter er 1356 bei Kaiser Karl IV. in Prag war. Danach hielt er sich in Venedig und Arquà bei Padua auf, wo er auch starb.

Petrarcas Arbeiten stehen am Beginn der neuzeitlichen Literatur. Bemerkenswert sind seine „Epistolae", eine umfangreiche Briefsammlung an tatsächliche oder fiktive Adressaten.

Die Anregung dazu entlieh er bei Cicero, der ihm auch sonst als Vorbild diente. In den Briefen, die eher literarische Kunstwerke sind, geht Petrarca auf Dinge des täglichen Lebens und der Politik ein. In ihnen taucht auch die erste Naturschilderung in der europäischen Literatur auf, nämlich die erwähnte Schilderung des Aufstiegs auf den Mont Ventoux.

Petrarca hat herrliche Gedichte geschrieben, bei denen es ihm vor allem auf den perfekten Klang ankam. Seine Gedichtsammlung besteht aus 317 Sonetten, 29 Canzonen, 9 Sestinen, 7 Balladen und 4 Madrigalen. Mit dieser Form der Liebesdichtung übt Pertrarca so großen Einfluß auf die europäische Dichtung des Mittelalters aus, daß eine neue Stilform, die weit in die Neuzeit hinein fortlebt und den Minnesang ablöst, nach ihm benannt wird: der Petrarkismus.

Viele seiner Werke sind allerdings auf lateinisch verfaßt, wie das Epos „Afrika", in dem er sich mit der römischen Geschichte und den Punischen Kriegen beschäftigt,

In seinen lateinischen Werken suchte Petrarca die Antike nachzuahmen und wurde so zum Begründer des Humanismus. Auch die Sammlung von Biographien berühmter Persönlichkeiten „De viris illustribus", die nicht vollendet ist, deutet bereits auf das neue Persönlichkeitsideal der Renaissance hin.

Großartig finde ich, daß ein Schüler des Petrarca der berühmte Boccaccio war, der in seinem „Decamerone" prächtige heiter-frivole Erzählungen anbietet. Dieses „Decamerone" ist eingewoben in eine Rahmengeschichte, die zur Zeit, als in Florenz die Pest wütete, spielt. Vornehme Damen und Herren waren vor der Pest aus Florenz geflohen und hielten sich in einem Ort fernab ihrer Vaterstadt auf, um dort das Ende der Pest abzuwarten. Während dieser zehn Tage erzählten sie sich leicht anrüchig-witzige Geschichten, an denen wir uns als Gymnasiasten ergötzten. Ich glaube sogar, unsere Lehrer hatten uns verboten, dieses kühne Buch zu lesen.

Es ist unglaublich, was sich hier alles in Florenz abgespielt hat. Und was alles von hier seinen Ausgang hat. Die italienische Hochsprache geht auf den Dialekt der Florentiner zurück, und hier sind die Wurzeln des Humanismus und der Renaissance. Man sagt diese Wörter so leichtfertig hin, aber zu Unrecht, denn mit beiden ist eine unglaubliche Explosionskraft verbunden. Sie haben die Welt verändert, und ich meine, daß unsere heutige geistige Freiheit ohne den Geist der Renaissance und des Humanismus unvorstellbar ist.

Weil ich meine, daß Florenz der Boden ist, auf dem diese Pflänzchen zu wachsen begannen, will ich mir dazu ein paar Gedanken machen und nachlesen.

Die Renaissance heißt wörtlich die Wiedergeburt. Wiedergeboren ist die Antike am Übergang vom Mittelalter zur Neuzeit, so in der Zeit zwischen ungefähr 1350 und 1600. Der kühne Politiker Cola di Rienzo verkündete zum Beispiel 1347 die Wiedererrichtung der „Romana civitas", also der Römischen Republik, ähnlich wie es später auch in der Französischen Revolution geschah.

In der Renaissance besinnt man sich der alten griechisch-römischen Kunst und Kultur.

Man verbindet mit der Antike eine Freiheit des Geistes, die vor allem den kirchlichen Zwängen, an denen das Mittelalter reich war, aber auch denen der alten Feudalordnung, in der der Mensch in Abhängigkeiten steckte, widerspricht. Dazu gehörte ein neues Menschenbild, das man durch Bildung zu erreichen glaubte, und zwar über die antike Literatur. Ein freier gebildeter Mensch, der sich selbst bestimmt, ist das Ziel. Dem Klerus und dem Adel tritt nun das noble, kultivierte Bürgertum in den Städten gegenüber, welches zum Träger von Kunst und Bildung wird.

Die Idealbilder waren, wie ich meine, der stolze Römer und der freie Grieche, die aufgrund ihres Wissens, ihrer Einstellung zur Welt und ihrer geistigen Vornehmheit über den Dingen stehen, sich nicht in Querelen des Alltags verstricken und sich das Recht herausnehmen, nicht den Götzen zu dienen.

Mit der Freiheit des Geistes verbindet sich auch eine liberale Auslegung und weltliche Ausrichtung der christlichen Lehre.

Die Werkzeuge zu dieser Liberalität sind Bücher, und zwar die der Alten, denn diese machen es möglich, hinter die Dinge zu blicken. Gelehrte legen sich daher richtige Bibliotheken zu. Sie sind so nicht mehr abhängig von den Klöstern, den klassischen Bewahrern der Bücher.

Es entsteht damals in Florenz, aber auch in den anderen italienischen Stadtstaaten eine spannende Kultur, die nach Deutschland, Spanien und Frankreich ausstrahlt und die bis heute unsere Welt beglückt.

Zur Renaissance gehört noch eine Geistesrichtung, die später, so ab 1800, mit dem Begriff Humanismus bezeichnet wird. Darunter ist die Absicht zu verstehen, durch das Lesen und Vertiefen der Literatur römischer und griechischer Schriftsteller nicht nur Sprachpflege zu betreiben, sondern auch sittlich als Mensch zu gewinnen. Die Kenntnis der antiken Sprachen, des Lateins und des Altgriechisch, ist dazu Voraussetzung, denn man will zurück zu den Originalquellen. Ich selbst habe eine humanistische Bildung in der alten Klosterschule zu Kremsmünster mit mehr oder weniger Eifer genossen. Durch Lesen der Originaltexte, wie der von Cicero, Vergil und auch Homer, sollte in uns Schülern ein umfassender Geist entstehen.

Die Renaissance, die Wiedergeburt der Antike, schuf also jenes humanistische Bildungsideal, ohne das unsere Welt nicht vorstellbar ist. Während meiner Schulzeit, als ich mit großer Mühe Platon und Homer gelesen habe, hatte ich nicht gedacht, wie wichtig zum Beispiel Altgriechisch ist, denn unsere moderne Wissenschaftssprache wurzelt zum vielleicht größten Teil in dieser Sprache. Wörter wie Chirurg (darin steckt das griechische Wort Cheir für Hand), Therapie (therapeuein – heilen), Philosophie (Philos – der Freund, Sophia – die Weisheit), Ethnologie (Ethnos – das Volk), Graphik (grafein – schreiben) und viele andere sind vor dem Hintergrund der Renaissance und des Humanismus entstanden.

Auch ich habe einen Begriff aus altgriechischen Wörtern erfunden, nämlich das ero-epische Gespräch. In diesem steckt eromai für fragen und epein für erzählen. Ich will damit ausdrücken, daß ein für einen kulturwissenschaftlichen Feldforscher fruchtbringendes Gespräch mit jemandem nur dann möglich ist, wenn beide fragen und erzählen, wenn der Forscher sich also selbst einbringt. Ein Gespräch dieser Art hat Odysseus geführt, als er als Bettler verkleidet zu seinem Palast kommt. Niemand erkennt ihn dabei übrigens, nur sein Hund Argos.

Sinn der alten humanistischen Bildung war wohl eine Weite des Geistes, die dem Menschen zur Großzügigkeit und Weltoffenheit anregt. Ich zumindest glaube für mich, durch diese Bildung in vielerlei Hinsicht profitiert zu haben.

Angefangen hat diese Freude an der Antike wohl mit Dante, der sich gegen die Guelfen wandte, weil diese den Papst als die wichtigste Instanz ansahen. Deswegen wurde er verbannt.

Jedenfalls haben wir viel von den alten Griechen gelernt. Die Renaissance und der mit ihr in Verbindung stehende Humanismus hängen mit Florenz zusammen, durch das ich eben bummle. Allmählich nähere ich mich dem Bahnhof. Ich finde nicht gleich die Seitengasse mit dem Hotel, doch nach einigen Versuchen stehe ich vor diesem. Dem mich freundlich grüßenden Portier, der hinter der Rezeption wie ein königlicher Beamter thront, sage ich noch, daß mich Florenz begeistert und mir das Bier auf der Piazza della Signoria geschmeckt hat, allerdings der Kellner war unfreundlich. In meinem Zimmer dann, der Abend ist schwül, nehme ich mir aus dem kleinen Kühlschrank eine kleine Flasche mit rotem Wein und trinke diesen auf die freien Männer Dante und Petrarca, aber auch auf die heilige Katharina und auf den Vielredner Bernhardin. Dann lege ich mich zur Ruhe.

II. NACH RAVENNA —
AMERIGO VESPUCCI UND DER SCHLAMPIGE
ÖSTERREICHER WALDSEEMÜLLER,
DANTE ALS BERGSTEIGER

Noch bin ich etwas müde von meiner gestrigen Wanderung durch Florenz. Schwer stehe ich auf. Werfe mich gleich in meine Radfahrkleidung, in das blaurote Leiberl und die noble schwarze kurze Hose, die nicht enganliegend ist. Mir gefallen diese engen Radlerhosen nicht, sie entbehren einer gewissen Vornehmheit.

Ich will gleich nach dem Frühstück losradeln, es geht heute wiederum über den Apennin nach Ravenna, der Stadt des Königs Theoderich.

Im Frühstückszimmer des kleinen Hotels ist bereits viel los. An meinem Nebentisch sitzen ein junger Mann und eine junge Frau, ich glaube, es sind Engländer. Sie studieren einen Führer von Florenz. Ein paarmal höre ich Wörter wie Dante und Medici. Die beiden dürfte nicht schnöde Vergnügungslust hierher getrieben haben, sondern auch Freude an der alten Kultur der Stadt, sie dürften bildungsbeflissene Leute sein. Ich merke, wie von ihrem Tisch eine Ansichtskarte auf den Boden fällt. Ich bücke mich nach dieser, und mit einer höflichen Geste überreiche ich sie den beiden. Sie lächeln und freuen sich über meine Aufmerksamkeit. Die Dame fragt mich auf englisch, von wo ich herkäme. Ich erzähle, ich lebe in Wien und bin mit dem Fahrrad hierhergefahren. Er nickt anerkennend und erwähnt, er wäre auch gerne mit dem Fahrrad unterwegs, aber von Amerika könne man nicht hierher mit dem Fahrrad fahren. Er lacht über seinen Scherz und fügt hinzu, Florenz sei eine herrliche Stadt, gerade für sie als Amerikaner, sie wären gerade auf einem Europatrip. Ich frage nun kühn und etwas übertreibend, während ich mich niedersetze, ob er denn nicht wisse, ein Herr aus Florenz sei schuld daran, aber auch ein Österreicher, daß sie behaupten können, sie wären Amerikaner. Die beiden schauen mich verwundert und verwirrt an. Der junge Herr meint, er wolle dies wissen, solche Sachen interessieren ihn. Ich bin in meinem Element, denn nun kann ich eine Geschichte erzählen, die mir während meines Völkerkundestudiums Herr Professor Wernhart erzählt hat und die kaum jemand in ihrer ganzen Breite kennt. Ich erzähle nun in meinem verwegenen österreichischen Englisch dies – in Deutsch sei dies wiedergegeben: „Es war ein gewisser Martin Waldseemüller, der etwas nach 1500 eine Weltkarte zeichnete. Dieser Mann ist 1470 in Radolfzell in der Nähe des Bodensees geboren worden, er starb um 1520. Dieses Radolfzell gehörte bis 1805 zu Österreich, genauso wie Freiburg. Waldseemüller ist also als Österreicher zur Welt gekommen. Auf seiner Karte wollte er den neu entdeckten Erdteil nach seinem Entdecker benennen. Dabei passierte ihm ein folgenschwerer Irrtum. Von Kolumbus hatte er bis dahin noch nichts gehört, aber von einem Amerigo Vespucci, einem Mann aus Florenz, der dort 1451 geboren worden war, und der von 1497 bis 1504 an angeblich vier Entdeckungsfahrten nach Amerika teilgenommen hat. Seine Berichte darüber, vor allem in Briefen an die Medici, erregten Aufsehen, so daß Waldseemüller glaubte, dieser Mann habe Amerika entdeckt. Daher nannte er nach Amerigo Vespucci den neuen Erdteil Amerigenland. Eine Zeit später kam er dahinter, daß er sich geirrt habe, und wollte den Namen des Erdteils auf Columbienland oder ähnlich ändern. Das war aber nicht mehr möglich, denn die von ihm vorgenommene Namensgebung war schon zu weit verbreitet. Sie sehen, es waren ein Österreicher und eine Herr aus Florenz, die schuld daran sind, daß Sie sich Amerikaner nennen und nicht Columbianer, was eher zutreffen würde!" Beide schauen geradezu entsetzt. Diese Geschichte war ihnen neu. Hätte Waldseemüller diesen Irrtum nicht begangen, würden sie sich vielleicht als Touristen aus Columbien ausgeben müssen. Die beiden lachen nun. Sie würden Florenz nun unter anderen Augen sehen, meinen sie noch. Ich füge noch hinzu, daß Florenz eine wunderbare Stadt ist und daß ich nun nach Ravenna weiterradeln werde. Ich wünsche ein gutes Frühstück und einen schönen Tag. Sie wünschen mir eine gute Fahrt nach Ravenna. Dann lasse ich die beiden in Ruhe und sie mich.

Ich trinke meinen Tee, esse etwas Weißbrot mit festem Käse dazu und mache mir noch ein Müsli. Ich freue mich schon auf die Landstraße. Ich hole meine Radtasche aus meinem Zimmer, zahle bei der Rezeption für die Übernachtung und den Wein aus der Bar und hole mein Fahrrad aus der Garage, in der es ehrenvoll untergebracht war. Ich befestige die Radtasche und radle los. Ich suche die Straße aus Florenz hinaus. Ich fahre zum Arno und überquere ihn auf einer Brücke, von der ich die berühmte Ponte Vecchio, die berühmteste Brücke über den Arno und die vielleicht berühmteste Italiens überhaupt, sehe. Sie wurde schon um 1350 erbaut. Vor allem Goldschmiede und Juweliere haben hier ihre Läden eingerichtet und hoffen, mit den vielen Touristen gute Geschäfte zu machen. Sie ist übrigens die einzige Brücke in Florenz, wie man mir erzählt hat, die im Zweiten Weltkrieg nicht zerstört worden ist. Über diese Brücke fuhren wohl auch die toskanischen Großherzoge, wenn sie in das Zentrum von Florenz wollten, denn ihre Residenz war der Palazzo Pitti, der am rechten Ufer des Arno liegt.

Ich biege in die Straße ein, die direkt dem Arno folgt, hier ist der Verkehr erträglich.

Doch irgendwann einmal nehme ich die Hauptstraße nach Pontassieve. Ich trete in die Pedale, es ist gegen 9 Uhr am Vormittag, heute will ich noch nach Ravenna. Ein schönes Stück über den Apennin wartet auf mich.

Ein freundlicher Herr mit dunklem Haar betätigt sich bei einer Kreuzung als Straßenkehrer. Ich scherze mit ihm und fotografiere ihn. Er lacht und winkt mir nach, er fühlte sich durch meine Aufmerksamkeit offensichtlich geehrt.

Florenz hat mich beeindruckt, es ist eine schöne Stadt, umgeben von grünen Hügeln, den Vorbergen des Apennins. Ich kann dem zustimmen, was in einem Buch über Florenz steht: Es liegt majestätisch und ist eine der schönsten Städte Italiens, sie ist das Herz der Toskana. Florenz hat Charme und nimmt jeden Besucher sofort gefangen. Weiter heißt es in dem Führer: Florenz zeigt offen den Spiegel der Geschichte, und jeder der berühmten Söhne dieser Stadt von Michelangelo über Leonardo da Vinci bis zu Dante hinterließ seiner Stadt unschätzbare Kunstwerke. Sie alle verhalfen der Stadt zu Weltruhm. Alle Achtung habe ich vor jenen Restauratoren und Künstlern, welche die durch ein enormes Hochwasser vor einigen Jahren beschädigten Kunstschätze und Bücher auf das trefflichste repariert und wiederhergestellt haben. Vor diesen Leuten ziehe ich meine Kappe.

Allmählich komme ich an den Stadtrand von Florenz. Es ist eine schöne Stadt. Ich drehe mich noch einmal um und rufe leise zurück: „Salute amici." Zu diesen Amici, den Freunden, gehören Dante und Petrarca, aber auch der kühne Amerigo Vespucci.

Es ist ein schöne Landschaft hier am Arno, durch die ich mein Fahrrad lenke. Nach nicht einmal einer Stunde erreiche ich Pontassieve. Bis hierher folge ich dem Arno, dem Freund, der von Arezzo in einem Bogen hierher fließt und der nun in einem annähernd rechten Winkel seinen Lauf ändert, um direkt über Florenz, aus dem ich eben komme, zum Ligurischen Meer zu streben. Mein Weg führt nun nicht mehr entlang des Arno, es ist der Sieve, der mich ein Stück auf meiner Fahrt zum Apennin begleiten wird. Es geht flüssig dahin, an Rufina vorbei. Ich komme in ein kleines Nest, von dem die Straße abzweigt, die ich jüngst genommen habe, um nach Stia zu gelangen, von wo ich in dem Gasthaus am Fuße des Falterona, in dem ich mit dem Wirt guten Käse und guten Wein genossen habe, landete. Bei einem kleinen Geschäft bleibe ich stehen, ich kaufe einen Kuchen als Proviant und einen Film, den ich in meinen Fotoapparat einlege. Ich denke noch an die Fahrt über den Paß, dann bin ich schon auf dem Weg nach Dicomano. Diese Strecke kenne ich bereits, als ich von Bologna hierhergeradelt bin.

In Dicomano halte ich kurz und erkundige mich bei einem netten Herrn nach dem Zustand der Straße und ob es ratsam sei, überhaupt diese Hauptstraße zu fahren. Es würde eine kleinere Straße nach Ravenna geben, doch die zu benützen, würde einen Umweg bedeuten. Ich blättere vor ihm meine Landkarte auf. Er zeigt mir die Straße, die ich fahren soll. Ich danke ihm herzlich und versuche, schnell weiterzukommen, ich freue mich auf die Höhen des Apennins. Nach einigen Kilometern überholt mich ein Auto und bleibt knapp vor mir stehen. Ich frage mich, was man von mir wolle. Mir kommt die Sache komisch vor und betrachte verwundert den jungen Autofahrer. Dieser lächelt und reicht mir aus dem Auto meine Straßenkarte, die ich offensichtlich in Dicomano, als ich nach der Straße mich erkundigt habe, liegen ließ. Ohne ein Dankeswort abzuwarten, wendet der Bursche und fährt die die Strecke zurück, die er gekommen war. Ich rufe ihm noch ein paar Dankesworte nach. Diese kleine Geste des jungen Mannes, der für mich als Radfahrer ein Herz hatte, erfreut mich. Ich bin also am richtigen Weg, alte Häuser und grüne Gärten vor dunkelgrünen Wäldern begleiten mich ab nun. Ich bin im Apennin und auf dem Anstieg zu einem Paß. Ich genieße die Fahrt, die Sonne lacht in ihrer ganzen Breite. Unmerklich steigt die Straße an, kleine Dörfer künden am Weg von einer alten, aber vergangenen bäuerlichen Kultur, die in fruchttragenden Bäumen und großen Gärten noch sichtbar wird. Es ist eine Gartenkultur, die hier in der Toskana zu den Füßen des Apennins blüht. Von Viehwirtschaft ist hier nichts zu sehen. Hier und da ist vielleicht ein Pferd auf der Weide, aber ein solches deutet nicht auf bäuerliches Leben, sondern viel eher auf die Vergnügungslust von Leuten hin, die an Urlaubstagen durch die Gegend reiten. Kühe und Schafe, die zu einem Bauernhof auch hier gehörten und die man auf die Wiesen hinaustrieb, erblicke ich nirgends.

Prachtvoll sind die in allen Grünabstufungen leuchtenden Wälder des Apennins, dessen erste Steigungen ich überwinde. Ich komme durch ein kleines Nest in der Nähe von San Godenzo; in einem Städtchen, ein paar Kilometer, bevor es zum Passo del Muraglione hinaufgeht, bleibe ich bei einem kleinen Laden, in dem es Brot, Obst und Milch gibt, stehen. Es ist höchst erfreulich, daß es solche Geschäfte noch gibt, die sich wacker gegen die Übermacht der Supermärkte, die die Welt in ihrer Langeweile überziehen, wehren. Ich betrete den Laden, die Verkäuferin, eine Dame um die Fünfzig, die einmal schön gewesen sein muß, erwidert meinen Gruß und blickt mich fragend an. Ich lächle und deute scherzend an, daß ich als Radfahrer ins Schwitzen gekommen bin, Durst und Hunger habe. Die Dame lacht mit leuchtenden Augen. Ich dürfte eine willkommene Abwechslung für sie sein, denn zu dieser warmen Tageszeit kehren wohl nur wenige Leute zu. Ich

11 Im Apennin

bitte um Mineralwasser, ein Stück Weißbrot und um einen Käse, der in
einem gekühlten Regal höchst appetitlich liegt und auf den ich zeige.
Ich sehe in diesem Regal auch einige Milchprodukte. Irgendwie gelü-
stet es mich nach einer sauren Milch oder einer Buttermilch. Ich nehme
daher eine Tetrapak, auf der etwas steht, was ich nicht ganz kapiere. Ich
bin jedoch überzeugt, daß in dieser Hülle eine Art saure Milch enthalten ist. Zu der Dame hinter der Theke hat sich inzwischen ein Mann,
wahrscheinlich ihr Gemahl, gesellt. Er meckert mit ihr, ich verstehe ihn
nicht, vielleicht hat ihn ihr helles Lachen eifersüchtig gemacht und verärgert. Die freundliche Frau will mich davon abhalten, dieses Packerl
auch zu kaufen, aber ich zahle und gehe fröhlich grüßend. Ein Stück
radle ich, dann mache ich eine Pause. Ich setze mich an den Rand der
Straße, auf ein kleines Stück Wiese. Ich nehme Brot und Käse heraus,
beiße in beide hinein. Dazu will ich die Flüssigkeit trinken, von der ich
meine, sie sei eine saure Milch.

12 Paß im Apennin

Nach dem ersten Zug merke ich, ich habe ein Schlagobers oder eine
Schlagsahne, wie die Deutschen sagen, gekauft. Ich bin etwas enttäuscht,
sie schmeckt, aber nicht schlecht. Gestärkt radle ich weiter. Obwohl die
Straße eine Art Hauptstraße ist, eine direkte Verbindung von Florenz
nach Ravenna, stören nur wenige Autos, allerdings dürfte diese Straße,
bei deren Ansteigen die Kurven sich vermehren, gerade wegen dieser
Kurven bei den Motorradfahrern von einigem Reiz sein. Gruppen von
Motorradfahrern überholen mich. Jene Autofahrer aus Florenz, die
schnell nach Ravenna wollen, werden wohl hin zur Autobahn fahren.

Es ist herrlich, so über den Apennin zu radeln. Ich könnte jubeln vor
Freude. Und oft, wenn ich auf dem Fahrrad sitze und mich darüber
freue, singe ich eines dieser alten Lieder aus dem vorigen Jahrhundert,
in denen das Wandern gepriesen wird. Jetzt singe ich: „Bin ein fahren-
der Gesell, kenne keine Sorgen. Labt mich heut der Felsenquell, ist es
Rheinwein morgen. Bin ein Ritter Lobesam, reit' auf Schusters Rap-
pen, führ' den lockren Zeisighahn und den Spruch im Wappen: Lustig
Blut und leichter Sinn: fort ist fort und hin ist hin.“

13 Einsames Rad

Vor einer Kurve lasse ich meinen Blick über einen Garten, der etwas unterhalb der Straße sich ausbreitet, schweifen. Ich sehe Bohnenstangen und einige Pflanzen, die Paradeiser, wie man in Österreich die Tomaten zu nennen pflegt, wohl tragen. Ich bleibe stehen und lehne mein Fahrrad an das stählerne Geländer. Ich schaue, ob irgend jemand in der Nähe ist, der mein Tun beobachten kann. Ich sehe niemanden. Nun klettere ich die Straßenböschung hinunter und begebe mich in den Garten. Ich finde tatsächlich ein paar reife Paradeiser. Einen nehme ich mir. Diesen Verlust werden die Eigentümer des Gartens verschmerzen können. Ich klettere zurück auf die Straße und lege den Paradeiser auf den Sattel des Fahrrades. Dies ergibt ein schönes Stilleben: Fahrrad mit Paradeiser. Ich hole meinen Fotoapparat heraus und fotografiere dieses freundliche Motiv. Ich beiße genußvoll in den Paradeiser, danke im Geist dem mir unbekannten Gärtner und radle weiter. Kurve um Kurve ziehe ich bergan. Ich habe das Gefühl, der Wald, durch den die Straße führt, wird immer dichter und grüner. Ich schwitze etwas, die Sonne sticht herab. Nach einer Kurve taucht ein Rasthaus auf. Ich freue mich und denke, auf der Paßhöhe zu sein. Ich genehmige mir ein Mineralwasser und frage die Kellnerin, ob dies schon der Paß ist, der Passo del Muraglione. Sie verneint zu meiner Enttäuschung. Ich radle weiter. Noch ein paar Kurven, dann bin ich am Passo. Motorradfahrer sind hier.

Im Haus am Paß kaufe ich mir ein paar Ansichtskarten und setze mich auf die dem Haus gegenüberliegende Bank. Ich trinke aus meiner Wasserflasche und schreibe ein paar Karten. Die Rast genieße ich und bin froh, diesen Paß, er ist einiges über 900 Meter Seehöhe, mit dem Fahrrad erobert haben.

Wohl sind über diesen Paß auch Leute gezogen, die aus Florenz als Ghibellinen verbannt worden sind, wie eben der große Dante, über den ich schon einiges erzählt habe und noch einiges erzählen werde. Ich setze mich auf das Fahrrad und freue mich auf die Talfahrt. Ich lasse es schießen und lege mich vor Freude, hier im Apennin zu sein, in die Kurven. Hier ist die Grenze der Toskana, ich verlasse dieses schöne Land, das Land der Etrusker und der kühnen Ghibellinen, zu denen Dante gehörte. Salute amici!

Die Etrusker waren jedoch nicht nur in der Toskana zu Hause, sondern ihre Kultur strahlte weit aus. Etrusker zogen über den Apennin und drangen in die Poebene vor. Nach dem Fragment eines Schriftstückes von Aulus Caecina, eines gebildeten etruskischen Adeligen und Freund Ciceros, soll ein gewisser Tarchon, der sagenhafte Heros von Tarquinia, die Poebene, die Padana, erobert und zwölf neue Städte im Norden errichtet haben, unter ihnen Bologna und Mantua. An der Spitze einer großen Streitmacht soll er die Pässe des Apennins überschritten haben. Die Inbesitznahme der Poebene soll kampflos und unblutig vor sich gegangen sein. Auch Ravenna, wohin ich heute noch will, geht auf eine etruskische Gründung zurück.

Wenn ich in die Poebene kommen werde, werde ich noch einmal auf die Etrusker treffen und über sie berichten.

Als ich schon vor ein paar Tagen etruskisches Leben in Verbindung mit ihren Totenkulten an mir vorüberziehen ließ, war mir klar, daß eine solch noble Kultur erst vor dem Hintergrund einer Organisation von

Sklaven möglich war. Jetzt, während ich den Paß hinunterradle, komme ich darauf zurück. Sklaven dürfte es genug gegeben haben bei den alten Etruskern.

Eine wichtige Rolle hatten die städtischen Haussklaven, die sich um die Erledigung sämtlicher häuslicher Tätigkeiten zu kümmern hatten. Sklaven waren es auch, die mit ihren Künsten die Gäste ergötzten oder an den Leichenspielen zum Gedächtnis Verstorbener teilnahmen als Athleten, Faustkämpfer, Akrobaten, Jongleure, Flötenspieler, Tänzer und Tänzerinnen, vielleicht auch Schauspieler. Jeder toskanische Adelige unterhielt eine eigene Artistengruppe. Diese Stadtsklaven waren oft sehr vornehm gekleidet, offensichtlich um zu zeigen, daß ihr Herr vermögend sei.

War ein Stadtsklave zu übermütig oder mißbrauchte er seine Stellung, so mußte er mit Strafen oder Degradierungen rechnen. Eine Strafe war, ihn zur Feldarbeit tief nach Lukanien zu schicken. Eine andere Strafe war, ihn in eines der „tusca ergastula", der Arbeitshäuser für Sklaven, zu verbannen. „Ergastulum" bedeutet zwar ursprünglich „Werkstatt", doch waren die Lebensbedingungen in diesen Sklavenhäusern so schrecklich, daß „ergastulum" bald die Bedeutung von „Sklavengefängnis" bekam. Die Gefangenen wurden dorthin verfrachtet, ihre Fesseln wurden sie nie mehr los. Hielt sich ein Sklave jedoch an die ihm vorgegebenen Regeln, so konnte er ein schönes Leben führen. Interessant sind diese „Arbeitshäuser", denn „Häuser" mit diesem Namen gab es in der österreichischen Rechtsordnung bis in die siebziger Jahren des vorigen Jahrhunderts. Auch diese „Arbeitshäuser" waren eigentlich Gefängnisse, in die man zwar keine Sklaven steckte, sondern Leute nach Verbüßung einer Haftstrafe, von denen man annahm, daß sie eine gehörige Distanz zu jeder Art von Arbeit haben. Vor „Arbeitshäusern" hatte man also bereits bei den Etruskern Angst.

Vollkommen anders als das Leben der Sklaven in der Stadt dürfte das der Sklaven am Land gewesen sein. Davon wissen wir etwas von Plutarch, der die Reiseeindrücke des Tiberius Gracchus festgehalten hat. Als Tiberius Gracchus im Jahre 137 vor Christus auf dem Weg zum Kriegsschauplatz Numantia in Spanien war, durchquerte er Etrurien.

Er sah die Einsamkeit des Landes und Sklaven, die die Felder bestellten und das Vieh weideten. Zu Sklaven wurden nur Fremde gemacht, also keine Etrusker. Und außerdem meinte er, diese wären unkultiviert. Mit der Bezeichnung „Fremder" bezog er sich wohl nicht auf die Griechen, denn diese waren kultiviert, sondern auf Karthager, welche infolge des 3. Punischen Krieges (149–146 v. Chr.) in großer Zahl auf die Sklavenmärkte kamen. Neben den Sklaven gab es aber auch Bauern, die Penesten, die wie die Heloten in Sparta an die Scholle gebunden waren und Landarbeit und Kriegsdienste leisten mußten, ähnlich wie unsere Bauern im Mittelalter. Dafür garantierten ihnen die Herren Schutz gegen Gewalt und Vertreibung aus ihrem Land. Dionys von Halikarnassos betont, daß die Penesten im Grunde freie Männer waren, die jedoch von ihren Herren verächtlich behandelt wurden. Sie legten ihnen erniedrigende Arbeiten auf, schlugen und mißhandelten sie, als ob es echte Sklaven wären. Der Unterschied zu unseren früheren Bauern, als diese von den Grundherren noch abhängig waren, dürfte nicht groß gewesen sein. Neben den Penesten und den Sklaven gab es noch die Freigelassenen, die „lautuni" oder „lautni". Diese waren keine wirklich freien Menschen, sondern nahmen innerhalb der Sklavenschaft eine privilegierte Sonderstellung ein. Sie gehörten nicht zu den Sklaven niedrigsten Ranges, die kaum einen Namen hatten und kein Begräbnis erhielten, sondern standen ziemlich hoch auf der Stufenleiter der niederen Schichten. Sie erfreuten sich durch persönliches Verdienst oder die Gunst ihres Herren einer gewissen Freiheit.

Viel wissen wir zwar nicht darüber, aber seit dem 4. Jahrhundert dürfte es in den reichen Städten durch unzufriedene und degradierte Sklaven zu heftigen sozialen Unruhen gekommen sein.

Sklaven gehörten zu den alten Kulturen, in denen eine reiche Schicht von noblen Leuten ein Leben in Heiterkeit und Lust führen konnte. So war es bei den Griechen, aber auch bei den Etruskern. Ich spüre hier ihre vergangene Kultur.

Das Rad fährt in die Kurven, kleine Gebirgsdörfer mit einladenden Cafés und Trattorias erlebe ich im Sattel. Seit dem Paß ist mein Gefährte der dritte Fluß des heutigen Tages, der Montone, auch er will nach Ravenna, er kommt dorthin und verschwindet im Mare Adriatico. Ich fahre in San Benedetto ein, einen freundlichen Gebirgsort, der, obwohl wir im Apennin sind, den Zusatz „in Alpe" trägt, womit wohl auf seine Seehöhe aufmerksam gemacht werden soll, von den Alpen ist hier nichts zu sehen.

Ich durchradle kleine Städtchen wie Portico und Rocca. Allmählich werden die Hügel niedriger, durch die die Straße zieht, auch die Wälder lichten sich. Die große Ebene hin nach Ravenna kündet sich an. Bei Forli mache ich bei einem „Heldenfriedhof" halt. Ich betrete diesen gepflegten Campo Santo. Hier liegen britische, im Zweiten Weltkrieg gefallene Soldaten. Ich gehe durch die Reihen der Grabsteine. Mir fallen die vielen Inder unter den toten Soldaten auf. Sie waren, wie ich den Aufschriften entnehme, Gurkhas, Elitesoldaten, die aus Nordindien, also aus dem Gebirge, kamen und wohl ausgezeichnete Gebirgssoldaten gewesen sind. Sie kämpften für das britische Empire fern ihrer Heimat. Die Toten hier erinnern an mörderische Schlachten zwischen Briten und deutschen Gebirgssoldaten gegen Ende des Zweiten Weltkrieges. Ich gedenke aller Engländer, Inder, Deutschen, Italiener und Österreicher, die hier gefallen sind. Mein besonderes Mitgefühl haben die indischen Gebirgseinheiten, deren Treue hier gedacht werden soll. Bei meiner Feldforschung in Indien vor vielen Jahren habe ich dort alte Männer kennengelernt, die für die Engländer gekämpft haben, aber auch solche, die in der „Indischen Nationalarmee" gegen die Engländer zu Felde gezogen sind, da sie sich von ihren früheren englischen Herren mißachtet sahen. Die toten jungen Burschen auf diesem Gottesacker mögen die Menschen mahnen, sich friedlich zu begegnen. Ist es nicht schöner, wenn ein friedliches Fahrrad den Apennin hinunterrollt als ein verderbnisbringender Panzer.

Ich fahre nachdenklich weiter und gedenke der unbekümmerten Vagabunden, denen Kriege ohnehin stets zuwider waren, denn sie hinderten sie an ihrer Lust des Herumziehens. Ich mühe mich durch Forli, endlich finde ich die Straße nach Ravenna wieder. Auf ebenem Boden ziehe ich dahin. Nach ungefähr zwanzig Kilometern spüre ich die Nähe der großen Stadt Ravenna. An Tankstellen vorbei mühe ich mich in das

Zentrum der antiken Stadt, der Stadt des Gotenkönigs Theoderich, aber auch der, in der Dante sein Leben beschloß.

Es ist schon dunkel, ich frage nach einem Hotel. Man empfiehlt mir ein eher billiges, doch in diesem erklärt man mir, alle Zimmer seien vergeben.

Ich radle zu einem anderen Hotel in der Mitte der Stadt, doch auch hier werde ich abgewiesen. Mir bleibt nichts anderes übrig, als in einem Großhotel mit Massenabfertigung, das voll von Amerikanern und Japanern zu sein scheint, mein Quartier zu nehmen. Das Zimmer ist sauteuer, aber nicht ungemütlich. Ich dusche mich, und in meiner Ausgehkleidung, also in schwarzer Hose und schwarzem Polohemd, mache ich mich daran, Ravenna zu erobern. Ich marschiere durch alte Gassen zum Piazza del Popolo, den durchquere ich, und plötzlich stehe ich vor dem Grab Dantes. Es ist eine Art Mausoleum mit geöffnetem Gittertor und drinnen der Steinsarkophag, über dem in Marmor Dante dargestellt ist. Ich bitte einen Herrn, mich an der Gedächtnisstätte für den großen Dichter Dante, den Ghibellinen, zu fotografieren. Ich versuche, würdig zu blicken, allerdings habe ich eine Mineralwasserflasche in der Hand, ein Symbol für den Radfahrer, der lange unterwegs ist und dessen Durst nur schwer zu löschen ist.

Ich verneige mich vor dem von mir höchst verehrten Dante, der als Florentiner hier in Ravenna leben mußte. Man hatte ihn, wie ich schon erzählt habe, 1302 aus Florenz verbannt, denn er war ein Gegner des Papstes, aber als Ghibelline ein Sympathisant des römischen Kaisers, der ein Deutscher war. In Ravenna konnte er in Ruhe an seiner „Göttlichen Komödie" arbeiten, denn hier war es die Ghibellinenfamilie Polenta, die das Ruder der Stadt fest in den Händen hielt.

Von 1307 bis 1321 arbeitete Dante in dieser schönen Stadt an seiner „La Divina Commedia". Bei diesem Epos handelt es sich um eine allegorische Erzählung in Versen von großer Kraft und Phantasie. Es ist die Reise des Dichters durch die Hölle (L'inferno), das Fegefeuer (Il purgatorio) und das Paradies (Il paradiso). In jedem dieser drei Reiche trifft der Dichter auf mythologische, historische und zeitgenössische Persönlichkeiten. Sie alle haben einen Fehler oder eine Tugend, die be-

14 Am Grab Dantes in Ravenna

straft oder belohnt wird. Dante dürfte es offensichtlich eine Freude gemacht haben, wenigstens symbolisch gewisse Leute zu verärgern,
schließlich hatte er einiges mitzumachen gehabt.

Wie ich schon einmal festgehalten habe, ist für mich die „Göttliche
Komödie" so etwas wie eine Bergwanderung oder Klettertour. Ich
erzählte davon meinem liebenswürdigen Freund und Kletterkumpanen
Günter Godai, mit dem ich regelmäßig in Wien gemeinsam mit Grete
Frisch das Café Landtmann aufsuche, wo uns der würdige Herr Ober-
kellner Engelbert guten Tee serviert. Günter dachte eine Zeit nach, er
ist ein großer Denker, und meinte schließlich, Dante wäre ein kluger
Bursche gewesen, denn das Leben sei wie ein Berg, auf dessen Gipfel
zu gelangen mit Mühsal und Anstrengung verbunden ist. Und tatsächlich gleich in den ersten Versen der „Komödie" liest man von einem
Paß, schroffen Stellen und der Wildnis, in der Dante Vergil trifft. Vergil
wird schließlich der Führer Dantes, zunächst geht es durch die Hölle
und dann auf den Berg der Läuterung. Dann allerdings übernimmt

Beatrice, die Geliebte Dantes, die Führung. Sie führt ihn hinauf auf den Gipfel, zur Sonne, dem Licht, dort, wo das Paradies liegt.

Auch in diesem dritten Teil liest man – ich habe es wirklich gelesen – vom Lichte, das „droben" ist, vom Wasser am Berg und vom Adler.

Ich kann mir vorstellen, daß Dante seine Eindrücke auf seiner Wanderung in die Verbannung nach Ravenna, die ihn sicherlich über den Apennin führte, wiedergegeben hat. Auch ich bei meiner heutigen Fahrt mit dem Fahrrad auf den Bergstraßen des Apennins war höchst angetan von dem, was sich meinen Blicken über die Berge und Wälder des Apennins darbot. Hölle und Paradies lagen für mich nahe beieinander. Die Hölle, wenn ich mühsam in die Pedale trat, ins Keuchen kam und unter der Mittagshitze litt. Zur Läuterung kam ich am Paß und erlebte endlich das Paradies, als ich in Richtung Ravenna mein Fahrrad bergab laufen ließ. Dante hatte zwar kein Fahrrad, aber als Fußwanderer oder jemand, der mit Pferden unterwegs ist, mag man ein ähnliches Hochgefühl erleben, wenn man eine karge Höhe bezwungen hat und von dieser in eine weite fruchtbare Ebene blickt, wie ich in die Poebene, zu der Ravenna gehört. Die Poebene und Ravenna sind zwar nicht der Himmel, der über einem liegt, aber für manche können sie zum Paradies werden. Ein Paradies war Ravenna für Dante, der hier als Ghibelline keine Mißachtung wie in Florenz zu fürchten hatte. Aber auch die Goten erblickten in Ravenna ihren Himmel, ihr Paradies, wie wir noch sehen werden.

Jedenfalls die „Divina Commedia" ist ein Prachtwerk, das auch eine eigenartige Magie hat. Die Zahl 3 dürfte für Dante einen besonderen Zauber gehabt haben. So ist die „Komödie" in drei Abschnitte, die sich auf Hölle, Läuterungsberg und Paradies beziehen, geteilt, und jeder dieser Abschnitte besteht exakt aus je 33 Gesängen.

Und verfaßt ist das Werk in dreizeiligen Strophen, sogenannten Terzinen, mit dem Reimschema aba, bcb, cdc und so weiter. Ich weiß nicht, ob diversen Spezialisten, die sich mit Dante beschäftigt haben, diese Faszination Dantes für die Zahl 3 aufgefallen ist. Aber vielleicht habe gerade ich als Radfahrer einen besonderen Blick dafür, denn ich bin umgeben von dieser magischen Zahl. Das Fahrrad selbst, das wohl zwei

Räder besitzt, ist in eleganter Weise in drei Bereiche aufgegliedert: Im ersten Bereich befindet sich das Vorderrad samt Licht, Kilometerzähler und Lenker; der mittlere Bereich umfaßt die Pedale mit den drei (!) Zahnradscheiben, die für die Geschwindigkeit verantwortlich sind, sowie die Verbindungsstange zwischen Hinterteil und Vorderteil; und zum hinteren Bereich gehören der Sattel, das Hinterrad und die kleinen Zahnradscheiben, deren größte ich einsetze, um bequem Bergeshöhen erklimmen zu können. Im hinteren Bereich wird aber auch die Satteltasche, die ihrerseits aus drei Teilen zusammengefügt ist, aufgeladen.

Drei ist also eine wichtige Zahl und bedeutungsvoll für den vagabundierenden und pilgernden Radfahrer. Für jeden Pilger ist die Drei wichtig, egal ob er mit dem Fahrrad oder zu Fuß unterwegs ist, vor allem was die Tageseinteilung anbelangt. Im ersten Teil des Tages wandert man noch frisch durch die Gegend, ist offen und erfreut sich am jungen Tag. Der zweite Teil, der mittlere, umfaßt die Zeit des Mittags, man rastet etwas, beißt in einen Apfel und sucht die Schönheiten am Wege, wie Bäume, Getreidefelder, alte Kirchen und farbenfrohe Dörfer. Und im dritten Teil des Tages, wenn der Abend allmählich naht und der Tritt in die Pedale oder der Schritt langsamer wird, ziehen die Gedanken schon in Richtung Nachtquartier, das noch ungewiß ist und das es zu erobern gilt. Hat man dieses schließlich, so trinkt der Vagabund und Pilger genüßlich sein Bier und freut sich über die Buntheit der Welt.

Dem Pilger ist die Zahl 3 also heilig, so auch mir, der ich hier des großen Dante gedenke. Auch er zog viel herum und wurde getrieben, bevor er sich für die Dauer in Ravenna niederließ. Dante war ein pilgernder Vagabund, und als ein solcher war er kein langweiliger Dichter, sondern einer mit großem Witz, überhaupt wenn er schildert, wie es in der Hölle zugeht. Im einundzwanzigsten Gesang nennt er einen Teufel „Übelschwanz".

Diesen Gesang beendigt er mir den Worten, die sich auf einen Oberteufel – vielleicht sollte dieser einen Zeitgenossen Dantes darstellen – beziehen: „Und der posaunte mit dem Hinterteile."

Ich verehre Dante, seine Freude am Bergsteigen, vielleicht war er wirklich ein Bergsteiger, seine Sympathie für den römisch-deutschen

Kaiser und seine Liebe für die italienische Volkssprache, in der er dichtete. Es ist übrigens interessant, daß Dante sein großes Werk bloß „La commedia", also „Die Komödie", betitelte. Erst in der Ausgabe aus dem Jahr 1555 kommt das Wort „divina", also „göttlich", dazu. Dem guten Dante genügte die Bezeichnung „Komödie" offensichtlich, denn in diese sind auch die Teufel eingebunden.

Noch immer stehe ich am Sarkophag des großen Dante, der hier in Ravenna als Verbannter 1321 gestorben ist.

Er war ein echter Held, denn durch seine Werke siegte das Toskanische über die anderen Dialekte Italiens, und er war einer der ersten, der Liebesgedichte in italienischer Sprache geschrieben hat.

Von Dante stammt auch ein Zitat, das voll der Melancholie ist und in dem er eine große bittere Wahrheit ausspricht: „Nichts bedeutet mehr Schmerz, als sich im Unglück an Zeiten des Glücks zu erinnern."

Mein Vater meinte übrigens in hohem Alter ähnliches, als er einmal zu mir sagte, die Grausamkeit des Lebens würde im Schönen liegen, denn, wenn es einem schlecht geht, dann denkt er traurig daran zurück, wie schön es einmal war.

Es bedarf viel an Witz und Weisheit, mit den Unbilden des Lebens fertig zu werden. Das wußte Dante, und daher auch seine Scherze in der „Komödie".

Nicht nur auf mich wirkt Dante, viele waren von ihm beeindruckt und große Künstler hat er angeregt, so Sandro Botticelli, Michelangelo, Gioacchino Rossini, Robert Schumann und Franz Liszt.

Ich lächle hier an der Erinnerungsstätte Dantes. Dante hatte Witz und ließ sich nicht alles gefallen. Ich verlasse den würdigen Ort und werfe mich in das abendliche Treiben Ravennnas. Es ist gegen 21 Uhr, die Straßen und Gassen sind voll der Menschen. Auch hier treffe ich auf Gaukler. Sogar ein Jongleur bietet an einer Ecke seine Künste an. Mit drei bunten Bällen macht er allerhand Tricks. Einer der Bälle saust in die Luft, er kommt zum Knie herunter, mit dem Knie wird er wiederum in die Höhe befördert, inzwischen wirbelt der zweite Ball auf, und der Dritte beendet seinen Höhenflug in der sicheren Hand des Meisters. Dieser begleitet seine Darbietungen mit Scherzen. Ich stelle

mich zu ihm und werfe ihm ein paar Mille-Lira-Scheine in den bereit-
stehenden Hut. Ich nehme allen meinen Mut zusammen und frage ihn
in meinem kühnen Italienisch, ob er auch mit vier Bällen jongliere, ich
selbst würde dies können. Der Bursche lacht, schaut mich an und antwortet sinngemäß, er habe noch einen vierten Ball, ich solle es ruhig
versuchen. Er gibt mit einer graziösen Handbewegung mir die vier in
die Hand und schaut erwartungsvoll. Ich lege meine Tasche zu Boden
und beginne zu jonglieren. Der Mann staunt und lacht beifällig, ein
paar Leute sind stehengeblieben, sie applaudieren sogar. Ich bin geehrt,
schüttle dem Meister der Straße die Hand, werfe aus Dankbarkeit für
seine Freundlichkeit noch fünftausend Lire in den Hut und ver-
schwinde im Gewühl. In einer kleinen Pizzeria bestelle ich eine vegetarische Pizza und ein großes Glas Bier. Ich genieße Speise und Trank
und lasse alle Vagabunden leben, deren Weg ich heute gekreuzt habe,
zu ihnen gehören Dante, Amerigo Vespucci und jene Leute, die jemals
als Pilger oder Eroberer den Apennin überquert haben, wie eben die
Etrusker und Hannibal.

Ich schlendere zum Hotel zurück, auf einem Platz werde ich Zeuge
eines Theaterspiels im Freien. Damen und Herren in Renaissanceklei-
dern bewegen sich tanzend im Kreise. Jeweils zwei der noblen Leute,
meist Frau und Mann, stellen sich auf eine längliche Bank ohne Lehne
gegenüber und versuchen, sich gegenseitig von der Bank zu stoßen.
Unter dem Gejohle der Zuschauer fällt schließlich einer der beiden zu
Boden. Ich bin zu müde, mich an diesem Spiel zu ergötzen, und wandere in mein Hotel. Tief wird mein Schlaf sein, in dem ich an den
Apennin und den vagabundierenden Dichter denke, der eine ganze
„Komödie" über eine Bergfahrt verfaßt hat. Dem guten Dante, dem
Getriebenen, aber auch dem schlampigen Waldseemüller und den
Etruskern gilt ein Schluck Rotwein aus einer Flasche, die ich im Zim-
mer finde.

12. AM MEER ENTLANG —
THEODERICH UND DER ZUG DER GOTEN

Es ist ein Riesenhotel, in dem ich heute in Ravenna aufwache. Das Zimmer ist luxuriös, aber langweilig. Es ist schade, daß ich nicht in einem kleineren Hotel wie das in Florenz Aufnahme gefunden habe. Das ist ja das Problem des Radfahrers, der nicht mit Zelt unterwegs ist, daß er, wenn er spät in die ersehnte Stadt gelangt, kaum einen normal billigen Gasthof findet, in dem zur Sommerszeit noch ein Bett frei ist. Es sind die autofahrenden Touristen, die alle freien Zimmer bereits belegt haben.

Widerwillig marschiere ich in das riesige, teuer ausgestattete Frühstückszimmer. Japaner, Afrikaner, Amerikaner und anderes Volk machen sich hier breit, wälzen zum Buffet und füllen die Tische mit ihren Wurst- und Käsetellern, mit Limonaden, Müslis und harten Eiern. Ich hole mir bescheiden ein Müsli und ein Käsebrot, dazu gieße ich mir Tee ein und suche einen Platz in der Abgeschiedenheit des Gewühls. Ich esse und trinke und mache mir meine Gedanken über die Massenkultur des Tourismus. Meine Blicke irren über die Urlauber, mit denen ich als Radfahrer nichts gemein habe. Doch da bleibt mein Blick an einem Herrn am Nebentisch, er ist mir nicht gleich aufgefallen, hängen. Ich kenne den Herrn. Nun blickt er mich verwundert und ungläubig an. Wir grüßen uns. Es ist Herr Hackl, ein würdiger Vertreter der Wiener Kaufmannschaft, der sich in den Kopf gesetzt hat, nebenbei zu studieren. Dabei ist er in meine Vorlesung geraten, die er hin und wieder besucht. Auch auf einen Tee geht er manchmal mit mir in ein Kaffeehaus in der Nähe unseres Institutes. Dieser freundliche Herr sitzt also hier mit Frau und Töchtern. Ich setze mich kurz an seinen Tisch, und nachdem ich mich der Verwandtschaft Herrn Hackls vorgestellt habe, sage ich: „Das ist doch ein Zufall. Die Welt ist klein. Ich bin mit dem Fahrrad hier. Ich war in Assisi und radle jetzt zurück und will in die Dolomiten." Herr Hackl kann es nicht fassen, weist auf seine Familie und

15 Vor dem Grabmal des Gotenkönigs Theoderich

antwortet: „Ich bin mit den Meinen mit dem Auto da. Ich bin ein braver Familienmensch, der Sie nicht sein dürften, wenn Sie so alleine
durch die Gegend ziehen. Ich kann Sie aber verstehen." Ich danke für
das Verständnis. Wir machen noch ein paar Scherze über den Stolz des
allein reisenden Mannes. Ich erkläre, noch ein paar Stunden in Ravenna
bleiben zu wollen, mich würden besonders die Goten interessieren.
Herr Hackl will weiter.

Ich trinke meinen Tee, dann verabschiede ich mich. Wir geben uns
die Hand, dann verlasse ich den Frühstücksraum und auch das Hotel.
Ich mache mich nun auf eine Wanderschaft durch das alte Ravenna.

Die Geschichte Ravennas kenne ich, und die ist voll der Spannung
und des Abenteuers.

Seit 402 ist Ravenna Residenz der weströmischen Kaiser. Bereits 395
hatte Kaiser Theodosius das Römische Reich unter seine zwei Söhne
geteilt. Die Hauptstadt des Ostens wird Konstantinopel, 410 wird Rom
durch die Westgoten erobert. Allmählich gehen viele Provinzen dem
Römischen Reich verloren.

Der letzte weströmische Kaiser, Romulus Augustulus, residierte ebenso in Ravenna. Abgesetzt wurde er 476 durch Odoaker, den Sohn eines Skirenfürsten. Odoaker, der um 430 geboren wurde, war seit 469 Führer germanischer Söldner im Dienste Westroms. 476 hatten ihn seine Truppen zum König Italiens ausgerufen. Damit war das Ende des Weströmischen Reiches gekommen. Odoaker regierte nun von Ravenna aus über Italien. Er war gerecht und milde, heißt es.

Vor den Toren dieser Stadt stand aber eines Tages der König der Ostgoten. Über ihn wird hier einiges zu erzählen sein, allerdings etwas später.

Ich lasse die Schönheiten der alten kleinen Gassen auf mich wirken. In Ravenna trafen Römer und Germanen aufeinander. Ravennas Monumente, die ich mir nun anschauen will, künden von Kämpfen, wilden Intrigen und vom Stolz des Königs Theoderich. Ravenna ist die Stadt germanischen Königtums in Italien, hier ist noch immer jene Kraft zu spüren, die das alte römische Kaisertum beseitigt hat und eine sechzigjährige Herrschaft der Ostgoten begründete, der dann die Byzantiner für zweihundert Jahre folgten. Hier war der Sitz der byzantinischen Verwaltung Italiens. Von hier wurde Rom wie eine Provinzialstadt regiert. Und um 727 zog der Langobardenkönig Liutprand in Ravenna ein. Weder er noch sein zweiter Nachfolger auf dem langobardischen Thron, Aistulf, vergriffen sich an den Monumenten dieser schönen Stadt. Lediglich Classe, eine Vorstadt, mochte durch Liutprand zerstört worden sein.

Das für mich Spannende an Ravenna ist, daß es zwei imponierende, weltberühmte Grabmonumente besitzt, deren Zauber und Kraft ich als Vagabund heute erleben will. Zwei Menschen, eine Frau und ein Mann, die nichts miteinander gemein hatten und die zu verschiedenen Zeiten lebten, wollten sich in ihrem Tod für alle Zeiten spektakulär verewigen. Dies ist ihnen auch gelungen. Das einzige Gemeinsame, das sie hatten, war: In beiden floß das Blut höchsten Adels, nämlich das von Kaisern und Königen.

Die Dame heißt Galla Placidia und war die Tochter des römischen Kaisers Theodosius. Der Herr war der König der Ostgoten, Theoderich, dem ich mich besonders widmen will. Aber auch der Galla Placidia gilt meine Reverenz.

Zu ihrem Grabmal spaziere ich zuerst. Ihr Bruder war übrigens der römischen Kaiser Honorius, der die Plünderung Roms durch die Westgoten Alarichs erlebt hat und dort im August 423 starb.

Galla Placidia war wohl eine der merkwürdigsten Frauengestalten ihrer Zeit. Ihr Leben bestand im wesentlichen darin, daß sie dauernd irgendwohin verschickt, verbannt oder verschleppt wurde. Zunächst lebte sie im Cäsarenpalast von Rom. Sie war ein Mädchen von 21 Jahren, während der Westgote Alarich die Hauptstadt der Welt belagerte, eroberte und plünderte. Damit trat sie ihr erste Verschickung an. Alarich führte sie gefangen mit sich nach Kalabrien, und bald darauf mußte sie sich in Narbonne mit Alarichs Nachfolger Ataulf vermählen. Dieser verschleppte sie als seine Gemahlin nach Spanien, das bereits in gotischer Hand war. Nach dem Tode Ataulfs und ihres gemeinsamen Sohnes schickte man sie, nachdem man sie angeblich mißhandelt hatte, ihrem Bruder Honorius nach Ravenna einfach zurück. Offensichtlich hatte man genug von ihr. Honorius zwang nun die ihm nachgeschickte Schwester, hier in Ravenna, wo ich gerade bin, dem General Constantius ihre Hand zu geben. Das tat sie, ob mit Freude oder nicht, ist mir nicht bekannt. Galla Palacidia gebar ihm zwei Kinder: Valentinian und Honoria. Aber auch Constantius starb zu ihrem Unglück, denn jetzt wurde sie von ihrem Bruder Honorius, dessen Beziehung zu ihr eine denkbar schlechte gewesen sein muß, nach Byzanz verschickt, was einer Verbannung gleichkam. Dort dürfte es ihr nicht gefallen haben, denn nach dem Tod des Honorius kehrte sie mit einer griechischen Flotte nach Ravenna zurück, um ihren jungen Sohn Valentinian III. auf den Thron des Abendlandes zu setzen. Tatsächlich regierte sie als dessen Vormund lange und unglücklich das Römische Reich. Sie starb in Rom im 61. Jahre ihres vielbewegten Lebens am 27. November 450. Mit ihrem Sohne Valentinian III., welcher fünf Jahre später in Rom ermordet wurde, erlosch der kaiserliche Stamm des großen römischen Kaisers Theodosius überhaupt.

Das Grabmal der Placidia, vor dem ich nun stehe, liegt nicht fern von der berühmten Kirche San Vitale, in unmittelbarer Nähe von San Maria Maggiore. Es erinnert an das alte Römische Reich und die Phase seines Unterganges, es ist gleichsam das Mausoleum des Römischen Reichs der alten Imperatoren.

Zur Zeit, als Placidia dieses Mausoleum bauen ließ, lag in jener Gegend wahrscheinlich ihr eigener Palast.

Ich trete in die eher kleine, aber mit wunderschönen Mosaiken ausgestattete Gruft. Ein blauer Himmel wölbt sich hier mit Sternen. Propheten, Evangelisten und zwei Heilande sind zu sehen. Diese Heilande zeigen sich hier in jugendlicher Anmut, die mir besser gefallen als die Heilande byzantinischer Meister.

Einen besonderen Zauber haben auf dem einen Wandmosaik zwei Tauben, die auf einer Schale mit Wasser sitzen. Die eine nippt vom Wasser, die andere schaut frech durch die Gegend. Ich liebe diese Darstellung, denn sie zeigt die Tauben als stolze Vögel, die sie auch sind. Ich mag Tauben, gerade in der Stadt. In Wien gibt es viele Tauben, und viele Menschen ärgern sich über sie und verfolgen sie mit ihrem Haß. Es gibt sogar Taubenvergifter. Ich verstehe nicht, warum man die Tauben vernichten will. Sie sind um vieles harmloser als die Autos, die mit Lärm und Dreck die Stadt durchziehen. Mir macht es eine Freude, den Tauben vom Fenster aus zuzusehen. Da wird gestritten, jubiliert, gelaufen und geflüchtet. Die Tauben haben also meine Sympathie. Und schließlich waren sie während der letzten Kriege auch Helden, und zwar als Brieftauben, die über feindliche Linien hinweg lebenswichtige Nachrichten zu bringen hatten. Ich habe von einer solchen Taube gehört, die trotz Verletzung ihres Flügels durch eine Gewehrkugel im Ersten Weltkrieg ihre Aufgabe erfüllt hat. Sie wurde mit einem Orden ausgezeichnet. Es gibt ein Bild davon. Ich freue mich, daß Tauben hier im Grabmal der Placidia eine derartige Beachtung finden. Vielleicht sah sich Palcidia selbst als Taube, die durch halb Europa verschickt wurde. Es gibt Ansichtskarten mit diesen Tauben. Ich werde mir ein paar kaufen und verschicken.

Hier wollte also die unglückliche Placidia, die viel mitzumachen hatte, begraben sein, nicht in Rom, sondern in Ravenna, das sie liebte und das sie mit vielen Kirchen geschmückt hat. Sie selbst ließ sich dies Grabmonument bauen, und damit es weiterhin Verehrung genieße, hat sie dieses auf alle Fälle als eine Kapelle den Heiligen Nazarius und Celsus geweiht. Vielleicht dachte sie sich, es ist wohl die beste Möglichkeit, selbst unsterblich zu werden, wenn man die eigene Person mit bedeutenden Heiligen in Verbindung bringt. Und außerdem wird sie sich gedacht haben, wenn ich schon zu Lebzeiten viel mitzumachen hatten, will ich wenigstens nach meinem Tode hochgeachtet und unsterblich sein.

Die Gruft erinnert tatsächlich an eine Kapelle, sie ist in Form eines lateinischen Kreuzes angelegt und nur 15 Meter lang und 12,6 Meter breit. Eine Kuppel wölbt sich über ihr, mit Mosaiken bedeckt, wie die Nischen und Bogen, und ein mattes Zwielicht fällt durch kleine Fensteröffnungen ein. Fünf Sarkophage stehen im Mausoleum, zwei kleinere sind in die Seitenmauern des Eingangs eingefügt, drei einfache große aus griechischem Marmor füllen die drei Nischen aus, die durch die Kreuzesform gebildet sind. In der Hauptnische gegenüber dem Eingang steht die größte Urne; sie ist sieben Fuß hoch, sehr einfach und ohne irgendwelche Darstellungen. Diese Urne ist mit Sicherheit der Galla Placidia gewidmet.

Die Legende erzählt, daß Galla Placidia, auf einem Thron von Zypressenholz sitzend, in kaiserlichen Gewändern hier in einem Sarkophag bestattet war. Im Jahre 1577 hätten neugierige Kinder eine brennende Kerze in die Öffnung des Sarkophags geschoben, worauf die Grabgewänder und die ganze Placidia in Flammen aufgingen. Diese Reste hat man dann wahrscheinlich in diese Urne gegeben.

Wer in den übrigen Sarkophagen bestattet liegt, weiß man nicht. Vielleicht befinden sich in dem einen der größeren die Reste des Gemahls der Placidia, des Generals Constantius, und in dem anderen die ihrer gemeinsamen Tochter Prinzessin Honoria, die man mit dem wilden Attila verlobt hatte. Nach einem Leben voll abenteuerlicher Leidenschaft hatte sie in einem Kloster Ravennas verschmachten müssen.

Placidia war übrigens auch die Freundin oder Gönnerin jenes großen Papstes Leo, dem es gelungen war, den auf Rom losmarschierenden Attila entgegenzutreten und ihn zurückzuschrecken.

Mich fasziniert dieses Grabmahl genauso wie das Theoderichs, welches ich besuchen werde, wenn ich von Ravenna wegradle. Es befindet sich auf dem Weg aus der Stadt in Richtung Venedig.

Aber zuerst ist noch viel anderes zu sehen.

Gleich in der Nähe des Mausoleums der Placidia befindet sich die berühmteste aller Kirchen Ravennas, die Kirche San Vitale.

Ich besuche auch sie. Mir fällt ihr rein byzantinischer Charakter auf. Sie wurde im letzten Jahr der Regierung Theoderichs, über den noch viel zu erzählen ist, begonnen und während des Krieges gegen die Goten weitergebaut. Eingeweiht wurde sie durch Erzbischof Maximian im Jahre 547, zu einer Zeit, als der Gotenkönig Totila versuchte, Rom einzunehmen. Der Bau von San Vitale begleitet daher den Fall der Goten und verherrlicht schon den Sieg Konstantinopels, wo Justinian zu gleicher Zeit den Prachtbau der Sophienkirche aufrichtete. Eine gewisse Ähnlichkeit zur Sophienkirche in Istanbul, dem alten Konstantinopel, fällt mir auf. Vor vielen Jahren war ich als junger Student per Autostopp und zu Fuß nach Istanbul getrampt und habe die Hagia Sophia, die Sophienkirche, die heute eine Moschee ist, betreten und bestaunt. Hier in San Vitale werde ich an diese alte Kirche erinnert, die der Kaiser von Byzanz, Justinian, erbauen ließ.

Hier in San Vitale merke ich den Einfluß des Oströmischen Reiches, das es sich nicht gefallen lassen wollte, daß germanische Könige nach Italien stürmten.

Auch in dieser prachtvollen Kirche, eine Art überkuppeltes Achteck, finden sich schöne Mosaiken, die ich in Ehrfurcht betrachte. Die Bildnisse des Heilands, der Heiligen und der Apostel im Stile Byzanz' beherrschen die Kirche. Und dazu gesellt sich Kaiser Justinian mit goldener Stola und Purpurstiefeln. Ihn umgeben wilde Kriegsgestalten.

Auf einem anderen berühmten Mosaik strahlt die Gemahlin Justinians, Theodora. Sie trägt das reiche byzantinische Diadem. Ihr braunes Obergewand ist nach orientalischer Art kostbar mit Gold und Edelsteinen geziert. Diese Theodora war eine interessante Dame mit einer spannenden Karriere. Begonnen hat diese als Dirne in Byzanz. Sie war eine berüchtigte Schauspielerin, die schamlos die unzüchtigsten Szenen auf der Bühne darzustellen vermochte. Diese Karriere erlebte ihren Höhepunkt, als Theodora die erlauchte Kaiserin des Morgen- und Abendlandes wurde. Und hier ist sie unter frommen Heiligen abgebildet.

Eine schlaue Prostituierte wurde also zur Kaiserin und für wert befunden, hier in San Vitale abgebildet zu sein. Ich bin erstaunt über diese Lebensbahn.

Fast gleichzeitig wie San Vitale wurde die schöne Basilika San Apollinare Nuovo vollendet, in die ich auch kurz schaue. Den Bau begonnen hat Theoderich, der ja kein Katholik war, sondern Arianer, auf das wird noch einzugehen sein. Es sollte eine Kirche der Arianer werden, doch nach dem Falle der Gotenherrschaft wurde sie katholisch.

Apollinare Nuovo stellt sich äußerlich, wie alle übrigen Basiliken Ravennas, als sehr unscheinbar dar. Ihr zur Seite steht ein Glockenturm, kreisrund und nur von mäßiger Höhe, aus rohem Ziegelstein erbaut, wie auch andere Glockentürme, die ich hier in Ravenna gesehen habe.

Wunderschöne Mosaiken sind auch hier zu sehen, so im Mittelschiff, in dem Bauwerke Ravennas aus jener Zeit zu sehen sind. Auf der rechten Wandfläche des Schiffs erblickt man in lebhaft strahlenden Farben die Stadt Ravenna mit der Kirche San Vitale, mit andern Gebäuden und dem Palast Theoderichs.

Auf der Front des Gebäudes steht in goldenen Buchstaben das Wort „Palatium", womit nur die Residenz Theoderichs angedeutet sein kann. Es folgen fünfundzwanzig Gestalten von Heiligen mit Kronen in den Händen, durch Palmbäume voneinander abgetrennt. Ihre Reihe beschließt Christus auf dem Thron zwischen Engelfiguren in schwarzbraunem Gewande, bärtig, doch ganz jugendlich und nicht als unnahbare Majestät.

Auf der linken Wand zeigen sich mir die heiligen Jungfrauen in reichen byzantinischen Gewändern, weißen Schleiern und griechische Diademe auf dem Haupt. Daneben bringen die Heiligen Drei Könige ihre Verehrung dar. Sie tragen bunte, brokatene, sehr kurze Mäntel, Röcke und Hosen, womit wohl ihre barbarische Herkunft aus fremden Landen bezeichnet ist.

Es ist eine prachtvolle Kirche, durch die ich hier wandere. Hier wurden zunächst in fernen Zeiten arianische Gottesdienste der Goten abgehalten.

An die Arianer erinnert auch die gotische Taufkapelle, die auf Theoderich zurückgeht. In diese marschiere ich ebenso und denke daran, daß Theoderich als Arianer tolerant zu den Katholiken war.

Ein paar Worte sind hier über den Arianismus zu erzählen. Aus der heutigen Sicht ist es unglaublich, über welche Dinge die Leute streiten und sich zerkriegen konnten.

Der Arianismus geht auf einen gewissen Arius aus Alexandria in Ägypten zurück, einen katholischen Presbyter, der um 260 geboren wurde und der 336 starb. Dieser Arius machte sich verwegene Gedanken, wie andere auch, über das Verhältnis von Gottvater und Gottes Sohn. Er löste das Problem so, daß er Christus als eine Schöpfung Gottvaters hinstellte.

Wegen dieser Lehre wurde Arius bei seinem Bischof angezeigt und von diesem abgesetzt.

Er fand aber Unterstützung bei einigen Bischöfen außerhalb Ägyptens. Darauf gab es eine heftige Auseinandersetzung. Es wurde 325 ein Konzil einberufen, nämlich das von Nicäa. Bei diesem einigte man sich darauf, daß Christus und Gottvater eine Wesenseinheit sei. Gleichzeitig verdammte man Arius, der jedoch weiter Anhänger bei den Theologen des Ostens fand, die daran festhielten, daß Christus und Gottvater keine Einheit wären, denn man müsse Gottvater und Gottsohn deutlich unterscheiden können.

Der Streit wurde für die katholische Kirche beim Konzil von Konstantinopel im Jahre 381 in dem Sinn beendet, daß man von einer Wesensgleichheit und nicht von einer Wesenseinheit von Christus und Gott sprach. Im selben Atemzug wurde festgestellt, daß auch der Heilige Geist dazugehöre. Seit damals spricht man vom dreieinigen Gott, der Trinität.

Die Anhänger des Arius, die Arianer, taten dabei nicht mit, sondern beharrten auf ihrer Vorstellung, daß Gottes Sohn eine Schöpfung Gottvaters und daher etwas Eigenständiges sei. Der Arianismus hielt sich bei den christlich gewordenen Germanen bis in das 7. Jahrhundert. Auch der Bischof Wulfila, der die Bibel im 4. Jahrhundert ins Gotische übersetzt hat, war ein Arianer. Genauso wie Theoderich, der ebenso seine Probleme bekommen sollte.

Die Katholiken sahen in den Arianern nämlich üble Ketzer.

Ich marschiere noch zum sogenannten Palast des Theoderich. Viel hat sich nicht von ihm erhalten. Man findet ihn in der Hauptstraße, welche Ravenna von der Porta Serrata bis zur Porta Nuova durchschneidet. Dort steht eine hohe, aus gebranntem Ziegelstein erbaute Mauer, der dürftige Rest von nur irgendeinem Teile des ganzen Palastes.

Ein Kunststudent hält hier Aufsicht, er verlangt Eintritt. Ich zahle gerne und wandere, in diesen frühen Vormittagsstunden bin ich der einzige Besucher, durch die zum großen Teil wieder, oder gar neuerrichteten Mauerbereiche des alten Palastes. Hier ist nicht viel, das alt zu sein scheint, viele neue Ziegel und jungen Mörtel sehe ich. Man hat hier etwas aufgerichtet, um den Besuchern Ravennas den Palast des Theoderich demonstrieren zu können. Ich akzeptiere es und begebe mich in den zweiten Stock. Hier sind ein paar Mosaike mit germanischen Symbolen ausgestellt.

Hier also soll der große Theoderich residiert haben. Viel erinnert nicht an ihn, man braucht viel Phantasie, um ihn sich hier vorzustellen. Und die habe ich hoffentlich.

Karl der Große plünderte übrigens den Palast mit Bewilligung des Papstes Hadrian I., um daraus Marmor und Mosaiken nach Aachen zu schaffen, wo er die berühmte Kapelle und seinen eigenen Palast baute. Selbst die Reiterfigur Theoderichs ließ er nach seiner Heimat entführen. In den Trümmern, die Karl zurückgelassen hat, befinde ich mich also und denke an den großen Theoderich. Ich wandere in mein Hotel, zahle, ziehe mich um, hole mein Fahrrad aus der Garage des Hotels, in das ich es stellen durfte, und in meiner bunten Radkleidung begebe ich mich auf die Fahrt zum Grabmal des kühnen Ostgotenkönigs Theoderich. Dieser Mann und sein Gefolge haben es mir angetan, wie ich noch zeigen werde, denn durch den Zug der Goten kamen griechische Wörter in die Sprache unserer Bauern. Darüber möchte ich erzählen, wenn ich am Weg in Richtung Venedig bin.

Es ist schon gegen Mittag und heiß, als ich vor dem Grabmal des Theoderich ankomme.

Unweit dieses Grabmals befindet sich ein ebenerdiges Haus, in dessen Schatten ich mein Fahrrad stelle. In diesem Haus gibt es Andenken aller Art an Theoderich und Ravenna. Ich betrete dieses, zwei freundliche italienische Archäologiestudentinnen betreuen den Laden. Sie erzählen mir, die Arbeit würde ihnen hier Freude machen. Auch sie würde König Theoderich faszinieren. Sie empfehlen mir, wenn ich wirklich Spannendes über diesen Herrn der Ostgoten wissen wolle, ein kleines Bücherl in Deutsch über Theoderich zu lesen. Ich danke für den Rat, kaufe es mir und setze mich zu meinem Fahrrad in den Schatten. „Das Leben des Theoderich", so ist das Büchlein betitelt.

Verfaßt haben es zwei Damen: Stefania Salti und Renata Venturini. Übersetzt ins Deutsche hat es Emanuella Benz-Fahrner.

Diese kleine Arbeit beginnt mit einem Zitat eines gewissen J. L. Borges, den ich nicht kenne, der aber farbig auf die Herkunft des Gotenkönigs verweist: „Er kam aus den unentwirrbaren Wäldern, wo Wildschwein und Auerochse leben: er war weise, mutig, unschuldig, rauh auf seine Art, treu seinem Stamm."

Nach den beiden Autorinnen soll Theoderich bereits von einem vereinten Europa geträumt haben, in dem verschiedene Völker zusammenleben können, jeder den Glauben des anderen respektiere und jeder die eigene Kultur zu leben vermag. Er selbst war ein gutes Vorbild als Arianer, der die Katholiken durchaus achtete. Einem Mann, der dem König seine Ergebenheit zeigen und daher zum Arianismus übertreten wollte, habe Theoderich angeblich gesagt: Wer seiner Religion untreu werde, werde es auch seinem König gegenüber. Mich beeindruckt dieser Satz.

Geboren wurde Theoderich 454 in Pannonien, also im heutigen Ungarn, als Sohn von Theodomir Amalo, des Königs der Ostgoten. Infolge eines Vertrages, den die Brüder Theodomirs mit dem Kaiser von Byzanz abgeschlossen hatten, kam Theoderich als Pfand an dessen Hof. Zehn Jahre lang blieb er dort, am kultiviertesten und prachtvollsten

Hof dieser Zeit. Er soll sich weniger für Latein und Griechisch begeistert haben als für die Strategien des Militärs. Auch Wirtschaft und Politik habe ihn interessiert. Jedenfalls wuchs Theoderich in einer Welt auf, in der er viel lernte und von der in kultureller Hinsicht die Goten einiges profitieren konnten. Als Theodomir Byzanz bat, man möge ihm seinen Sohn wieder zurückgeben, kam man seiner Bitte nach. Der Kaiser von Byzanz dürfte die Talente Theoderichs nicht erkannt haben, denn er sah keine Probleme für sich, Theoderich nach Hause zu schicken. Theoderich erschien ihm eher als ein einfältiger Mensch. Der Vater Theoderichs dachte wohl, sein Sohn sei durch das höfische Leben verweichlicht worden. Die Geschichte zeigt jedoch, daß sich beide Herren in dem jungen Burschen getäuscht haben.

Sein kriegerisches Talent zeigte Theoderich bald nach seiner Ankunft bei den Goten. Im Alter von achtzehn Jahren brach er, sein Vater bekriegte eben die Sueben und war daher abwesend, einen Krieg mit den Sarmaten vom Zaun. Er eroberte Singidunun, das heutige Belgrad, und obwohl er verpflichtet gewesen wäre, die besiegte Stadt dem Kaiser von Byzanz zu überlassen, behielt er sie sich. Hier zeigten sich die ersten Unstimmigkeiten zwischen Goten und Byzantinern. Zwei Jahre später, also im Jahre 474, starb Theodomir, der Vater, und Theoderich wurde König der Ostgoten. In Konstantinopel gab es einen ähnlichen Wechsel, der neue Kaiser hieß Zenone. Diesem bot sich Theoderich in schlauer Weise an, seinen Thron zu sichern. Zenone machte ihm darauf territoriale Zugeständnisse. 486 kam es zu einer Revolte gegen Kaiser Zenone. Theoderich war sogleich zur Stelle, besiegte die Aufständischen und wurde in Byzanz hoch geehrt. Theoderich wurde nun frech und verlangte vom Kaiser allerhand Zugeständnisse. Dies dürfte letzterem zuviel gewesen sein, und daher dachte er sich wohl, es wäre gescheit, Theoderich sich möglichst weit vom Leib zu halten. Wahrscheinlich war dies der Grund, daß ihm der Kaiser Italien und Ravenna, von wo aus er das Land regieren könne, anbot. Und außerdem wäre dies eine große Möglichkeit, Odoaker, der ohne Krone und ohne kaiserliche Zustimmung aus Byzanz regierte, zu eliminieren. Ein besonderer Vorteil wäre es wohl im Sinne des Kaisers, wenn beide, Odoaker und Theoderich, auf der Strecke blieben. Der byzantinische Kaiser war also voll der Hoffnung, als Theoderich sich daranmachte, nach Italien zu marschieren. Vorher jedoch, dies war 487, kurz vor der Abreise, verpflichtete sich Theoderich in einem Vertrag gegenüber Zenone, wenn er Odoaker besiegt habe, Italien im Namen des Kaisers zu regieren.

Die Reise, die Theoderich nun antrat, war an der Grenze des schier Unmöglichen: Das ganze Volk, Frauen, Kinder und Greise, boten sich an, zweitausend Kilometer eines harten Weges auf sich zu nehmen, mit feindlichen Stämmen zu kämpfen, die Alpen zu überqueren und sich schließlich auf Odoaker, der bereits in Italien wartete, einzulassen. Die beschwerliche Tour begann in Pannonien, dort, wo heute Ungarn liegt. Man schrieb das Jahr 488. Im Sommer wurden die Ernten gesammelt und auf schwere Karren geladen.

In jenem Herbst begann das große Abenteuer.

Ich frage oft Bekannte, ob sie wüßten, in welchem Monat oder zu welcher Jahreszeit Theoderich seinen Marsch nach Italien begonnen habe. Die allermeisten meinen, dies müsse im Frühling gewesen sein. Ich erwidere ihnen, wenn Theoderich im Frühjahr aufgebrochen wäre, wäre er vielleicht verhungert, denn von der Ernte des Vorjahres war sicherlich nicht mehr viel da. Bei Märschen dieser Art ist es also günstig, im Herbst, wenn die Ernte eingebracht ist, loszuziehen, denn dann besteht die Chance, ein möglichst langes Stück hinter sich zu bringen, ohne auf Raubzüge oder ähnliches angewiesen zu sein. Die allerwenigsten tippten auf den Herbst. Zu denen, die richtig tippten, gehören mein Freund Professor Dr. Wolfgang Lipp, ein gescheiter Herr, der weise Bücher geschrieben hat, zum Beispiel „Stigma und Charisma", meine allseits beliebte Frau Gemahlin, eine Seele von einem guten Menschen, und eine deutsche Gartenspezialistin, die über Anrufe von mir bisweilen erfreut ist. Sie wußten sofort, daß es auf die eingebrachte Ernte bei solchen Unternehmungen ankommt. Bei Wanderungen aller Art, wie bei Bergtouren oder eben bei Vagabondagen, ist es wichtig, etwas Proviant mit sich zu führen, um zumindest den ersten Teil der Reise zu überleben. So tue ich es, wenn ich in aller Herrgottsfrüh mit meinem Fahrrad losfahre. Genügend Wasser in einer Flasche, eine Käsesemmel und eine Tafel Schokolade genügen, um zumindest bis Mittag zu überleben. Ich habe es als moderner Vagabund allerdings besser als Theoderich, ich brauche nicht auf das Einbringen der Erne zu warten, ich kann in einem Supermarkt schnell Notwendiges erwerben, um nicht dem Verdursten oder dem Hungertod anheimzufallen.

Theoderich zog im Herbst mit der eingebrachten Ernte los. Zu dem Zug gehörten auch Krieger und Reitersleute. Letztere fungierten als Vorposten und Späher.

Bald jedoch stellte sich Theoderich und seinem Heer das germanische Volk der Gepiden entgegen. Nach einer bitteren Schlacht siegte Theoderich. Da sich die Nahrungsvorräte langsam erschöpften, blieben die Goten auf dem Gebiet der Gepiden und verköstigten sich durch allerlei Raubzüge. Bei Beginn des Frühlings, einige Gepiden schlossen sich den Goten an, machte sich Theoderich daran, die Alpen zu überqueren.

Von den Quellen der Save durch Täler bis nach Tarvis ging es, dann über den Predilpaß zum Isonzo, dort, wo das Heer des Odoaker auf die Goten schon wartete. Zum ersten Mal standen sich die beiden kühnen Heerführer gegenüber, Odoaker zog sich allerdings zurück, bis in die Nähe von Verona, wo er sein Lager aufstellte. Am 30. September trafen die Ostgoten ein, und Theoderich gab den Befehl zum Angriff. Zuerst waren die Ostgoten in dieser blutigen Schlacht die Unterlegenen, doch dann warf sich Theoderich wie ein Verrückter gegen den Feind und spornte seine Kommandanten an. Dieses persönliche Vorpreschen Theoderichs wirkte auf seine Männer derartig, daß diese ihm wild folgten. Und schließlich wurde Odoaker besiegt. Theoderich ließ ihn zunächst in Ruhe. Odoaker zog sich nach Ravenna zurück, das er für uneinnehmbar hielt. Sechzehn Monate lang belagerte nun Theoderich die Stadt, doch ohne Erfolg. Um Odoaker zur Aufgabe zu zwingen, eroberte er Rimini, von wo Odoaker Nachschub bekam. Nach sechs Monaten gab Odoaker auf. Und am 5. März 493 hielt Theoderich einen triumphalen Einzug in Ravenna. Er achtete das Volk und beließ Odoaker und seinem Heer die Waffen. Er tat so, als ob er sich seine Macht mit dem Besiegten teilen wolle. Zwei Wochen später lud Theoderich Odoaker zu einem Festmahl ein. Odoaker nahm die Einladung an und wurde hinterrücks beim Festmahl ermordet. Theoderich rechtfertigte sein Vorgehen mit der Feststellung, Odoaker habe einen Angriff gegen die Ostgoten geplant. Jetzt, im Frühling 493, war Theoderich, der König der Ostgoten, bereit, Italien zu regieren. Er war damals im Alter von 39 Jahren.

Da die Wirtschaft Italiens gerade durch die italischen Großgrundbesitzer am Boden lag, versuchte Theoderich andere soziale Klassen zu begünstigen, um die Wirtschaft voranzutreiben. Allerdings großes Vertrauen hatte Theoderich nicht in die ursprüngliche Bevölkerung. Er hielt sie nicht ohne Grund fähig zur Korruption. Jedenfalls wollte er, daß beide Kulturen, die der Ostgoten und die der Italiker, sich friedlich nebeneinander entfalten können. Er versuchte der König aller zu sein. Tatsächlich kam es zu einem Erblühen der Wirtschaft, und Ravenna erhielt den Beinamen „felix". In diesem „felix, also glücklichen Ravenna" residierte Theoderich. Er hatte große Sympathien für das römische Recht, an dem er die von ihm erlassenen Gesetze ausrichtete, und er war ein großer Bauherr, wie wir schon gesehen haben. So ließ er die arianische Taufkirche San Apollinare Nuova und seinen Königspalast errichten, und zwar im römisch-byzantinischen Stil. Seine eigene Grabstätte, die von der Sonne durchglüht ist und der gegenüber ich im Schatten sitze, jedoch mußte im „gotischen" Stil, ohne jedes Mosaik und in ganzen Steinblöcken erbaut werden.

Um als König gefeiert zu werden, lud er einmal Honoratioren, Gesandte des römischen Senates, Gouverneure der Provinzen und Vertreter der Städte nach Verona in das große Amphitheater ein. Gekommen waren auch Abgeordnete der Barbarenvölker, die sich Theoderich angeschlossen haben, dazu gehörten Hunnen genauso wie Gepiden. Der Duft römischer Togen, wie es heißt, mischte sich mit wildem Geruch. Und verschiedene germanische Dialekte mischten sich mit Latein. Vor den Versammelten erschien Theoderich wie ein Römer gekleidet in einer Toga, aber auf dem Haupt trug er die ostgotische königliche Krone. Ihn begleiteten seine Mutter Relieva, die Schwester Amalafrida, seine Ehefrau Godelinda, seine Töchter Ostrogota und

Teogota und einige Konkubinen. Seine Rede an die Versammelten war zum Teil in Latein und zum Teil in Gotisch verfaßt. Am Schluß wurde er als König bejubelt.

Interessant ist die Heiratspolitik Theoderichs, die etwas an die der Habsburger erinnert.

So gab er dem Westgotenkönig Alarich II. seine Tochter Theodogota zur Frau, der Vandalenkönig Trasimund erhielt seine Schwester Amalafrida, der Frankenkönig Chlodwig, ein gefährlicher Mann, wurde mit seiner Schwester Andefleda verheiratet, und dem unruhigen König der Burgunder, Gundobald, der sich auch nach Italien ausdehnen wollte, wurde die Tochter Ostrogota verehrt. Theoderich rühmte sich, daß alle seine Frauen eine solide humanistische Erziehung hatten und Latein und Griechisch in Wort und Schrift beherrschten. Daher schrieb Theoderich seinem Schwager Chlodwig anläßlich der Hochzeit seiner Nichte Amalafrida mit König Hermannfred, dem Herrn von Thüringen: „Glückliches Thüringen, das nun eine im Schreiben gebildete und von den Bräuchen Italiens genährte Prinzessin besitzt."

Mit diesem dichten Verwandtschaftsnetz fühlte sich Theoderich einigermaßen sicher, doch er war nicht zufrieden, denn es fehlte ihm noch die Anerkennung von Byzanz. Daher wurde der Botschafter Festus gemeinsam mit einigen Bischöfen zu Kaiser Anastasius geschickt. Festus erhielt, was er erbat: Anastasius übergab ihm die königlichen Insignien und den Kronschatz. Das war 498. Theoderich war nun zufrieden, er bedachte aber nicht die drohende Feindschaft aus Byzanz, denn die Ausweitung der Territorien Theoderichs betrachtete Kaiser Anastasius mit Sorge. Daher hetzte er den Frankenkönig Chlodwig gegen die Goten auf. Dieser griff 507 die Westgoten in Vouille an und besiegte sie. Theoderich, der dem Schwager nicht helfen konnte, weil er in Byzanz war, griff Chlodwig 509 an und besiegte ihn bei Arles. Nun begann für Theoderich eine Periode des Friedens.

518 begann das Unglück für Theoderich, als Kaiser Anastasius in Konstantinopel starb und Giustinus sein Nachfolger wurde. Der neue Kaiser wurde zum Gegner Theoderichs, da dieser ein Arianer war. Und die römische Kurie verurteilte die Arianer als Ketzer. Schließlich trat

der König der Franken, Chlodwig, mit seinem ganzen Volk zum Katholizismus über. Theoderich jedoch blieb standhaft und gab der religiösen Erpressung, seinen Glauben aufzugeben, nicht nach. Auch war es ihm zuwider, Befehle vom Papst entgegennehmen zu müssen. Theoderich zerkrachte sich endgültig mit Byzanz und Rom.

Er wurde immer mißtrauischer gegenüber der lateinischen Welt, schließlich hatte er genau darauf geachtet, daß sich sein Volk der Goten nicht mit den Italikern vermische. Überall vermutete Theoderich Feinde. Sogar in seinem ehemaligen Freund, dem Philosophen Severino Boetius, der 525 bei einem Prozeß einen Senator, der wegen Verschwörung gegen den König angeklagt war, verteidigte, sah er ohne Grund einen Feind. Er ließ ihn gemeinsam, damit es in einem geht, mit seinem Schwager Simmacius ins Gefängnis werfen und beide enthaupten. Der Fehler des Simmacius war es gewesen, Boetius zu verteidigen.

Ein großer Unsinn Theoderichs war es auch gewesen, als er im Mai 526 den Papst Giovanni I. unter der Beschuldigung des Verrates einsperren ließ. Der Papst starb in der Haft.

Theoderichs Ansehen war gesunken, man hielt ihn, der früher viel Gutes getan hatte, nun für einen verrückten und wilden Menschen. Alt und müde geworden, übergab er die Macht seinem erst zehnjährigen Neffen und die Regierung seiner Tochter Amalasunta.

Am 30. August 526, dem Tag, an dem durch königliches Dekret die katholische Kirche zugunsten der Arianer stark benachteiligt werden sollte, starb Theoderich unerwartet an starken inneren Schmerzen. Um diesen Tod und dem königlichen Dekret rankten sich viele Legenden. Für die Katholiken war es sicher, daß hier Gott eingriff und Theoderich für seine Ketzereien gegen die katholische Kirche strafte. Wahrscheinlich dürfte Theoderich jedoch an einer Vergiftung gestorben sein. Der tote Körper des ostgotischen Königs wurde in seinem Grabmal, das er schon zu seinen Lebzeiten erbaut hatte, bestattet. Allerdings verschwand der Körper des Königs nach ein paar Tagen. Man fand ihn nie wieder. Auch dazu gibt es Legenden. Vor allem zwei. Die eine stammt wiederum von frommen Katholiken, wonach ein riesiges schwarzes Pferd, das wohl der Teufel war, ihn gestohlen und zu einer

Öffnung eines Vulkans, der Hölle, gebracht hat. Die andere Legende stammt von Germanen. Sie besagt, das Pferd Odins, des höchsten Gottes der Germanen, habe Theoderich noch lebend nach Walhalla, den himmlischen Ort der germanischen Helden, geholt.

Wahrscheinlich wird sein, daß Mönche eines nahen Klosters den Körper des Ketzers Theoderich verschwinden haben lassen.

Soweit die Geschichte Theoderichs, an die ich hier vor und in seinem Grabmal, durch das ich marschiere, denke. Dieser Mann hat Großes geleistet, und er war tolerant zu den Katholiken.

Theoderich regierte Italien, welches unter dem Gotenregiment zum letztenmal als ein Reich vereinigt war, von Ravenna aus. Er wollte ein großes Reich für alle germanischen Stämme, diese Idee scheiterte, als der Frankenkönig Chlodwig zum katholischen Glauben übertrat. Als Theoderich 526 in Ravenna starb, starb mit ihm auch der erste Versuch eines Römischen Reiches germanischer Prägung. Erst einige Jahrhunderte später flammte diese Idee wieder im „römischen Kaiser", der stets ein Deutscher war, auf.

Dieses berühmte Grabdenkmal des Theoderich, in dem ich gerade bin und das auch ein Denkstein für die Gotenherrschaft in Italien ist, hat sich in wunderbarer Reinheit ohne wesentliche Veränderungen bis heute erhalten. Es ist in seiner Art einmalig wie das Mausoleum der Placidia, in dem ich heute schon gestanden bin.

Das Denkmal besteht aus Muschelquadern aus Istrien. Sein größter Durchmesser ebenso wie auch die Höhe betragen 4,10 Meter. Auf einem zehneckigen Sockel, dem Unterteil, ruht ein zehneckiges, schmäleres Obergeschoß, der eigentliche Grabraum, in der eine leere Porphyrwanne steht. In dieser mag einmal Theoderich für kurze Zeit gelegen sein, bevor man ihn aus unbekannten Gründen, wie schon erzählt, herausriß. Die Kuppel, die das Ganze abschließt, ist aus einem einzigen gewaltigen Stein gehauen. Ihr Durchmesser beträgt 10,76 Meter, und ihr Gewicht 230 Tonnen. Auf der Kuppel sind zwölf henkelartige Aufsätze zu sehen. Ihre Bedeutung ist unklar. Sie mögen für den Transport der Kuppel gedient haben oder eine Krone andeuten. Man weiß es nicht. Keine Gewalt der Jahrhunderte vermochte das feste Gefüge der Quadersteine des Grabmals des Theoderich zu zerbrechen oder den riesigen Kuppelmonolith niederzuwerfen.

Es scheint, als wollte der arianische Gotenkönig zugleich wie ein nordischer Held und ein römischer Cäsar begraben sein. Die heroische Kraft des Monuments paßt gut zu Theoderich, der im Nibelungenlied zu dem Recken Dietrich von Bern wird. Mich fasziniert der große Stein der Kuppel. Er hat einen Riß, der in der Sage von einem Blitz herrührt.

Als Theoderich sein Mausoleum baute, hoffte er, daß es seiner Dynastie zum Grabmal dienen und noch zahlreiche Enkel und Urenkel umschließen würde. Er täuschte sich. Sein Haus fand einen schnellen und furchtbaren Untergang, ja das ganze Gotenreich wurde wie vom Sturmwind hinweggeweht.

Ich verharre noch eine halbe Stunde im Schatten beim Fahrrad und lasse das Bild des Grabmals des Theoderich auf mich einwirken. Dann packe ich das Büchlein von Theoderich, aus dem ich mir einiges Wissen erworben habe, und ein paar Ansichtskarten, die ich mir in dem Haus vor dem Grabmal erworben habe, in meine Satteltasche und besteige das Fahrrad. Ich suche mir den Weg zur Hauptstraße in Richtung Venedig.

Es ist heiß geworden. Die Sonne steht hoch am Himmel.

Ein interessantes Volk waren die Goten hier, aber sie haben sich nicht lange gehalten.

Es ist wert, der Goten zu gedenken. Ihre weitere Geschichte hier in Italien ist kurz erzählt.

Justinian, der Kaiser in Byzanz, führte Krieg gegen die Goten. Sein Feldherr Belisar nimmt den von den Goten zum König erhobenen Wittich nach einer Belagerung Ravennas gefangen. Gotenkönig Totila nimmt den Kampf von Verona aus auf und gewann außer Ravenna Italien für die Goten zurück. Er ist von 544 bis 549 gegen Belisar erfolgreich, doch der andere Feldherr Justinians, Narses, besiegt Totila, er fällt. Sein Nachfolger Teja stirbt ein paar Monate später.

Damit ist die Herrschaft der Goten zu Ende. Ihres großen Königs Theoderich gedachte ich hier in Ravenna in seinem gewaltigen Grabmal. Der hochherzige Totila wurde verscharrt im Apennin und Teja auf dem Gefilde des Vesuv, wo er nach einem heroischen Kampf wie ein homerischer Held gefallen war.

Ich radle hin zur Küste, ich bin in der Poebene, dem alten Reisanbaugebiet Italiens, Pinienwälder breiten sich zum Meer hin aus. In der Ferne landeinwärts steigt am Horizont der blaue Apennin auf, hinter dem irgendwo in der Ferne Florenz und Bologna liegen. Es waren schöne Stunden, als ich von Bologna aus mich im Anstieg auf den Apennin befand.

Auch Ravenna verschwindet hinter mir. Meine Betrachtungen über Ravenna habe ich hauptsächlich den Goten gewidmet. Übrigens auch der germanische Stamm der Langobarden war hier. Vom 568 bis 774 herrschten sie in Italien. 751 eroberten sie Ravenna und beendeten die byzantinische Herrschaft in Mittelitalien.

Diese paar Bemerkungen zur weiteren Geschichte mögen genügen. Entsprechend meinem vagabundischen Grundsatz beschäftige ich mich jeweils mit ein paar Kostbarkeiten, die ich dann auch mitnehme – ganz im Stile der alten Herumzieher, die sich auf das ihrer Meinung nach Beste konzentrieren und daran naschten. In diesem Sinn habe ich mich hier näher mit den Goten und Theoderich beschäftigt.

Die Sonne brennt herunter, es ist gegen 14 Uhr am Nachmittag.

Auf der breiten Straße, die an den Pinienwäldern vorbeizieht und die einige Kilometer auf schmalen Landstreifen, die das Meer von einem See trennen, führt, geht es schnell dahin. Obwohl der Autoverkehr hier rege ist, fühle ich mich nicht unsicher, denn ein Straßenstreifen ist durch eine Linie vom übrigen Teil der Straße gesondert. Es ist eine Art Pannenstreifen, auf dem ich dahinschieße. Ich komme schnell weiter. Straßenschilder weisen darauf hin, daß hier einige Orte „Lido" heißen, wie Lido di Spinna und Lido di Pomposa. Hier ist es vollkommen eben, wie schwerelos gleitet mein Fahrrad dahin. Ich fühle mich wohl und genieße die weite Fläche der Poebene, die hier keine Hügel kennt. Hier entlang des Meeres werden wohl auch die Goten gezogen sein. Sie waren kühne Leute, die Europa unsicher gemacht haben. Durch den Zug der Goten kamen übrigens einige spannende Wörter in unsere österreichisch-bayrische Sprache. So verwenden wir in Österreich noch das Wort „Pfoad". Dieses entlehnten die Goten aus dem Griechischen. Dort heißt „Peite" das Hemd. Über die Goten wird es bei uns schließlich zu „pfaid" und „pfoad". Wir durften in der Volksschule dieses Wort nicht verwenden, da die gütigen Lehrer meinten, dieser Ausdruck sei „ordinär". Aus dem Gotischen kommen in der alten Sprache der „kleinen Leute", also der Bauern und früheren städtischen Unterschichtler, noch die beiden Wochentagsbezeichnungen „Irtag" oder „Eritag" für Dienstag und „Pfinztag" für Donnerstag vor. Die Wochentage gehen auf die Babylonier zurück, die sie nach Gestirnen, wie Sonne und Mond, und ihren Göttern benannten. Die Römer überahmen dies und setzten ihre Götter ein. Der Dienstag ist dem Kriegsgott, dem Mars, gewidmet, der Mittwoch dem Merkur, der Donnerstag dem Jupiter, der Freitag der Liebesgöttin Venus. In den modernen romanischen Sprachen spiegeln sich diese Götter wider.

Die Germanen nun nahmen ihre Götter dafür, wie wir es heute noch sehen können. Der Dienstag entstammt dem germanischen Kriegsgott Ziu. Wahrscheinlich wollte die katholische Kirche den Wotan nicht, daher reden wir vom Mittwoch. Im Englischen hat sich der Wandergott Wotan im Wednesday erhalten. Im Donnerstag, dem Tag des Jupiter, lebt der Donar weiter und im Freitag die germanische Liebesgöttin Freya. Durch die Goten kommen nun die griechischen Bezeichnungen Arestag für Dienstag, Ares ist der griechische Kriegsgott, und Pfinztag für Donnerstag, wobei sich Pfinztag von „pente hemera" ableitet, was soviel heißt wie „der fünfte Tag", nämlich vom Sonntag berechnet. Man kann annehmen, daß der katholischen Kirche diese beiden Wochentagsnamen besser paßten als die germanischen. Ich freue mich oft, wenn ich unseren Bauern, die noch vom Eritag und Pfinztag sprechen, diese Geschichte von den gotischen Bezeichnungen erzählen kann. Der Zug der Goten hat also in unserer Sprachgeschichte Aufregendes hinterlassen. Ich bin den Goten dafür dankbar. Dort, wo ich jetzt radle, werden sie wohl auch gezogen sein.

Bei Comacchio zweigt die Straße nach Ferrara ab. Ich denke in Verehrung an die rebellische Dame und sympathische Freundin der Hugenotten, die ich bei meiner Fahrt in den Süden bewundert habe. Bald bin ich in Mesola und überquere den Po bei Contarina. Der Himmel ist mit Wolken überzogen, es dämmert. An einem Mast direkt am Straßenrand vor einer kleinen Brücke hängt ein Plakat, das auf irgendeine dubiose italienische Partei hinweist. Ich bin neugierig und halte mein edles Rad an, um zu lesen und zu übersetzen, was hier den Leuten angepriesen werden soll. Mein Interesse an dem Text erlischt, als ich höre, wie aus dem Schlauch des Hinterrades die Luft pfeifend entweicht. Ich bin unglücklich, denn der Zeitpunkt und der Ort sind ungünstig, denn weit und breit ist kein Rasthaus oder eine ähnliche gastliche Stätte zu sehen. Ich schiebe das Rad noch ungefähr hundert Meter, voll der Depression, bis zu einem kleinen, etwas abseits gelegenen schottrigen Platz. Ich beginne die Radtasche vom Rad zu nehmen und das Hinterrad zu entfernen. Die restliche Luft lasse ich aus dem Schlauch entweichen und entferne ihn aus dem Mantel. Der eigenhändig vom Seniorenweltmeister am Trasimenischen See geklebte Ersatzschlauch wird von mir sorgfältig auf die Radfelgen gelegt. Jetzt passiert mir ein kleiner Fehler, mir fällt jene Schraubenmutter, die auf das Ventil geschraubt wird, damit dieses auf der Felge festhält, zu Boden. Sie verschwindet im Schotterboden. Trotz eifrigen Suchens finde ich dieses kleine metallene Stück nicht mehr.

Das ist ein Jammer, denn nun muß ich versuchen, mit der Pumpe durch das nun bewegliche Ventil Luft in den Schlauch zu drücken. Und das ist ein schwieriges Unterfangen, bei dem auch das Vorderteil der Pumpe auseinandergeht. Fast will ich es aufgeben, noch weiterzupumpen, und die Pumpe weit weg von mir zu werfen. Ich bin zornig auf den Verkäufer, der mir diese unmögliche Pumpe angedreht hat, aber auch auf den Menschen, der das Plakat am Straßenrand dort anbrachte, denn, wie ich jetzt bei Betrachtung des ruinierten Schlauches sehe, stammt das Loch in diesem von einer scharfen Klammer, wie man sie für das Anbringen von Plakaten verwendet. Auch in schwerer Stunde schickt Gott bisweilen Hilfe durch einen Engel. Ein solcher radelt gerade gemütlich vorbei. Dieser Engel in Gestalt eines in feiner Sommerkleidung steckenden Herrn mittleren Alters sieht mich unglücklichen Menschen und erfaßt das Problem mit der Pumpe schnell. Er hält sein Rad an, nimmt seine Pumpe und versucht, mein Rad aufzupumpen. Es gelingt ihm tatsächlich. Ich bin voll des Dankes. Der feine Radler winkt ab und entfernt sich allmählich. Ich bin ihm sehr dankbar. Ich fahre noch ungefähr zwanzig Kilometer, dann erblicke ich ein Landgasthaus am Rande der Straße. Es erinnert in seiner Art an die alten Fuhrmannsgasthäuser. Ich bleibe stehen und betrete es durch eine dicke Glastür, nach der unmittelbar auf der rechten Seite sich eine lange Schank hinzieht, hinter der ein dicklicher Herr leere Biergläser wäscht und frisches Bier in diese durch einen Zapfhahn genüßlich langsam fließen läßt. Es ist ein ziemlicher Wirbel hier. Aus dem an den Schankraum anschließenden großen Gastzimmer ertönt Lärm. Eine Hochzeitsgesellschaft gibt sich hier dem Tranke und dem Schmause hin. Der Wirt schaut mich fragend an. Ich frage nach einem freien Zimmer. Ein Zimmer im ersten Stock ist frei. Ich bin begeistert. Das Fahrrad darf ich hinter eine Glastür, dort, wo die Stiege zu den Zimmern im ersten Stock führt, stellen. Das Zimmer, das mir der gütige Wirt zugedacht hat, ist groß, aber hat wenig Komfort. Mir gefällt es. Ich ziehe mich um. Müde, durstig und hungrig setze ich mich in das Gastzimmer, etwas abseits der Hochzeitsgesellschaft. Diese nimmt keine Notiz von mir. Die Teilnehmer sind im Schlemmen, Torten werden gebracht, und der Alkohol rinnt die Kehlen der Hochzeiter hinunter. Ich bestelle Bier und eine große vegetarische Pizza. Beides kommt schnell, und ich lange mit Genuß zu. Ich trinke auf das Wohlsein der wackeren Ostgoten und vor allem auf den mir sympathischen Theoderich einen großen Schluck Bier. Müde gehe ich zu Bett.

13. ÜBER VENEDIG NACH TRIENT UND SALURN – DIE „SIEBEN CIMBRISCHEN GEMEINDEN"

Der Schlaf im Landgasthof zwischen Ravenna und Venedig war erfrischend, obwohl das Fenster zur Straße geht und der Lärm der vorbeisausenden Autos und vor allem der Lastwägen, der die ganze Nacht anhielt, keineswegs erquicklich ist.

Aber der gestrige Tag mit seiner Mittagshitze und der Beschäftigung mit den Goten am Grabmal des großen Theoderich brachte satte Müdigkeit über mich, die mich den Straßenverkehr vergessen ließ.

Es ist gegen 8 Uhr, als ich mich aus dem Bett erhebe und mich für den Tag bereitmache. Im Gastzimmer, in dem eine einsame Kellnerin umherschwirrt, bin ich noch der einzige Gast. Die Dame bringt mir Tee und Gebäck. Ich genieße beides und freue mich auf den jungen Tag. Ich lese in meiner Straßenkarte. Nach Salurn in der Nähe von Trient will ich heute, um morgen in die Dolomiten aufzubrechen. Bis Venedig sind es noch gegen 50 Kilometer, bis dorthin werde ich am Pannenstreifen dieser breiten Straße radeln. Von dort werde ich nach Nordosten abbiegen. Ich verspreche mir eine schöne Fahrt in leichtem Gelände.

Ich zahle den noch etwas verschlafen wirkenden Wirt, der eben erschienen ist, hole meine Packtasche aus dem Zimmer, in dem ich eine Nacht verbringen durfte, und schiebe mein Fahrrad vor das Gasthaus. Ich prüfe den Hinterreifen, ich bin beruhigt, die Luft ist nicht entwichen. Ich befestige die Packtasche am Gepäckträger und schwinge mich auf mein edles Stahlroß. Gleichmäßig trete ich in die Pedale. Der Himmel glänzt in dunklem Blau, und die Sonne beginnt, die ersten warmen Strahlen zur Erde zu senden. Ich spüre die kommende Hitze und drücke mein blaues Radkapperl, das mir der Seniorenweltmeister der Radfahrer vom Trasimenischen See verehrt hat, tiefer in die Stirne.

Ich radle entlang der Küste und denke über die vergangenen Tage nach. Gegen Mittag quält mich großer Durst. Meine Wasserflasche ist leer getrunken. Ich bleibe bei einem großen Supermarkt stehen. Mein Rad lehne ich an eine Telefonhütte und begebe mich in die Verkaufshalle, die mich in ihrer Art an die alten Basiliken erinnert. Irgendwie haben diese Supermärkte etwas Heiliges an sich, und das Verhalten der Verkäuferinnen und Verkäufer erinnert mich an alte Zeremonienmeister. Ich hole mir bei einer Theke, an der Limonaden, Bier und diverse Säfte angeboten werden, eine große Flasche Mineralwasser und genieße den ersten Zug. Belebend rinnt das Wasser die Kehle hinunter. Ich verharre kurz und betrachte die Leute, die an Tischen hier essen und trinken. An einem Tisch sitzen drei Österreicher, wahrscheinlich Wiener, die breit über ihre Badeerlebnisse in Rimini erzählen. Ich höre sie mir kurz an, doch dann ergreife ich die Flucht vor diesen Urlaubshelden, die mit ihren Autos durch die Gegend rasen.

Ich radle los. Die Hitze wird stärker. Am frühen Nachmittag nähere ich mich bereits Venedig. Wieder habe ich Schwierigkeiten, diesem Gewirr von Straßen und Plätzen um und in Mestre zu entkommen. Als Autofahrer wäre es leicht, dem allen zu entfliehen, denn die meisten Straßenschilder deuten auf Autobahnen hin, die für mich als Radfahrer aber die Hölle und daher zu vermeiden sind. Ein freundlicher Herr hilft mir aus meiner Verzweiflung und zeigt mir eine Straße, auf der die Hoffnung besteht, nach Trient zu gelangen. Eigentlich wäre es im Sinne des Gotenkönigs und dieser Fahrradgeschichte gewesen, über Verona zu radeln, aber diese Stadt kenne ich schon von früher, ich werde ihr aber dennoch gedenken, schließlich liegt sie nicht weit, und Theoderich, der Dietrich von Bern der Sagen, hatte einen besondern Bezug zu ihr. Dieses Bern ist in den Geschichten um Dietrich nicht identisch mit Bern in der Schweiz, sondern es ist der andere Name für Verona. In Verona war es nämlich auch, daß, wie ich schon erzählt habe, Theoderich sich von gotischen Stammesfürsten und römischen Honoratioren bejubeln ließ.

Ich radle aus Mestre hinaus, die Mittagshitze ist gewaltig. Eine Hütte, vor der Melonen zum Kauf angeboten werden und einige

16 Bei Venedig

Tische im Schatten von Bäumen stehen, ladet mich zum Verweilen ein. Ich lehne mein Fahrrad an den Zaun und setze mich zu einem Tisch. Ich mache es mir gemütlich, ich strecke meine Füße von mir und warte, bis jemand kommt und mich nach meinem Begehr fragt. An einem der Nebentische sitzen zwei Damen mittleren Alters und tratschen. Sonst ist niemand hier bei dieser Hitze. Nach einiger Zeit blickt die eine der beiden Damen prüfend auf mich, erhebt sich und nähert sich meinem Tisch. Also die eine der beiden ins wichtige Gespräch vertieften Damen war die Kellnerin. Ich bestelle eine Melonenschnitte. Sie holt eine solche aus einem mit Glasfenstern versehenen Kühlschrank, in dem eine große Zahl solcher saftigen Stücke appetitlich aufbereitet liegt. Auf einem Teller bringt sie mir gemeinsam mit einem Messer die Erfrischung versprechende Schnitte. Mit Freude schneide ich diese geradezu rituell in einzelne Stücke, von denen ich jeweils eines mit dem spitzen Messer aufspieße, genüßlich zum Munde führe und mit der Andacht des durstigen Vagabunden esse.

Ich genieße den Augenblick und freue mich über meine Radtour.

Nach einer halben Stunde wohligen Essens und Nichtstuns radle ich wieder los. Durch die Ebene, die vom Fuße der Alpen hierherzieht, fliegt das Rad. Bei 25 Kilometer im Durchschnitt werden es schon sein, die ich da bewältige nach Castelfranco in Venetia und über Nebenstraßen nach Bassano. Nun bin ich im Tal des Flusses Brenta, der zwischen Bergen und Felsen dahinzieht. Ich fahre auf einer schnellen Straße. Am Rand fühle ich mich sicher.

Auch diese Gegend erzählt bis hinauf in die Berge von den Abenteuern des Ostgotenkönigs Theoderich, ein Mann, der ähnlich wie Franz von Assisi mich immer mehr fasziniert.

Nicht nur mich beeindruckt dieser kühne Bursche, sondern er beeindruckte auch den unbekannten Dichter des Nibelungenliedes.

Im greulichen Ende dieses Liedes wird der Überfall der Hunnen erzählt. Dieser endet in einem Blutbad, bei dem auf beiden Seiten alle bis auf Gunther und Hagen fallen. Dietrich von Bern ist es schließlich, der diese beiden Helden gefangennimmt. Kriemhild, die den Schatz der Nibelungen will, ihn aber nicht erhält, läßt deshalb zuerst Gunther enthaupten. Dann schlägt sie Hagen selbst den Kopf ab. Der alte Hildebrand, Dietrich von Berns Waffenmeister, ist darüber derart erzürnt, daß er Kriemhild tötet.

In dieser wilden Geschichte ist also auch des Ostgotenkönigs Theoderich gedacht.

Eine andere Dichtung, nämlich das „Hildebrandslied", berichtet ebenso von Dietrich von Bern, der hier allerdings vor dem Skiren Odoaker, von dem wir schon gehört haben, an den Hof des Hunnenkönigs Etzel floh und dreißig Jahre dort blieb.

Der deutsche Doppelheldengesang von der „Rabenschlacht", der Schlacht um Ravenna, und von „Dietrichs Flucht" behandelt besonders Dietrichs Versuche, mit Hilfe der Hunnen sein Reich wiederzugewinnen.

Theoderich wurde also zur Heldenfigur. Märchenhafte Erzählungen, die ihn im Kampf mit Riesen und mit Zwergen und als Befreier von Jungfrauen zeigen, erfreuen die Leser.

Ich werde morgen, wenn ich in den Dolomiten bin, auch von König Laurin, dem listigen Zwerg, erzählen, mit dem Dietrich seine Plage hatte.

Die Enge des Brentatales umgibt mich. Die Straße verläuft entlang des Flusses und schneidet ihn einige Male. Verträumte Nester vor steilen Felsen durchfahre ich. Die Dolomiten mit ihrem bizarren Kalk kündigen sich an.

Ich durchradle Primolano. Dieses Dorf habe ich in alter Erinnerung. Hierher gelangte ich vor einigen Jahren, als ich von Rovereto in das Hochplateau der sogenannten „Sette Communi", der „Sieben Gemeinden", radelte, dieses durchquerte und über Enego in das Brentatal gelangte. In einem einfachen Gasthaus, in dem vor allem Lastwagenfahrer ein billiges Quartier fanden, nahm auch ich mir ein kleines Zimmer, in dem es furchtbar von der Küche her stank.

Primolano hat mich damals weniger beeindruckt als diese „Sieben Gemeinden".

In diesen „Sieben Gemeinden", die ich bei dieser Tour kennenlernte, wurde bis vor einigen Jahrzehnten ein alter deutscher Dialekt gesprochen. Zunächst meinten gescheite Leute, die Dorfbewohner würden deswegen Nachkommen der alten Zimbern sein, die vor ungefähr 2000 Jahren die Alpen durchstreiften. Tatsächlich waren es jedoch Bauern aus dem heutigen Tiroler Raum, die sich um 1000 in diese Bergesfestung zurückgezogen haben. Maria Hornung, die große Sprachwissenschafterin, spricht 1984 von diesen „Sieben Gemeinden in der Provinz Verona" als der „ältesten Außengründung des deutschen Sprachraums" und meint, daß seit „fast 900 Jahren sich auf der Hochfläche von Asiago ein Alttiroler Sprachzustand inmitten einer romanischsprechenden Umwelt bewahrt hat". Sie fügt hinzu: „Es ist kein Wunder, daß sich um ein solches Faktum Sagen und Legenden ranken. Schon Gelehrte der Renaissancezeit haben die Theorie entwickelt, daß es sich um versprengte Reste jener germanischen Zimbern handle, die aus Jütland, Holstein und Schleswig kommend, bei ihrem Einfall in Italien im Jahre 100 vor Christus durch den römischen Feldherrn Marius besiegt wurden. Diese ‚unhaltbare Annahme' habe dazu geführt, daß die altdeutsche Mundart der Bewohner der sieben Gemeinden als zimbrisch bezeichnet wurden." Bald jedoch erkannte man, daß es sich bei diesem Dialekt um eine oberdeutsche Mundart handle, die sogar in einem „Cimbrischen Wörterbuch" festgehalten ist. Dieses stammt von Johann Andreas Schmeller, dem berühmten Verfasser des „Bayerischen Wörterbuches".

Interessant ist dabei, daß Schmeller am Wort „cimbrisch" festhielt, obwohl er schon wußte, daß es keine Zimbern gewesen sein konnten, von denen die Sprache hier auf der Hochfläche vor Primolano herrührt. Der Ausdruck „cimbrisch" hatte sich bereits verfestigt.

Die älteste Urkunde dieser Gegend stammt aus dem Jahre 985 und bezieht sich auf den Ort Roana, auf deutsch Robin genannt. Hier auf der Hochfläche fanden die kühnen bäuerlichen Siedler ausgezeichnete Lebensbedingungen. Zahlreiche Privilegien machten ihnen darüber hinaus die Besiedlung dieses Hochlandes angenehm. Diese Bauern dort oben, nicht weit davon radle ich eben, bildeten eine Art Staat im Staat und waren stolz auf ihre Wappen. Sie hatten sogar etwas Aristokratisches an sich. Allerdings verschwand die deutsche Sprache allmählich, jedoch seit einigen Jahren, wie man mir erzählt hat, beschäftigt man sich vermehrt wieder mit dem „Cimbrischen". Die Sprachwissenschafterin Hornung konnte noch in der Mitte der sechziger Jahre „eindrucksvolle Sprachaufnahmen" machen.

Beispielhaft möchte ich einige Sätze dieser untergehenden „cimbrischen" Sprache wiedergeben: „In house haabat in ooben zu zo machan s proat", das heißt: „Im Hause hatten wir einen Backofen." Oder: „De khindar ba ich gadenkhe saint gant metten sloofen, gamache abe bon grössarsten puuben odar bon sain betarn, on saint gant in de biisen hia untar in hoisarn", das heißt: „Die Kinder, an die ich mich erinnere, fuhren mit Schiern, die von den größeren Buben oder ihren Vätern für sie gemacht wurden, und sie fuhren auf den Wiesen, hier unter den Häusern." Und „wir reden Deutsch" wird übersetzt mit „wir reidan Deitsch".

Sprachen haben etwas Faszinierendes an sich, mit ihnen gelangt man in die Tiefe von Kulturen. Leider scheint das „Cimbrische" hier nur mehr aus brauchtumspflegerischen Gründen gesprochen werden. Als ich dort oben radelte, hörte ich jedenfalls niemanden mehr dieses alte Deutsch sprechen, auch nicht in Asiago, dem Hauptort dieser Gemeinden, wo ich einkehrte und mich mit Brot, Käse und Mineralwasser stärkte.

Ich gedenke in Hochachtung der mutigen Bauern da oben, die über ein paar Jahrhunderte in stolzer Bergesabgeschiedenheit inmitten einer romanischen Welt ihr Deutsch sprachen.

Auch bittere Erinnerungen verbinden sich für Österreich mit dieser Hochfläche, denn im Ersten Weltkrieg lieferte die österreichische k.u.k. Armee dem italenischen Heer blutige Schlachten. Diese Welt, durch die ich diese Tage radle, ist also voll von Kriegsschauplätzen.

Von Hannibal über Theoderich bis in die Tage des letzten Weltkrieges standen sich in diesen Gegenden wilde Krieger gegenüber. Ihrer aller, der Feinde und Freunde, sei kurz gedacht.

In dem tief eingeschnittenen Brentatal, man nennt es Val Sugana, radle ich zum Teil auf der alten Straße, die neben der Hauptstraße verläuft, dahin, der Verkehr ist erträglich. Kaum Steigungen hindern den Lauf des Rades, lediglich die Berge herum werden höher. Aber es ist heiß. Aus dem Lago di Caldonazzo, dem ich auf einer Nebenstraße entlangradle, fließt die Brenta, hier entsteht sie, und sie mündet in Venedig, im Canal Grande. Ich danke der Brenta für die Begleitung. Ich komme ins Etschtal, Weingärten erfreuen das Herz des Trinkers. Jetzt bin ich in Trient, dem Zentrum einer ganzen Provinz. Trient ist eine schöne alte Stadt mit malerischen Mauern, Barock- und Renaissancepälesten. Das wichtigste Ereignis, das ich mit dieser prächigen Stadt verbinde, ist wohl das berühmte Konzil von Trient, welches von 1545 bis 1563 die kirchlichen Würdenträger zusammenrief. Das Konzil wurde als Reaktion auf die Reformation einberufen. Man wollte hier die evangelische und die katholische Kirche einander näherbringen, doch der gutgemeinte Versuch scheiterte.

In der ersten Sitzungsperiode von 1545 bis 1547 betonte das Konzil die Bedeutung der kirchlichen Überlieferung, also auch die der Aussprüche der Päpste und gewisser Traditionen. Diese Feststellung widersprach der Auffasung Luthers, wonach allein die Heilige Schrift – „Sola Scriptura" – im Mittelpunkt zu stehen habe. Das, was die Päpste gesagt haben, war Luther höchst widerlich, denn für ihn galt nur das, was in der Bibel verkündet wird. Das Konzil von Trient leitete religionsgeschichtlich die Gegenreformation ein. Es war diese Gegenreformation, während der im 18. Jahrhundert Protestanten allein wegen ihres Glaubens aus Österreich nach Siebenbürgen verbannt wurden.

Am Beginn meiner Radreise habe ich über diese braven Leute erzählt, deren Nachfahren bei Hermannstadt heute noch leben und bei denen ich regelmäßig forsche.

Jedenfalls dürften sich die Teilnehmer an diesem Konzil von Trient Gedanken über die katholische Kirche gemacht haben.

Pius IV. veröffentlichte 1564 das Tridentinische Glaubensbekenntnis, das bis in die Jetztzeit galt. Die Wichtigkeit dieses Konzils sieht man schließlich daran, daß die Zeit zwischen diesem Konzil und dem 2. Vatikanischen Konzil als „nachtridentinisch" bezeichnet wird.

Ich befinde mich hier also auf altem geschichtlichem Boden.

Trient am alten Flußbett der Etsch liegt auf etwa zweihundert Meter Seehöhe.

Spannend sind die bemalten Gebäude der Stadt. Auf den freskengeschmückten Fassaden sind die berühmten Gäste vergangener Zeiten festgehalten: mythologische Gestalten einer weit zurückliegenden Vergangenheit, deutsche Kaiser auf dem Weg nach Rom, Bischöfe und Kardinäle, die 18 Jahre lang während des Konzils die Kirchen und Paläste überfüllt haben. Ich will mich nicht lange aufhalten, bei 30 Kilometer sind heute noch zu fahren bis nach Salurn, meiner geplanten heutigen Station. Es ist gar nicht so einfach, aus Trient hinauszugelangen, denn ich will mir die Hauptstraße ersparen. Irgendwie gelingt dies auch einige Kilometer, Industrieanlagen zieren meinen Weg, jedoch dann radle ich auf der normalen Straße. Der Autoverkehr ist nicht unangenehm.

Es dämmert allmählich. Ich blicke auf und sehe vor mir einen schönen Bergrücken, der sich in das Talbecken der Etsch wie ein großer Riegel schiebt.

Es ist ein prachtvoller Blick, der sich mir im Abendschein bietet Die vielbesungene Salurner Klause sehe ich vor mir. Hier beginnt Südtirol, in dem mein Großvater in der Zeit um den Ersten Weltkrieg als Kaiserschütze diente, bevor er an die russische Front als Oberleutnant versetzt wurde. Übrigens sind diese Kaiserschützen, die gute Gebirgssoldaten waren, niemals besiegt worden. Die Russen sollen sie wegen des Edelweiß, das sie am Aufschlag ihres Militärrockes trugen, Blumenteufel genannt haben.

Während ich durch die Klause radle, summe ich die erste Strophe des berühmten Bozener Bergsteigerliedes, in der die Salurner Klause erwähnt wird:

„Wohl ist die Welt so groß und weit und voller Sonnenschein,
das allerschönste Stück davon ist wohl die Heimat mein.
Dort, wo aus schmaler Felsenkluft der Eisack springt heraus,
von Sigmundskron der Etsch entlang bis zur Salurner Klaus."

Ich zweige in eine Nebenstraße, die, wie ein Straßenschild es zeigt, nach Salurn führt.

Alte, festgefügte Häuser reihen sich aneinander. Ich suche nach einem Gasthaus zum Übernachten. Ein freundlicher Südtiroler empfiehlt mir eines. Einige hundert Meter noch bergauf, dann stehe ich vor der gastlichen Stätte. Im Gastgarten direkt an der Straße zechen einige Männer. Ich stelle mein Rad an den Zaun des Gartens. Im Gasthaus frage ich die Wirtin, ob ein Zimmer frei wäre. Es ist eines frei. Ich bekomme den Schlüssel und mache es mir in dem kleinen, aber gemütlichen Zimmer direkt unter dem Dach bequem. In meiner Ausgehkleidung beginne ich, Salurn zu erkunden und nach einem Lokal zu suchen, in dem ich zu Abend essen kann.

Salurn ist der südlichste Ort Südtirols, er liegt 224 Meter über dem Meer. Diese uralte Siedlung erstreckt sich unterhalb der wildromantischen Haderburg inmitten von Obst- und Weingärten, umgeben von bewaldeten Berghängen.

Ich finde zunächst kein Restaurant und frage zwei Herren, beide um die Vierzig, ob sie mir eine Pizzeria empfehlen können. Eine hätte Ruhetag, aber es würde eine solche in der Nähe des Fußballplatzes geben, diese wäre gut und nicht weit. Aber nahe ist sie auch nicht, denn ich habe ein schönes Stück zu gehen. Im Dunkeln lange ich bei der Pizzeria ein, sie liegt direkt am Fußballplatz des Ortes. Obwohl mir dieses Lokal, ein Lokal für Sportler, mit seiner grellen Einrichtung nicht gefällt, kehre ich in dieses ein und bestelle eine große vegetarische Pizza. Mit einem Bier genieße ich sie einigermaßen.

Die Pizza ist nicht schlecht, aber das ganze Lokal ist nicht in meinem Sinn. Es mag sein, daß grölende Fußballfanatiker sich hier wohl fühlen, aber ich bin kein solcher und bin froh, zu zahlen und zu gehen. Ich wandere zu meinem Gasthof zurück. Am Weg dorthin treffe ich einen der obergescheiten Herren, der mich zu diesem mich nicht beeindruckenden Fußballrestaurant geschickt hat. Ich kann mich nicht zurückhalten, ihm meine Meinung zu sagen. Endlich bin ich in meiner gastlichen Stätte. Ich trinke hier noch ein Bier und tratsche mit der Wirtin. Hier hätte ich bleiben und essen sollen. Ich erkläre der Wirtin, mir würde Salurn gefallen mit seinen schönen alten Häusern. Die Wirtin erzählt mir darauf stolz, berühmte Persönlichkeiten wie Napoleon, Martin Luther, Albrecht Dürer und Ludwig Richter wären in Salurn zu Gast gewesen. Mir erscheint dies naheliegend, denn die hohen Herren, die auf idealem Wege nach Italien wollten, mußten ihren Weg durch die Salurner Klause wählen. Auch erfahre ich, daß der berühmte Zwerg Perkeo hier in Salurn geboren wurde. Das imponiert mir. Er war der Hofnarr des Kurfürsten Karl Philipp von der Pfalz. Seine Holzstatue kann man heute noch in der Nähe des berühmten Fasses im Heidelberger Schloß bewundern. Ich erinnere mich an das alte Studentenlied vom Perkeo, in dem es unter anderem heißt: „Das war der Zwerg Perkeo vom Heidelberger Schloß, vom Wuchse klein und winzig, vom Durste riesengroß."

Ich trinke noch einen Schluck Bier zur Erinnerung an die „Cimbern" und ihre alte deutsche Sprache, aber auch auf jene Leute, die mit der Gegend, in der ich mich nun zur Ruhe begebe, etwas zu tun haben, wie eben der freundliche Zwerg Perkeo, der zwar klein, aber ein großer Trinker war.

Ich lege mich nieder und schlafe mit dem Gedanken ein, daß ich morgen hoch hinaus muß, und zwar hinauf auf den Passo Pordoi.

14. ÜBER DEN PASSO PORDOI –
KÖNIG LAURINS ROSENGARTEN UND
DIE LADINER

Es ist früher Vormittag, als ich in Salurn in dem kleinen Gasthaus mich für den heutigen Tag bereitmache. Geschlafen habe ich gut. Zum Frühstück lasse ich mir von der freundlichen Wirtin Tee mit Milch und ein Käsebrot bringen. Es ist gegen acht Uhr, als ich nach einigen Scherzen mit der Wirtin mich aufmache, in das Reich des Königs Laurin vorzudringen und die Dolomiten zu bezwingen. Es wird eine lange und nicht leichte Fahrt werden, die sich vor mir ausdehnt. Über 2000 Höhenmeter sind mit dem Fahrrad zu überwinden: von Salurn, das bei 220 Meter Seehöhe liegt, bis hin zum Pordoipaß, der stolze 2239 Meter erreicht. Auf ihm will ich heute noch mit meinem Fahrrad stehen. Ich lenke meinen edlen bepackten Drahtesel in Richtung Hauptstraße, auf dieser geht es einige Kilometer entlang, dann zweige ich nach Auer ab, von wo die Straße in die Dolomiten führt. Ein prachtvolles Gebiet sind diese Dolomiten, es erstreckt sich zwischen Trentino-Südtirol mit den Provinzen Trento und Bolzano und dem Veneto mit der Provinz Belluno. Es sind vor allem vier Flüsse, die die Dolomiten umrahmen: Im Westen ist es die Etsch, von der ich heraufgeradelt komme, im Norden Eisack und Rienz, im Osten die Piave und im Süden meine Freundin, die Brenta.

Die Sonne leuchtet hell und taucht die Berge in ein eigenartiges Blau. Wald und satte Wiesen wechseln einander ab. In großen Kurven ziehe ich bergan. Dort, wo die Straße wieder flacher wird, halte ich bei einem kleinen Andenkenladen, der zu einem Bauernhof gehört. Die Besitzerin spielt vor diesem mit ihren beiden kleinen Kindern. Ich kaufe einige Ansichtskarten und wechsle ein paar Worte mit dem alten Großvater, der verwegene politische Theorien von sich gibt. Ich lasse meinen Blick noch einmal hin zur Salurner Klause schweifen. Sie ist ein schönes Stück Welt mit der Etsch und den heranrückenden Bergklötzen. Bläulich schimmert es. Dort endet Südtirol.

Ich durchradle Montagna und Kaltenbrunn. Es ist eine schöne Landschaft, die ich nun erlebe. Wilde Felsenberge, von dunklem Grün der Wälder umrankt, türmen sich auf.

Ich gelange nach Cavalese, den Hauptort des Fleimstals. Cavalese liegt an der breitesten Stelle des Tales auf einem leicht abfallenden Hang.

Dieser Ort ist als Schigegend hochberühmt und kann auf eine alte Geschichte verweisen, von dieser kündet wohl der Prunk eines früheren bischöflichen Gebäudes, das heute wie damals Sitz der Magnifica Comunità ist.

Angenehm gleitet das Fahrrad, es geht nur mäßig bergauf, an Nadelwäldern vorbei, die Felsen der Dolomiten locken. Ich radle durch Predazzo, einen großen Touristenort, er liegt am Zusammenfluß der Flüsse Avisio und Travignolo. Wie in den anderen Orten der Umgebung ist auch hier viel los. Touristen drängen sich auf den Straßen. Sportgeschäfte weisen darauf hin, daß auch hier im Winter viel los ist. Mit den Schifahrern dürfte man ein großes Geschäft machen.

Predazzo wird wegen der Liebe zu den Alpenpflanzen, die man ihnen hier entgegenbringt, auch der „Geologische Garten der Alpen" genannt. Bei Predazzo muß ich einmal weg von der Straße, denn ein langer Tunnel darf von Radfahrern nicht benutzt werden. Auf kleinen Straßen umfahre ich ihn glücklich.

Es geht ein Stück bergab, aber dann wieder bergauf, und ich radle in das liebliche Städtchen Moena ein. Hier werde ich rasten. Im Gastgarten eines Eisgeschäftes, ich habe gerade einen unbändigen Gusto nach Eis, setze ich mich gemütlich nieder. Mit dem Mädchen, das mir ein Eis bringt, scherze ich. Ihr gefällt, daß ich mit dem Fahrrad unterwegs bin, denn in die Dolomiten fahren nur die verwegensten Radler.

Hier in Moena beginnt das berühmte Fassatal, das Val di Fassa.

Und hier beginnt auch das Gebiet der Ladiner, einer für mich hochinteressanten, sehr alten Bevölkerungsgruppe, in der das berühmte Ladinisch gesprochen wird.

Einstens bewohnten die Vorfahren der Ladiner den ganzen Alpenkamm vom Ursprung der Donau bis zur Adria. Man nannte sie Räter.

Diese Räter oder Reti, wie sie bei den Römer hießen, tauchen im 5. Jahrhundert vor Christus in den Dolomiten auf. Bis heute ist nicht geklärt, woher sie kamen. Einige Gelehrte meinen, sie wären etruskischen Ursprungs, andere wieder glauben in ihnen einen keltischen Stamm zu sehen, der sich hierher in die Berge der Dolomiten geflüchtet hat. Wahrscheinlich sind die vielen alten Sagen, die hier noch erzählt werden, mit den Rätern verknüpft, ebenso wie die Wurzeln der ladinischen Sprache, an der man sich heute noch erfreuen kann, hier in den Dolomiten.

Im Jahre 15 vor Christus dringen römischen Kohorten in das Gebiet der Räter und besiegten sie. Damit wandelte sich allmählich die Kultur der Menschen in den Bergen.

Die Ureinwohner werden in abgelegene Täler verdrängt. Neue Verkehrswege werden gebaut, und 171 n. Chr. wird Raetia offiziell eine Provinz des Römischen Reichs.

In den Jahrhunderten vermischte sich die Sprache der Räter mit dem Volkslatein und so entstand die ladinische Sprache, die eine neulateinische Sprache, wie Französisch und Spanisch ist.

Durch die Völkerwanderungen wurde der ladinische Sprachgürtel gesprengt, und es bildeten sich die drei heute überlebenden ladinischen Sprachinseln: Graubünden in der Schweiz, Friaul und eben das Gebiet der Dolomiten, durch das ich radle.

Es gibt hier in den Dolomiten vier ladinische Täler, zu ihnen gehören das Fassatal, in dem ich gerade bin, das Grödnertal, dorthin will ich morgen, das Val Badia und Livinallongo. 40.000 Ladiner soll es in den Tälern der Dolomiten geben, in der Schweiz sind es angeblich 50.000 Ladiner, man spricht auch von Rätoromanen, und in Friaul 700.000, das ist eine gewaltige Zahl.

Die Ortschaften der Ladiner in den Dolomiten liegen mehr als 1000 Meter über Meereshöhe, und die einzelnen Täler sind durch hohe Dolomitenpässe getrennt, aber trotzdem von jeder Seite erreichbar.

Hier in Moena wird angeblich, wie mir ein Gast des Eisgeschäftes, der am Nebentisch sitzt und den ich höflich danach gefragt habe, die Tradition der Ladiner gepflegt, was sich vor allem im Speisezettel der

Hotels zeigen soll. Die Ladiner sind also bereits ein Fremdenverkehrs-
artikel.

Ich genieße diese schöne Moena, das in einer Talsenke am Fluß
Avisio liegt und von einigen der schönsten Bergruppen der Dolomiten
umrahmt wird. Wie eine Kulisse stehen sie an diesem schönen Tag mit
dem blauen Himmel vor mir. Nicht umsonst wird Moena ob seiner
Schönheit „Fee der Dolomiten" genannt, denn es hat den Zauber einer
geheimnisvoll schönen Frau. Alte Geschichten umranken die Berge.

Die für mich schönste Berggruppe ist hier die des Rosengartens, dessen höchster Gipfel 2981 Meter hoch ist. Es gibt einige schöne Gipfel
und Wände hier, so die Teufelswand und, mein Herz lacht, die Laurinswand, die immerhin auf 2819 Meter in den Himmel ragt.

Die Laurinswand hat ihren Namen von König Laurin, den Zwergenkönig, der dereinst im Rosengarten regierte. Laurin genießt meine
Sympathie, denn mein Enkel ist nach ihm benannt.

Ich zahle mein Eis, schiebe das Fahrrad durch den Ort, in einer
Buchhandlung erwerbe ich ein kleines Bücherl über König Laurin, das
ich für meinen Enkel mitnehme und aus dem ich ihm vorlesen werde.

Ich radle los, ich komme an einem Hotel vorbei, das „Rosengarten"
heißt. Wahrscheinlich wird auch hier des Laurin gedacht werden. Es ist
ein warmer Tag, auch in dieser Höhe über 1000 Meter. Nach einigen
Kilometern mache ich wieder halt und setze mich ins Gras. Ich sehe
hinüber zum Rosengarten und erinnere mich der vierten Strophe des
Bozener Bergsteigerliedes, in der es heißt:

„Wenn in der Sommersonnwendnacht das Feuer still verglimmt,
weiß jeder – und das Herz ihm lacht: die Kletterzeit beginnt.
Von König Laurins Felsenburg, so stolz und kühn gebaut,
hab wohl von jeder Zinne oft die Heimat ich geschaut."

Über diesen sagenhaften König lese ich in dem Bücherl, das ich in
Moena gekauft habe.

Dieser listige Zwergenkönig verteidigt mit seinem Kraftgürtel und seinem Zauberschwert sein Reich, den Rosengarten vor Eindringlingen. Es ist möglich, daß in der Gestalt des Laurin das alte Volk der Räter, der Vorfahren der Ladiner, gemeint ist, das sich gegen Römer und Germanen gewehrt hat, aber dann dennoch unterlag.

Jedenfalls will Laurin sein Reich keinem Fremden öffnen. Und wenn nun doch ein Fremder unbedingt eingelassen werden will, so verlangt er von ihm als Pfand den rechten Fuß und die linke Hand.

Ein ganzes Versepos bezieht sich auf Laurin, es heißt; „Laurin und der Kleine Rosengarten", es entstand um 1250 und liegt in 17 Handschriften und 11 Drucken des 13./14. bis 16. Jahrhunderts vor.

Der Gegner Laurins in der Sage und in dem Epos ist der Held Dietrich von Bern, der identisch ist, wie schon erzählt, mit dem Gotenkönig Theoderich. Das Wort Bern ist nichts anderes als Verona, denn Verona hatte für Theoderich eine große Bedeutung.

Der Kampf zwischen Laurin und Dietrich war übrigens auf Schloß Lichtenberg im Oberen Vinschgau in Fresken dargestellt. Diese Fresken wurden 1908 abgenommen und befinden sich heute im Tiroler Landesmuseum Ferdinandeum in Innsbruck.

Seinen Sitz hat König Laurin nach der Sage tief im Erdinnern in einer kristallenen Burg. Tausende von Zwergen sind ihm untertan, die für ihren Herrn unermeßliche Schätze an Gold, Silber und Edelsteinen aus dem Felsen graben und seine Schatzkammern mit köstlichem Schmuck füllen. Oben aber, im Licht der Sonne, inmitten steinernen Felsengewirrs, hat sich der König einen herrlichen Garten angelegt, in dem viele prächtige Bäume, blühende Sträucher, wundersame Blumen und duftende Rosen, Rosen ohne Zahl, Auge und Herz erfreuen. Dieser herrliche Zaubergarten ist nur mit goldenen Fäden umzäunt; jeder, der vorbeikommt, kann den Anblick genießen, doch niemand darf es wagen, den goldenen Faden zu zerreißen oder ohne Erlaubnis des Königs den Wundergarten zu betreten: es wäre sein Tod.

Einst ritt Herr Dietrich von Bern mit seinen Kameraden, dem alten Meister Hildebrand und den jungen Helden Wolfhart, Wolfbrand, Wittich und Dietleib, von seiner Residenz Bern, also Verona, nach

Norden, um den Zaubergarten des Zwergenkönigs aufzusuchen. Herr Dietrich wollte den Zwerg für seine Untaten bestrafen, obwohl Meister Hildebrand seine warnende Stimme erhob und seinen Herrn bat, sich vor der übermenschlichen Kraft des Zwergenkönigs zu hüten.

Lange Zeit ritten die Kameraden dahin, vorbei an schrecklichen Abgründen, über nacktes Felsgeröll, überquerten tosende Gebirgsbäche, fanden sich in trostloser, schweigender Einöde und wollten schon die Hoffnung aufgeben, den vielgerühmten Zaubergarten aufzufinden, als sich ihnen mit einemmal hinter einer Felswand ein blühendes Wunderland auftat. Süßer Rosenduft hüllte sie ein, liebliche Vogelstimmen erklangen, und freudig stiegen sie von den Pferden, um sich, müde vom weiten Ritt, in das weiche Gras zu werfen. Doch nicht lange hielten sie Rast, der Zwerg sollte seine Strafe haben. Sie begannen den Garten zu verwüsten, zerstampften das Gras, zertraten die Blumen, köpften die Rosen und taten Schaden, wo sie konnten.

Plötzlich rief der Ritter Wittich: ‚Ihr Herren, seht dorthin! Da kommt jemand geritten, strahlend gewappnet unter einem Baldachin, das mag wohl der Herr dieses Gartens sein!‘

Herr Wolfbrand aber meinte: ‚Freunde, ich rate euch, bindet eure Helme fester: wer weiß, was der Reiter im Schilde führt!‘

Es war wirklich König Laurin, der zornig heranritt, den Frevel zu bestrafen. Ein goldener Helm schirmte seinen Kopf, helles Leuchten ging von einem glänzenden Karfunkelstein aus, der den Helm schmückte. Seine Brünne leuchteten von Edelsteinen, ein elfenbeinerner Schild, mit goldenen Zieraten durchwirkt und mit blitzenden Steinen geschmückt, glitzerte im Sonnenlicht. An seiner Seite hing in goldener Scheide ein Schwert, an dessen Knauf ein heller Diamant erstrahlte.

Drei Dinge hatte der König bei sich, aus denen seine Kraft floß: einen Ring, der ihm Zwölfmännerstärke verlieh, einen Gürtel, der Zauberkraft besaß, und eine Tarnkappe, die ihn unsichtbar machen konnte.

Zornig ritt der Zwergenkönig an die unerwünschten Gäste heran und tobte: ‚Was treibt ihr hier, ihr Narren, wer hat euch hergebeten? Wer hieß euch meinen Garten verwüsten? Wißt ihr, daß ihr euer

Leben verwirkt habt? Ihr sollt mir sehr danken, wenn ich mich mit geringer Buße zufriedengebe!'

Doch höhnisch entgegnete Dietrich von Bern: ‚Was willst du denn noch alles von uns, du kleiner Wicht? Deine Rosen werden wieder nachwachsen, an eine Buße denken wir nicht.'

Schnell zog Wittich sein Schwert, um auf den zornigen Zwerg einzuschlagen. Der aber streckte den Helden mit einem Speerstoß zu Boden, sprang vom Pferd und griff nach dem Schwert, um sich seine Buße zu nehmen. Rasch eilte Dietrich von Bern dem Bedrohten zu Hilfe, und es entspann sich ein harter Kampf. Schon schien es, als würde Laurin den Helden niederringen, da rief Meister Hildebrand:

‚Er hat einen Ring am Finger, der ihm Zwölfmännerkräfte gibt; den mußt du ihm entwinden.' Da schlug Dietrich seinem Gegner den Ring samt dem Finger ab, sodaß Laurin einen Zornesschrei ausstieß. Trotzdem drang er neuerlich auf Dietrich ein und versetzte ihm einen so wuchtigen Hieb, daß der Held halb betäubt ins Gras sank.

Wieder rief Hildebrand: ‚Er hat noch den Zaubergürtel, der ihm Kraft verleiht; entreiße ihm den Gürtel, dann hat der Streit ein Ende!'

Herr Dietrich raffte sich auf, der Zorn verdoppelte seine Kräfte. Er faßte nach dem Gürtel und riß so stark daran, daß das Zauberding entzweibrach und zu Boden fiel. Doch Laurin griff in seine Tasche nach der Tarnkappe, setzte sie rasch auf und war für seinen Gegner unsichtbar. Herr Dietrich schien verloren. Der Zwerg hieb und stach auf ihn ein, und bald war der Held von Wunden bedeckt.

Wieder war es Meister Hildebrand, der Rat in höchster Not wußte. ‚Ringe mit ihm', rief er seinem Herrn zu, ‚und suche dabei die Tarnkappe zu erlangen; dann kann er sich nicht mehr verbergen, und der Kampf muß zu Ende sein!'

Herr Dietrich griff nach dem Zwerg, erwischte ihn, und sie kämpften gewaltig, bis der Held die Tarnkappe in seinen Händen hatte und weit von sich ins Gras warf. Nun bat König Laurin: ‚Schone mich, ich will mich dir ergeben!'

Aber Dietrich von Bern war allzusehr böse. ‚Nein', wütete er, ‚nichts soll jetzt mehr dein Leben retten, elender Zwerg!'

Da rief Laurin in hellen Nöten: ‚Dietleib, edler Held, hilf mir, ich will dir dafür deine Schwester Kühnhild ausliefern, die ich auf meinem Gebiet angetroffen habe und die bei mir als Gefangene lebt.' Als Dietleib das hörte, bat er den Berner: ‚Herr, schont ihn, damit ich erfahre, wie es um meine Schwester steht!'

‚Nein', zürnte Herr Dietrich, ‚es ist um sein Leben geschehen.'

Da griff Dietleib wütend zum Schwert, und es wäre zum Kampf zwischen den beiden Helden gekommen, wenn sich nicht Hildebrand mit den anderen Rittern dazwischengeworfen und die erregten Gemüter besänftigt hätte.

Als Gefangener mußte König Laurin nun zwischen den Rittern reiten und ihnen den Weg zur Jungfrau Kühnhild zeigen. Meister Hildebrand aber riet seinen Kameraden, vorsichtig zu sein; denn der Zwergenkönig sei hinterlistig, man dürfe auf seine Worte nicht vertrauen.

Sie ritten die ganze Nacht und kamen gegen Morgen auf einen grünen Anger, von wo der Eingang ins Erdinnere führte. Davor standen und saßen Zwerge, musizierten, tanzten und trieben allerlei Spiele. Der Kleine führte seine Begleiter in den Berg hinein, wo es von hellstem Lichterglanz erstrahlte. Schon trat die schöne Kühnhild den Fremden entgegen. Wie groß war ihre Freude, als sie unter ihnen ihren Bruder erkannte! Flehentlich bat sie ihn, sie aus dem Reich der Zwerge fortzuführen. Und der Bruder versprach ihr gern, dies mit Hilfe seiner Genossen zu vollführen.

König Laurin aber redete zu den Rittern: ‚Ihr edlen Herren, geruht nun, euch zu Tisch zu setzen und an Speisen und Trank zu erfreuen.'

Man brachte köstliche Speisen, servierte herrliche Getränke, und die Herren langten nach dem mühevollen Ritt ordentlich zu. Laurin hatte einen betäubenden Schlaftrunk unter den Wein mischen lassen, und es dauerte nicht lange, so sank einer nach dem anderen der durstigen Helden in schweren Schlaf. Darauf hatte König Laurin gewartet. Schnell rief er seine Männer, ließ den Helden die Harnische ausziehen und warf sie als seine Gefangene in den Turm, der mit gewaltigen Felstrümmern als Türen gesichert war.

Vergebens flehte Jungfrau Kühnhild den König um Erbarmen; Laurin wollte das Blut seiner Gefangenen, keine noch so rührende Bitte vermochte seinen Starrsinn zu erweichen.

Eines Tages lag der König in tiefem Schlaf. Da eilte Kühnhild durch alle Gemächer der Burg, um den Aufenthalt der Gefangenen zu erkunden. Als sie ihr Ohr auch an den Luftschacht des Turmes legte, hörte sie tief unten die Stimmen der Helden. Freudig rief sie hinunter: ‚Ihr Herren, seid fröhlich; ich werde euch retten!‘ Eilig holte sie die Harnische und Schwerter der Ritter, gab auch sechs Ringlein dazu und band alles an ein Seil, das sie in die Tiefe hinunterließ.

‚Die Ringe steckt an die Finger‘, befahl sie den Gefangenen, ‚dann werden sich alle Türen vor euch auftun.‘

Die Helden taten es und sahen bald alle Türen offenstehen. Fröhlich traten sie aus ihrem Kerker und dankten der wagemutigen Kühnhild. Sie bestiegen ihre Pferde, um das Königreich des treulosen Zwergenkönigs zu verlassen.

Währenddessen war Laurin aus seinem Schlummer erwacht, hörte das Rasseln der Harnische und ahnte Gefahr. Sogleich ließ er sein Horn ertönen, das seine Zwerge zusammenrief.

‚Ihr Herren‘, mahnte Meister Hildebrand, ‚steckt Kühnhilds Ringe an euere Finger, sonst seht ihr keinen von den Zwergen, sie stecken alle unter Tarnkappen!‘

Geschwind folgten die Helden dem Rate des Alten. Nun hob ein Kampf der sechs Helden gegen die Übermacht des kleinen Volkes an, daß der Fels sich rötete vom Blut der geschlagenen Wunden. Herrn Dietleib drängten die Zwerge zu einem Tisch und rückten ihm hart zu Leibe. Er aber zertrat sie mit den Füßen.

Wolfhart geriet bei einem hohen Turm im Berg in große Not. Da riß er den Turm um, daß an die zweihundert Zwerge die Flucht ergriffen.

Herr Dietrich von Bern schlug mit Wucht um sich und streckte zahlreiche Feinde nieder. Aber immer neue Scharen drangen gegen ihn heran, schon floß ihm das Blut aus vielen Wunden. Da packte den Helden die Wut; wie heißes Feuer lohte der Atem aus seinem Mund und verbrannte die Angreifer, daß sie schaudernd zurückwichen.

An ein Tor gelehnt, wehrte Meister Hildebrand den Ansturm der

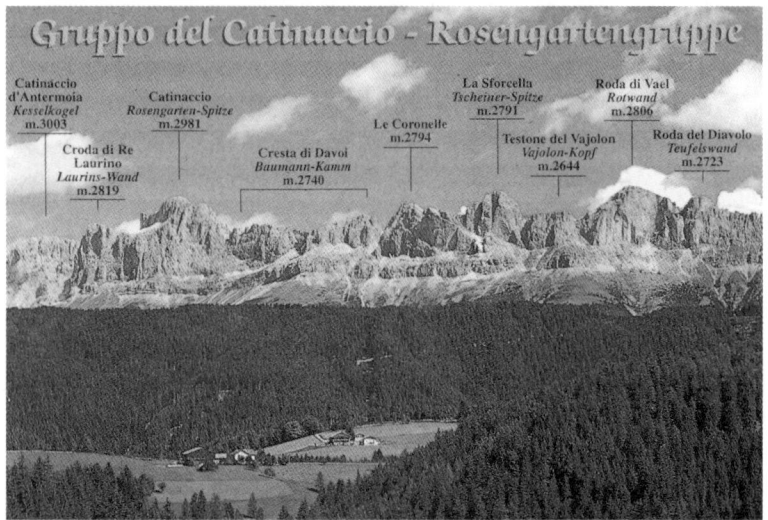

Gruppo del Catinaccio - Rosengartengruppe

Catinaccio d'Antermoia *Kesselkogel* m.3003	Catinaccio *Rosengarten-Spitze* m.2981		Le Coronelle m.2794	La Sforcella *Tscheiner-Spitze* m.2791	Roda di Vael *Rotwand* m.2806
		Cresta di Davoi *Baumann-Kamm* m.2740		Testone del Vajolon *Vajolon-Kopf* m.2644	Roda del Diavolo *Teufelswand* m.2723
Croda di Re Laurino *Laurins-Wand* m.2819					

17 König Laurins Rosengarten

Zwerge ab. Das Tor war aus Eisen und so breit und schwer, daß keines Menschen Hand es vom Fleck rühren konnte. Er aber hob es aus den Angeln und warf es auf die Zwerge, daß Hunderte von ihnen davon erdrückt wurden.

Tapfer kämpfte der Held Wittich. In einer Ecke, den Rücken gedeckt, schwang er sein Schwert und ließ dazwischen seinen schweren Schild niedersausen; mancher Gegner mußte hier sein Leben lassen.

Der kühne Wolfbrand aber schlug aus einer Steinwand gewaltige Felsbrocken und warf damit viele von dem vorstürmenden Zwergenvolk zu Tode.

In dieser Schlacht verlor König Laurin viele seiner Untertanen. Wutentbrannt stieß der König in sein Horn und berief damit sechs gewaltige Riesen aus dem Wald, die nun mit langen stählernen Stangen die Helden niederrangen. Ein furchtbarer Kampf entstand, Schilde und Panzer zersplitterten, Helme wurden eingeschlagen, aus tiefen Wunden floß das Blut, bis Held Dietlieb einem der Riesen mit mächtigem

Hieb durch den Helm schlug, daß der Riese erlag. Herr Dietrich erschlug den nächsten, und so wurden alle sechs Riesen erschlagen.

Nun wandte sich der Zorn der edlen Ritter gegen König Laurin; sie wollten Rache nehmen für seine Treulosigkeit. Doch die edle Jungfrau Kühnhild bat für den König, der sich milde gegen sie erwiesen hatte; sie schonten daher sein Leben, aber er mußte ihnen seine Schatzkammer öffnen, der sie gewaltige Schätze entnahmen.

Reich beladen kehrten die Helden mit der Jungfrau nach Bern zurück; traurig blickte ihnen der Zwergenkönig nach; ihm war leid um den Verlust Kühnhilds, die er liebgewonnen hatte. Später kam Laurin freiwillig nach Bern und schloß Frieden mit dem Helden Dietrich, der von nun an in Freundschaft mit dem kleinen Mann lebte.

Noch heute gleicht die Gegend, wo König Laurin sein oberirdisches Reich hatte, einem Rosengarten, und ein Teil dieses wilden Felsgebirges führt daher den Namen ‚der Rosengarten‘. Des Abends, wenn die Sonne ihre Strahlen sendet, leuchtet der Fels blutrot, weithin bis ins Tal des Inn sichtbar. Der Harnisch König Laurins wurde bis ins späte Mittelalter im Schloß Tirol verwahrt und war leider eines Tages spurlos verschwunden.

Vielleicht taucht er wieder einmal auf, wollen wir es hoffen. Die Geschichte von König Laurin ist also eine wilde Geschichte.

Wichtig ist, daß Laurin und Dietrich schließlich Freunde geworden sind. Das freut mich und wird auch meinen Enkel freuen, wenn er älter geworden ist und vielleicht diese Geschichte hier liest.

Ich radle weiter und schaue immer wieder auf den Rosengarten. Er fasziniert mich in seiner Schönheit. Vor Pozza zweigt die Straße nach Bozen zum Karerpaß. Ich radle weiter, die Straße steigt leicht an, dichte Wälder wechseln mit weiten Matten ab.

Canazei, auch hier macht man Geschäfte mit Schifahrern und Bergsteigern, erreiche ich. Die Straße wird nun steiler werden.

Ich bleibe kurz stehen, um die Karte zu studieren. Ungefähr 13 Kilometer sind es noch zum Pordoipaß. Also spätestens in eineinhalb Stunden könnte ich oben sein. Canazei ist eine ladinische Bezeichnung, sie stammt von dem lateinischen Adjektiv „cannicetus" ab, das ist der Ort, wo Sumpfpflanzen wachsen. Dieser antike Gebirgsort war bis zum Beginn des vergangenen Jahrhunderts eines der ärmsten Dörfer des Tals, und zwar durch seine geographische Abgeschnittenheit, die er im Laufe der Jahre erlitt. Heute ist es anders. Tausende Touristen aus Italien und dem Norden Europas, wie man mir erzählt, kommen jährlich hierher, um die Berge zu genießen.

An Schiliften ist die Gegend reich. In einem Andenkenladen erwerbe ich mir Ansichtskarten mit dem Rosengarten. Ich erfahre, daß man mit besonderer Sorgfalt sich hier der Erhaltung der Sitten und Bräuche der Ladiner widmet.

Eine besondere Attraktivität hat wohl das große Sommerfest „La gra'n festa da d'ista", bei dem sich alle Vertretungen der Ladiner in einer großen Parade darstellen.

Die Menschen sind hier stolz, Ladiner zu sein.

Ich bewege mich also auf altem ladinischem Gebiet. Ich radle aus Canazei, nun wird die Straße steiler, es ist schon spät am Nachmittag. Autofahrer achten auf mich. Aus einem entgegenkommenden Auto mit deutscher Nummer winkt mir ein freundlicher Herr zu, er dürfte Sympathie oder Mitleid mit mir als Radfahrer haben. Kurve um Kurve überwinde ich. Die Straße ist gut ausgebaut und schraubt sich in langen Kurven zwischen Tannenwäldern in die Höhe. Nach ein paar Kilometern komme ich zu der Abzweigung zum Sellajoch. Bei einer Almhütte für Touristen – und nicht für Kühe –, vor der ein kleiner See sich ausbreitet, parken viele Autos. Kinder spielen, und ältere Leute schauen durch ein Fernglas in die Felswände der Sellagruppe. Ich nehme den Weg zum Pordoipaß. Nach einigen Kurven weicht der Wald den Latschen und Almmatten. An einem aus rohen Stein erbauten Haus, einer alten Schutzhütte, vorbei. Die Sonne ist schon verschwunden, es dämmert, ich stehe am Paß, dem Passo Pordoi. Hotels, Lebensmittelgeschäfte und Andenkenläden reihen sich aneinander. Es ist gegen 20 Uhr. Der Verkehr hat nachgelassen. Ich kaufe noch geschwind in einem Andenkenladen, dessen Besitzerin gerade diesen versperren will und mir nur auf inständiges Bitten meinen Wunsch erfüllt, ein paar Ansichtskarten.

18 Am Pordoi

Nun möchte ich, daß jemand mich mit meinem Fotoapparat fotografiert, hier am Pordoipaß. Ein solches Bild wird mir wichtig sein, es kommt an die Wand bei der Küche in meiner Wohnung, wo andere Fotos von mir an frühere Radtouren erinnern.

Ich bitte einen jungen Herrn, der eben mit seiner Freundin am Paß spaziert, um die Freundlichkeit einer Aufnahme. Er lächelt und nickt. Ich gebe ihm meinen Apparat und stelle mich in kühner Haltung vor dem Hintergrund der steilen Felsen der Pordoigruppe in Positur. Hoffe, das Bild wird eine schöne Erinnerung an die Bezwingung dieses Passes sein. Der Herr drückt ab und gibt mir den Apparat wieder. Ich danke sehr und ziehe meinen Pullover über, denn es ist schon kühl geworden. Nun geht es steil in vielen Kurven bergab. Zwei Radfahrer sind noch zu dieser Stunde unterwegs, ich winke ihnen in Verbundenheit zu. Sie winken zurück. Ich merke, uns umgibt ein gemeinsames Band. Während der Tage in südlicheren Gefilden sind mir kaum Radfahrer begegnet, hier im Gebirge mehren sie sich. Wahrscheinlich ist es der Reiz der Berge, der viele Radfahrer bewegt, hier heraufzuradeln. Allerdings habe ich das Gefühl, daß wohl die meisten Radler mit dem Auto unterwegs sind, sie parken dieses im Tal und gebärden sich heldenhaft mit dem mitgeführten Rad. Diesen Radlern fühle ich mich überlegen, denn ich bin echt vagabundierend und mit Gepäck unterwegs.

Ich werfe mich förmlich in die Kurven, das Rad fügt sich meinen Anweisungen. Vor mir die mächtigen Felsen der Dolomiten, ein traumhafter Anblick. Immer wieder muß ich mich losreißen vom Blick auf die Felsen und mich auf das Fahrrad konzentrieren. Ich komme direkt in den Ort mit dem Namen Arabba, eine geheimnisvolle ladinische Ortsbezeichnung, die ich ebenso wie die Bezeichnung „Pordoi" nicht deuten kann, trotz eifrigen Fragens und Lesens.

Es ist schon dunkel geworden. Ich suche nach einem Gasthof. Im Gasthof „Pordoi" frage ich nach einem Zimmer. Ich werde freundlich aufgenommen. Im zweiten Stock wird mir ein kleines Zimmer, dessen Preis für eine Übernachtung billig ist, angeboten. Ich nehme es und beziehe es gleich. Das Fahrrad darf ich im Hinterhof abstellen.

Ich ziehe mich um, spaziere noch durch Arabba, das bei 1600 Meter hoch liegt. Man merkt die Höhe an der Kühle des Abends. In einem Bierzelt wird laut gefeiert. Wilde Burschen erheben ihre Biergläser, und die Mädchen lachen. Etwas abseits trinke ich ein Bier und beobachte das Treiben. Ich kehre zurück zu meinem Gasthof und bestelle mir ein ordentliches Abendessen, allerdings ohne Fleisch. In einem Nebensaal wird laut gefeiert. Ich genieße die Erdäpfel und das Gemüse. Dazu trinke ich mein zweites Bier. Ich habe es mir verdient. Ich erhebe mein Glas auf das Wohlsein der Nachkommen der von den Römern besiegten Räter, den Vorfahren der Ladiner, und vor allem denke ich an König Laurin, den Herrn des Rosengartens.

Ich spreche mit dem Wirt des Hauses, auch er ist Ladiner, trägt aber den deutschen Namen Furgler und spricht wunderbar ein tirolerisches

Deutsch. Der Mann ist viel herumgekommen, wie er mir erzählt. Er war in Österreich als Kellner, ebenso in Deutschland und der Schweiz. Er schwärmt von der österreichischen Politik, die ihm zu gefallen scheint. Und bittet mich, ich solle einem bestimmten Politiker sagen, falls ich ihn treffe, er würde ihn gerne bei sich einladen, denn er sei ihm sympathisch. Er könne umsonst bei ihm wohnen und essen. Ich werde sehen.

Ich erzähle ihm noch von meiner Tour heute, von Assisi und Florenz. Dann lege ich mich nieder und schlafe den Schlaf des Gerechten, ein solcher bin ich als Radfahrer, der im Reich des Königs Laurin war.

15. NACH OSTTIROL – DOLOMITENKRIEG, LADINISCHE WÖRTER UND DIE WILDERERFAMILIE WALDER

Geschlafen habe ich gut in dem Gasthof Pordoi. Heute möchte ich noch einmal auf den Pordoi und dann über das Sellajoch und das Grödner Joch nach Bruneck und schließlich nach Silian, wo ich bei der Familie Walder, der bekannten Wildererfamilie, übernachten will.

Ich nehme mein Frühstück ein. Dann verabschiede ich mich von der Familie Furgler, liebe Leute, und mache mich daran, den Passo Pordoi aufs neue mit dem Fahrrad zu erklimmen. Diesmal aber von der entgegengesetzten Seite wie gestern.

Die Kurven sind hier steiler, die Straße windet sich inmitten steinigen Almbodens hinauf. Einen Wald gibt es hier nicht. Im Winter sind diese Hänge sicherlich prächtige Schihänge. Daß Arabba ein angesehener Schiort ist, habe ich gestern bei meinem kleinen Spaziergang durch den Ort gemerkt, denn Schigeschäfte und Schischulen dominieren den Ort. Ich trete gleichmäßig in die Pedale. Die Felstürme der Sellagruppe leuchten in der Morgensonne. Noch bin ich frisch, es geht zügig dahin. Ich danke dem Fahrrad, daß es mir nun schon einige Zeit treue Dienste leistet. Seit dem Patschen vor ein paar Tagen habe ich meine Ruhe.

Bald bin ich am Paß. Hier herrscht reges Leben. Autobusse bleiben stehen und entlassen neugierige Touristen. Autos versuchen, in Parklücken Zuflucht zu finden.

Die Andenkenläden sind voll. In einem Supermarkt erwerbe ich ein paar Bananen. Eine esse ich gleich. Vor dem Markt redet mich ein liebenswürdiger Pole in gepflegtem Deutsch an und fragt mich, wie es mir mit dem Fahrrad hier gefalle, auch er sei mit dem Fahrrad in den Dolomiten unterwegs. Nun sehe ich sein Rad, das ebenso wie meines bepackt ist. Wir beide dürften die einzigen Radler sein, die auf Tour sind. Die anderen Radfahrer, die hier eintreffen, sind Sonntagsradler, sie haben kein Gepäck bei sich, und wahrscheinlich haben sie irgendwo am

19 Weg zum Sellajoch

Fuß des Passes ihr Auto stehen. Ich freue mich, den Polen zu treffen, reiche ihm die Hand und wünsche ihm das Beste. Dann lasse ich es bergab schießen bis zur Wegkreuzung, dort, wo es zum Sellajoch ansteigt. Mächtig steht der große Koloß des Piz Ciavazzes mit seinen 2828 Metern Höhe vor mir. Ehrfürchtig betrachte ich ihn. Ich bleibe kurz stehen und genieße den Blick auf die Felsen. Ich bin bereits über der Baumgrenze. Links wuchten der Sassolungo und die Grohmannspitze, die über 3000 Meter in die Höhe ragen. Die Grohmannspitze ist nach ihrem Erstbesteiger Grohmann benannt, einem Wiener Studenten, der übrigens mit zwei Kommilitonen in den sechziger Jahren des 19. Jahrhunderts den Österreichischen Alpenverein gegründet hat. Ein toller

Bursche. Ich verneige mich kurz vor dem nach ihm benannten Berg.
Was kann einem Menschen und überhaupt einem Bergsteiger Besseres
passieren, als daß ein Berg seinen Namen erhält. Ich komme zum Sellajoch. Motorradfahrer treffen ein. Ich spreche mit einem Ehepaar in
meinem Alter, das von Linz auf dem Motorrad hierher gerattert kam.
Wir sind der Meinung, daß Alter nicht vor Narreteien wie Motorrad-
und Radfahren abhalten dürfe. Ein großer Wirbel herrscht draußen am
Paß und drinnen in den Geschäften. Ich kaufe in einem Laden ein paar
Ansichtskarten und Aufkleber für das Fahrrad. Die Leute sollen sehen,
daß das Fahrrad auf Dolomitenpässen war.

Ich lasse noch ein Mineralwasser in meine durstige Kehle rinnen,
esse ein paar Bissen von dem Brot aus dem Gasthof der Familie Furgler und lenke mein Fahrrad einige Kurven ins Tal. Ich mache halt bei
einem parkenden Auto und bitte den vor diesem stehenden Herrn,
mich bei der Bergabfahrt zu fotografieren. Der Mann lächelt wohlwollend und übernimmt meinen Fotoapparat. Ich radle wieder ein
Stück bergauf und rausche dann in kühner Haltung auf dem Fahrrad
bergab. Ich hoffe, das Foto ist gut geworden, es vermag vielleicht von
meiner verwegenen Radtour und Pilgerreise erzählen. Ich danke dem
Mann, radle noch ein Stück bergab, links geht es nach Wolkenstein und
St. Ulrich, ich nehme den Weg hinauf zum Grödner Joch. Es ist der
letzte Paß dieser Tour, den ich genießen darf. Ich halte mich nicht auf
und gelange bergab nach mehreren Kurven nach Kurfar im Gardertal.
Nun bin ich wieder in Südtirol. Ich kaufe ein paar Ansichtskarten.

Hier in Kurfar herrscht reges Touristenleben ähnlich wie im Fassatal. Die Gegend ist imponierend. Noch einmal lasse ich meine Blicke
über die Felsblöcke der Dolomiten schweifen. Bereits in der Urgeschichte gefiel es Menschen hier, denn Ausgrabungen in diesen Gegenden zeugen davon, daß bereits 9000 vor Christus in diesen Bergen
steinzeitliche Jäger sich herumgetrieben haben. Hier in den Dolomiten
war stets etwas los. Hierher zogen sich Menschen zurück, wie die Räter, die von den Römern bedrängt wurden und deren Nachfahren die
Ladiner sind. Ich blicke auch hinauf auf den Col di Lana, und nicht weit
ist der Falzarego-Paß.

20 Am Grödner Joch

In dieser Gegend ging es wild zu im Ersten Weltkrieg. Zwischen Mai 1915 und Oktober 1917 waren die Dolomiten hier Schauplatz eines der schrecklichsten und unglaublichsten Abschnitte der Geschichte der Menschheit. Auf den Bergen der Dolomiten standen sich damals, im „Großen Krieg", die italienischen und die österreichischen Streitkräfte in einem erbitterten Stellungskrieg gegenüber. Die Front teilte die Dolomiten in zwei Bereiche. Diese Linie begann im Westen beim Cima d'Asta und reichte über den Rolle-Paß zur Marmolada, zum Col di Lana und Falzarego-Paß bis hin zu den Drei Zinnen und dem Kreuzberg.

Zwanzig Monate lang lieferten sich nicht weit von hier, wo ich gerade stehe und sinnend in die Dolomitenberge schaue, die Soldaten beider Armeen einen unerbittlichen Kampf und erlebten eine Zeit unglaublicher Leiden, eine Zeit der Erschöpfung, des Blutzolls und der Entbehrung. Zwei lange Winter verbrachten die kämpfenden Parteien auf diesen Bergen, bisweilen nur wenige Meter voneinander getrennt. Und obwohl sie einander bekämpften und aufeinander schossen, litten sie doch unter derselben Kälte, an denselben Schmerzen und unter denselben Entbehrungen. Es war eine furchtbare Schlacht, die da auf den Bergen und im Innern der Berge geschlagen wurde. Beide Armeen gruben Tunnels, Lauf- und Schützengräben, mit deren Hilfe sie den Feind umgehen und überraschen wollten. Es war der Krieg, in dem mit dem Bajonett Gipfel oder unbekannte Anhöhen erobert wurden, die womöglich schon wieder kurz danach erneut dem Feind in die Hände fielen. Es war ein Krieg, der unzählige Menschenleben forderte. Alleine auf dem von mir nahen Col di Lana fielen beispielsweise in einer einzigen Schlacht 6400 Italiener und 1800 Österreicher. Und es war der Krieg der Minen, die unter den feindlichen Stellungen gezündet wurden, nachdem sie in monatelanger aufreibender Arbeit in den Felsen eingegraben worden waren.

Der Erste Weltkrieg in den Dolomiten war ein gigantisches Massaker, bei dem es jedoch auch auf beiden Seiten heroische Taten gab. Ende Oktober 1917 war der Krieg hier zu Ende. Die Dolomiten tragen heute noch die Narben jener Schlachten, die die Bomben und Minen in den Fels geschlagen haben. Das Herz der Dolomiten wird von einem Labyrinth von Tunnels durchbohrt bleiben, die man heute noch zum Beispiel auf der Tofana und auf der Marmolada besichtigen kann. Auch kann man Wanderungen auf den Spuren der alten Gebirgsjäger unternehmen. Allerdings nur zu Fuß, als Radfahrer ist dies wohl unmöglich. Jedenfalls verneige ich mich in Achtung vor den italienischen und österreichischen Gebirgskämpfern. Sie alle waren ausgezeichnete Bergsteiger. Zu ihnen gehörte auch mein Großvater, von dem ich ein Bild habe, das ihn in seiner Uniform mit dem Edelweiß am Kragen zeigt. Ihrer aller werde ich heute noch bei einem Glas Bier gedenken.

Ich radle weiter, das prächtige Gadertal hinunter. In einem kleinen Ort, in St. Leonhard, parke ich mein Fahrrad bei einem kleinen Lebensmittelgeschäft. Ich möchte mir etwas Obst kaufen, und außerdem interessieren mich die Leute, denn noch bin ich im Gebiet der Ladiner. Ich betrete, auf deutsch grüßend, den Laden. Die Verkäuferin, eine runde Dame um die Fünfzig, die gerade eine junge Frau bedient, antwortet freundlich mit einem „Grüß Gott". Dann redet sie weiter mit ihrer Kundin in ladinischer Sprache. Ich höre aufmerksam zu, ein paar Wörter, die aus dem Lateinischen stammen können, glaube ich zu verstehen. Jedenfalls hat diese Sprache der Ladiner einen schönen Klang. Ich mische mich kurz ein und frage, ob sie eben ladinisch gesprochen hätten. Beide Damen lachen und bejahen meine Frage. Ich meine, es sei eine schöne Sprache, die sie sprechen. „Ja", antwortet die Verkäuferin, „wir reden hier alle drei Sprachen: Deutsch, Italienisch und Ladinisch. Ladinisch ist die Sprache unserer Vorfahren, wir pflegen diese Sprache und sind sogar stolz auf sie." Die beiden Damen sehen sich an und wechseln ein paar ladinische Wörter, dann beginnt die Kundin mir etwas zur Geschichte der Ladiner zu erklären: „Ursprünglich waren unsere Vorfahren hier unter der Herrschaft der Römer. Sie wissen ja vielleicht, unsere Vorfahren waren die Räter. Im Mittelalter, das haben wir so in der Schule gelernt, haben die Bischöfe von Brixen uns beherrscht. So sind wir schließlich zu einem Teil Tirols geworden und kamen zu den Habsburgern. Nicht gut war der Erste Weltkrieg für uns, denn bei uns wurde hart gekämpft. Nach dem Ersten Weltkrieg wurde das Dolomitengebiet durch den Faschismus geteilt, und diese Dreiteilung, die heute noch besteht, war ein schwerer Schlag für uns Ladiner. Zwei Täler kamen zu Südtirol, das Fassatal zu Trient und Ampezzo und Buchenstein zu Belluno."

Die liebenswürdige Dame macht eine Atempause und schaut mich halb traurig, halb heiter an und fährt fort: „Sie können sich vorstellen, daß wir Ladiner, weil wir uns auf verschiedene Provinzen aufteilen, auch verschieden behandelt werden. Am besten dürfte es den Ladinern hier in Südtirol gehen, denn Südtirol hat ja die Autonomie und hat für ihre Minderheiten bestimmte Sonderrechte in Italien, die die anderen nicht haben. Wir Südtirol-Ladiner haben sogar einen Vertreter im Landtag. Die Trentiner-Ladiner haben noch nicht so ein Glück."

Ich danke der freundlichen Dame für ihre Mühe, mir dies alles zu erklären. Sie läßt mich als Radfahrer sogar vor, ihr imponiert offensichtlich, daß ich mit dem Rad hier bin.

Ich kaufe einen Apfel, eine Schokolade und Mineralwasser. Ich zahle und verlasse dankbar grüßend für das Erzählte den freundlichen Ort.

Nun habe ich es eilig. Es ist schon später Nachmittag, ich möchte noch bis Silian.

Ich lasse es rennen durch das Gadetal, es geht dauernd leicht bergab. Ich fahre im Schnitt über 25 Kilometer in der Stunde, ich bin also schnell unterwegs.

Ich komme in das Pustertal und fahre in Bruneck ein. Bruneck ist mir schon seit meiner frühen Jugend ein Begriff, ich war aber noch nie dort. In der Mitte des Ortes halte ich an. Unter Kastanienbäumen stehen Tische mit Sesseln, die zu einem Kaffeehaus gleich am Platz gehören. Einige Leute sitzen hier.

An einem freien Tisch nehme ich Platz und bestelle einen Tee mit Milch. Diesen genieße ich und lasse den ausgehenden Tag und Bruneck auf mich wirken.

Man merkt der Stadt an, daß sie im Mittelalter ihre Wurzeln hat.

Auch Bruneck gehörte den Bischöfen von Brixen. Einer von diesen war Bischof Bruno, der ein Schloß hier in der Nähe erbaute und Bruneck, das seinen Namen trägt, gründete. Also Bruneck verdankt seinen Namen nicht einem Brunnen, wie ich immer gedacht habe, sondern einem ehrwürdigen Bischof.

Wohlhabend wurde Bruneck im 14. und 15. Jahrhundert, als sich ein starker Fernhandel von Augsburg nach Venedig entwickelte und ein großer Teil der Waren durch das Pustertal geführt und in Bruneck auf dem Ballplatz oft für längere Zeit gelagert wurde. Damals entstand auch die Pustertaler Malschule, berühmt wurde sie durch den großen Michael Pacher, dessen Name im österreichischen Raum weitum bekannt ist.

Also Bruneck ist ein Ort einer alten Kultur, denke ich mir, als ich den Tee bei einer schweigsamen Kellnerin zahle und mein Fahrrad zur letzten Etappe besteige, in der Hoffnung, daß die Straße nun einigermaßen eben nach Silian führt, denn drei Pässe am Tag genügen mir. Leider werde ich nach ein paar Kilometern enttäuscht, die Straße, immer entlang des Flusses Rienz, steigt wieder allmählich an. Mein Tempo des Weiterkommens ist ein mäßiges. Der Himmel verdunkelt sich, die Wolken schließen sich türmend, sie werden fast schwarz, ein starker

Wind kommt auf, und ein Gewitter ergießt sich über die Welt und mich, den verlorenen Radfahrer. Eben fahre ich in einen Ort mit dem Namen Welsberg ein. Bei einem Kleidergeschäft bremse ich und flüchte in eine Art Passage, die sich an das Geschäft anschließt. Diese umgibt mich wie eine Höhle. Hier bin ich also vor dem Ärgsten sicher. Blitze schießen vom Himmel, der Donner lärmt und mir wird allmählich kalt. Es ist schon gegen Abend.

Das Gewitter verschwindet, wie es gekommen ist. Von einer Telefonzelle aus rufe ich bei der mir befreundeten Familie Walder in Silian an. Die liebenswürdige Frau Walder ist am Apparat. Ich teile ihr mit, daß ich mit dem Rad unterwegs bin und heute noch nach Silian will. Ich würde mir dort ein Zimmer in einem Gasthaus nehmen. Vielleicht könnten wir uns treffen. Sie freue sich auf mich, aber ich müsse bei ihnen nächtigen, meint die gute Dame. Ich bin beglückt über die Aussicht, die Familie Walder heute noch zu sehen. Ich radle weiter, immer noch geht es bergauf. Ich komme nach Toblach. Hier ist der höchste Punkt des Tales, eine Wasserscheide, endlich fällt die Straße, ich befinde mich nun an der Drau, dem Fluß, der hier am Toblacher Feld entspringt, nach Kärnten hinzieht und schließlich in die Donau mündet. Es ist dunkel geworden und kühl. Ich lege mich ins Zeug, bald bin ich an der österreichischen Grenze. Jetzt empfangen mich keine Schranken, auch sonst ist nichts mehr da, das mich an jene Vor-EU-Zeit erinnert, als das Überschreiten der Grenze noch ein richtiges Ritual war und man billig auf der italienischen Seite einkaufen konnte. Keine Zöllner beobachten mich, als ich nach Österreich rolle. Ich bin am Ende meiner Radtour angelangt. Italien, das Land der Goten, des heiligen Franz, der wackeren Ladiner und des Königs Laurin liegt hinter mir. Es beginnt wieder zu regnen. Da kommt mir ein Auto mit einem Anhänger langsam entgegen und bleibt bei mir stehen. Dem Auto entsteigt Hermann Walder, der Bruder des von einem Jäger erschossenen und im Tode berühmt gewordenen Pius Walder. Ich freue mich, Hermann zu sehen. Wir geben uns die Hand. Er will mich mit dem Auto zu seinem Haus führen. Für das Rad habe er den Anhänger. Ich will mich zunächst weigern, ich will die Radtour radelnd beenden, aber

Hermann läßt dies nicht zu, denn der Regen ist stark geworden, und ich bin trotz Regenjacke, die sich mit Wasser vollgesogen hat, naß bis auf die Haut. Hermann lädt das Fahrrad auf den Anhänger, und ich besteige freudig, aber dennoch etwas widerwillig, das Auto. Ich denke, stures Festhalten am Radfahren wäre doch nicht gescheit. Bald sind wir in Silian. Hermann lenkt kühn das Auto steil hinauf zum sogenannten Schulboden, dorthin, wo das Haus der Walder ist. Seine Frau Edith empfängt mich mit freundlichem Herzen. Sie zeigt mir das Zimmer, das sie ansonsten an Fremde vermietet. Es ist ein schönes Zimmer, mit Holz getäfelt und schönen Bauermöbeln. Ich dusche mich warm, dies tut gut nach der Nässe des Regens. In meinem Polohemd, das mich durch die Tour begleitet hat und das ich einige Male in den Hotels gewaschen habe, und meiner schwarzen Hose erscheine ich im Wohnzimmer ihres prächtigen, schön gebauten Hauses, in dem das warme Holz überwiegt. In den Zimmern und am Gang des Hauses der Walder sind alte Bauernkästen und andere Gegenstände aus dem bäuerlichen vergangenen Leben liebevoll dargeboten. Gemütlichkeit strahlt aus dem allen. Hermann und Edith freuen sich, mich bei sich zu haben. Sie erinnern sich gerne, als sie vor ein paar Monaten in St. Pankraz bei der Eröffnung des Wilderermuseums, dessen wissenschaftlicher Leiter ich sein darf, als Ehrengäste anwesend waren. Lustig ging es damals zu, sogar der frühere Justizminister Egmont Foregger war anwesend. Allerdings hatten die Veranstalter auch ein Blasmusikorchester zu Eröffnung dieses Wilderermuseums eingeladen. Dieses hatte dann doch abgesagt mit der komischen Begründung, man könne von einem Gendarmerieorchester nicht erwarten, daß es einen Gaunerball eröffne, ebenso nicht von einem Pfarrer, ein Bordell einzuweihen. Die wackeren Musiker wollten also mit ihrer Musik nicht die früheren Wilderer, auch wenn sie die Helden der „kleinen Leute" waren, ehren, denn diese seien Gesetzesbrecher gewesen.

Aber dennoch war die Eröffnung dieses Museums, das prächtig sich dem Gasthaus Steyrbrücke, in dem der gescheite Wirt Willi Kerbl mit seiner Frau Gemahlin umsichtig regiert, anschließt, ein voller Erfolg. Auch der Landeshauptmann war gekommen. Mir zu Ehren hat der

21 Herr und Frau Walder

freundliche Wirt sogar einen Stammtisch in seinem Gastzimmer in der Nähe der Theke gewidmet. Über diesem steht stolz: „Girtlers Wildererstammtisch".

Darüber reden wir auch, als mir Edith einen Suppentopf vorsetzt. Hungrig esse ich die feste Suppe und trinke dazu ein herrliches Bier. Ich bin erfreut über die liebe Aufnahme. Hermann und Edith Walder sind liebenswürdige Menschen, auch wenn sie große Schwierigkeiten mit der Gendarmerie wegen des erschossenen Wildschützen Pius hatten. Edith lieferte sogar eine Schlacht mit der Frau des Todesschützen und deren Freundin am Friedhof in Karlstein, auf dem Pius Walder sein Grab hat. Dieses ist mit einem wuchtigen Gedenkstein aus weißem Marmor geschmückt. Bei dieser Schlacht siegte die kühne Edith. Sie ist eine hübsche schlanke Dame, der man nicht ansieht, daß sie sich kampfbereit in ein Schlachtengetümmel mit Damen zu werfen vermag.

Als ich gegessen habe und wir gemütlich im Wohnzimmer sitzen und uns des seligen Pius erinnern, steht Hermann auf und holt aus einer Lade ein kleines Sackerl, welches er mir mit dem Worten gibt: „Die Sachen, die da drinnen sind, mußt du achten und sie in eurem Museum ausstellen. Sie sind vom Pius. Er hat sie beim Wildern mitgehabt. Sie sind von der Gendarmerie nach dem Mord an ihm beschlagnahmt worden." Ich verspreche, die Sachen zu achten, nehme das Sackerl und bin gespannt, welche geheimnisvollen Dinge in diesen enthalten sein werden. Ich öffne es und entnehme diesem einen kleinen viereckigen alten Spiegel, eine Schnur, ein Feuerzeug und einen geschwärzten Korken. Ich weiß sofort, der Korken, der mit Feuer angekohlt wurde, diente dem Pius dazu, sein Gesicht beim Wildern zu schwärzen, damit ihn niemand erkenne. Und mit dem Spiegel wird er wohl geschaut haben, ob er auch genügend schwarz im Gesicht sei. Ebenso mag der Spiegel ihm beim Reinigen von der Schwärze gedient haben. Die beigelegte Schnur wird vielleicht zum Abtransport des gewilderten Hirsches oder der gewilderten Gams gedient haben. Ich schaue mir diese Reliquien, zu denen noch ein Kartonstück mit der Aufschrift „Bundesgendarmerie" gehört – die Sachen waren ja konfisziert –, ehrfürchtig an und wende mich nun an Edith und Hermann: „Das sind wunderbare Stücke, sie sind geradezu heilig, denn sie erinnern an den toten Pius. Wir werden ihnen im Museum in St. Pankraz, dort, wo wir die Geschichte vom Wildschütz Pius dargestellt haben, einen Ehrenplatz geben. Ich danke euch dafür allerherzlichst." Hermann lacht erfreut über mich und meine Hochachtung, die ich diesen Erinnerungsstücken an den Pius entgegenbringe.

Wir sitzen noch eine Zeit beisammen. Ich erzähle von meiner Radtour bis hin nach Assisi. Wir trinken zum Gedenken an den Wildschütz Pius ein Glas Rotwein.

Ich werde noch drei Tage weiterradeln, aber meine Vagabondage und meine Pilgerreise sind nun zu Ende.

NACHKLANG –
EIN WOHL DEN ALTEN VAGABUNDEN,
PILGERN UND HELDEN

Damit endet der Bericht über meine Vagabondage nach Assisi und zurück, den die Dame, die ich zufällig auf dem Kahlenberg bei Wien getroffen habe, angeregt hat. Dafür sei ihr gedankt.

Es war eine prachtvolle Pilgertour, die ich erlebt habe und bei der ich viel gesehen und bei der ich manche Gedanken spinnen und viele Geschichten nacherleben konnte. Auf dies alles bezog sich dieses Buch.

Der freundliche Leser und die freundliche Leserin wird erkannt haben, daß durch die Fortbewegung mit eigener Körperkraft als Radfahrer sich der Geist weitet und das Herz heiter wird. Genau dies macht den wahren Vagabunden aus, der sich in der Tradition der alten Handwerksburschen und der eifrig wandernden Mönche sieht.

Der Vagabund ist demnach jemand, der einigermaßen großzügig mit sich und den Mitmenschen umgeht. Mit dem Vagabundieren, wie ich es in der Einleitung besprochen habe, verbindet sich Freude am Leben und Achtung vor anderen Menschen. Der echte Vagabund ist also ein Gegner sturer Prinzipien und erfreut sich an der Buntheit der Welt, die voll des Zaubers und der Geschichten ist. Darüber wollte ich erzählen.

Mein Fahrrad hat die Tour gut überstanden und ich auch, vielleicht bin ich weiser geworden. Wir wollen es hoffen.

Im Sinne der klassischen Vagabunden erhebe ich abschließend ein Glas mit Rotwein aus Friaul, den mir ein Freund verehrt hat, auf das Wohlsein all jener prächtigen Leute, die in ihrer Art auch Vagabunden waren und denen ich auf der Tour begegnet bin. Zu ihnen gehören der heilige Franz, der eigentlich Giovanni Bernardone hieß, Theoderich der Gotenkönig und König Laurin, der vielleicht ein Ladiner war und der nicht wollte, daß Fremde in sein Reich inmitten der Dolomiten gelangen. Mich hat er bei meinem Eindringen in sein Reich nicht gehindert, ich durfte seinem Rosengarten entlangradeln.

Dafür sei ihm gedankt. Auch auf jene Leute trinke ich ein Glas Rotwein*, die wohlwollend in diesem Buch meinen Spuren als vagabundierender und pilgernder Radfahrer gefolgt sind.

---

* Jenen Leuten, die sich daran stoßen sollten, daß ich hier und da Bier und Rotwein
auf würdige Leute trinke, sei gesagt, daß ich dies nur aus rituellen Gründen tue.
Grundsätzlich trinke ich kaum Alkohol, und wenn, dann nur sehr mäßig.

LITERATUR

(Auf die hier aufgelisteten Bücher bezog ich mich, einige dieser führte ich bei mir in der Radtasche, entweder hatte ich sie mitgenommen oder unterwegs erworben. Nicht angeführt sind Reiseführer u. ä., in die ich vor Ort eingesehen habe.)

Betrachtungen eines vagabundierenden Radfahrers

Girtler, R., Rotwelsch, die alte Sprache der Diebe, Dirnen und Vagabunden, Wien 1998.
Goethe, J. W. v., Italienische Reise, Köln 1998.
Seume, J. G., Ein Spaziergang nach Syrakus, 1802.

Kap. 1

Bergmann, K. (Hg.), Schwarze Reportagen. Aus dem Leben der untersten Schichten vor 1914: Huren, Vagabunden, Lumpen, 1984.
Girtler, R., Sommergetreide, vom Untergang der bäuerlichen Kultur.
Girtler, R., Rotwelsch, die alte Sprache der Dirnen, Diebe und Vagabunden, Wien 1998.
Girtler, R., Die Letzten der Verbannten, Wien 1998.

Kap. 2

Girtler, R., Wilderer, Rebellen der Berge, Wien 1998 (2. Aufl.).
Ortega y Gasset, J., Über die Jagd, Hamburg 1957.
Rosegger, R. Die Älpler – in ihren Wald- und Dorftypen geschildert, Leipzig 1902.
Schultes, J. A., Ausflüge nach dem Schneeberge in Unterösterreich, Wiener Neustadt 1802, 1982.

Kap. 3

Biegger, K., Paracelsus – vom glückseligen Leben, Salzburg/Wien 1995.
Girtler. R., Der Landfahrer Paracelsus und die Kultur des fahrenden Volkes, in: Paracelsus und Salzburg (Hg. H. Dopsch u. P. F. Kramml), Salzburg 1994.
Krähwinkler, H., Friaul im Frühmittelalter, Wien 1992.
Leicht, P. S., Studi Langobardi, Udine 1996.

Kap. 4

Jütte, R., Abbild und soziale Wirklichkeit des Bettler- und Gaunertums zu Beginn der Neuzeit, Köln 1980.
Liber Vagatorum, um 1510, in: H. Boehncke und R. Johannsmeier (Hg.), Das Buch der Vaganten – Spieler, Huren, Leutbetrüger, Frankfurt/M. 1987.
Lord Byron, Zwei Briefe aus Venedig 1817, in: George Gordon, Lord Byron, Sämtliche Werke, München 1978.
Goethe, J. W. v., Venezianische Epigramme, Insel 1999.
Marco Polo, hg. von Hans E. Rübesam, Die Reisen des Venezianers Marco Polo, München 1963.
Simmel, G., Der Fremde, in: Das individuelle Gesetz, Frankfurt/M. 1968.

Kap. 5

Antonius von Padua, in: Ökumenisches Heiligenlexikon
Busch W., Antonius von Padua
Casanova, G., Geschichte meines Lebens, Band 1 (Hg. E. Loos, 12 Bde. u. 6 Folgebände, 1965–1969).
Wohlwill, E., Galilei und sein Kampf für die Copernikanische Lehre, Hamburg 1909 (Reprint 1987, Vaduz).

Kap. 6

Brandt, S., Das Narrenschiff, Stuttgart 1992 (1494).

Cardini, F., Fumagalli Beonio-Brocchieri, Universitäten im Mittelalter: Die europäischen Stätten des Wissens [Antiche università d'Europa, dt.]. – München, Milano 1991.

Carmina Burana, Die Lieder der Benediktbeurer Handschrift. München 1979.

Carlen, L., Wallfahrt und Recht im Abendland, Freiburg 1987.

Grundmann, H.: Vom Ursprung der Universität im Mittelalter, Darmstadt 1964.

Grundmann, H.: Religiöse Bewegungen im Mittelalter, Darmstadt 1977 (4. Aufl.).

Herzogin Renata von Ferrara in: Biographisch-Bibliographisches Kirchenlexikon, Band VIII, 1994.

Prahl, H. W.: Die Universität: eine Kultur- und Sozialgeschichte, München 1981.

Kap. 7

Casanova, G., Geschichte meines Lebens, Band 9 (Hg. E. Loos, 12 Bde. u. 6 Folgebände, 1965–1969).

Girtler, Heidrun, Die Leberbeschau bei den Völkern des Alten Orients und den Etruskern – ein Vergleich, unveröffentlichtes Diplomarbeit an der Universität Wien, 1996.

Girtler, R. Rotwelsch (s. o.)

Simeoni, L.: Storia della Università di Bologna. – Bologna, 1940.

Kap. 8

Allen, P. M., Joan de Ris Allen, Bruder Sonne, Schwester Tod. Der spirituelle Weg des Franz von Assisi., Stuttgart 1998.

Franz von Assisi in: Ökumenisches Heiligenlexikon.

Banti, L., Die Welt der Etrusker, Stuttgart 1960.

Dieterich, V.-J., Franz von Assisi, Rowohlt 1995.
Frugoni, Ch., Franz von Assisi. Die Lebensgeschichte eines Menschen, Düsseldorf 1997.
Keller, W., Denn sie entzündeten das Licht – Geschichte der Etrusker – Die Lösung eines Rätsels, Berlin 1970.
Lawrence, D. H., Etruskische Stätten, Reisetagebücher, Zürich 1985.
Lawrence, D. H., Die Etrusker in der Welt der Antike, Rowohlt 1959.
Wetzel, E.: Pilgerwege. Assisi und Umgebung, Bayer. V.-A. 1996.

Kap. 9

Hug, E. und A. Rotzetter, Franz von Assisi, Arm unter Armen, München 1987.
Elias von Cortona, in: Biographisch-Bibliographisches Kirchenlexikon, Band I, 1990.
Lothar, R., Der Bürger auf Reisen, in: Sittengeschichte des Hafens und der Reise, Wien 1927.
Rotzetter, A., Ich rufe Sonne und Mond. Der Sonnengesang des Franz von Assisi. Annäherung und Einübung, Eschbach 1998.

Kap. 10

Bernhardin von Siena, in: Biographisch-Bibliographisches Kirchenlexikon, Band III, 1992.
Toscana Reisebuch – Siena – Toscana, Italien, Erlangen 1999.
Grundmann, Herbert, Religiöse Bewegungen im Mittelalter.
Katharina von Siena, in: in: Biographisch-Bibliographisches Kirchenlexikon, Band I, 1990.
Hoffmeister, Gerhard, Petrarca, Stuttgart 1997.
Petrarca, F., Die Besteigung des Mont Ventoux, Reclam, Ditzingen 1995.
Petrarca, F., Die schönsten Liebesgedichte, Frankfurt am Main 1995.

Kap. 11

Dante, A., Die Göttliche Komödie, hg. v. Richard Zoozmann, Freiburg i. B. 1911, mit Einführung und Erläuterungen von Constantin Saurer.

Deichmann, F. W., Ravenna, Hauptstadt des spätantiken Abendlandes 2/2, Stuttgart 1998.

Glunk, F. R., Dantes Göttliche Komödie, München 1999.

Gregorovius, F.: 8 Wanderjahre in Italien – 4. Aufl. München: Beck, 1986, 1. Aufl. 1856 ff.

Kap. 12

Eggers., H., Deutsche Sprachgeschichte, Bd. 1, Das Althochdeutsche und das Mittelhochdeutsche, Reinbek 1996.

Salti, S., Venturini, R., Das Leben des Theoderich, Ravenna 1999.

Schreiber, H., Auf den Spuren der Goten, München 1977.

Wolfram, H., Die Goten – von den Anfängen bis zur Mitte des sechsten Jahrhunderts, München 2001 (4. Auflage).

Kap. 13

Landesverband für Heimatpflege in Südtirol, Ein „zimbrisches" Sprachdenkmal vom Südrand der Alpen, Bozen 1986.

Hornung, M., Die sieben Gemeinden in der Provinz Vicenza. Die älteste Außengründung des deutschen Sprachraums, in: Südtirol in Wort und Bild. Heft 1, 1984.

Kap. 14

Mahlknecht, Bruno: König Laurin und sein Rosengarten. In: Südtiroler Sagen. Bozen 1981, S. 121–124.

Mersi, I. v., Norbert Scantamburlo, Gadertal und Gröden, Südtirols ladinische Täler, Bozen, Athesia 1998.

DIE LUST DES VAGABUNDIERENS

Paulin, König Laurins Rosengarten. In: Die schönsten Tiroler Sagen. Innsbruck 1997, S. 133–137.
Voelter, Gretl: König Laurin. In: Die schönsten Alpensagen. Innsbruck 1965, S. 3–13.
Wolf, K. F., König Laurin und sein Rosengarten, Bozen 1999.

Kap. 15

Schaumann, W., Schauplätze des Gebirgskrieges in 5 Bänden, Cortina 1973.

böhlau Wien neu

Roland Girtler
Randkulturen
Theorie der Unanständigkeit
2. Auflage, 1996. 279 S. Br.
ISBN 3-205-98559-1

Roland Girtler
Sommergetreide
Vom Untergang der bäuerlichen Kultur
1996. 388 S. 18 SW-Abb. Br.
ISBN 3-205-98560-5

Roland Girtler
Rotwelsch
Die alte Sprache der Gauner, Dirnen und Vagabunden
1998. 255 S. 19 SW-Abb. Geb.
ISBN 3-205-98902-3

Roland Girtler
Bösewichte
Strategien der Niedertracht
1999. 288 S. 15 SW-Abb. Geb.
ISBN 3-205-99089-7

Roland Girtler
Die alte Klosterschule
Eine Welt der Strenge und der kleinen Rebellen
2000. 296 S. 31 SW-Abb. Geb.
ISBN 3-205-99231-8

Erhältlich in Ihrer Buchhandlung!

böhlau Wien

bóhlau Wien **neu**

Roland Girtler
Landärzte
Als Krankenbesuche noch Abenteuer waren
1997. 204 S. m. 11 SW-Abb. Geb.
ISBN 3-205-98784-5

Roland Girtler bekannt durch seine Bücher über „Randkulturen" und die verlorene bäuerliche Lebenswelt, berichtet hier über die Kultur früherer Landärzte. Er tut dies am Beispiel seiner Eltern, die nach dem Krieg im oberösterreichischen Gebirge eine Praxis eröffneten. Der Vater als Landarzt, der noch mit Rössern umzugehen wußte, und die Mutter als Landärztin, die mutig auch mit der Bergrettung unterwegs war, erlebten eine Zeit des großen kulturellen Umbruchs. Ihre Krankenbesuche, oft spät in der Nacht, konnten zu richtigen Abenteuern werden. Anfangs noch zu Fuß oder im Pferdeschlitten, später dann mit dem Motorrad und dem ersten Steyr-Auto zu den Patienten in oft weit abgelegene Gehöfte unterwegs, waren sie nicht nur mit der Kunst alter Heilmittel vertraut, sondern betätigten sich auch oft als Geburtshelfer, Chirurgen und Seelentröster und genossen bei der Bevölkerung höchste Anerkennung und Respekt. Beispielhaft für eine ganze Generation von Landärzten entsteht so das Bild einer Ärzteschaft, die, in der Tradition der früheren Bader, als wahrhafter Nachfolger Paracelsus' gelten kann.

Erhältlich in Ihrer Buchhandlung!

böhlau Wien